중세정치사상

조찬래

···· 박영사 ····

이 저서는 2016년 정부(교육부)의 재원으로 한국연구재단의 지원을 받아 수행된 연구임(NRF-2016S1A6A4A01020369).

This work was supported by the National Research Foundation of Korea Grant funded by the Korean Government(NRF-2016S1A6A4A01020369).

머 리 말

저자는 1990년 소책자로 『고대정치철학서설』을 출간 이후 중세정치사상에 관심을 갖기 시작했다. 중세정치사상은 서구정치사상 전통의 일부를 형성하고 있을 뿐만 아니라, 고대정치사상과 근대정치사상을 연결해 주는 의미 있는 역할을 하기 때문에, 연구할 만한 가치가 있다고 저자는 생각했다. 그러나 연구를 막상 하려고 할 때 가장 큰 어려운 일은 자료를 수집하는 것이었다. 연구업적을 놓고 볼 때, 외국 연구는 상당한 수준으로 축적된 반면에, 국내 연구는 미비하였다. 그래서 저자는 먼저 외국 자료들을 수집하면서 중세정치사상연구에 필요한 기본 골격을 형성하였고, 이러한 골격을 중심으로 중세정치사상에 관한 논문들을 지속적으로 발표하였다. 어느 의미에서 본서는 저자가 수행한 중세정치사상에 관한 연구업적의 최종결과물이 된다고 조심스럽게 말할 수 있다.

아직도 중세정치사상에 대한 우리 학계의 관심과 연구는 미비하다. 이같은 현상은 서구와 다른 역사적·문화적 조건들을 갖고 있는 우리의 현실에서는 이해될 수 있는 문제이다. 그러나 최근 우리나라 학문의 전반적인 발전수준에 비추어볼 때, 다소 아쉬운 대목이라고 저자는 생각한다.

본서는 중세정치사상을 개괄적으로 소개하는 책이다. 그러한 이유로 본서는 중세정치사상에 대한 심층적인 연구에 초점을 두기보다는 중세정치사상에 대한 우리 학계의 연구 결핍 상황을 조금이라도 해소시킴으로써 이 분야에 관한 후학의 연구를 진작시키는 데 초점을 둔다.

고대정치사상처럼 중세정치사상에서도 정치는 도덕과 불가분의 관계를 맺으면서 형성되었다. 그러나 중세시기에 종교는 인간생활 전체를 지배하고 규율하는 가치범주로 작용했다. 따라서 중세정치사상의 도덕도 종교에 의해 결정되었다는 점에서, 고대정치사상의 도덕과는 차이가 있는 것이었다.

중세정치의 종교적 특수성은 중세의 객관적 상황, 즉 '봉건주의' 그리고 '교회와 제국의 보편적 제도들'과 결부되면서 다양한 정치적 관념(political idea)들을 표출시키는 토대가 되었다. 로마제국의 멸망으로 조성된 중세초기의 분열적이고 혼란한 상황이 종교의 영향으로 안정되면서, 교회와 제국은 보편적인 제도로서의 지위를 갖게 되었다. 특히 교회가 인간생활의 필요한 제도로서 인정받는 계기를 통하여, 그것은 점차적으로 제국에 도전할 수 있을 정도로 정치적 영향력을 행사하는 중요한 제도로 성장했다. 봉건주의의 분권적 정치구조에서 교회는 봉건영주들과 결탁해서 정치적 영향력을 확보할 수 있었고, 궁극적으로 황제에 도전해서 교황과 황제 또는 교회와 국가간 갈등상황을 만들었다. 중세정치사상의 대부분은 교황과 황제의 갈등으로 이해될 수 있다. 따라서 수많은 정치적 관념들도 이러한 갈등을 중심으로 양산되었다.

정치사상을 연구하는 방법은 일반적으로 시대별(period by period)로 연구하는 방법, 사상가별(thinker by thinker)로 연구하는 방법, 그리고 관념별(idea by idea)로 연구하는 방법 등의 세 가지가 있다. 본서는 이 세가지 연구방법들 중 관념별로 연구하는 방법으로 중세정치사상의 일반적 경향과 특징을 이해하려는 입장을 갖는다. 이러한 연구방법은 시대의 경과에 따른 특징적 경향 또는 정치사상가별로 중세정치사상을 이해하기보다는 중세정치의 특수한 조건에서 생성된 정치적 관념들을 의미론적으로 분석하는 주제별 또는 관념사적 방법이다. 물론 그것은 시대별 방법과 사상가별 방법을 겸용하지만, 중세시기에 특정의 정치적 관념의 구조적 변모과정을 체계적으로 설명해주는 이점을 갖고 있다.

본서는 수많은 사람들의 지원과 도움이 없었으면 출간이 불가능했기에 여기서 이들에 대한 간단한 소개로 고마움을 표시하려고 한다. 본서를 기획하고 편집하는 과정에서 아낌없는 도움을 준 이욱근 선생에게 심심한 사의를 표하고자 한다. 자료의 수집과 토의과정에서 개진된 그의 의견과 제안 그리고 본서의 편집·교정과정에서 그의 참여는 본서의 완성도를 높이는데 일조했으므로 저자가 특별한 마음의 빚을 그에게 지고 있음을 전하고자 한다. 또한 본서의 출간에 재정적 지원을 해준 한국연구재단과 관계자 여러분에 감사의 말씀을 전하고자 한다. 저자가 33년의 학문의 긴 여정에서 순수한 학자로서의 열정과 긍지를 꾸준하게 갖게 해준 아내 정미, 그리고 미국에서 의사와 박사과정의 학생으로 각기 바쁜 생활을 하고 있는 아들 성민과 딸 수현 등 모든 가족들에게 고마움을 표한다. 열악한 시장성에도 불구하고 본서의 출간을 허락해 준 박영사의 임재무 상무님과 편집·교정과정에서 수고해주신 직원 여러분들에게도 감사의 말씀을 드린다

끝으로 본서의 오류나 실수는 모두 저자의 책임을 밝히면서 앞으로 지속적인 개정작업을 통해 더 좋은 책이 될 수 있도록 노력할 것임을 약속드린다.

2019년 6월

잠원동 자택서재에서 저자

차 례

제 1 부 중세정치사상

제 1 장 서 언 / 13

제 2 장 중세정치와 정치사상 / 19

제 1 절 중세정치상황 ·· 19
    1. 봉건주의 ·· 19
    2. 보편주의 ·· 21

제 2 절 중세정치사상의 연원 ·· 23
    1. 기독교 원리 ·· 23
    2. 그리스·로마의 정치사상 ·································· 25
    3. 로마법 ·· 29

제 3 절 중세정치사상의 특징, 연구경향 및 주요 관념 ········ 33
    1. 중세정치사상의 특징 ······································ 33
    2. 연구경향 및 주요한 관념 ································ 34

제 3 장 인간본성의 개념 / 38

제 1 절 이원적 존재로서 인간의 개념 ······························ 38

제 2 절 어거스틴의 의지에 대한 강조 ………………………… 42

제 3 절 아퀴나스의 인간성 개념 …………………………………… 50

제 4 장 교회사회 / 56

제 1 절 교회의 개념과 교회사회 …………………………………… 56
　　1. 교회의 개념 ……………………………………………… 56
　　2. 어거스틴의 교회 개념 ………………………………… 57
　　3. 교회의 법인체적 개념 ………………………………… 59

제 2 절 교회의 성장과 교회사회의 형성 ……………………… 60

제 3 절 교회정부의 성격과 역할 ………………………………… 67
　　1. 교황주의적 입장 ……………………………………… 69
　　2. 세속주의적 입장 ……………………………………… 71
　　3. 교회회의론자들의 입장 ……………………………… 73

제 5 장 교권과 세속권의 관계 / 77

제 1 절 양검론 ………………………………………………………… 77

제 2 절 성직서임논쟁 ……………………………………………… 82

제 3 절 교황절대주의 ……………………………………………… 86
　　1. 교황절대주의 형성과정과 특징 …………………… 87
　　2. 절대주의의 구조와 기능 …………………………… 96
　　3. 절대주의의 원리와 체계화 ………………………… 100
　　4. 교황절대주의의 기능 ………………………………… 104

제 4 절 세속권의 논지 …………………………………………… 106
　　1. 세속권의 의미 ………………………………………… 106
　　2. 세속권의 논지 ………………………………………… 107
　　3. 세속권의 주요 사상가 ……………………………… 112

제6장 국 가 론 / 119

제1절 교부철학과 국가관념 ··· 121
1. 어거스틴의 국가 관념 ··· 122
2. 존의 유기체적 국가 관념 ··· 125

제2절 아리스토텔레스의 수용과 국가 연구의 부활 ················· 126
1. 토마스 아퀴나스의 국가 관념 ··· 127
2. 마르실리우스의 국가 관념 ··· 131
3. 오캄의 국가 관념 ··· 134

제3절 단테와 보편적 제국 ··· 135

제7장 법의 관념   139

제1절 다원주의와 관습법 ··· 141
제2절 법의 본질과 유형 ··· 145
1. 자연법의 원리와 구조 ··· 146
2. 만민법의 원리와 구조 ··· 156

제3절 교회법 ··· 158
제4절 실정법 ··· 160

제8장 대의제 관념 / 165

제1절 대의제의 원리와 대의기관의 발전 ··································· 165

제2절 마르실리우스와 오캄의 대의제 관념 ······························ 168
1. 마르실리우스의 대의제 관념 ··· 168
2. 오캄의 대의제 관념 ··· 172

제3절 교회회의론자들의 대의제 관념 ··· 175
1. 제르송의 대의제 관념 ··· 175
2. 니콜라우스의 대의제 관념 ··· 177

제 9 장 정치 권위의 관념 / 183

제 1 절 중세 초기 정치 권위의 관념 ···································· 183
  1. 왕의 정치적 권위 ··· 184
  2. 교부철학의 정치 권위 개념 ···································· 185

제 2 절 서임논쟁과 정치 권위의 문제 ······························ 187

제 3 절 아퀴나스의 정치 권위 관념 ································· 188

제 4 절 정치 권위의 인민적 기초 ···································· 192
  1. 마르실리우스의 정치 권위 관념 ······························ 193
  2. 니콜라우스의 정치 권위의 관념 ······························ 194
  3. 오캄의 정치 권위의 관념 ······································ 195

제10장 맺는 말 / 199

제 2 부   강독

제 1 장 양검론과 어거스틴의 신국 / 213

제 1 절 기독교인의 이중적 의무와 소극적 복종 ················· 214
  ❏ 가아사에게 세금을 바치는 것(마태복음 22장 15-22절) ·········· 214
  ❏ 그리도인과 세상의 관계(로마서 13장 1-7절) ····················· 215
  ❏ 선한 일과 소극적 복종(디도서 3장 1-2절) ······················ 216

제 2 절 양검론 ·· 216
  ❏ 교황 게라시우스 1세가 황제 아나스타시우스에게 보낸 서한 ····· 216

제 3 절 어거스틴의 신국 ·· 217
  ❏ 지상에서의 체류 ·· 217
  ❏ 신국과 지상국가 ·· 219
  ❏ 교회 ··· 222

제 2 장 교권과 세속권의 대립과 갈등 / 224

　제 1 절 교황절대주의의 논거 ································· 225
　　❑ 의무를 매고 푸는 권한(마태복음 16장 13−20절) ············· 225
　　❑ 내 양을 먹이라(요한복음 21장 15−17절) ················ 226
　　❑ 그레고리 7세의 교황교서 ······················· 227
　　❑ 이노센트 3세의 공경할 교서 ····················· 228
　　❑ 교황 보니파스 8세의 '하나이고 거룩함'교서 ············· 229
　　❑ 아에기디우스 로마누스 ························· 232

　제 2 절 세속권의 논지: 마르실리우스 − 권위의 근원 ············ 236
　　❑ 법의 개념 ······························ 236
　　❑ 법의 효과적 근거 ·························· 237
　　❑ 심판의 성질 ····························· 241
　　❑ 파문권 ······························· 243
　　❑ 교회의 수장 ····························· 244

　제 3 절 오캄의 인정법 ··························· 245
　　❑ "그러나 신법에 의하여" ······················· 245
　　❑ "인정법을 근거로 하지 않는 지배가 첫 번째로 소개되었다." ······ 245
　　❑ "더욱이, 우리는 전에 왕의 법이 있었다. 아니 오히려 사실은,
　　　 전에 어떤 왕들이 있었고, 어떤 사람에게 속하는 어떤 것들이
　　　 있었다는 사실을 성경에서 찾는다." ················· 246

　제 4 절 중간적 입장: 존(John of Paris) ················ 248

제 3 장 중세의 정부론 / 250

　제 1 절 어거스틴의 현실국가와 정의 ················· 252
　　❑ 자연적 선(善) ··························· 252
　　❑ 이성적인 영혼의 평화 ······················· 253
　　❑ 예속과 죄 ····························· 254
　　❑ 가정과 시민규칙의 조화 ······················ 255
　　❑ 정의없는 왕국이 어떻게 약탈과 같은가 ··············· 256
　　❑ 국가에서의 정의와 평화 ······················ 256

❑ 공화국과 진정한 정의 ·· 258

제 2 절 솔즈버리 존(John of Salisbury)의 유기체론과 폭군방벌론 ············· 259
❑ 중세의 유기체와 계약론 ·· 259
❑ 대역죄 ··· 260
❑ 폭군방벌론 ·· 261

제 3 절 아퀴나스의 정의, 법의 종류, 그리고 정부분류 ···················· 262
❑ 정의에 대하여 ··· 262
❑ 법의 본질 ·· 266
❑ 다양한 종류의 법에 관하여 ·· 273
❑ 정부분류와 최선의 정부형태 ·· 280

제 4 절 단테의 보편적 군주제에서의 평화와 조화 ·························· 285
❑ 세속적 군주제 ··· 285
❑ 제국의 권위 ·· 293

제 4 장 대의제의 원리 / 296

제 1 절 마르실리우스의 교회개념 ··· 298

제 2 절 오캄의 일반회의 ·· 299

제 3 절 니콜라우스의 법과 정부에서의 동의 관념 ························· 302
❑ 법과 동의에서 권위의 기초 ·· 302
❑ 대표위원회와 황제의 선출 ·· 310

참고문헌 / 319

찾아보기 / 327

제1부

중세정치사상

제 1 장 서   언

제 2 장 중세정치와 정치사상

제 3 장 인간본성의 개념

제 4 장 교회사회

제 5 장 교권과 세속권의 관계

제 6 장 국 가 론

제 7 장 법의 관념

제 8 장 대의제 관념

제 9 장 정치 권위의 관념

제10장 맺는 말

제1장

서 언

　중세정치사상은 고대정치사상과 마찬가지로 근대정치사상의 전통이 된다. 그러한 이유로 중세정치사상은 고대정치사상과 근대정치사상을 잇는 가교의 역할을 한다. 일부학자들은 중세가 기독교라는 종교에 의해 지배된 시기라는 점에서 정치사상의 전통이 단절된 시기로 규정한다.

　그러나 고대에 있었던 정치사상가들처럼 중세에 있었던 정치사상가들도 정치현상은 도덕 및 윤리와 밀접한 관련을 맺으면서 형성되었다는 전제에서 중세의 정치적 상황에 맞는 문제들에 대한 기본적 질문을 제기할 수 있는 정치사유를 전개하였다. 중세시기에 있어서 종교는 인간생활의 전체를 규율하고 지배하는 가치 범주로서 작용하였다는 점이 고려될 때, 중세정치에도 윤리적이고 도덕적 질문이 포함될 수밖에 없다.

　이러한 맥락에서 중세정치사상이 전개된 중세가 기독교라는 종교의 시대라는 이유로, 중세를 정치사상적 차원에서 접근하고 이해하는 노력이 무의미하다는 주장은 재고될 필요가 있다. 중세정치사상에 대하여 본서가 저술하고자 하는 목적은 우선적으로 여기에 기인한다.

　중세정치사상 연구가 갖는 중요한 비중에도 불구하고 현실적으로 학문적 관심과 연구는 미비한 형편이다. 특히 서구와 다른 역사적·문화적 조건을 갖고 있는 한국 현실에서 이러한 연구 상황은 더욱 두드러진다.

본서를 저술한 두 번째 목적은 중세정치사상에서 발견되는 정치사상적 논쟁과 정치적 관념(political ideas)들이 근대정치사상의 전통에서 원시적 수준이기는 하지만 근대정치사상의 전통에 내재된 주요 정치적 관념들의 시원(始源)이 된다는 점을 밝히는 것이다. 예를 들어 봉건주의는 근대적 수준에 비추어 볼 때 보잘 것 없는 과거의 제도에 불과 하지만, 그것의 주요한 특징인 충성과 계약의 관념은 서구정치사상의 주요한 지적 유산으로서 근대민주국가의 발전에 공헌하였다. 그 관념은 인민의 군주에 대한 충성심을 자극시켜 민족국가의 성장을 도모하는 역할을 하였다. 동시에 그것은 근대사회계약론자들이 절대군주의 권력 남용을 억제하고 피지배층의 권리를 보호하는 정치원리를 형성할 수 있게 한 밑거름이 됨으로써 지배층과 피지배층 모두가 법에 대한 복종심을 갖게 하는 정치적 결과를 가져왔다.

고대정치사상의 경우처럼, 중세정치사상도 종교라는 특수성을 갖고 있었다. 그런데 이러한 특수성은 봉건주의 그리고 교회와 제국을 정치적 조건으로 하여 구체화되는 양태를 취하면서 다양한 정치적 관념들을 표출시켰다. 본서는 그러한 관념들 중에서 중요하다고 생각되는 것들로서, 인간의 개념, 보편적 제도로서 교회의 개념, 교회와 국가의 관계(교권과 세속권의 투쟁), 국가(또는 정부)론, 법의 관념, 대의제 관념 및 정치 권위의 관념 등을 선정하여 중세의 전 기간 동안 그러한 관념들의 구조적·관계적 변모과정을 주요한 정치사상가들을 중심으로 분석하였다.

본서가 사용한 연구방법은 시대의 경과에 따른 경향(특징) 또는 정치사상가별로 이해하는 방식보다는 중세정치의 특수한 상황에서 표출된 정치적 관념을 의미론적으로 분석하는 주제별, 혹은 관념사적 이해 방법이다. 이 방법은 특정의 정치적 관념을 시대적 상황과 연결시켜 주면서 그 관념의 구조적·관계적 변모과정을 체계적으로 설명해 주는 이점을 갖고 있다.

저자는 약 30여 년 동안 대학에 재직하면서 정치사상을 강의하고 연구하여 왔다. 정치사상은 정치학 전반을 이해하는데 반드시 거쳐야 할 관문이자 기초영역임에도 불구하고, 대학 현장에서는 인기 과목의 강좌는 아니다. 여기에는 여러 가지 이유가 있다. 그런데 중세라는 시대와 중세정치사상이 한국의 역사적·정치적 경험 및 현실과 매우 동떨어져 있다는 사실 그리고 중세정치상의 연구가 고대정치사상과 근대정치사상 연구에 비해 수적(數的)으로 소수이어서 대학 강단에서 중세정치사상을 만나기가 매우 힘들다는 점은 대학생들이 중세정치사상에 대한 이질감을 느끼게 한 대표적 이유로 저자는 생각한다.

이러한 현실에서 저자는 연구자들과 학생들이 중세정치사상을 좀 더 가깝게 접근할 수 있는 방법을 고민하여 왔다. 이 같은 고민의 결과로서 본서는 세 가지의 방향으로 편집되어야 한다는 결론에 이르게 되었다. 본서는 먼저 크게 제1부(Part 1)와 제2부(Part 2)로 구성되었다. 첫 번째 방향이라고 할 수 있는 제1부에서는 7개의 주요한 정치적 관념들이 각 장을 구성하면서 체계적으로 설명될 것이다.

본서의 두 번째 방향이 표시되어 있는 제2부에서는 제1부에서 설명된 주요 관념들과 관련해서 필요한 중세정치사상가들의 원 저서들의 주요 부분을 발췌·번역하였다. 이러한 방향은 두 가지 목적을 갖는다. 하나는 중세정치사상가들의 원 저서 내 어려운 원문들을 쉽게 강독할 수 있도록 가이드를 제시하는 것이다. 다른 하나는, 그렇게 함으로써, 정치적 관념이 원문강독과 결부되어야만 더 잘 이해될 수 있다는 정치사상교육과 연구의 현실적 요구를 충족시키는 것이다.

세 번째 방향은 제1부의 정치적 관념들의 각 장 끝부분에서 토론주제(discussion topics)를 제시하는 것이다. 이는 대학에서 중세정치사상을 강의하는 연구자들이 강의에 참여하는 대학생과 대학원생들이 본격적으로 토론을 시작할 수 있는 계기를 제공할 것이다. 정치사상교육은 질문을 제기하고 질문에 대한 대답을 찾아가는 일련의 끊임없는 대화와 토론의 훈련과정이다. 그러한 훈련과정을 통해 학생들은 정치사상에 대한 깊은 이해에 도달함으로써 궁극적으로 자신들의 사색적·비판적 능력은 함양될 것이다.

제1부는 7개의 주요한 정치적 관념들이 각기 한 장을 구성하면서 중세정치사상가들이 그러한 관념들 하나하나를 어떻게 이해하고 분석하고 있는지에 대한 고찰을 통해 각 장에서 소개되고 있는 정치적 관념의 변화양상을 도출하려고 한다. 이러한 소개는 중세정치사상의 연구자뿐만 아니라 좀 더 수준 높은 교양지식을 갖고자 하는 학생과 일반독자들에게 중요한 가이드를 제시할 것으로 본다.

구체적으로 각 장이 다루고 있는 중심적인 주제를 살펴보면 다음과 같다.

제2장인 '중세정치와 정치사상'에서는 봉건주의와 보편주의 성격을 보이는

중세정치상황이 기술되며, 이 정치상황이 근대정치사상에 미친 영향이 검토된다. 더 나아가서, 기독교 원리, 그리스·로마 정치사상, 그리고 로마법이 중세정치사상의 연원이었음을 밝히려고 한다.

제3장에서는 중세의 인간본성의 관념은 신앙 또는 계시를 기반으로 하는 원죄의 개념을 중시하고 있다는 점에서 고대의 인간본성의 합리적 관념과는 다르다는 것을 지적하려고 한다. 중세초기에 신앙이 이성을 억압했지만 양자 간 관계는 중세시기에 전반적으로 보완적 관계이었음을 어거스틴(Augustine)과 아퀴나스(Thomas Aquinas)의 인간본성의 개념들의 체계적인 분석을 통해 구명하려고 한다.

제4장에서는 교회사회(church society)의 성장과정을 기술하려고 한다. 보편적 제도로서 교회의 성장과 함께 교회정부의 변화과정이 교황주의적 입장, 세속주의적 입장, 그리고 교회회의론자들의 입장에서 기술된다. 교회에 대한 어거스틴의 개념과 교회의 법인체적 개념이 다루어진다. 교황절대주의를 지지하는 입장은 어거스틴의 지상교회의 개념으로부터 영향을 받았고, 대의제 기구로서 일반회의(general council)의 역할에 주목하지 않았다. 어거스틴의 천상교회의 개념으로부터 영향을 받은 세속주의적 입장은 교회를 신도들의 모임체로 인식하는 법인체적 개념을 수용함으로써 일반회의의 기능회복을 통해서 교황권력의 절대화를 견제하고 교회정부의 정상화에 주목하였다. 교회회의론자는 교황의 법인체적 개념으로 교회개혁과 교회정부의 정상화를 시도하였다.

제5장에서는 교권과 세속권의 관계를 체계적으로 분석하려고 한다. 교황절대주의 형성요소들 중 종교적 요인들인 정신의 신체에 대한 우위, 신의 대리인으로서 교황, 모든 권력은 신으로부터 유래한다는 주장들과 역사적 요소들인 콘스탄티누스 양여, 대관식 및 종교 재판 등의 설명을 통해 정치이데올로기로서 교황절대주의의 성격을 구명하려고 한다. 그리고 교권과 세속권의 대립에서 세속권 주장자들이 제시한 양검론과 역사적 요인들에 대한 설명을 통해 세속권의 이론적 논거를 살펴보려고 한다 .

제6장에서는 국가 관념이 다루어진다. 어거스틴, 아퀴나스, 솔리스버리 존(John of Paris), 마르실리우스(Marsilio of Padua) 및 오캄(William of Occam) 등의 정치사상가들이 제시한 국가 관념들에 대한 분석을 통해 중세시기 국가 관념의 변화양태를 고찰할 것이다.

제7장에서는 법의 관념이 다루어진다. 중세시기에도 다른 시기와 마찬가지로 법과 정치제도는 불가분의 관계를 맺으면서 상호적으로 발전하여 왔다. 12세기와 13세기에 사회·경제적 구조의 변화 속에서 아리스토텔레스의 학문과 로마법 연구 분위기가 조장됨으로써 이 시기의 법률체제가 전반적으로 발전하는 결과를 가져왔다. 중세의 다원주의를 반영하는 관습법, 모든 법의 기준이 되는 자연법과 만민법의 원리와 구조, 그리고 로마법의 영향 하에서 체계화된 교회법을 설명하려고 한다.

제8장에서는 대의제 관념의 진화과정이 고찰된다. 자문기관, 제국의 선거인단 및 교회정부의 일반회의와 같은 대의제기관들이 공동체 혹은 인민의 동의를 제시하는 정치적 수단으로서 기능했음을 밝히고, 이러한 대의제기관들이 중세말기에는 대의제원리를 일종의 자연법원리로 발전시켜 근대적 대의제를 정착시키는데 기여했음을 지적하려고 한다,

제9장에서는 정치 권위의 관념이 다루어진다. 사적인 성격을 갖고 있던 중세초기의 왕권이 재산권으로 개념화되고, 정치 권위의 강제성과 국가의 필요성을 원죄의 결과로서 주장한 어거스틴, 아리스토텔레스의 국가 관념을 수용함으로써 이성과 신앙 간 조화를 바탕으로 정치 권위의 적극적 역할을 주장한 아퀴나스, 입법가로서 인민의 개념을 주장한 마르실리우스, 동의에 기초한 정치 권위를 자연법 원리로 주장한 니콜라우스, 그리고 인민이 통치자를 선출할 권리를 갖는다는 이론적 근거에서 정치 권위를 주장한 오캄이 소개된다.

마지막으로 결론에 해당하는 제10장에서는 각 장에서 다루어진 주요한 내용들이 요약되고, 중요한 주제들로 분석된 정치적 관념들이 근대정치사상의 주요 관념들과 어떤 연관성을 맺고 있는지가 설명될 것이다.

제2부에서는 제1부에서 다루어진 주요한 정치적 관념과 관련이 있는 중세정치사상가들의 원 저서들의 일부가 발췌·번역되어 소개된다. 그러므로 제2부는 강독으로 불리어지며 총 4장으로 구성되었다.

제1장에서는 기독교인들의 이중적 의무와 소극적 복종, 양검론 및 어거스틴의 신국에 대한 강독을 통하여 기독교인들의 종교적·정치적 입장과 양검론의 불안정한 성격이 소개된다.

제2장은 교권과 세속권의 갈등에 관한 장으로, 성서(Bible), 교황 그레고리 7

세의 교서, 교황 이노센트 3세의 교서와 교황 보니파스 8세의 교서를 통해 교황 절대주의의 이론적 근거뿐만 아니라, 마르실리우스와 오캄의 원 저서들을 통해서 세속권의 논지를 살펴보려고 한다. 아울러 교권과 세속권의 갈등에서 중간적 입장을 취한 존(John of Paris)의 원문이 소개된다.

제3장에서는 중세의 정부에 관한 원문 강독이 수록되어 있다. 어거스틴의 현실국가의 성격, 솔즈베리의 유기체론적 국가개념, 아퀴나스의 법과 정부의 개념 및 단테의 보편적 제국 등이 원문 강독을 통해 소개된다. 이를 통해서 중세시기 정부의 변화양태가 파악될 수 있을 것이다.

제4장에서는 대의제 원리에 관한 강독이 소개된다. 마르실리우스, 오캄 및 니콜라우스의 등의 원 저서들은 중세시기에 대의제 관념의 진화과정을 이해하는 데 도움을 줄 것으로 사료된다.

제2장

중세정치와 정치사상

제1절   중세정치상황

1. 봉건주의

　　게르만 민족의 로마제국 침입으로 조성된 대혼란은 5세기부터 시작되어 8세기까지 지속되었다. 이 시기는 정치적 질서가 결여된 무정부상태이었다. 여기서 중앙집권화된 정치·경제체제는 불가능하였고 정부는 필연적으로 소규모일 수밖에 없었다. 이같은 상황에서 지역을 기초로 하는 소규모의 정치·경제단위가 여러 곳에 형성되는 봉건주의로 출현하기 시작하였다. 그것은 도시국가가 고대를 지배한 것처럼 중세를 지배하는 정치·경제상황의 기본적인 형태가 되었다.[1]

　　봉건주의는 9세기부터 10세기에 걸쳐 다양한 형태로 정착되었다. 그리고 봉건주의의 사회·경제적 결과도 매우 상이하였기 때문에, 그것을 정확하게 정의하기는 매우 어렵다. 폴락(Pollock)과 메트랜드(Maitland)는 봉건주의에 대하여 다음과 같이 논평하였다.

---

1) Paul Vinogradoff, "Foundation of Society," in *Cambridge Medieval History*, ed. By J.B.Bury, 8 vols.(New York: Macmillan Co., 1913), 2:651−653.

봉건주의는 불행한 말이다. 첫째 그것은 사회의 복잡한 상태의 한 요소인 토지에 의존하는 소작인이라는 지배적 현상에만 관심을 갖는다. 그러나 이것은 관용적인 의미에서 봉건주의라고 부를 수 없는 시대에도 존재한다. 봉건시기의 특징은 토지의 임대인과 고용주 또는 대지주와 차용인간 관계가 아닌 영주와 가신간 관계 또는 이같은 쌍무적 관계들의 결합이다. 따라서 이러한 사실은 봉건주의보다는 영주–가신주의(feudo–vassalism)라는 용어가 더 적합할지도 모른다.[2]

봉건주의는 본질적으로 개인적 관계와 재산 관계를 포함하고 있다. 가신은 보호에 대한 대가로 영주에게 용역을 제공함은 물론 토지에 대한 소유권을 양도하고, 현물 또는 용역으로 임대료를 지불하는 소작인이 된다. 봉건영주의 권력은 제한되어 있다. 명시적 계약은 영주와 가신간 관계를 명확히 한다. 토지는 소규모적이고 산재되어 있었기 때문에, 봉건주의는 특정 지역 내에서 절대 권위가 지배하지 못하도록 하였다. 왜냐하면 봉건주의는 대영지(大領地) 안에서 여러 소영주들을 필요로 하고, 결과적으로 대영주는 완전한 주권을 소유할 수 없었기 때문이다.

이러한 맥락에서 중세시기 왕의 성격이 발견될 수 있다. 왕은 신민에 의해 선출된 공적 권위의 담당자이지만, 최고의 대영주로서의 역할만을 수행한다. 그는 분권화된 정치구조에서 실권이 없는 명목상의 통치자로서 존재한다고 말할 수 있다. 마찬가지로 중세의 법률도 주로 특정 지역에서만 적용되는 관습법의 형태로 존재하였다. 법률은 제정되는 것이 아니고 인간을 구속하는 것으로서, 이미 인정된 것을 선포하는 것에 지나지 않았다.

근대적 수준에 비추어 볼 때 봉건주의는 보잘 것 없는 과거의 제도에 불과하지만, 그것의 주요한 특징인 충성과 계약의 관념은 서구정치사상의 주요한 지적 유산으로서 근대민주국가의 발전에 공헌하였다. 그 관념은 국민들의 군주에 대한 충성심을 자극시켜 민족국가의 성장을 도모하는 역할을 하였다. 동시에 그것은 근대사회계약론자들이 절대군주의 권력 남용을 억제하고 피지배층의 권리를 보호하는 정치원리를 구축할 수 있게 한 밑거름이 됨으로써 지배층과 피지배

2) F. Pollock, and F. W. Maitland, *History of English Law*, 2 vols. (Cambridge: Cambridge Univ. Press, 1923), 1:66.

층 모두가 법에 대한 복종심을 갖게 하는 정치적 결과를 가져왔다.

2. 보편주의(universalism)

봉건주의와 함께 중세시대를 대표하는 또 하나의 지배적 원리는 보편주의이다. 지역주의와 분권주의가 특징인 봉건적 상황에서 제국과 교회는 점차적으로 중요한 제도로서 정착되어 단일의 보편적 사회의 형성을 가능케 하였다. 중세의 보편적 제도로서 교회의 역사적 발전은 그리스도의 출생과 근대민족국가의 대두의 긴 기간 동안에 이루어졌다. 그리스도교의 급속한 확장은 주로 성 바울(St. Paul)의 광범위한 선교활동의 결과라고 말할 수 있다.

그리스도교는 제국 내 노예와 거류 외국인과 같은 피지배적인 하층계급에로의 침투를 계기로, 그 교세가 더욱 확대되는 과정을 경험하였다. 마침내 그리스도교는 313년 콘스탄티누스(Constance) 황제에 의해 공인되었고, 테오도시우스 1세(Theodosius I)에 의해 394년 제국의 종교 즉 국교로서 채택되었다. 이같은 그리스도교의 확장 원인은 종교적이라기보다는 정치적인 것이었다. 왜냐하면 로마황제는 제국의 광범위한 세계를 지배하는데 있어서 강력한 힘을 소유하게된 그리스도교의 도움이 필요했기 때문이었다.[3]

그리스도교와 로마제국의 결합은 교회와 국가간 관계에 대한 새로운 정치이론을 요구하였다. 그 이론은 게라시우스(Gelasius) 1세에 의해 착안된 양검론(two swords theory) 또는 병행론(parallelism)으로서,[4] 제국은 세속적 문제를 그리고 교회는 정신적 문제를 각기 독자적 영역으로 하기 때문에 양 제도의 수장인 황제와 교황은 세속권과 교권을 각기 향유하게 된다는 것이다.

그러나 이같은 보편주의와 양검론의 결합은 게르만 민족의 로마제국의 침입으로 인해 지속될 수 없었다. 그 침입으로 로마제국은 동로마제국과 서로마제국으로 분열되었고 독자적인 지역교회의 출현이라는 정치적 결과가 발생하였다.

---

3) R.W. Carlyle and A.J. Carlyle, *A History of Medieval Political Theory in the West*, 4 vols.(London: Backwood, 1936), 1:176.

4) Ernest Barker, "Medieval Political Thought," in *The Social and Political Ideas of Some Great Medieval Thinkers*, ed. by F.J.C. Hearnshaw(London: George G. Harper and Co., 1923), 12.

로마제국의 중심이 서로마제국으로부터 동로마제국으로 이동되었고, 황제는 콘
스탄티노플을 새로운 수도로 지정하였다. 서로마제국의 교회는 지역을 기초로
하여 독립적이고 자율적인 실체로 발전하였다. 이에 비하여 동로마제국의 교회
는 제국의 정치적 권력의 비호하에 존립하였기 때문에, 그리스적 전통에서 이탈
하지 못하였다. 이같은 상황에서 로마교회는 제국의 권력으로부터 독립을 획득
하고 게르만 민족과 동맹을 맺게 됨으로써 그 우월적 지위는 인정받기 시작하였다.

    그러므로 제국과 황제 그리고 교회의 관념은 정치적 의미를 다시 갖기 시작
하였다. 프랑크제국(후에 칼롤링제국)의 황제와 교황의 정치적 이해관계는 일치되
었고, 이로부터 보편주의는 다시 부활될 수 있었다. 찰스(Charlemagne) 대제가 즉
위식에서 교황 레오 3세로부터 로마제국의 왕관을 수여받을 때 교황과 황제의
이같은 상호 의존성은 최절정에 이르게 되었다. 이러한 관계의 지속은 이탈리아
의 군주에 대하여 우월적 권력을 추구하는 로마교황의 정책에서 뿐만 아니라, 보
다 광범위한 지역을 통제하기를 원하는 모든 세속적 통치자들의 열망에 의해 촉
진되었다.[5]

    카롤링(Caroling)제국은 찰스대제 이후 비효율적인 통치를 실시함으로써 쇠
잔의 길을 걷기 시작하여 결국에 분해되었다. 이후 962년에 독일의 군주인 오토
(Otto) 1세가 이탈리아를 정복하여 교황으로부터 황제로서의 인정을 받게 됨으로
써 신성로마제국이 성립되었다.

    그레고리(Gregory) 7세는 교황으로 즉위한 이후 교회를 개혁하여 보편적 로
마교회를 확립하려고 하였다. 그 노력은 교황 이노센트(Innocent) 3세까지 지속되
었고 11세기말에 교회를 거대한 정치적 세력으로 인식하는 보편적 교회이론의
발달을 가져왔다. 그러므로 제국과 교회는 단일적 보편사회를 구성하는 중요한
제도로서 지위를 확립할 수 있었다.

    그러나 보편주의는 부활되었지만 양검론은 유지될 수 없었다. 그 이유는 주
로 그레고리 7세가 교회의 개혁을 통해 교황의 절대주의를 도모하였다는 사실에
서 기인한다. 즉 교황이 교회에 대한 절대주권을 확립하려는 과정에서, 교황은
동등한 지위와 권한을 소유하고 있는 황제의 역할을 축소시켜 교회의 주도하에

---

5) W. A. Dunning, *A History of Political Theories: Ancient and Medieval*(New York: The
   Macmillan, 1955), 143.

보편적 사회를 통일시키려고 하였다. 이는 또한 게라시우스 1세의 양검론은 애매모호하여 현실적으로 적용하는 데 많은 어려움이 있다는 사실과 함께 교권과 세속권 간 격렬한 투쟁을 예고하는 것이었다.

제2절   중세정치사상의 연원

1. 기독교 원리

초기 그리스도교인들은 정치원리에 대하여 별다른 관심을 보이지 않았다. 그들은 두 개의 국가, 즉 세속국가인 로마제국의 시민인 동시에 신국의 신민이었지만, 그들의 종교적 신앙의 특성상 후자에 더 많은 비중을 두었다. 따라서 종교적 생활에서 개인의 도덕성이 중요시 되었던 반면에, 정치적 생활에서 정부의 권위는 중요시 되지 않았다. 성서의 여러 구절에서 알 수 있듯이, 세속적 생활에 대한 거부, 부에 대한 경시, 그리고 노예에 대한 무관심 등은 기독교인들이 갖는 태도를 표명하는 것이었다.

그리스도는 자신이 확립하려고 하는 정신의 왕국(신국)을 세속의 왕국과 구별하였고 자신은 세속적 사항에 관심이 없다는 주장을 함으로써 자신과 로마당국을 연계시키려는 모든 시도를 회피하였다. 이와 같은 동일한 정신이 또한 사도행전에 나타나고 있다. 세속적 권력에 대한 소극적 보장이 권장되었고 정부는 지상에서 신의 의지를 수행하는 수단으로서 생각되었다. 사도들(Apostles)은 기독교인들에게 온유함과 겸손의 자세를 견지하면서 국가권력에 복종하는 것을 가르쳤다. 그들은 세속권력에 대한 불복종은 국가가 교회의 교시에 간섭했을 경우에만 인정하였다.

그럼에도 불구하고 기독교 세력이 확장하여 점진적으로 사회와 정치에 대해 영향력을 행사하기 시작함에 따라 기독교의 종교적 원리들은 정치적·사회적 의미를 갖게 되었다. 예컨대 자연법, 인간평등의 원리 그리고 정부에 관한 태도 등은 신약성서에 언급된 원리들 중에서 가장 중요하게 취급될 수 있는 것이었다.

성 바울은 법률의 사항을 자연적으로 준수하는 이방인을 언급하였는데, 여기서 그는 인간의 마음에 새겨지고 신에 의해 계시된 자연법의 개념을 암시하고 있다.[6] 자연법의 스토아적 관념은 교부철학자들에 의하여 수용되어 중세정치사상의 중요한 요소가 되었다.

또한 사도들은 인간평등의 개념을 스토아(Stoics)학파로부터 받아들였다. "신의 보편적 부권(父權) 그리고 모든 계급과 국민은 그리스도 안에서 하나이다"[7]라는 교시는 세계 모든 지역에서 인간본성의 동일성의 개념과 인간평등의 신념에 이르게 되었다. 그러나 노예문제에 대하여 초기 그리스도교인들의 태도에 일관성이 없었다. 신 앞에서는 자유인과 노예의 차이는 존재하지 않는다. 노예제도는 인간의 신체만 통제할 수 있을 뿐이지 정신은 통제할 수는 없다. 성 바울은 우리 모두가 그리스도 안에서 하나이기 때문에 노예도 자유인도 있을 수 없다고 주장하였다.[8] 그러나 노예제도는 인간의 제도로서 인정되어 불법적인 것으로 간주되지 않았다. 노예들은 사실 그들의 주인들에게 충실하게 복종하도록 권고되었다.[9]

마지막으로, 신약성서는 정부의 본성에 대해 명확한 이론을 교시하고 있다. 시민정부는 신으로부터 권위가 유래된 신적 제도로서 간주된다. 국가에 대한 복종은 정치적 필요성에서 뿐만 아니라, 종교적 의무로서 모든 그리스도교인에게 요구되는 것이었다. 국가는 정의를 유지하기 위해 존재하고 그것의 통치자는 신의 봉사자이기 때문에 복종은 본질적일 수밖에 없는 것이었다. 이와 같은 관념들은 사도들에 의해 인정되었는데, 그 이유는 초기교회가 로마정부와의 관계를 조정할 필요성뿐만 아니라, 초기 기독교 사회에서 무정부적 상황을 타개하려는 욕망 때문이었다.

기독교의 국가론은 정부가 인간의 적절한 발전에 필수적이다라는 후기 스토

---

6) 로마서, 2장 12절－14절 참조. 특히 14절은 "율법없는 이방인이 본성으로 율법의 일을 행할 때는 이 사람은 율법이 없어도 자기가 자기에게 율법이 되나니"라고 함으로써 그리스도교인은 물론 이방인에게도 유일한 자연법을 시사하고 있다.
7) 사도행전, 18장 28절.
8) 골로새서, 3장 11절.
9) 골로새서, 3장 22절: "종들아, 모든 일에 육신의 상전들에게 순종하되 사람을 기쁘게 하는 자와 같이 눈가림만 하지 말고 오직 주를 두려워하여 성실한 마음으로 하라."

아학파의 관념에 기초하고 있다. 기독교 사상가들은 국가에 대한 에피큐로스(Epicurus)의 태도보다 스토아학파의 태도를 수용하였고 인간사회에서 신적 질서의 기독교적 개념을 첨가하면서 중세정치사상의 기초를 마련하였다. 교부철학자들은 정부의 궁극적 권위는 만물의 창조자인 신으로부터 나온다는 것을 교시하였다. 정부는 신적인 제도인 반면에, 교부철학자들에게 있어서 정부는 인간이 순수한 상태에서 강제적 권위를 필요케 하는 영락한 상태로 타락한데서 오는 원죄의 결과인 것이다. 즉 교부철학자들에게 있어서 정부는 인간의 사악함에 대한 신적 구제책이었다.[10] 그런데 강제력을 필요악으로 간주하려는 이같은 태도의 변화는 정부의 중요성을 감소시키는 대신 정부의 입장을 강화시키는 경향을 초래하였다.

그러나 기독교가 로마의 종교로 공인된 뒤에 기독교는 조직을 정비하고 재산과 권력을 획득하였고 더 나아가 계서적인 교회의 체계를 수립함에 따라 결국 기독교의 새로운 정치적 태도가 출현하기 시작하였다. 교회가 이제는 황제와 동일한 권리와 위엄을 갖게 되었다. 로마교황은 황제에 대하여 정신적 및 도덕적 사항에 대한 권한을 행사하기 시작하였다. 교회가 자신의 고유한 자율적이고 의식적인 독립을 더욱 주장함에 따라서 이러한 경향은 교황의 절대주권론으로 발전하였다.

2. 그리스·로마의 정치사상

158개의 도시국가로 구성된 그리스 세계는 다양한 정치적 경험의 혜택으로 풍부한 정치사상을 발전시킬 수 있었다. 이들 도시국가들은 상이한 종류의 시민들을 만드는 경향이 있었다. 예를 들어 민주적으로 통치된 아테네인들은 과두적으로 통치된 코린도인들과는 다른 성격을 갖게 되었다. 또한 도시국가들이 상이한 종류의 시민들을 만드는 경향, 즉 '노모스(nomos)'로 이해되는 법률과 인습의 다양성을 가져왔다. 그런데 법률이 다르다는 사실 즉, 어느 국가에서 정당한 것이 다른 국가에서 부당한 것이 된다는 사실은 '노모스'의 타당성의 문제를 제기시켰다.

---

10) Carlyle and Carlyle, 1:153.

　기원전 5세기말 '노모스'는 순수한 자연을 의미하는 'physis'와 대조되었고, 그것은 정치 및 도덕이론의 형성에 기여하였다.[11] 그리이스 학자들 중 일부는 생활에서 가치있는 것은 노모스보다 문명에서 기인한다고 주장하였다. 또 자연을 자신들의 표준으로 간주한 다른 사람들은 매우 상이한 결론들을 제시하였다. 그들 중의 어떤 사람은 신이 인간 모두를 자유롭게 하고 자연이 누구도 노예로 만들지 않는다는 근거에서[12] 노예제도를 비난하였고, 다른 사람은 강자가 약자를 지배하거나 노예화하는 것이 자연법이라고 주장하였다.[13] 반면에 키닉스(Cynics) 철학자들은 사회와 인습을 포기하고 자연에 의한 생활을 선호하였다.

　그러나 플라톤과 아리스토텔레스는 노모스와 자연의 이같은 대조를 인간은 본성상 사회적 존재라는 논거에서 조화시켰다. 플라톤의 『국가론』(The Republic)은 정의에 대한 광범위한 대화편으로서, 사회적 존재로서 인간의 상호 필요성과 전문화의 원칙에 의거하여 국가의 기원을 설명하였다. 그러나 그의 국가론은 선의 이데아의 형이상학적 원리의 확립을 통해 철인왕이 통치하는 이상국가였다. 철학자가 지배해야 한다는 근거는 그가 사물의 본질을 이해할 뿐만 아니라, 정의에 대한 올바른 지식을 소유하고 있다는 점에 있었다.

　다소 다른 동일한 원리가 플라톤의 후기 저서인 『법률론』(The Laws)과 『정치가론』(The Statesman)에 기저하고 있다. 『법률론』은 차선국가를 위한 입법의 중요성을 제시한 저서로, 법률을 인간 모두에게 있는 불변적 이성의 배분이라고 하였다. 그것은 인간의 사회적 생활에 신적 이성을 적응하려는 시도라고 할 수 있다. 『정치가론』은 "최고권력이 비융통적인 법률이 아닌 실제 지식을 소유하고 있는 왕에게 있는 것이 최선이다"라는 논리에서 현인정치를 강조하였다. 그에게 있어서 정치는 인습과 법률의 문제라기보다 전문성과 실제적 지식을 요구하는 기교로서 파악되었던 것이다.

　플라톤의 정치이론에 대한 관심은 경험적 관점에서 아리스토텔레스에 의해

---

11) T.A. Sinclair, *A History of Greek Political Thought*(London: Allen and Unwin, 1952), 48-51.

12) Aristotle, *Rhetoric*, 1373b18 또는 G. Sabine and T. Thorson, *A History of Political Theory*(Hinsdale, Illinois: Dryden Press, 1973), 43.

13) Plato, *Gorgias*, 483e. 여기서 칼리클레스(Callicles)는 자연은 힘의 지배라는 논거에서 정의는 강자의 권리라는 주장을 하였다.

지속된다. 그의 『정치학』(Politics)은 구성상에 있어서 문제가 없는 것은 아니지만, 상당한 정도의 역사적 탐구에 기초한 국가이론서이다. 아리스토텔레스는 이상국가 모델의 제시는 물론, 현존하는 다양한 국가의 형태를 체계적으로 분석하여 정치적 변화를 억제하고 정치적 안정을 꾀할 수 있는 처방책도 제시하고 있다. 더우기 그 저서는 정치사상의 근본적 문제들이라고 할 수 있는 국가의 성격과 기능, 시민권의 의미, 선한 시민과 선한 인간의 문제, 헌법의 요소 등을 논의하고 있다. 이같은 주제들은 13세기 이후 중세의 정치사상에 대단한 영향력을 행사하였다.

아리스토텔레스 이후의 정치사상가들은 도시국가의 해체와 거대한 제국의 형성이라는 시대적 특성 때문에 정치공동체의 문제보다는 개인의 문제에 더 많은 관심을 기울이게 되었다. 그들은 정치공동체에서 인간의 생활이 충분히 실현될 수 있다는 신념을 포기하고 쾌락과 자연과의 조화 같은 개인의 심리적 자족감을 생활의 최종적 가치로 간주하였다. 따라서 정치는 기껏해야 윤리학의 소분야로서 인식되었다.

에피큐로스는 인간이 본성적으로 사회적이다라는 주장을 부정하면서, 정의는 인간 진화의 특정 단계에서 편의성에 의해 행해지는 인간에 의한 서약이라고 정의하였다. 이와는 대조적으로 스토아 철학자들은 공적생활에의 참여를 권장하고 자연으로부터 정의를 도출하고 있다. 그들은 인간은 정치적 동물 또는 합리적, 사회적 그리고 감성적인 동물로서 간주하였다. 스토아학파는 인류의 단일성과 보편적인 세계질서의 개념의 확립을 통해 로마제국의 지배적인 정치적 이념으로서의 위치를 차지하게 됨으로써 체계적으로 발전할 수 있었다.

스토아학파의 자연법 관념과 인간 평등론은 로마 정치사상의 중심적 원리였다. 키케로(Cicero)의 주장에 의하면, 인간이 이성적 존재로서 사물에 대한 자연적 인식으로부터 정의에 대한 감각을 형성하게 되고, 이로부터 정당한 이성의 표현인 자연법이 존재하게 된다고 주장하였다. 키케로에게 있어서 자연법은 세계국가의 법으로서 보편성을 갖고 있기 때문에 모든 인간과 국민을 구속하며, 인정법은 자연법의 표현이며 적용이라는 것이다.[14] 또한 인간은 동일한 이성의 소유자로서 자연법을 공동으로 갖고 동일한 국가에 속한다는 의미에서 학식 및 재산

---

14) 조찬래, **고대정치사상**(대전: 충남대학교출판문화원, 2015), 79-80.

의 차별은 있어도 동등한 존재인 것이다.[15]

이같은 자연법의 원리는 로마 법학자들에게 실정법을 발전시킬 수 있는 기반을 제공하였다. 그러나 이 과정에서 그들은 주요한 관심을 공익에 두었으므로 자연법의 원리는 집단주의적 색채를 가질 수밖에 없었다. 이같은 자연법의 법인체적 해석은 암브로시우스(St. Ambrose)와 어거스틴(Augustine)에 의해 중세로 전달되었다.

마지막으로 그리이스·로마의 정치사상이 중세에 남긴 또 다른 주요한 유산은 군주제의 관념이다. 그것은 호머(Homer)시기에 형성되어 마케도니아 제국에서 이집트와 페르시아의 외국 전통과 융합되어 발전하였다. 디오게네스(Diogenes)는 군주는 3개의 기능, 즉 전쟁을 잘 수행하고, 정의를 분배하며, 신에 봉사하는 등의 주요 기능을 이행해야 한다고 하였다.[16] 장군, 재판관 및 성직자로서 이러한 세 가지 능력을 동시에 겸비한 군주는 세 가지 독특한 덕목을 소유해야 한다. 즉 그는 공포의 대상이 되어야 하고, 선해야 되고, 위엄이 있어야 한다는 것이다.

크노세폰(Xenophon)도 정부의 모든 행위에 있어서 훌륭한 군주의 기능은 사회질서 안에서 불변의 우주질서를 반영하는 정의를 확립하는 것이라고 하였다.[17] 이같은 군주제의 관념은 로마제국이 공화정을 채택하여 비교적 정치적 안정을 확립하던 시기에는 현실로 될 수가 없었다. 그러나 아우구스투스(Augustus) 황제 이후 로마 공화정이 쇠퇴하고 제정기에 들어가게 되는 시기부터 군주제의 관념은 부활되었고 황제 권한의 절대화 양상을 띠기 시작하였다. 이 시기에 훌륭한 황제들도 있었지만 대부분의 황제들은 헬레니즘시대의 군주처럼 국민들의 동의를 얻는 통치자의 개념보다는 신하에 의한 숭배의 대상으로서 신성을 가진 절대적 지배권을 소유하고 있는 존재로 인식되었다. 그 변형은 콘스탄티누스 황제 때에 완성을 보게 되었다. 그는 곧 신의 형상으로서 구원의 역할을 수행하였다. 인민의 목자로서 그는 불경스러운 과오의 더러움을 제국으로부터 제거시키고 자신의 보호를 받는 합리적 존재의 영령들을 신에게 제물로서 바쳐야 했었다. 이른

---

15) 조찬래, 81-82.

16) John H. Burns, ed., *The Cambridge History of Medieval Political Thought*(Cambridge: Cambridge Univ. Press, 1988), 26.

17) John Burns, 27.

바 헬레니즘적 군주의 관념이 기독교의 위장 하에 재현된 것이다.

콘스탄티누스 황제 이후 기독교 군주의 역할과 지위에 대한 논쟁은 대체적으로 두 가지 방향으로 활발히 전개하였다. 그 하나는 법률적인 견해를 대변하는 보수적 입장이다. 이 입장을 잘 대변하는 안디옥(Antioch)의 리바니우스(Libanius)에 의하면 황제의 기능은 법률을 단지 옹호하는 것에 지나지 않았다. 국가의 복지는 신과 인간에게 각자의 몫을 배분하는 권리와 의무의 영예스러운 질서에 달렸다는 것이다.[18]

이와는 대조적으로 암브로시우스는 황제가 지상에서 신의 의사를 집행하는 신의 섭정으로서 역할을 수행한다고 주장하였다. 그에 의하면 치자에게 요구되고 국가를 보존하는 길은 법률에 대한 복종이 아니고 정당한 종교적·도덕적 태도인 것이었다.[19] 따라서 황제는 온유함을 위해 법률을 유린해도 무방한 일이었고 그의 관료의 의무는 신의 형상으로서 그의 의지를 수행하는 것에 지나지 않았다.

3. 로마법

로마의 법률도 다른 국가의 법률처럼 변형과 발전의 진화과정을 경험하면서 체계가 갖추어졌다. 최초의 로마법은 종교적 규제, 관습과 정의, 그리고 일반적 관념의 혼성체였다. 그리스의 도시국가처럼 로마의 정치에서 종교가 중요한 위치를 차지했으므로 신의 직접적 명령과 인간의 관습이 암시하는 원칙을 구분하였다. 국가가 새로운 법률을 제정한다는 관념은 전적으로 부재하였으므로 로마의 최초 법전이라고 할 수 있는 12동법(Twelve Tables)도 시민들의 관습을 명시한 것에 지나지 않았다.

그럼에도 불구하고 12동법은 종교적 요소를 후면에 두었을 뿐만 아니라, 법률의 주요 원천으로서 관습의 중요성을 감소시키는 계기를 마련하였다. 법률은 점차적으로 권위의 기원과 원천에 있어서 국가의 의지로서 간주되기 시작하였다. 따라서 정치는 종교를 지배하고 법률은 성격상 세속화되는 경향이 대두하였

---

18) John Burns, 34.
19) John Burns, 34.

다. 이론적으로 12동법은 로마 사병(私兵)의 전 분야를 포괄하기로 되어 있었다. 그 법률의 변화는 그것을 해석하거나 또는 로마 시민의 동의 하에 영구적인 규정을 첨가하는 방식에 의하여 이루어졌다. 이러한 과정에서 로마법은 국가 의지를 대변한다는 원리가 확고하게 정착되었던 것이다.

로마 국가의 영역확장과 더불어 새로운 관념들의 소개로 로마법은 확대되고 자유로워져 더욱 발전되었다. 시민법이 12동법을 토대로 해서 성장했지만 범위에 있어서 협소하고 형식적이었다. 그것은 초기의 종교적 관념, 로마의 독특한 상황, 그리고 정의를 파괴하는 기술적 사항을 포함하고 있었다. 이와 같은 배타성과 경직성은 집정관(praetor)의 칙령, 법률 고문관의 반응 그리고 황제의 헌법 등에 의하여 차츰 해소되었다. 이들의 노력에 의하여 법률은 확장·합리화 되었고, 이 과정에서 만민법과 자연법의 관념이 나타났다.

기원전 4세기경 로마 공화정의 집행부 기능이 분화될 때 시민적 사법권은 집정관에게 수여되었다. 법률을 적용하는데 집정관은 그것을 해석하고 그 과정에서 새로운 원칙을 확립하였다. 그 외에도 집정관들은 직무를 수행하는데 지켜야 할 일반 원칙을 제시하는 칙령을 공포하였다. 이러한 칙령들은 전례를 형성하여 후임 집정관들을 구속하였고 로마의 법률 원칙과 관례를 수정하거나 확장하기도 하였다.

로마 황제는 학식있는 법률학자들에게 소송 당사자들의 분쟁에 대한 법적 호소에 답변할 수 있는 권리를 인정하였다. 그들은 다양한 법적 이념으로부터 제국 전체에 적용할 수 있는 일반 원리를 결정하였다. 그런데 여기에는 권리와 정의의 본성에 대한 면밀한 검토가 요구되었다. 따라서 그들은 정확한 법률적 정의와 분류에 의해 법률학의 과학적 체계를 수립할 수 있었다.

유스티아누스(Justinian) 황제는 이같은 작업을 체계적으로 수행할 의무를 담당할 위원회를 구성하였다. 트리아바니언(Triabanian)을 위원장으로 하는 위원회는 기존의 법률적 원리와 관계를 집대성한 로마법전(Corpus Juris Civils)을 완성하였다.[20] 그 법전은 4개 부분으로 구성되었고, 첫째 부분은 법전(Codex)으로서 하

---

20) 로마 법전에 대하여 다음의 문헌을 참조하시오. B.Moley, trans., "Titles 1," "Titles 2," "Titles 3," in *The Institutes of Justinian*, Book 1(Oxford: Clarendon Press, 1913); F. Dezaculta, ed. and trans., *The Institute of Gaius*, vol. 1 and vol. 2(Oxford: Clarendon

드리아누스(Hadrian) 황제시기부터 전해오는 제국 헌법의 수집과 수정을 포함하고 있었다. 그 법전은 12권으로 구성되었다. 제1권은 교회의 신념과 지위의 문제, 법률의 변천과 관리의 의무, 제2권부터 제8권은 신법, 제9권은 형법, 제10권부터 제12권은 비잔틴 제국의 행정법들을 각기 다루고 있었다.[21]

두 번째 부분인 법률휘찬(The Digest)은 유스티아누스 법전에서 가장 야망스러운 법전으로, 주로 울피아누스(Ulpian)와 바울(Paul)의 공동 노력의 결과로 간주된다. 그것은 법률학자들에 의한 기존 법률의 수정, 축소 및 재구성 등의 내용으로 구성되었다. 법률휘찬은 법학도들에게 어렵기 때문에, 개요집(The Institute)에 의해 보완되었다.

개요집은 가이우스(Gaius)의 매뉴얼에 기초를 둔 법률학의 안내서이다. 그것은 사법의 전체를 사람, 사물 및 행위로 구분하였고, 사물의 범주를 자연물과 취득, 상속과 의무 등으로 세분하였다.[22]

마지막으로 신법집(The Nouvellae)은 다른 세 개의 법전이 과거의 법률을 다루고 있는데 비해 성격 차원에 있어서 더 비잔틴적이고, 희랍어로 기록되었다.[23] 따라서 그것은 가장 늦게 로마 법전의 일부로서 포함되었다.

이러한 법전들에서 법률학자들이 가장 관심을 둔 분야는 분류문제로서, 그들은 일반 원칙의 문제와 함께 그것을 심도있게 다루었다. 가이우스는 법률 전체를 시민법과 만민법의 두 종류로 구분하면서 각 법률의 성격을 논하였다. 시민법(Jus Civil)은 각 국가의 법률로서 확립된 것을 나타내는데 반해, 만민법은 자연적 이성에 의해 확립되어 모든 인간 또는 모든 국가가 사용할 수 있다는 것을 의미한다고 하였다. 그는 자연법과 만민법을 구분하지 않고 동일한 것으로 간주하였다.[24]

그러나 울피아누스(Ulpian)는 만민법이 명확한 역사적 기원을 갖고 있을 뿐만 아니라 불합리한 인간 갈등, 투쟁 및 전쟁 부분에도 존재한다는 주장을 함으

---

press, 1946); W.Y. Elliott and N.A. Mcdonald, eds., *Western Political Heritage* (Englewood Cliffs, N.J.: Prentice Hall, 1959), 283－285.

21) John Burns, 43.
22) John Burns, 43.
23) John Burns, 43.
24) Arnold Jones, *Studies in Roman Government and Law*(New York: Praeger, 1960).

로써 양자를 구별하였다. 그에 의하면 사법은 세 가지로 분류될 수 있었다.

> 그것은 자연, 국가들 또는 도시의 교훈들로부터 형성될 수 있다. 자연법은 자연이 모든 동물에게 교시하는 것이다. 이러한 법은 인간 종족에게[만] 독특한 것이 아니고 모든 동물에 해당된다. … 이 법률로부터 남녀의 결합, 아동의 출산과 교육 등이 나온다. … 국가들의 법인 만민법은 인류가 준수하는 법이다. 후자는 모든 인간에 독특하고, 전자는 모든 동물에 속하는 한, 만민법이 자연법과 달라야 한다는 것을 이해하는 것은 용이하다. 그리고 도시의 교훈들은 시민법을 형성한다.[25]

그러나 바울은 이러한 문제를 다음과 같은 방식으로 다루었다.

> 우리는 법을 세 가지 의미에서 이야기 한다. 어느 의미에서 자연법에서처럼 공정하고 선한 것을 법률(만민법)이라고 부르기도 하고 시민법에서처럼 각 도시(국가)에서 다른 것보다 선호되는 것을 법으로 간주하기도 한다.[26]

이렇듯 그들은 자연법과 만민법을 명확하게 구분하지는 못했어도 자연법이 법률의 일반 원칙이 될수 있다는 사실을 부인하지는 않았다.

로마 법전은 또한 국가 권위의 원천을 다루고 있다. 로마의 법률 여론에 의하면, 모든 입법적이고 집행적 행위는 그들의 권위를 궁극적으로 인민들로부터 유래한다는 것이었다. 이러한 견해는 지속되었고 제정기간 동안에도 이론적으로 정확한 것으로 인정되었다. 이러한 의미에서 황제의 의지는 곧 법률이 되는데, 이는 시민들이 그렇게 되기를 원했기 때문에 가능한 것이었다.[27]

로마의 법률은 중세에 수용되어 정치사상을 형성하는 주요한 요인들 중의 하나로서 작용하였다. 자연법의 관념이 중세에 전래되어 신에 의해 인간의 마음에 이식된 보편적 신법의 기독교적 관념과 동일시 되었다. 로마 교회의 조직과 교회법 체계는 로마의 법적 관념에 기초를 두었다. 그리고 로마법의 연구가 중세

---

25) Arnold Jones, i, I.
26) Arnold Jones, i, II.
27) W.Y. Elliott and N.A. Mcdonald, 284.

중기에 다시 부활되었을 때 황제의 의지는 법의 원천이 된다는 로마 격언은 세속 국가 이론가들의 사상적 기초가 되었다.

제3절 중세정치사상의 특징, 연구경향 및 주요 관념

1. 중세정치사상의 특징

중세정치사상은 로마제국이 붕괴되고 기독교가 세력을 뿌리내리기 시작한 기원 5세기부터 중세가 해체되는 과정에서 근대민족국가의 객관적 조건이 형성되는 16세기까지 기간 동안에 형성·발전되었다. 이같은 전 기간을 몇 단계로 구분하여 중요한 사상적 특질을 다음과 같이 정리할 수 있다.

첫 번째 시기는 5세기부터 11세기말까지의 기간으로, 교회조직이 개혁을 통해 제도적 정비를 완료한 후에 봉건적 상황의 분권화된 세력에 대항하여 보편적 지위를 성취한 시기이다. 초기에 그리스도인들은 정치에 대하여 소극적인 태도를 견지했지만, 교회가 사회의 정치적 세력으로 성장한 상황에서, 그러한 소극적 태도는 더 이상 유지될 수가 없었다. 따라서 기독교인들이 정치에 참여하기 위해 기독교 교리의 세속적 적응이 필요하게 되었다. 어거스틴은 이같은 임무를 수행하기 위해 종합적인 정치사상체계를 수립하였다. 이 기간 동안에 게라시우스의 양검론이 창안되었고, 세계에 대한 수도원적 관념의 기초가 확립되었다. 또한 황제와 교회의 성직서임식 투쟁(investiture struggle)에서 한편으로 영토적 교회 개념을, 다른 한편으로 교회의 보편주의를 주장하는 사이에 거대한 이데올로기적 논쟁이 전개되었고, 그 논쟁에서 결국 교황이 승리하여 1100년경 교회는 강력한 세력으로서 중세정치의 중심적 위치를 차지하였다.

두 번째 시기는 1100년부터 1300년까지의 기간으로, 중세의 전성기(High Ages)라고 말할 수 있다. 이 기간은 대학의 부활, 아리스토텔레스의 재발견, 도시 생활의 확장 그리고 철학의 발달 등에 힘입어 중세정치사상은 더욱 세련되었다. 1200년에 교황의 권위는 최절정에 달했고 이교도의 문제가 중심적인 위치를 차지하였다. 로마법과 교회법 학자들은 보편적 기독교 사회에서 세속권과 교권의 독자적 역할에 대하여 토의하였다. 1200년 이후에 이같은 논의는 계속되어, 토마스 아퀴나스의 스콜라철학에 의해 중세정치사상을 체계화하는데 일조하였다.

세 번째 시기는 1300년 후반부터 16세기 초까지로 중세사회가 해체를 경험하는 기간이다. 도시 생활의 지속적인 확대, 봉건적 존재 양식의 축소 그리고 상업적 자본주의의 발달 등은 중세사회의 붕괴를 촉진하였다. 또한 강력한 교회의 권위도 약화되는 징후를 보였다. 교황이 프랑스 왕에 감금되는 이른바 아비뇽의 유수와 이에 따른 교회의 분열은 교황의 권위를 결정적으로 실추시킨 대사건들이었다. 거기에다 교회 성직자의 부패는 교회의 문제를 더욱 악화시켰다. 이 시기는 절대민족국가의 형성을 준비하는 세속주의적 정치이론과 교회의 개혁을 통해 교황의 권위를 재정립하려는 교회회의(conciliar movement)이론이 병존하는 전환기적 성격을 표시하고 있었다.

2. 연구경향 및 주요한 관념

이같은 중세정치사상의 주요한 특질들을 다각적인 방법으로 접근할 수 있다. 중세를 연구하는 많은 학자들은 중세정치사상이 대부분 종교적인 내용으로 구성된 특성을 갖고 있기 때문에 정치적인 내용만을 추출하는 것은 무의미하다는데 의견 일치를 보이고 있는 듯하다. 울만(Walter Ullmann)은 중세적 전망이 일반적으로 전체적 견해(a wholeness point of view)로 특징되기 때문에 중세정치사상은 종교적 시각을 중심으로 다차원적으로 분석되어야 한다고 주장하였다.[28]

중세정치사상의 연구에서 다루어야 할 두 번째 문제는 연구방법이다. 중세정치사상도 정치사상연구의 일반적 방법인 사상가별(thinker by thinker)로 연구하는 방법, 시대별(period by period)로 연구하는 방법, 그리고 개념 또는 관념별(concept by concept, or idea by idea)로 연구하는 방법들 중의 하나를 선택하거나, 또는 세 가지 방법을 혼용하는 방법들에 의하여 연구될 수도 있다. 이들 중 어느 방법을 택하느냐하는 것은 연구자의 전망과 판단에 의해 결정된다. 본서는

---

28) W. Ullmann, *A History of Political Thought: The Middle Ages*(New York: Penguin, 1975), 16.

중세정치사상을 철학가별 또는 시대별로 연구하는 방법보다는 관념별로 연구함으로써, 중세 기간 동안 그 관념의 구조적 변모과정을 고찰하고자 한다. 이러한 정치 관념사적 방법은 중요한 정치적 관념을 중세정치사상의 전통에서 왜곡시키지 않고 정확하게 이해할 수 있도록 하여, 그 관념의 의미를 밝혀주는 이점을 가지고 있다. 흔히 이 방법은 주제별 또는 개념적 접근법이라고 불리기도 한다.

기르케(Otto Von Gierke)가 1868년과 1881년에 출간한 책들은[29] 이같은 연구방법을 사용한 최초의 중세정치사상에 관한 저서이다. 그는 중세정치가 집단(결사)의 법칙이 이성적으로 적용될 수 있는 곳이다라는 전제에서 그 집단 개성의 모델에 의해 중세정치사상을 설명하려고 하였다.[30] 중세정치사상은 전체로부터 시작하지만 개인에 이르는 모든 부분적 전체(partial whole)에 본질적 가치를 부여할 수 있다는 것이다. 이 경우에 전체는 대우주(macro-cosmos)로서, 그리고 그것을 구성하는 모든 부분적 전체는 소우주(micro-cosmos)로서 각기 파악된다.[31] 기르케는 이같은 원리에 입각하여 (1) 교회와 국가의 단일성 (2) 조직의 관념 (3) 군주제 관념 (4) 인민주권의 개념 (5) 대의제 관념 (6) 개성의 관념 (7) 국가와 법률의 관계 (8) 근대국가의 형성 등을 중세 정치사상을 대표하는 중요한 정치적 관념들로 제시하였다.[32] 기르케 이후에 카알라일(Carlyle) 형제는 6권으로 구성된 저서인 『서구의 중세정치이론사』(A History of Medieval Political Theory in the West)를 출간하여 중세정치사상의 연구에 공헌하였다. 이 저서는 정치사상의 연구자들이 체계적인 관심을 주지도 않았던 주제적 또는 관념사적 접근방법을 사용하였다. 이러한 방법을 사용하여 선택된 주제들은 모두 정치사상의 주요한 주제들 또는 관념들로서 (1) 정치 권위의 원천과 본질 (2) 대의제도 (3) 법률의 우위 (4) 치자와 피치자의 계약관계 (5) 공동체의 권위 등이다.[33] 시블리(Mulford Q. Sibley)는 정치사상사의 측면에서 중세 정치사상의 주요한 공헌으로서 (1) 세속적이고, 영적 존재로서 인간의 개념 (2) 경제의 비경제적 목적에의 종속 (3) 종

---

29) Otto Gierke, *Political Theories of the Middle Age*, translated by F.W. Maitland(Boston: Beacon Press, 1958)
30) Otto Gierke, 6-7.
31) Otto Gierke, 7-8.
32) Otto Gierke, 9-100 참조.
33) Carlyle and Carlyle, 4: 7, 185, 191 참조.

교에 의해 통합된 법인적 생활 관념 (4) 대의제 관념 (5) 자연법 관념의 발달 (6) 교권과 세속권의 투쟁과정에서 출현한 자유의 개념 (7) 다원적 법의 관념 등을 들고 있다.[34] 루이스(E. Lewis)도 『중세의 정치적 관념들』(*Medieval Political Ideas*)에서 중세정치사상을 관념적으로 분석하였다. 그녀는 (1) 법의 관념 (2) 재산과 영주권 (3) 정치 권위의 기원과 목적 (4) 개인과 공동체 (5) 교회권위의 구조 (6) 제국의 문제 (7) 세속권과 교권 등[35]을 중세의 대표적 정치관념들로 선정하여 정치사상가들이 그것들을 어떻게 이해하고 있는가를 고찰함으로써 그러한 관념들의 구조적 변모과정을 체계적으로 기술하였다.

이같은 연구경향들을 토대로 해서 본서는 (1) 인간본성의 개념 (2) 교회사회(church-society) (3) 교권과 세속권의 관계 (4) 국가(정부)론 (5) 법의 관념 (6) 대의제 관념 (7) 정치 권위의 관념 등을 주요한 정치적 관념들로 선정하여 각 관념의 구조적 변모과정을 고찰하여 그것의 정치사상적 공헌을 평가하고자 한다.

---

34) M. Sibley, *Political Ideas and Ideologies*(New York: Harper and Row, 1970), 169.
35) E.Lewis, *Medieval Political Ideas*, 2 vols.(New York: Alfred Knopf, 1954) 참조.

Reading

교황 게라시우스

❑ 교황 게라시우스 1세가 황제 아나스타시우스에게 보낸 서한 ── 216

그레고리 7세

❑ 그레고리 7세의 교황교서 이노센트 3세 ───────── 227
❑ 이노센트 3세의 공경할 교서 ──────────────── 228

Discussion Topics

1. 중세를 고대와 근대를 잇지 못한 암흑의 시대로 읽어야 하는가, 아니면 근대 태동의 교두보로 읽어야 하는가?
2. 중세 봉건주의는 정치적 관념(political idea)의 차원에서 근대국가형성에 어떤 영향을 주었을까?
3. 기독교의 교회 운영 원리와 경험은 근대국가의 정치 운영에 어떤 영향을 주었을까?
4. 로마법은 교회가 보편적 제도로 성장하는데 어떠한 기여를 했는가?

제3장

인간본성의 개념[1]

제1절　　이원적 존재로서 인간의 개념

　　고대정치사상에서와 마찬가지로 중세정치사상에서도 인간본성의 개념은 다른 정치적 관념들을 뒷받침해 주는 근본적(underlying) 개념으로 중요하게 인식되었다. 종교가 절대적인 영향력을 행사하고 있는 중세 상황에서 인간의 개념도 합리적 인간에서 원죄의 인간으로 변화됨으로써 신앙 또는 계시가 인간본성의 중요한 요소로 부각되었다. 그렇다고 해서 고대정치사상에 중시되었던 인간본성의 이성적 요소가 아주 무시되었던 것은 아니다. 중세 전 기간 동안 신앙과 이성의 관계는 몇 차례 부침을 겪었지만 양자는 대체적으로 상호적 보완관계에 있었다.

　　그리스·로마의 고대정치사상은 인간을 이성적인 존재로 파악했기 때문에 인간의 탁월성도 사변적이고 실제적인 이성의 행사에 있다고 주장하였다. 이러한 주장은 인간이 이성을 소유하고 있는 합리적 존재로 인식되었으므로 이성의 발달을 통한 도덕생활의 완성을 최고 목표로 설정했음을 의미한다. 이성적 또는 합리적 생활은 이성의 발달을 통한 철학적인 사유 능력을 제고시켜 줌으로써 자족적인 삶에 이르게 해준다. 이성은 감정과 본능같은 다른 요소들보다 중요한 요

---

1) 본 장은 2013년에 충남대학교 사회과학연구소가 발간한 『사회과학연구』 제24권 제2호에 발표된 저자의 논문인 "중세정치철학에서 인간본성의 개념에 관한 연구"의 논의를 보충하고 확장하였다.

소로 간주되었기에 이성의 발달을 통한 인간 자체의 개선 없이는 도덕생활 또는 정치공동체의 진보는 불가능하다고 보았다. 따라서 인간의 이성적 능력은 이러한 진보를 가능케 해주는 토대로서 작용하였던 것이다.

기독교 사상가들도 이러한 자연적 이성에 의해 발견될 수 있는 사항의 중요성을 부인하지 않았다. 그러나 그들은 이성만으로 인간성의 문제에 대하여 완전히 만족할 만한 답변을 제공할 수 없다고 생각하였다. 기독교 사상가들은 이성에 의한 이성적 또는 합리적 생활은 인간의 발전에 필수적인 요소이기는 하나 인간의 도덕적 완성을 가져오는 충분한 조건은 되지 못한다고 생각하였다. 또한 죄를 갖고 태어난 인간에게 이성은 홀로 인간성의 문제에 대하여 만족스러운 답변을 제공해 주지 못하는 것이었다. 왜냐하면 기독교 사상가들은 신이 피조물인 인간과 특별한 방법으로 직접 의사소통하기 위해 그의 경험적 생활에 개입한다는 것을 믿었기 때문이다. 여기서 인간의 신앙 또는 신의 계시가 이성과 함께 기독교 정치사상체계에서 인간성의 문제를 설명해 주는 주요한 요소로서의 위치를 차지하게 되는 것이다.

중세의 전 기간 동안 이성과 신앙간 관계는 시대적 상황의 추이를 반영하면서 다양한 형태로 변화하였다. 중세초기에 교권과 세속권의 관계는 불안정적인 면은 없지는 않으나 비교적 균형적이었으므로 이성과 신앙의 관계는 보완적이었다고 할 수 있다. 특히 플라톤의 영향을 받은 소위 신플라톤학파가 이 시기 신학자들을 중심으로 형성되었기 때문인지는 몰라도 인간본성의 개념은 신앙과 이성을 동동한 수준에서 상호보완하는 관계로 인식해 인간의 발전에 절대적으로 필요한 요소들로 파악하였다.

그러나 세속권에 대한 교권의 상대적인 우위를 점하게 되는 11세기부터 13세기까지의 기간 동안 양자의 보완관계는 신앙이 우세한 양상으로 바뀌어졌다고 할 수 있다. 교황의 권력이 절대화되고 종교가 지배적인 가치 범주로서 군림하고 있는 상황에서 이성에 대한 신앙의 우위가 지속되는 추세가 나타났고 심지어는 신앙이 이성을 억압하는 극단적인 현상이 정상적인 상태로 받아들여지기까지도 하였다. 오로지 이 시기에 인간은 신앙을 매개로 종교에만 전적으로 몰입하였던 반면에, 이성은 전혀 아무 역할도 하지 못하는 이른바 이성이 마비되었던 것이다.

이러한 신앙 우위도 교권의 쇠퇴가 시작되는 중세말기에는 약화되었다고 말

할 수 있다. 13세기말부터 진행된 도시와 시장경제의 발달은 종교의 절대주의 또
는 신비화에 부정적인 영향을 주어 종교 자체의 세속화 또는 국가권력의 강화를
부추겼다. 교회보다는 국가권력이 강화되는 시점에서 신앙의 힘에 의해 억압되
어 왔던 이성은 자유롭게 표현할 수 있는 기회를 되찾았다. 그렇다고 해서 신앙
의 역할이 경시되었던 것은 아니다. 신앙은 이성을 억압할 만큼 절대적인 힘을
행사하지는 못하였을지라도 기독교적 인간에게는 필요한 요소로서 그 역할을 수
행하였다. 달리 말하면 이성의 자유로운 표현의 시기에 신앙은 인간의 이성을 보
조하는 필요한 요인으로서 그 역할이 바뀌었던 것이다.

　　이성과 신앙 간의 관계는 이같은 변화에도 불구하고 인간에게 신앙은 생활
에서 중심적인 위치를 지속적으로 차지하였다고 할 수 있다. 신앙이 이성의 보완
적 관계 또는 보조적 관계에 놓일 때도 인간은 신앙을 생활의 지배적인 가치요
소로 보았고 이를 통해서 인간이 직면하고 있는 모든 문제의 해결을 시도하려고
하였다. 인간이 신앙생활을 제대로 할 경우에만 신의 은총과 구원에 의해 자신을
원래 모습으로 회복할 수 있게 됨으로써 선한 도덕적 존재가 될 수 있다는 것이다.

　　구약성서에 나타난 기독교의 교리는 모든 인간이 신 앞에서 본질적으로 평
등하다는 관념과 이중적 존재로서 인간의 개념을 강조하고 있다. 인간은 모두 신
의 아들로서 신분, 지위 및 성별의 차이가 있을 수 없다. 바울은 인간평등에 대
해 다음과 같이 묘사하고 있다.

　　　너희가 다 믿음으로 말미암아 그리스도 예수 안에서 하나님의 아들이 되
　　었으니 누구든지 그리스도와 합하기 위하여 세례를 받은 자는 그리스도로 옷
　　입었느니라. 너희는 유대인이나 헬라인이나 남자나 여자나 다 그리스도 예수
　　안에서 하나이니라.2)

　　믿음으로 인간은 그리스도 안에서 모두 한 형제·한 가족이 됨으로 평등한
존재가 된다는 것이다. 또한 바울은 그리스도 안에서 인간의 평등을 시적인 말로
묘사하고 있다.

---

2) **갈라디아서**, 3장 26절-28절.

인류의 모든 족속은 한 혈통으로 온 땅에 살게 하시고 그들의 연대를 정하시며 거주의 경계를 한정하셨으니 … 우리가 그를 힘입어 살며 기동하며 존재 하느니라. 너희 시인 중 어떤 사람들의 말과 같이 우리가 그의 소생이니라.[3]

인간은 인종 피부색깔 또는 사회적 지위와 상관없이 평등한 존재가 될 뿐만 아니라, 그리스도 때문에 생존하고 움직이는 존재가 된다. 또한 인간은 그러한 존재로서 신성(divine)과 밀접한 연관을 맺게 됨으로써 신적 공동체의 구성원이 된다는 것이다.

이처럼 평등한 인간은 본질상 이중적 존재, 즉 그는 필멸의 신체와 불멸의 정신을 가지고 있다는 것을 교시하고 있다. 인간이 이 세상에서 생애를 마칠 때 그의 정신은 신체로부터 이탈하여 영원한 보상과 처벌을 받을 수 있다. 이때, 인간은 신체(육신)의 일보다는 영(靈)을 따르는 생활을 하는 것이 참된 신앙의 도리가 된다. 왜냐하면 육신의 길은 사망에 이르는 대신 영(靈)의 길은 육신의 부활을 통해 불멸의 상태에 이르게 되기 때문이다.

바울은 영의 길이 갖는 이점을 구체적으로 말하고 있다.

육신의 생각은 하나님과 원수가 되나니 이는 하나님의 법에 굴복하지 아니할 뿐 아니라 할 수도 없음이라. 육신에 있는 자들은 하나님을 기쁘게 할 수 없느니라. 만일 너희 속에 하나님의 영이 거하시면 너희가 육신에 있지 아니하고 영에 있으니 누구든지 그리스도의 영이 없으면 그리스도의 사람이 아니라. 또 그리스도께서 너희 안에 계시면 몸은 죄로 말미암아 죽은 것이나 영은 의로 말미암아 살아 있는 것이니라. 예수를 죽은 자 가운데 살리신 이의 영이 너희 안에 거하시면 그리스도 예수를 죽은 자 가운데서 살리신 이가 너희 안에 거하시는 그의 영으로 말미암아 너희 죽을 몸도 살리시리라.[4]

이렇듯 인간은 영의 생활을 통해 필멸의 육신은 부활될 수 있고 지복한 상태라고 할 수 있는 생명과 평안의 영원한 삶에 이르게 된다. 따라서 영의 생활은

---

3) **사도행전**, 17장 26절 - 28절.
4) **로마서**, 8장 7절 - 11절.

육신의 생활보다 더 의미있고 축복받은 삶이라고 할 수 있는 것이다.

정신이 영속적인 축복과 저주를 받느냐 하는 것은 다음과 같은 두 가지 사실에 크게 의존한다. 첫째 인간의 본성은 원죄에 의해 타락되었기 때문에 그는 신의 은총의 도움에서만 구제받을 수 있다는 것이다. 그는 구제를 받으려고 한다면 신적 구원과 지지에 의존해야 한다. 사실, 고대와 로마시대의 이성적 또는 합리적 인간 대신 원죄가 중심적 요소가 되는 인간의 개념이 출현하였다고 말할 수 있다. 그러므로 중세시기에는 신앙 또는 신의 계시가 이성과 함께 인간본성의 문제를 설명해 주는 중요한 요소로 부각되었다. 그리고 이성은 인간의 원죄문제를 해결할 수 없기 때문에 신앙이 필요하다는 것이다. 둘째 기독교는 인간은 자기 자신의 구제와 복지뿐만 아니라 동료의 행복과 복지에도 관심이 있어야 한다는 것을 교시하고 있다. 그리스도는 "네 이웃을 네 몸같이 사랑하라"[5]는 말씀을 하셨다. 그러므로 인간은 이성적 생활을 영위하는 자급자족적 존재가 아니라 죄 있는 존재로 인식되기 때문에 신의 은총과 타인에 대한 헌신적인 사랑을 통해 정신이 영원히 구제받을 수 있다는 것이다.

제2절   어거스틴(Augustine)의 의지에 대한 강조

현실주의적 입장에서 기독교적 인간의 개념을 체계적으로 묘사한 정치사상가는 어거스틴이다. 그는 인간의 선을 이성보다 의지에 중심을 두고 정의하였다. 그는 물론 인간의 합리성을 부정하지는 않았다. 신은 자신의 형상대로 이성적 인간을 창조하였다. 신은 인간이 육·해·공의 모든 창조물보다 탁월하도록 되기위해 이성과 지성을 구비하고 있는 정신을 주셨다.[6] 이러한 특징으로 인간은 땅, 바다와 하늘에 있는 모든 창조물보다 우수할 뿐만 아니라 그들을 지배·사용하는 권한까지도 갖게 되었다.

---

5) **누가복음**, 5장 43절, *마가복음* 12장 30절－32절, **마태복음**, 22장 37절－39절 등을 참조.
6) St. Augustine, *The City of God*, translated by Marcus Dods(New York: Random House, Modem Library, 1950), 407.

어거스틴은 신앙에서 인간의지와 선택의 중요성을 강조하고 있다. 이성보다는 인간의지와 선택에 의해 인간의 선을 설명하려고 하였다.

하나님에 대한 적은 인간본성이 아니고 인간의 의지이다. 이러한 의지가 하나님에 저항하게 되면 이러한 의지는 그의 착한 본성을 타락시킨다.[7]

그러므로 중요한 것은 선의를 갖고 하나님에 순종하는 생활을 하는 것이라고 할 수 있다. 그러나 그는 합리성보다 선의(good will)를 인간적 선의 특징적 표시로서 간주하였다. 아담과 이브도 선의의 존재로 창조되었으므로 그들의 의지도 선하고 그들의 욕망은 항상 그들의 의지에 종속되었다. 에덴동산에서 그들의 인간본성은 순수하고 협동적이었으므로 정치적 지배와 사유재산도 존재하지 않았다. 그러나 아담과 이브가 선악의 열매를 따먹는 선택으로 그들은 죄가 있는 존재로 타락하게 되었다. 아담과 이브의 죄로 말미암아 그 후에 태어난 모든 사람은 죄로부터 자유로울 수 없는 사악한 존재가 되고 말았다. 어거스틴은 그들의 선택은 하나님에 대한 불순종의 표시로서 그들의 욕망들(lusts) 즉, 지식의 오만, 지배하려는 충동 그리고 성에 대한 욕망 등에서 기인한다고 보았다.[8]

이와 관련해서 인간선택의 문제는 더 복잡하게 된다. 아담과 이브가 선악의 나무로부터 멀리 떨어져 있는 한 그들은 하나님의 의지를 위반하게 되는 선택을 하는 결정에 직면하지도 않았다고 할 수 있다. 이것은 인간사회를 위한 신의 목적이 인간의 모든 선택을 통해 직접적으로 성취되었다는 것을 의미한다. 동시에 그것은 악의 천사인 루시퍼(Lucifer)가 벌써 겪었던 타락의 과정을 아직 경험하지 않았기 때문에 선과 악을 실제로 알지 못한다는 것을 암시하는 것이다.

그러나 선악의 열매를 따먹은 이상 인간선택은 신앙과 더 밀접하게 관련되어 있는 문제가 되었다. 인간은 피할 수 없이 죄를 짓고 하나님은 이러한 죄를 미리 알고 계시지만 그는 자발적으로 죄를 짓는다고 할 수 있다. 인간이 지식을 추구할 수 있는 가능성도 열려 있는 반면에 그는 선으로부터 멀어질 개연성도 그만큼 존재하게 된다. 전자의 방향으로의 모든 단계는 후자의 방향으로의 단계

---

7) Randolf V.G. *Tasker, The City of God*, 2vols.(London: Dent and Sons, 1957), 1:346.
8) Tasker, 2:47–48.

와 관련되어 있는 것이다. 인간은 과학적 지식과 철학을 통해 신으로부터 독립을 주장하는 동안조차도 불행, 슬픔, 죽음 그리고 욕망의 지배 등을 다루는 방법을 알게 되었다. 인간의 순수성의 상실은 마치 유아의 성인으로의 성장과 같은 것인지도 모른다. 인간은 자율적인 반면, 그는 이러한 자율성에 대한 책임과 잘못된 선택으로 인해 발생되는 처벌을 받아야 한다. 인간의 선택은 선과 악이 섞여 있는 혼합적인 성격을 갖고 있다. 어거스틴이 말한 것처럼 그는 사실 어떤 악을 수반하지 않는 선택을 할 수 없는 것이다.

어거스틴의 인간성 개념은 몇 개의 중요한 신학적 교리로 구성되었다.

첫째 '신에 의해 창조된 인간은 선하지만 완전한 존재는 아니다'라는 것이다. 인간의 본래적인 의지의 선은 자신을 그의 적절한 목적 즉 완전성에로 이르게 한다. 그러나 어거스틴은 선의(good will)의 행사와 완전성을 동일시하지 않았다. 신이 아담에게 예정한 행복은 가변적인 창조물의 세계로부터 나와 불변적이고 근원적인 신(神)에 동화되는데 있다.9) 아담은 신의 비전을 향유하여 그의 불변의 불멸성에 참여하기로 되어 있는 것이다.10) 완전성은 에덴동산에서 발견되어지지 않는다. 그 낙원은 단지 완전성에로 가는 준비, 즉 인간 의지의 시험에 불과하다. 왜냐하면 신은 인간의 의지를 자유롭게 하였을 뿐만 아니라 선하게 만들었기 때문이다. 그러므로 아담은 필수적 법칙에 의해 자신의 완전성에 이르게 되는 것이 아니고 그것을 자유롭게 선택해야 하는 것이다. 만약에 아담이 정당한 주이신 하나님에게 복종하고 그의 계율을 지킨다면, 그는 죽음의 관여없이 축복받고 끊임없는 불멸성을 갖게 된다. 그렇기 때문에 인간은 원래 가능한 모든 대안의 상황에서 선 또는 악을 선택할 수 있는 무제한적인 자유를 갖고 있었다.

그러나 그가 자신의 자유로운 의지를 오만하고 불경스럽게 사용하여 하나님을 거역했을 경우 그는 죽음을 받게 되고 야수들과 마찬가지로 탐욕의 노예가 되어 생후에 있어서 영원한 처벌을 받게 된다.11) 아담과 이브의 선택으로 인해 인간은 잘못된 결정을 하게 되었고 그 이전의 에덴동산과 같은 상태로 회귀하지 못하게 되었다. 달리 말하면 잃어버린 순수성은 회복할 수 없는 것이다. 그러므

---

9) 조찬래, "중세정치철학에서 인간본성의 개념에 관한 연구," 350.
10) Dods, 406.
11) Dods, 406.

로 인간의 현 상황에서 반(半)은 자유의지 또는 타협적인 의지를 갖고 있는 존재가 되었다고 할 수 있다. 이러한 조건은 인간의지의 근본적인 정향을 조성하게 된다. 인간이 좋은 쪽 또는 나쁜 쪽으로 향하는 매일 매일하는 행위는 죄가 없는 것이 아닐 뿐만 아니라 그에게 있는 선택의 요소도 환상적인 것은 아니다. 이같은 선택의 행위는 자발성 즉 의지의 명백한 정의가 되는 것임이 입증된 자기결정적인 활동을 전제로 하고 있다. 어거스틴은 의지가 강요된다면 그것은 의지가 되지 못하다고 하였다.

아담이 신에 복종해서 불멸의 세계로 또는 불완전한 현실의 세계로 가느냐 하는 것은 그의 자유의지에 의한 선택의 문제인 것이다. 에덴동산의 낙원은 완전성으로 가는 준비 즉 인간의지의 시험에 불과한 것이다. 전자의 길을 선택하는 인간은 신에 복종하고 그의 계율을 지키게 될 것이고 죽음의 관여없이 축복받는 영원한 세계에 들어가게 되나 후자의 길을 택하는 인간은 자신의 자유로운 의지를 사용하여 하나님에 불복종하는 것을 나타내는 것이다. 어거스틴에 있어서 인간의 선은 신의 계율에 자유롭게 복종하는 데 의미가 있다. 불복종은 이같은 의지를 신으로부터 멀리하게 하여 인간을 사악한 존재로 만든다. 이런 경우 인간은 이성의 적절한 활동을 방해하는 탐욕의 노예가 된다.[12]

둘째, 어거스틴의 인간 개념에서 중요한 두 번째 원리는 아담이래 인간은 타락한 존재라는 것이다. 인간은 자신의 자유로운 의지를 신의 계율이 아닌 자신의 환상을 따르는데 사용하였다. 어거스틴은 이같은 경향이 인간의 자만심(pride)으로부터 나온다고 말하였다. 그 자만심이 인간을 악하게 만드는 가장 나쁜 요인이 된다는 것이다.

악은 인간 자체 내부에서 처음 시작하여 그를 공개적인 불복종으로 끌어 들이지 않는다. 사악한 일은 없으나 그것 이전에 사악한 의지는 있을지도 모르기 때문이다. 이러한 사악한 의지를 만드는 것은 모든 죄의 시작이 되는 것은 교만이 아니고 무엇이라 할 수 있는가?[13]

---

12) Tasker, 2:4.
13) Tasker, 1:43.

어거스틴에 의하면, 아담은 자신의 진실한 목적인 신을 자신으로 대치하게 되었다. 이러한 자만심으로 신을 부정하고 심지어는 자신으로 신을 대치하는 정도까지 이르렀다. 그의 정신은 그 자체가 일종의 목적이 되었던 것이다. 또 그 이후로 인간의 자만심은 창조주로서 신을 인정하지 않으려는 의지의 표시이며 죄의 근원이 되었다. 죄는 타락한 사랑 즉 영속적인 것이 아닌 세속적인 것, 또는 천상의 것보다는 지상의 것을 선호하게 한다. 인간이 사랑하는 것은 좋은 일인 반면에, 무가치한 대상을 사랑하는 것은 나쁜 일이다. 신은 홀로 순수하고 선한 존재이기 때문에 그에 대한 사랑은 사랑의 유일한 순수한 형태의 사랑이 된다. 어거스틴을 연구하는 유명한 학자인 길슨(Gilson)은 인간의 죄와 자유의지의 문제를 다음과 같이 기술하고 있다;

> 인간의 의지 내에서 훼손된 것이 존재한다. 우리는 훼손의 원인을 죄라고 부르고, 그것을 신에 의한 인간의 구제로 그리스도의 은총과 함께 치유하기로 하자. 만약 이러한 것이 이루어진다면, 철학가들에게 불가사의한 도덕적 생활의 경제성은 명료해 진다. 모든 사실을 고려할 때 이것은 중요한 원리가 된다. 왜냐하면 의지가 선을 행하기 위해 자신에게만 의존한다면 그것은 무기력해지기 때문이다.[14]

셋째 이같은 인간의지의 자만하고 사악스러운 경향은 비존재(non-being)로부터 나온다는 것이다. 인간의지가 본연의 모습이 되는 것은 그것이 신에 의해 창조되었기 때문이다. 그러나 인간의지가 신으로부터 멀어지는 것은 그것이 무(無: nothingness)로부터 나왔기 때문이다.[15] 인간본성이 무로부터 형성되는 한 그것은 사악해지는 경향 즉 신에 대한 반란이라는 자만스러운 행위에 빠지게 된다. 인간은 자기 충족적인 일에 열성일수록 신으로부터 더욱 멀어지게 된다.[16]

그러므로 어거스틴은 플라톤과 다른 방식으로 육체적인 존재의 실체를 인정했지만 존재 그 자체는 선하고 악은 진실한 존재의 기만적 현상 이상의 아무것

---

14) E. Gilson, *The Christian Philosophy of Saint Augustine*, translated by L.E.M. Lynch (New York: Random House, 1960), 159.
15) Dods, 460-461.
16) Dods, 460-461.

제3장 인간본성의 개념 47

도 아니라는 그의 교리를 포기하지 않았다. 어거스틴은 악은 선의 부재인 무존재이다라고 주장하였다. 모든 현존하는 것도 비록 저급한 상태에 있을지라도 무(nothingness)와 비교될 때 칭찬을 받는다. 이러한 무의 상태는 단지 개선될 수 있으나 선한 것은 되지 못한다. 왜냐하면 그렇지 않은 경우가 더 많다는 것을 경험으로부터 알 수 있기 때문이다.[17)

인간의지가 본연의 모습이 되는 것은 그것이 신에 의해 창조되었기 때문이다. 인간이 사악하다는 것은 그의 본질이 타락하였다는 것을 의미한다. 본질이 타락하지 않은 인간은 선한 존재가 될 수 있는 것이다. 그러나 인간의 본질이 타락했을 경우에도 그것이 본래의 상태로 있는 한 선한 존재가 될 수 있다. 사실 어거스틴은 성서에 대한 자신의 언급과 악에 대한 신플라톤적인 이론을 만족스럽게 연결시키지 못하였다고 할 수 있다.[18)

어거스틴의 마지막 신학적 원리는 죄가 있는 존재로서 인간이 하나님의 과분한 은총에 의해 구원받아야만 원래의 인간성을 회복할 수 있다는 것이다. 신은 죄의 상태에 있는 인간을 포기하지 않고 아담의 사악함을 보상하고 사악한 의지를 치유해 주고 인간생활에 신적 방향을 회복해 주는 구세주를 보내 주기로 약속함으로써 신의 영원한 생활의 가능성을 열어주었다.[19) 그리스도가 우리를 위해 대속함으로써 인간은 이러한 죄악의 상태로부터 벗어날 수 있는 길이 열려 있다는 것이다.

어거스틴은 바울의 말씀을 따르면서 그리스도께서 우리를 위하여 죽으심으로 말미암아 우리는 죄에서 사함을 받아 의롭다함을 받게 되었음을 지적하고 있다.

> 우리가 아직 죄인이었을 때에 그리스도께서 우리를 위하여 죽으심으로 하나님께서 우리에 대한 자기의 사랑을 확증하셨느니라. 그러면 이제 우리가 그의 피로 말미암아 의롭다 하심을 받았으니 더욱 그로 말미암아 진노하심에서 구원을 받을 것이니. 곧 우리가 원수되었을 때에 그의 아들의 죽으심으로 말미암아 하나님과 화목하게 되었은 즉 화목하게 된 자로서는 더욱 그의 살아나

---

17) John. H. S. Burnaby, *A Study of the Religion of St. Augustine*(London: Hodder and Stoughton, 1938), 265.
18) Burnaby, 32−34.
19) 조찬래, "중세정치철학에서 인간본성의 개념에 관한 연구," 352.

심으로 말미암아 구원을 받을 것이니라.[20]

그러나 현세적 고통과 의지의 자만과 자기 추구의 계속되는 경향은 종말까지 지속된다. 구원은 신의 약속을 믿는 사람과 그리스도의 재림전에 살았으나 신이 그리스도의 은총을 인간에 보낸 후에 신적 삶을 영위한 사람들에게나 가능한 것이다. 인간은 그리스도에서 구체화된 신의 구제력을 통해 구원받는다. 아담 한 사람의 범죄로 많은 사람이 정죄에 이른 것 같이 그리스도의 의로운 행위로 말미암아 많은 사람이 죄에서 해방되어 선한 존재가 될 수 있다. 그리스도의 하나님에 대한 순종은 사악한 인간을 의롭고 선한 존재로 만든다는 것이다. 이러한 구제에 이르는 첩경은 인간이 겸손의 덕을 소유하고 실천하는 일이다. 왜냐하면 이것이 없이 인간의 정당한 행동에 있는 기쁨의 선은 자만에 의해 왜곡될 수 있기 때문이다.[21]

어거스틴은 그리스도의 병든 인간성에 대한 치유책을 의사의 치유와 비유하여 제시하였다. 의사가 환자를 치료하는 방식과 마찬가지로 그리스도도 죄있는 자들로 하여금 고통과 번민의 컵을 마시게 하여 그들의 죄를 치유하도록 하였다. 이같은 구원은 원칙적으로 모든 인간에게 가능한 일로 여겨진다. 디모데전서 제2장 4절은 "하나님은 모든 사람이 구원을 받으며 진리를 아는데 이르기를 원하시느니라"함으로써 모든 인간은 구원을 받는 것이 신의 의사라는 것을 명백히 하고 있다. 구원을 통해 인간은 진리를 알게 되어 자유로운 존재가 되고 사랑이 있는 하나님의 자녀가 된다. 구원받은 인간은 플라톤학파와 다른 철학파의 생활방식에서 결핍되어 있는 신적 인간성을 갖게 되어 진정한 인간존재가 된다는 것이다.

어거스틴은 구원에서 중요한 것은 겸손해지려는 인간의 적극적인 노력에 의해서 신의 은총을 입고 구원의 확신을 얻는 일이라는 생각을 하였다. 그에게 구원도 인간의 의지와 선택의 결과라는 것이다. 그럼에도 불구하고 어거스틴은 모든 기독교인들이 구원을 받을 수 있다고 생각하지 않았다. 세례를 받지 않은 사람은 구제를 받지 못하는 것은 명백하다. 그렇다고 해서 세례를 받은 모든 사람

---

20) **로마서,** 5장 8절-10절.
21) Burnaby, 71.

도 구원을 확신할 수 없는 것이다. 이것은 그의 신국이 교회와 동일시 될 수 없는 충분한 증거가 된다. 왜냐하면 교회의 모든 신도들이 모두 구제의 자격을 갖추었다고 할 수 없기 때문이다.22)

어거스틴의 이같은 인간성의 개념은 고대정치사상의 인간성 개념과 명백하게 다른 것이다. 니버(R. Niebuhr)에 의하면, 고대정치사상가들의 주요한 정치적 문제는 정신이 신체적 자연을 통제하고 이러한 상태에 인간이 완전해질 수 있게 하는 인간의 환경을 구성하는 일이다. 왜냐하면 정신은 덕의 소재 즉 모든 충동을 통제할 수 있는 능력이 되는 반면에 욕망과 야망이 나오는 신체는 악의 근원이 되기 때문이다.23) 그들은 개인적 이성과 보편적 이성은 동일하다는 전제에서 인간본성의 개념을 설명하였다.

> "자아는 정신 이상의 것으로 그것의 목적을 위하여 정신을 이용할 수 있다. 자아는 사실로 정신·기억 및 의지의 기능을 초월하는 신비적 주체성과 고결함을 가지고 있다. … 어떤 사람의 자신을 조정시키려고 하는 합리적이고 자연적 철학을 무시하는 능력을 포함한 이러한 자아의 초월적 자유는 고대 및 근대 철학이 그것의 진실한 차원을 이해하기 어렵게 한다."24)

어거스틴의 인간성 개념은 성서적 전망에서 인간의 선택과 의지의 자유를 강조하고 있다는 점에서 급진적이라고 할 수 있다. 이러한 인간자유의 급진적 개념은 성서적 견해로부터 나오는 것이기 때문에 인간행태와 사회조직의 고정된 형태의 관념을 수용하기는 불가능한 것이다.25) 그러므로 어거스틴의 인간은 고전적 인간처럼 자연적 이성에만 의존하여 생활하는 유순한 존재가 아닌 것이다. 그는 인간이 고안한 합리적 질서로부터 이탈하여 신과 영원한 생활에 도달하는 곳에서 진정한 선을 향유하게 된다. 그런데 진정한 선은 정신적인 것이기 때문에 여러 사람들에 의해 공유되어도 감소되지 않는다. 왜냐하면 모든 개인은 다른 사

---

22) 조찬래, "중세정치철학에서 인간본성의 개념에 관한 연구," 352-353.
23) R. Niebuhr, "Augustine's Political Realism," in *Perspectives on Political Philosophy*, ed. by J.V. Downtown Jr. and D.K. Hart(New York: Holt Rinehart and Winston, Inc., 1971), 244.
24) Niebuhr, 244-245.
25) Niebuhr, 251.

람들이 갖는 그 선의 전체보다 적게 가지지 않고서도 전체를 가질 수 있기 때문
이다.[26] 그 선은 소유할 수 없는 성질을 갖고 있다. 따라서 그것을 공유하려는
인간의 노력과 비례하여 선의 증가가 있게 된다. 이같은 공유를 자극시키는 덕은
사랑과 그것의 완전한 형태인 박애(charity)이다. 인간은 이러한 덕목을 실천함으
로써 정신적이고 무한의 최고 선을 달성할 수 있고 정의의 완전한 생활형태에
가까워질 수 있게 된다.[27] 이는 신의 영원한 생활을 나타내는 진실로 정신의 아
름답고 완전한 질서의 결과이고 이러한 질서에 대한 인간의 의식적 인식은 신적
정신의 진실한 미를 구성한다.[28]

제3절   아퀴나스(Thomas Aquinas)의 인간성 개념

토마스 아퀴나스는 아리스토텔레스의 정치적 관념들을 중세 상황에 적용시
켜 새로운 종합적인 보편적 체계인 스콜라(scholasticism)철학을 완성하였다. 이러
한 적용에서 가장 큰 문제는 아리스토텔레스의 정치적 관념들을 뒷받침해 주는
이성과 신앙의 갈등 관계를 어떻게 조절하느냐 하는 것이었다. 아퀴나스는 양자
의 관계를 긴장과 갈등 관계가 아닌 보완적 관계로 정립했으므로 억압받던 이성
을 제대로 표현할 수 있었다. 신앙 또는 계시는 이성 위에 있는 것은 부인할 수
없지만 신앙은 이성에 결코 적대적인 관계로 보지 않았다. 그에게 있어서 신앙은
절대적으로 중요하지만, 그것은 이성을 한 차원 높은 수준으로 고양시켜 주는 역
할을 할 수 있다. 달리 말하면 신앙은 이성의 성취가 되는 것이다.

신앙과 이성의 보완적 기능은 아퀴나스의 인간본성의 개념에서 두드러지게
나타난다. 그는 인간은 이성을 소유하고 있는 합리적 존재로서 신앙적 생활도 충
분히 할 수 있다는 생각을 하였다. 인간은 이성과 신앙의 결합체로서 공동체적

26) Thomas M. Garret, "St. Augustine and the Nature of Society," *New Scholasticism*
(January, 1956): 23.
27) Tasker, 2:252, 2:266－267.
28) Anton－Herman Chroust, "The Philosophy of Law of St. Augustine," in *Philosophical
Review*(March, 1944): 200.

생활을 영위하는 것이 본성과 자연에 부합하는 것이다. 신앙만을 최고 가치로 여기는 중세 상황에서 아리스토텔레스가 강조하는 합리적 존재의 공동체적 생활의 자연성은 중시되지 않았다. 그러나 이성이 신앙의 보완적 관계로서 제 자신의 위치와 기능을 회복한 상황에서는 합리적이고 공동체적 존재로서의 인간의 본성과 자연성도 회복될 수 있었던 것이다.

아퀴나스는 인간을 이성과 신앙의 결합체로 파악하였다. 아퀴나스에게 있어서, 인간은 신체적 본질 그리고, 하나님과 유사하게 되는 합리적이고 정신적인 영혼을 소유하였기 때문에 피조물 중에 독특한 지위를 차지한다.[29] 모든 존재들 중에서 인간만이 신체와 영혼을 겸비하였기 때문에 이성과 신앙을 모두 필요로 하고 있는 것이다. 아퀴나스에게 있어서 신앙은 이성 위에 존재하는 것이지만, 그렇다고 하여 신앙이 이성과 결코 상반되는 개념은 아니다. 인간의 신앙은 이성의 실현을 완전하게 해주는 보조적 기능을 수행하는 것이다. 인간의 의지가 자연적 이성과 초자연적 은총의 결합을 통해 신을 사랑하고 불완전하게나마 그의 의지를 수행하려고 하는데서 인간은 진정한 자신의 모습을 정립하게 되고 신의 형상이 현실화된다.[30]

그러나 아퀴나스의 인간성 개념은 몇 가지 점에서 어거스틴의 그것과는 다른 특징을 갖고 있다.

첫째, 어거스틴은 아담에 의한 타락이 인간의 현재와 같은 심리적·사회적 상태에 책임이 있다는 주장을 하였다. 그에 의하면 에덴의 낙원에서 인간은 신을 완전히 알고 있었다는 것이다. 이와는 대조적으로 아퀴나스는 타락 전에도 인간은 신의 본질을 통해 그를 알지 못하였다는 것을 강조한다. 그는 이러한 주장을 최우선적인 것은 정신적인 것이 아니고 자연주의적인 것이라는 바울의 말씀에 기초하고 있다.

기록된 바 첫 사람 아담은 생령이 되었다함과 같이 마지막 아담은 살려주는 영이 되었나니. 그러나 먼저는 신령한 사람이 아니요 육의 사람이요 그 다

---

29) G. Sabine and T. Thorson, *A History of Political Theory*(Hinsdale Illinois: Dryden Press, 1973), 237.
30) 조찬래, "중세정치철학에서 인간본성의 개념에 관한 연구," 354.

음에 신령한 사람이니라. 첫 사람은 땅에서 났으니 흙에 속한 자이거니와 둘
째 사람은 하늘에서 나셨느니라. 무릇 흙에 속한 자들은 저 흙에 속한 자와
같고 무릇 하늘에 속한 자들은 저 하늘에 속한 이와 같으니.[31]

아퀴나스는 신의 본질을 통해 그를 아는 것이 정신적인 것이라고 하였다.
흙 속에서 나는 육(肉)의 사람이 되는 것보다 하늘에 속하는 신령한 사람이 되어
야 신의 본질을 알 수 있게 된다는 것이다. 그러므로 자연생활의 처음 상태에 있
는 최초의 인간은 신의 본질을 통해 그를 알지 못하였다. 아담은 완전하게 신을
알고 있었다. 그러나 그가 신의 본질에서 그를 알았다면 그는 소유하고 죄를 짓
게 되지 않았을 것이다. 아담이 원죄의 잠재성을 가지고 있다는 사실은 그가 이
러한 미를 소유하지 못했음을 의미한다. 에덴동산에서 인간은 행복했지만 그것
은 신적 본질의 비전에 있는 완전한 행복이 아니다. 따라서 아퀴나스에게 신령의
소유를 통해 신의 본질을 아는 것은 완전한 행복에 이르는 길이라고 할 수 있다.
　둘째, 아퀴나스는 어거스틴처럼 타락 전의 상태와 타락 후의 상태의 차이를
인정했지만, 그에게 있어서 이러한 차이는 중요한 의미가 없는 것이다. 타락 이
전에도 인간은 영원한 삶을 획득하기 위해 신의 은총을 요구하고 있다. 이같은
은총은 타락 이후 죄가 있는 존재가 된 인간에게 더욱 필요함은 두말할 나위가
없다.[32] 사악한 존재로서 인간은 죄의 용서와 자신의 약점을 치유하기 위해 신
의 은총과 구제에 의존할 수밖에 없는 상황에 놓여 있다고 보아야 한다.
　그러므로 타락 이전의 인간과 타락 이후의 인간도 이성을 소유하고 있는 합
리적 존재로서 신의 은총과 구원을 필요로 하고 있다는 점에서 큰 차이가 없는
것이다. 오히려 이들은 이성과 신앙의 발현을 통해 정치공동체 속에서 자신들을
발전시켜 나가는 중요한 과제를 갖고 있다. 아퀴나스는 전자의 이성보다는 후자
의 이성에 더 큰 비중을 두고 있음이 분명해 보인다. 왜냐하면 타락 이전의 인간
은 이미 완전한 상태라고 할 수 있는 순수한 상태에 있어서 이성의 계도를 많이
필요로 하고 있지 않는 반면 타락 이후의 인간은 공동체생활 속에서 이성과 신
앙의 고양을 통해 도덕적으로 뿐만 아니라 종교적으로 행복한 상태에 도달할 수

---

31) **고린도 전서,** 15장 46절을 참조.
32) Dino Bigongiari, ed., *The political ideas of St. Thomas Aquinas*(New York: Hafner
　　Press, 1975), 70−72.

있기 때문이다.

셋째, 아퀴나스는 인간과 정치공동체와의 관계에서 어거스틴과는 뚜렷한 대조를 보이고 있다. 아퀴나스는 정치사회는 인간 타락의 결과로서 생성되었고 죄에 대한 가공적인 구제책으로 고안되었다는 어거스틴의 주장을 거부하였다. 그 대신에 인간은 본질적으로 정치적·사회적 동물이라는 아리스토텔레스의 이론을 수용하고 있다.33) 어거스틴은 인간은 타락 이전의 순수한 상태에서는 국가와 같은 정치공동체가 필요치 않지만 타락의 결과로 인간은 죄가 있는 존재가 되었기 때문에 이를 통제하기 위한 적절한 제도로서 국가를 고안하였다고 보았다. 어거스틴은 타락 이전에 정부와 같은 제도가 존재할 이유가 없었고 동물은 인간에 의해 지배를 받지만 인간에 의한 인간의 지배는 있을 수 없다고 하였다. 그러나 아퀴나스에 있어서 인간과 동물 모두 타락 이전에 특정 인간의 지배를 받았다는 것이다. 타락이 어느 정도 지배의 본질에 영향을 준 것을 부인할 수는 없지만, 인간이 본질상 다른 사람에 복종한다는 원칙은 타락 이전과 이후에도 동일한 것이다. 그러므로 인간은 본질적으로 결합하려는 본능이 있으므로 여러 사회들은 정복 또는 사회계약에 의해서 생성되지 않았다. 인간은 공동체 구성원으로서 생활하지 않으면 그의 자연의 목적인 최선의 생활형태를 달성하기는 불가능한 일이고 이러한 공동체 생활은 신의 의지와도 일치하는 것이다.34)

마지막으로 토마스 아퀴나스는 인간은 공동체 생활에서 어느 정도 완전하게 될 수 있지만 이것이 인간의 궁극적 목적이 될 수 없다는 주장을 하였다. 이성적 존재로서 인간은 신의 은총과 구원의 혜택을 받아야만 최고의 행복한 상태에 도달할 수 있는 것이다.

> 인간이 자신의 마지막 목적을 달성할 때 그의 자연적 욕망은 정지하게 된다. 그러나 이것은 현재의 생활에서 일어날 수 있는 것이 아니다. 그러므로 인간은 현재의 생활에서 그의 적절한 목적으로 간주되는 행복을 획득할 수가 없다. … 그러므로 그는 사후 세계에서 그것을 획득할 수 있어야 한다.35)

33) Bigongiari, 175.
34) Bigongiari, 176.
35) A.P.D. Dentreves, *Aquinas' Selected Political Writings*, translated By J.G. Dawso(New York: Macmillan, 1949), 75-77.

인간의 궁극적인 행복은 신의 본질을 통해 그를 보는데 있으므로 인간의 자연적 이성의 지혜를 초월한 신적 은총을 필요로 한다. 따라서 인간의 공동체적 생활의 궁극적 목표는 덕스러운 생활을 영위하는 것뿐만 아니라 이러한 생활을 통하여 신의 기쁨에서 오는 완전한 행복에 이르는 것이다.[36]

---

36) Bigongirai, 172.

Reading

어거스틴

❏ 가이사에게 세금을 바치는 것 ——————————— 214

❏ 그리스도인과 세상의 관계 —————————————— 215

❏ 선한 일과 소극적 복종 —————————————————— 216

❏ 자연적 선 —————————————————————————— 252

❏ 이성적인 영혼의 평화 —————————————————— 253

❏ 예속과 죄 ————————————————————————— 254

아퀴나스

❏ 정의에 대하여 ———————————————————————— 262

❏ 정부분류와 최선의 정부형태 ——————————————— 280

Discussion Topics

1. 중세정치사상가들의 본성론을 사회계약론자들의 자연상태 속 인간 개념
   과 비교하여 설명하여 보자.

2. 플라톤과 아리스토텔레스의 인간 개념은 중세정치사상가들의 본성론 논
   의에 어떤 영향과 의미를 갖고 있는지를 설명하여 보자.

3. 어거스틴의 "지배충동성향(the libido dominandi)"은 정치에서 어떤 의미를
   갖는가? 권력을 획득하고자 하는 욕망인가, 아니면 적절한 사회적 조절을
   통해 치유될 수 있는 것인가? 인간 본성 속에 내재된 욕망구조는 인간본
   성론에 대한 중세적 이해에 어떤 단초적 역할을 할 수 있겠는가?

4. 제임스 메디슨(James Madison)의 "연방주의자논집(Federalsist)" 내 51번 조
   항을 보면, 견제와 균형간 역동성을 인간본성이 가지고 있다고 설명되었
   다. 메디슨의 이 견해는 어거스틴의 인간본성에 대한 견해와 어느 정도
   상응한다고 생각하는가?

제4장

교회사회(Church—Society)[1]

제1절   교회의 개념과 교회사회

1. 교회의 개념

신약성서에서 교회에 대한 언급은 그리 흔하지 않기 때문에 그것을 정확하게 정의하는 것은 대단히 어려운 일이다. 구약에서 교회라는 말을 사용하지 않은 것은 사실이나 교회를 뜻하는 "ecclesia"라는 용어를 사용하였다. 그것은 총회(신명기 9장 10절), 또는 회중(congregation, 열왕기상 8장 14절, 역대하 1장 5절)로 교회의 의미를 갖고 있었다고 할 수 있다. 신약에서 교회개념은 더 구체적인 의미로 사용되었다. 마태복음 16장 18절 "내가 이 반석 위에 내 교회를 세우리니 음부의 권세가 이기지 못하리라"를 시작으로 사도행전 고린도 전·후서 등에서 사도 바울이 실제적으로 교회 개념을 이해하고 사용하였다

마르실리우스는 중세시기 전체에서 사용되었던 교회의 의미를 다음과 같이 분류하였다. 첫째, 교회는 유일 정부 하에 있는 국민의 집합체로서 파악된다. 이러한 의미는 그리스인들이 사용하였다. 둘째, 교회는 성도들이 집합하여 신을 숭

---

1) 본 장은 2014년에 충남대학교 사회과학연구소가 발간한 『사회과학연구』 제25권 제1호에서 발표된 저자의 논문인 "중세시기에 교회정부의 변화과정에 관한 연구"의 논의를 보충하고 확장하였다.

배하는 사원의 의미로서 사용된 것으로 주로 로마인들이 수용한 개념이다. 셋째, 교회는 거기에 봉사하는 성직자 전체를 나타내는 의미로 사용되기도 한다. 이런 의미에서 교회의 개념은 로마 교회의 성직자를 나타낸다. 마지막으로 교회는 그리스도를 믿고 그의 이름을 요구하는 신도들의 단체를 의미한다. 이러한 정의는 초기의 기독교 시대와 사도들에 의해 익숙하게 사용되었으므로 가장 진실한 의미에서 규정된 것이다.[2] 이러한 의미에서 그리스도는 교회의 창시자로서 간주되므로 교회는 그리스도 성체의 신비에 기초하고 있다고 할 수 있다.

교회의 상징은 생명을 주는 그리스도의 성체에 신도가 참여하는 성찬식이다. 각 신도는 성 이냐시오(St. Ignatius)가 말한 것처럼 "영혼불멸의 약속"에 참여함으로써 교회의 진실한 일부가 되고 영원한 삶의 약속을 공유하게 되는 것이다. 신도들의 공동 멤버십은 그들의 새로운 동료의식의 시작을 나타내는 세례에 의해 더욱 상징화된다. 그리고 각 신도는 그리스도 성체 즉 교회를 위한 그리스도의 고난의 결손을 육신으로 보전해야 한다.[3] 그리스도가 인류에 대한 사랑 때문에 죽은 것과 마찬가지로 교회는 각 신도들간의 감정적 유대에 의해 결속되었다.

중세의 신학자들 대부분은 마지막 개념을 기본으로 해서 교회를 분석하였다. 어거스틴(St. Augustine)은 교회의 개념에 대한 체계적인 정의를 통해 교회의 성격과 역할에 대한 새로운 방향을 제시한 사상가로 평가된다. 그의 교회 개념은 이중적인 의미를 갖고 있어서 애매모호하다는 비판을 받았지만, 이후의 신학자들이 교회정부를 정립하는데 지대한 영향을 주었다. 따라서 어거스틴의 교회 개념을 우선 살펴보는 것이 순서일 것으로 본다.

2. 어거스틴의 교회 개념

어거스틴의 교회 개념은 애매모호한 성격을 갖고 있지만 종교계에서 중요한 위치를 차지하고 있다. 교회는 죄있는 인간이 신의 은총과 구원을 통해 원래의

---

2) W.Y. Elliott and N.A. Mcdonald, eds., *Western Political Heritage*(Englewood Cliffs, N.J.: Prentice Hall, 1959), 315 또는 **사도행전**, 1장 15절, 1장 25절과 **데살로니가전서**, 1장 1절을 참조.

3) Hans Leietzmann, *A History of the Early Church*(London: Lutterworth Press, 1951), 238.

진실한 존재로 회복하는 것을 가능케 해준다는 점에서 교회의 출현을 인간역사의 전환점으로 그는 파악하고 있다. 선과 악이 혼재한 현실국가에서 교회가 인간을 구제하는 역할은 매우 의미있는 일로 여겼던 것이다.

어거스틴은 인간이 신체와 영혼들로 구성되었다는 이원적 속성에 대응해서 지상교회(earthly or visible church)와 천상교회(heavenly or invisible church)로 구분해서 설명하고 있다. 전자는 소멸하는 신체의 성격에 대응하는 것으로 현실국가에서 교회의 계서적 조직을 특징으로 하면서 신국과 지상국가의 모든 구성원들을 포함하고 있다.[4] 반면 천상교회는 신국과 동일시했고 이러한 의미에서 신의 은총에 의한 인간 구원에 참여하는 모든 신도들의 결합체인 것이다. 그것은 신도들에 대한 충분한 권위를 갖고 진실한 기독교인이고 은총에 자격 있는 사람들로 구성되었다.

교회의 역할과 관련해서 지상교회는 천상교회보다 더 중요한 의미를 지니고 있다고 할 수 있다. 지상교회는 지상국가의 구성원들을 포함하고 있기에 사악한 세력들과의 투쟁을 계속하기 위해 신에 의해 설립되었다.[5] 그것은 또한 첫 번째 부활시에 선과 악을 구별할 수 있는 신적 권위를 갖고 있고 이것은 천년왕국을 열게 된다.

더욱이 지상교회는 세속국가와의 관계에서 더 큰 의미를 갖게 된다. 어거스틴은 종파분리주의자들인 도나스투스들(Donatist)의 문제를 다루는 데 있어서 처음에는 도덕적 선들의 합리적 방법을 사용하여 그들이 성모교회의 진영에 복귀하도록 권고하였다. 그러나 그의 이러한 유화적 태도는 변화되어 세속적 지도자들이 이교도와 종파분리를 다루는 데 있어서 지상교회를 도와주는 것이 정당하다는 결론에 이르게 되었다. 그는 누가복음 14장 23절인 "주인이 종에게 이르되 길과 산을 가로 나가서 사람을 강권하여 데려다가 내 집을 세우라"를 인용하면서 국가권위에 의한 이교도와 종파주의자들의 탄압을 주장하고 있다. 더 나아가서 그는 이같은 억압을 신의 사랑의 표시로 보았다. 국가의 강제력은 이교도인들로 하여금 그들의 불경죄에 대한 완전한 이해를 하게끔 하는데 본질적이라는 것

---

4) Rhandolf V.G. Tasker, *The City of God*, 2vols.(London: Dent and Sons, 1957), 2: 156－159.

5) Tasker, 2:283.

이다.

그러나 어거스틴은 이러한 처벌에 대해 불안한 마음을 갖고 있던 것도 사실이다. 그는 국가의 강제력을 수용했지만 그것은 동해보복형의 원칙에 따라 집행되어서는 안된다는 생각을 갖고 있었다. 이단들과 종파주의자들에 대한 처벌은 인간성의 요구와 조절되어야 한다는 생각을 갖고 있었다.

3. 교회의 법인체적 개념

이 개념의 대두는 세속권이 중세 말기에 교권에 대한 우위를 점하고 있었던 정치상황과 궤를 같이 하고 있다. 교황의 부패와 비리로 인해 그의 절대주의는 급속하게 추락하는 현상과 반대로 황제 또는 군주의 세속권자들은 자신들의 수중으로 권한을 집중시키려는 노력을 계속하였고 이는 교회의 성격과 역할에 적지 않은 영향을 주었다.

그러므로 이같은 권력의 전환기에 교회 개념의 변화도 불가피한 현상으로 이해되어야 한다. 교황의 절대적 권위하에서 교회는 조직과 절차에서 자율성을 갖지 못했던 것도 사실이었다. 교회를 신도들의 모임체로 보는 기존 개념은 유지되었지만 교황절대주의는 교회의 이러한 의미를 퇴색시켰고 결국 교회는 교황의 교리와 정책을 지지하거나 집행하는 도구로 전락해 버린 것이다. 그러나 세속권자들은 교회와 성직자들로부터 종교와 관련없는 세속적 사항에 관한 권한을 박탈함으로써 교회의 원래적 의미를 회복시켰다.

이같은 교회 의미의 회복은 교회 자체에 법인격을 부여하는 방식, 즉 법인체적 개념을 통해 이루어졌다. 교회의 법인체적 개념은 교회를 신도들의 모임체로 보고 있으나 신도 자신이 교회 구성원으로서 교회의 중요 사항들을 결정하는데 참여할 수 있다는 점을 강조하고 있다. 달리 말하면 교회의 신도들은 법적 인인격주체로 자신의 신앙문제를 스스로 결정할 뿐만 아니라 교회의 중요 문제에 대해 결정할 수 있는 권한을 갖게 된다는 것이다.

마르실리우스는 교회는 국가의 일부분으로 이해했지만 교회는 신도들과 성직자들로 구성되었다고 하였다.[6] 그는 교회에서 서열상의 차이는 교회 행정의 편의적 측면의 결과로 보았지만 교황과 주교는 정신적 권위에 관해 본질적으로

동등한 권한을 갖는다고 주장하였다.7)

더욱이 마르실리우스는 교황을 비롯한 성직자들은 교회의 신도들에게 자신들의 권한행사에 대한 책임을 져야 한다는 교회의 법인체적 논리를 구체적으로 제시하였다. 신도들은 교회정부의 중요한 기구인 일반회의(general council)에 자신들의 대표를 선출해서 보내고 이러한 대표들은 신도들의 의견과 이익을 기초로 교회의 중요 사항들을 결정해야 한다. 교회의 법인체적 개념은 교황을 비롯한 성직자들로 하여금 일반회의의 동의와 결정을 존중케 하고 이를 기초로 종교와 관련된 사항들을 처리하는 형식으로 성직자들의 신도들에 대한 최종적인 책임을 확보하려고 하였다.8) 달리 말하면 그것은 근대적 대의제 관념을 교회정부에 구체화시키려는 시도라고 할 수 있다.

제2절   교회의 성장과 교회사회의 형성

교회의 의미는 그것의 조직적 성장을 계기로 더욱 명료해졌다. 1세기에 있어서 교회의 조직은 상대적으로 느슨하였다. 기독교인들은 교회를 국가 내에 존재하는 독자적인 제도로 간주했지만 이는 정신적 영역에 한정된 개념이었다. 로마의 콘스탄티누스(Constance) 황제가 서기 313년 기독교를 공식적인 종교로 인정했지만 그것이 로마제도의 범주에서 하나의 종교로 수용되기까지는 꽤 많은 시간이 필요하였다. 다신교적인 전통과 생활에 익숙한 로마에서 기독교는 수많은 고난과 어려움에 직면하였고 이 과정에서 성장의 진통을 혹독하게 지불했던 것도 사실이다. 그러나 이같은 불리한 여건 속에서도 기독교는 완만하게 성장하는 저력을 보여 주었다.

기독교의 성장에서 교회가 중요한 역할을 하였음은 두말할 필요가 없다. 초

---

6) Marsilius of Padua, *The Defensor Pacis*, translated by Alan Gewirth(New York: Harper and Row,1956), 140.

7) G. Sabine and T. Thorson, *A History of Political Theory*(Hinsdale, Illinois: Dryden Press, 1973), 282.

8) Gewirth, 287－298.

기 기독교인들의 신앙생활은 교회를 중심으로 이루어졌으므로 교회는 점차적으로 그들에게 필수적인 제도가 되기 시작하였다. 달리 말하면 교회는 기독교인들의 종교공동체를 형성하고 이끌어 주는 역할을 함으로써 교회는 중요한 제도로 인식되었던 것이다.[9]

2세기와 4세기 동안에 교회는 이론과 실제에 있어서 급격한 변화를 경험하였다. 콘스탄티누스 황제가 기독교를 로마의 공식적 종교로 인정한 이래, 교회는 하층계급의 많은 사람들과 여성들을 새로운 신도로 흡수하여 그 조직적 기반을 확충하였다. 교회는 민주적이고 지역적인 기초로 조직되었다. 그러나 중요한 도시에 위치하거나 사도 제자들에 의해 세워진 교회가 우월적인 지위를 차지하게 되었다

황제가 종교문제에 있어서 궁극적 권위를 행사했고 교회의 조직은 정부의 권위를 따르고 있었다. 그러나 교회는 정부보다 더 많은 권한을 갖게 되었다. 황제의 대부분은 나약하게 되었고 교회는 주요한 위치에 있는 유능한 인재를 충원할 수 있었다. 사회적 혼란과 부패의 시기에 교회의 원리는 매우 매혹적이었다고 할 수 있다. 교회는 정치적으로 영향력 있는 제도로 그 모습을 변모하기 시작하였다. 기독교는 정치화되었고 교회사회는 정치질서와 관련된 특징들의 대부분을 갖게 되었다. 나지안진(Gregory Nazianzen)은 교회의 지배는 정신이 육신, 그리고 천국이 지상에 복종하지 않는 한 더욱 우수하고 완전한 지배라고 하였다.[10]

교회의 이같은 정치화는 교회의 생활에서 일어난 변화와 관련이 있다. 4세기 말엽 교회는 신도들의 느슨한 결합체가 아닌 제도화된 조직체로 성장하였다. 교회의 성직자는 정규적으로 임명되었고 교리도 더 공식화되었다. 또한 교회의 성층화 즉 교권제(the hierarchy of church)가 발전함에 따라 교회를 중심으로 하는 보편적인 교회사회가 형성되었다.[11]

교회사회에서 지역적으로 산재해 있는 교회들 간의 불일치와 분열이 야기되

---

9) 조찬래, "중세시기 교황절대주의(papal absolutism)관념에 관한 연구," 『사회과학연구』(충남대학교 사회과학연구소) 제26권 3호(2015): 447.

10) G. F. Reilly, *Imperium and Sacerdotium according to St. Basil the Great*(Washington: Catholic Univ. Press, 1945), 45.

11) 교회사회는 교회를 중심으로 조직화된 공동체를 의미한다. 구체적으로 교회들을 횡적으로 형성한 보편적인 생활공동체라고 할 수 있다.

었고 이는 교회사회의 통일을 가장 중요한 문제로 인식케 함으로써 교회정부의
필요성이 대두되었다. 교회가 자발적인 결합체로부터 형식적인 교권제로의 변화
는 교회정부[12]의 형성을 가능케 하였고 이러한 교회정부는 국가에도 도전할 수
있는 충분한 세력으로 발전하였음을 의미하는 것이었다. 교회사회의 통일성은
신념의 일치에 의존하고 있었지만 교회정부는 지도력, 통치규율 및 제도화된 절
차를 구비하고 있다는 점에서 세속정부와 차이가 없는 것이었다.

오리게네스(Origien)는 교회의 증가하는 정치적 성격으로 말미암아 신도들은
그것이 정치사회와 유사하다는 의식을 하게 되었고 심지어는 교회의 정치사회에
대한 우월성을 요구하는데 이르게 되었다는 것을 지적하였다.

> 하나님의 교회는 만물을 감독하는 하나님을 즐겁게 하는 단체로서 평온하
> 고 확고하지만 민회(ecclessia)는 불협화음으로 가득차 있고 아테네의 교회와
> 는 비교가 될 수 없다는 것을 아테네 시민들은 이야기하고 있다. … 동일한
> 사실이 코린도에도 해당된다. 마찬가지로 만약에 하나님이 교회 평의회와 어
> 떤 도시의 그것을 비교해 보고 도시의 지배자를 거기에 있는 교회의 지도자인
> 사제와 비교해 보면, 신국의 정부에 참여하는 것을 가치있게 생각하는 교회의
> 평의원들이 도시의 평의원들과 지배자들의 행태와 예절에 대해 측정할 때 덕
> 의 달성에 있어서 실질적 우위에 있다는 것을 알게 된다.[13]

교회사회의 조직적 통일성의 필요성은 자연스럽게 지도력의 문제를 야기시
켰고, 그같은 문제는 사제의 권한 강화로 해결되었다. 중요한 도시의 주교는 지
방의 그것보다 더 많은 권력을 행사하게 되었다. 특히 로마의 주교는 로마가 제
국의 수도이고 자신이 황제의 법률 고문이라는 사실을 이용하여 군주와 마찬가
지로 절대적 권력을 행사하는 데 성공하였다. 로마의 교회는 주요한 사도로서 인
정된 성 베드로(Peter)에 의해 설립되었다는 신념은 그의 사도적 계승자라고 주

---

12) 교회정부는 교회사회를 지배하는 공식적인 기구로서, 교황과 일반회의는 그것의 대표적인 제
   도들이라고 할 수 있다.
13) E. Barker, *From Alexander to Constantine: Passages and Documents Illustrating the
   History of Social and Political Ideas 336 BC−AD 337*(New York: Oxford Univ. Press,
   1956), 440−441.

장하는 로마주교의 우월적 위치에 대한 이론적 기초를 제공하였다. 그러므로 로마주교는 권한의 집중화에 의해 교회사회의 질서와 통일을 보존해야 하는 중요한 임무를 수행해야만 하였다.

성 이냐시오(St. Ignatius)는 주교의 직위가 어떻게 교회의 권력을 강화시키는데 공헌하고 신도들이 자발적으로 복종해야 한다는 것을 지적하고 있다.

> 만약에 한두 명의 신도가 그러한 권력을 소유하고 있다면, 주교와 교회는 얼마나 더 많은 권력을 가져야 하는가. 우리는 주교에게 저항하지 말고 그에 대한 복종을 통해 우리는 하나님에 속하게 된다는 것을 알아야 한다. … 그리고 어떠한 사람도 주교와는 따로 교회에 속하는 일을 할 수 없는 것이다.[14]

또한 카프리아누스(Cyprian)도 교회사회에서 주교의 역할에 대하여 다음과 같이 기술하고 있다.

> 주교의 직은 하나이다. 개인적 구성원들은 각기 한 부분을 가지고 그 부분들은 전체를 구성한다. 교회는 하나의 통일체이다. … 그것은 목자에게 결합된 양떼들처럼 성직자에게 통합된 사람들로 구성되었다. 그러므로 주교는 교회이고 교회도 주교인 것이다. … 교회는 하나이기 때문에 임대되거나 분해되지도 않는다. 그러나 그것은 서로 조화스럽게 지내는 성직자들의 아교(glue)에 의해 결합되고 통합되어야 한다.[15]

교회사회에서 주교의 권력은 또한 사도직 승계의 관념에 의해 정당화된다. 시대가 변함에 따라 주교도 바뀌어진다. 주교의 직위와 교회정부의 원칙은 전해내려 오는 것이므로 교회는 주교의 기초에서 수립되는 것이고 교회의 모든 행위는 그러한 사람들에 의해 지도된다.[16]

교회사회의 이러한 정치적 경향은 분열과 이단에 의해서도 뚜렷하게 확인되

---

14) E. Betternson, ed., *The Early Christian Fathers*(London: Oxford Univ. Press, 1956), 54−55.

15) Betternson, 367.

16) C.H. Turner, "Apostolic Succession," in *Essays on the Early History of the Church and Ministry*, ed. by H.B. Sweete(London: Macmillan, 1921), 93−214.

었다. 초기교회는 원리를 고정시키고 교권제를 확립시키면서 더욱 일상화됨에 따라 심각한 어려움에 직면하게 되었다. 한편으로 교회는 진리와 일치하는 가장 넓은 범위의 통일을 촉진할지도 모르는 방식으로 교리와 의식을 발전시키려고 하였다. 반면에 이것은 원리와 의식이 성숙되지 않은 시기에 다양한 견해의 조정을 요구하였기 때문에 교회가 순수한 종교이론가에 의해 비판받고 원래의 순수성으로부터 이탈하였다는 비난을 받는 것을 피할 수가 없었다.

교회의 큰 어려움은 확장되고 있었던 조직의 문제이었다. 교회의 규모의 복잡성과 신도의 다양성은 신도들의 일부를 자극함이 없이 어떤 결정을 내리기는 어려운 일이었다. 동시에 성도들 일부의 적개심은 교회사회의 통일성과 합의를 훼손시켰고 효과적 행위를 위한 조직을 파괴하는데 기여하였다. 결과적으로 교회는 조직적 요구가 관용할 수 없는 내부적 분열의 연속에 시달렸다. 교회내부의 분열과 이단이 형성되기 시작했고 그것은 몬타누스트(Montanist) 운동과 도나투스트(Donatist) 운동에서 최고조에 달하였다. 이러한 운동들은 교회의 정치적 경향에 반대함으로써 종교적 원리의 순수성을 회복시키려고 하였다는데서 공통점을 갖고 있다. 그들에 의하면 교회의 진실한 본질은 정의와 권위의 개념에 의존하는 의사결정 구조, 규율과 일체성을 실행하는 권력의 도구 그리고 산재된 교회를 관할하고 집행하는 관료적 계서조직들과는 명백하게 융화할 수 없다는 것이었다.

2세기에 몬타누스트들은 교회가 점증적으로 세속화된다고 간주되는 것들을 견제하려고 하였다. 이같은 노력은 3세기까지 계속되었고 그 운동의 지도적 인물인 터툴리안(Tertullian)은 종말이 임박했기 때문에 기독교인들은 성서적 명령에 더 이상 복종할 필요가 없다고 주장하였다. 그에게 있어서 교회의 교권제의 근엄한 결정이 아닌 개인 성도의 자발적 계시가 종교적 신뢰의 표시로서 중요시되는 것이었다.[17)

4세기에 분열적인 도나투스트 운동이 출현하여 약 100여 년 동안 지속되었다. 그 운동의 반정치주의는 주로 성사(sacrament)에 대한 논쟁을 중심으로 전개되었다. 가장 중요한 쟁점들 중의 하나는 정통성이 의심스러운 주교에 의해 집행

---

17) S. Wolin, *Politics and Vision*(Boston: Little and Brown, 2004), 104.

되는 성사가 그의 도덕적 또는 종교적 결핍에 의해 무효가 되느냐 하는 것이었다.

오파투스(Opatus)에 의해 공식화된 입장은 성사는 그 자체 신성한 것이나 그것을 집행하는 사람들 때문에 신성치 않다는 것이다. 교회는 하나이고 그것의 신성은 개인적 업적에 대한 긍지를 고려하지 않는 성사로부터 유래한다.[18] 그러므로 도나투스트들은 성사의 가치는 주교가 비도덕적 또는 이단이었다면 파괴되어야 한다는 주장을 하였다. 그리고 그들은 교회의 정치화를 공격하였다. 신의 약속은 교회가 관장하는 종교사회의 생활에서 찾아볼 수 있는 것이다. 신의 은총도 교회의 제도를 통해 표시된다. 따라서 주교의 개인적 신성은 부차적인 것으로 간주된다는 것이다.[19]

교회는 수많은 분열과 이단에 직면하게 되었지만, 조직을 더욱 강화시켜 이러한 내적위기를 극복하였다. 교권제도는 더욱 확고해졌고 교황의 권한을 일층 강화시키는 결과를 가져왔다. 주교들은 자신들의 행동이 그리스도의 모방에 있다는 근거에서가 아니라 대표성의 기능 즉 제도적 기능의 이행과 그것에 수반하는 권위에 기초해서 자신들의 우월성을 주장하였다. 그 점에 있어서 교회사회의 분열과 이단의 원인은 신의 성직자인 주교에 복종하기를 거절하는 데 있는 것이었고 이는 성직자와 재판관으로서 간주되는 사람을 그리스도의 세속적 대표자로서 갖지 못하였다는 것을 의미하였다.

5세기부터 11세기말까지의 기간 동안 교회는 더욱 독립적이고 자율적인 단체로 성장하여 보편적인 지위를 성취하려고 하였다. 로마제국의 황실이 로마로부터 콘스탄티노플로 이전하였을 때 로마의 주교는 더 많은 권한을 행사할 수 있는 계기를 갖게 되었다.

결과적으로 로마의 주교는 콘스탄티노플의 주교보다 더욱 독립적인 행동을 할 수 있었고 일관성 있는 신학을 유지하게 됨으로써 정통성의 명성을 얻을 수 있었던 반면에, 콘스탄티노플의 교주는 제국 황실의 관념과 요구에 복종하는 예속적 위치에 있었다. 로마황제의 부재로 인해 로마주교는 그 도시에서 가장 중요한 관리로서 상당한 정도의 권력을 소유·행사할 수 있게 되었다.

이러한 현상은 7세기부터 더욱 두드러지게 나타나게 되어 동·서교회의 분

---

18) S.L. Greenslade, *Schism in the Early Church*(New York : Harper, 1953), 172.
19) Wolin, 111.

리가 확정되기 시작하였다. 동로마 제국에 대한 모슬렘의 침공으로 콘스탄티노
플의 황제는 서부지역의 상황에 대해 심각한 관심을 기울일 수가 없었고 교황은
사실상 우월적인 정치 권위로부터 독립할 수 있었다. 교회의 완전한 분리는 이
시기에 일어났다. 로마교황은 성직문제뿐만 아니라 정치문제에 있어서 동로마제
국으로부터 독립하여 교회의 최고수장으로서 인정되었다,

　　롬바르드(Lombard) 왕이 로마 도시를 자신들의 영역으로 포함시키려고 할
때, 교황은 이러한 노력에 단호하게 반대하였다. 교황의 노력이 수포로 돌아가
자, 그는 성 베드로의 이름으로 그리스도교를 채택한 프랑크의 왕에게 도움을 요
청하였다. 마르텔(Charles Martel)과 그의 아들 페핀(Pepin)은 교황의 이러한 요구
를 수용하여 롬바르드인들을 그들이 점령한 영토로부터 몰아내는 데 성공하였
다. 뿐만 아니라 페핀 왕은 이전에 동로마제국이 소유했던 영토를 빼앗아 교황에
게 넘겨 주었다. 이에 대하여 교황은 페핀을 왕으로 인정함으로써 그의 위치를
확인해 주었다.

　　교회와 국가의 이같은 정치적 이해관계의 일치는 찰스(Charlemagre) 대제에
이르러 최고조에 달하였다. 800년에 교황은 그를 로마황제로 봉함으로써 교회와
황제는 동일한 정치적 이해관계를 기초로 하는 보편적 기독교사회를 완성할 수
있었다. 카를링거(Carloingain)제국에서 이같은 정치와 종교의 상황적 특성은 정
도의 차이는 있지만 신성로마제국에서도 지속되었다.

　　그럼에도 불구하고 교황은 교회의 자율적 영역의 확장을 통해 자신의 권한
을 확대하려는 노력을 지속하였다. 이같은 권한 확대에 기여한 사건들로는 로마
제국의 수도를 콘스탄티노플로의 이전, 로마교황의 의제적인 이시도르(pseudo-
Isidorian)교서 그리고 클뤼니(Cluny)수도원의 개혁운동을 들 수 있다. 로마제국의
멸망은 기독교의 성장에 간섭할 수 있는 세속권이 없는 상황에서 교회가 보편적
인 제도로 발전할 수 있는 계기를 맞이했음을 의미하는 것이었고, 로마제국 수도
의 콘스탄티노플로의 이전으로 로마주교는 더 많은 권한을 행사하게 되었다. 로
마주교는 콘스탄티노플의 주교보다 더 독립적인 행동을 할 수 있었고 일관성 있
는 신학을 유지함으로써 정통성의 명성을 얻을 수 있었다. 로마황제의 부재로 인
해 로마주교는 그 도시에서 가장 중요한 관리로서 강력한 권력을 소유·행사할
수 있게 되었고 이는 교회정부가 강력한 제도로서 발전하는 데 큰 기여를 했던

것으로 보인다.

둘째로 의제적인 이시도르교서는 세속적인 통치자들에 의한 파면과 재산의 압수로부터 주교들을 보호하며 감독관구의 성직자에 대한 그들의 통제를 강화했고 종교회의를 제외한 즉시적인 감독으로부터 주교를 자유롭게 하기 위해 만들어진 허위문서라고 할 수 있다. 이 문서는 주교를 교회정부의 단위가 되게 하면서 교황에 대한 그의 직접적인 책임을 인정했을 뿐만 아니라 대주교를 교황과 주교의 중간적 존재로 놓았다.[20] 9세기에 이같은 방향으로 급속한 진전은 이루어지지 않았다. 그러나 11세기에 그 문서는 교회의 세속적 통제로부터의 독립과 교회정부에서 교황의 권위를 강화시키는 주장의 근거로서 활용되었다.

교회가 보편적인 제도로 성장하는데 기여한 세 번째 사건은 클뤼니(Cluny) 수도원의 개혁운동을 들 수 있다. 이 개혁운동은 관직, 돈 및 명예와 관련된 교회내부의 부패와 부조리를 제거하려고 하였다. 그것은 교회가 성직에 관한 정책과 집행을 성직자의 수중에 두고 자율적으로 지배하는 사회가 되어야 한다는 것을 의미한다.[21]

교회는 이러한 세 개의 사건들로 인한 변화를 성공적으로 수행함으로써 중세에서 중심적 위치를 차지하는 보편적인 정치세력으로 발전했고 이를 바탕으로 교황은 교회정부의 수장으로서 강력한 권력을 행사할 수 있었다. 교황의 권력이 강해진 이상 교황은 세속권에 간섭하는 상황이 자주 발생했으므로 교회와 국가와의 대립과 투쟁은 불가피한 현상이 되었다.

제3절 교회정부의 성격과 역할

교회의 비중이 커진 상황에서 교회정부의 역할도 증대하는 추세에 있었다. 무엇보다도 교회정부는 교회간의 갈등조정을 통해 교회사회의 질서와 통일의 확보라는 기본적 임무를 주요한 목표로 하고 있었다는 점에서 세속정부와 별차이

---

20) Sabine and Thorson, 219-220.
21) Sabine and Thorson, 220.

가 없는 것이다.

교회정부는 시대적 상황에 따라 성격과 역할을 달리했던 것도 사실이다. 이것은 교권과 세속권의 권력관계를 반영해서 교회정부를 구성하는 두 기구인 교황과 일반회의의 역할이 다르게 나타났다는 것을 의미한다. 중세초기에 교회가 제도적 정비를 갖추는 과정이어서 그런지는 모르지만 교회정부는 황제의 통제와 영향력을 받지 않을 수 없었다.

그러나 교회가 제도적인 정비를 완성함에 따라 교권도 무시할 수 없는 강력한 세력이 되었다. 교회정부가 교황의 완전한 지배와 통제를 받고 있는 교황절대주의 시기에 일반회의는 교회전체의 의견과 여론을 대변하는 임무를 제대로 수행할 수 없었고, 따라서 그 기구의 대표성도 변질되었다. 반면에 세속권이 교권에 대한 우위를 확보했던 중세말기에 교회정부는 일반회의의 대표성의 기능을 회복함으로써 교회정부는 정상화될 수 있었다.

아마도 교회정부의 성격과 역할에 대한 이러한 차이는 어거스틴의 교회 개념의 애매모호성과 밀접하게 관련이 있는지도 모른다. 지상교회를 선호하는 사람들은 교회사회의 통일을 위해 교회정부의 계서적 조직의 강화를 주장하였다. 이같은 입장은 교황주의적 입장(papalist position)으로 교회정부를 교회사회의 지배기관 그리고 국가를 성직의 목적을 위한 세속기관으로 보면서 교황절대주의를 옹호하였다.

반면에 천상의 교회를 주장하는 사람들은 교회를 신의 은총에 의해 구원을 받으려는 신도들의 결합체로 파악하고 있다. 그들은 교회정부의 계서적 조직보다 영혼과 개인이 직접 신과 맺는 관계를 더 중시하고 있다. 이러한 입장은 세속주의적인 입장(secularist position)으로 교회는 정신영역의 고유한 목적에만 그 활동을 제한시켜야 하고 교회가 국가의 활동영역을 침범하는 것은 수용할 없다는 주장을 하였다. 세속주의적 입장은 교회를 신도들의 모임체로 보는 법인체적 개념을 통해 교회정부에서 교황의 절대적이고 독단주의적인 경향을 배제시키려고 하였다.

교회정부의 마지막 입장은 교회회의론적 입장(conciliarist position)으로 당시 만연했던 교회의 부패와 부조리에 대한 개혁을 통해 교회정부의 정상화를 꾀하려고 하였다. 그러나 이 입장은 교황이 교회의 절대적 지도자로서 갖는 위상을

전혀 훼손함이 없이 교회정부의 두 기관인 교황과 일반회의의 조화와 동의 원칙
에 입각해서 교회정부가 운영되면 교회는 자체적으로 개혁될 수 있다는 주장을
하였다. 그러나 이같은 주장은 교회개혁의 실패로 더 이상 유지될 수 없었다. 더
욱이 교회회의론자들 자체 내에서도 교회정부의 성격과 역할에 대해 다소 차이
가 있었다.

1. 교황주의적 입장

교황주의적 입장은 교황절대주의가 지배했던 11세기부터 13세기까지 교회
정부를 일반회의보다 교황을 중심으로 운영되어야 한다고 주장하였다. 교황은
교회정부의 수장으로서 자신의 수중에 권한을 집중시킴으로써 일반회의를 무력
화시켰을 뿐만 아니라 교회정부를 완전히 통제할 수 있었다. 교황절대주의가 최
고조에 이르렀던 13세기기에 교황은 교회정부를 좌지우지 했으므로 교회정부는
사실상 그의 정부라고 불리어도 별 문제가 없을 정도였다.

이 입장은 모든 현존하는 권력은 신으로부터 유래하는 것이었고 신의 섭리
는 권위와 기능의 조직화뿐만 아니라 권위의 최상층으로부터 최하층으로의 전달
을 암시하고 있다. 교회의 조직과 기능의 분화는 교회복지를 위해 신적으로 계획
된 것이지만 구조의 세목과 신도 자신의 직책에 관한 권리는 신의 대리자인 교
황의 권위로부터 유래한다는 것이다. 교황은 신적 계시를 담고 있는 십계명, 신
약성서 그리고 최초로 개최되었던 4개의 일반회의(공의회)에서[22] 공포되었던 신
앙에 관한 포고령 등의 충실한 해석자와 집행자로서 모든 성사를 집행하고 결정
하는 교회정부의 총수로서의 역할을 수행하는 것이었다.[23]

어느 의미에서 교회정부는 고대의 일반적인 정부형태라고 할 수 있는 군주
제 원리로 구성·운영된다고 할 수 있다.[24] 교황은 교회정부의 수장으로서 군주

---

22) 4개 일반회의는 니케아, 콘스탄티노플, 에베소, 칼케돈 등에서 열린 종교회의를 말한다. 이 회
   의들은 황제가 소집하고 로마 제국의 동방지역에서 개최되어서 중요한 종교문제들을 논의하
   였다.
23) 교회정부의 총수로서 교황의 역할에 대해서는 다음을 참조한다. Walter Ullman, *Medieval
   Papalism: The Political Theories of Medieval Canonists*(London: Metheun, 1949).
24) Ullman, 29.

와 같은 절대적 권력을 행사함으로써 교회사회를 통일시킬 수 있었을 뿐만 아니라 심지어는 신의 대리인으로 세속적 지도자를 판단할 수 있었다. 일견 교회정부의 군주제 원리는 모든 사물을 질서있게 놓이게 한다는 신의 섭리의 반영인지도 모른다. 질서는 권력을 나타내고 권력은 어떤 종류의 우월성과 함께 적극적인 잠재성을 표시하는 것이었다.

아퀴나스(Thomas Aquinas)도 이같은 군주제 원리를 적극적으로 주장하였다.

> 하나의 계서적 조직은 하나의 수장 또는 군주를 갖게 되는 즉 여러 다수는 일인지배의 정부 하에서 질서화 된다. 그러한 다수가 통일된 형태로 일치되지 않으면 질서화될 수 없고 혼란스러워질 뿐이다.[25]

이러한 원리에 입각하여 교회정부도 교회사회의 질서와 통일을 위해 계서적으로 조직되어야 하고 그 질서는 권력의 성층화로 구체화된다는 것이다. 그 질서는 성사배분을 위해 교황을 다수 위에 놓는 형식을 취하게 된다. 따라서 교황은 교회정부의 수장으로 절대적 권력을 행사했던 것이다. 그러나 아퀴나스에게 교황의 절대적 권력은 정신적 영역에 한정된 것이므로 세속적 영역까지 연장될 수 있는 것은 아니었다. 그에게 더 중요한 것은 교황이 교회정부의 수장으로서 교회사회를 통일시키는 일이었다. 교황은 그리스도를 대리하여 성사를 집행함으로써 교회사회를 통일시키는 주요한 임무를 수행하는 것이고 이같은 역할은 개인적인 도덕적 자질에서 보다 제도화된 질서에서 권위화된 대리인의 공적 직책으로 수행된다고 할 수 있다.

아에기디우스(Aegidius Romanus)는 아퀴나스의 군주제 원리를 더 발전시켜 교황이 세속권에 간섭하는 절대적 권한을 정당화하였다. 아에기디우스는 토마스 아퀴나스보다 더 극단적인 교황절대주의를 제시한 대표적 인물이 된다. 그는 아퀴나스처럼 교회정부를 군주제의 원리에 의거해 조직화하여야 한다는 의견을 갖고 있었지만 교황의 세속적 사항에 대한 간섭을 합리화시켰다. 지배는 정치사회의 독점물이 되지 않는다는 전제에서 아퀴나스의 "높은 것이 낮은 것을 지배해

25) Dino Bigongiari, ed., *The Political Ideas of St. Thomas Aquinas*(New York: Hafner Press, 1975), 179-181.

야 한다는"26) 원리를 발전시켜 교황의 세속권력에 대한 간섭을 정당화하였다.

> 최상의 단체는 열등한 단체를, 잠재력이 풍부한 것은 그렇지 못한 것을 각
> 기 지배한다. … 그리고 우리는 천체의 질서에서 본 것을 국가와 교회정부에
> 복사해야 한다. 왜냐하면 천체의 보편적 지도자이신 신이 교회와 그를 신봉하
> 는 사람들의 특수한 지배자이기 때문이다.27)

교황과 군주의 권력은 모두 신으로부터 유래하지만 전자가 후자보다 높은
위치에 있기 때문에 교황이 세속권에 간섭하는 것은 신의 의사와 자연법에 위배
되지 않는다. 또한 교황의 권력은 신의 권력처럼 수와 도량형이 없는 권력이고
따라서 그의 권력은 하위의 성직자들에게 전달되어도 소진되거나 감소되지 않기
때문에 교황이 신의 대리인으로서 세속적 지도자에게 신의 권력을 위임할 수 있
고 그의 간섭이 정당화된다는 것이다.

2. 세속주의적 입장

세속주의 입장은 교황의 절대주의에 반대하여 신앙생활에서 개인이 신과 맺
는 직접적 관계를 중시하고 있다. 이 입장은 14세기와 15세기 말엽에 궁극적으로
적절한 교회정부를 수립하려는 운동으로 나타나기 시작하였다. 이 입장은 법인
체적 접근법(corporate approach)을 사용해서 교회정부의 구성과 역할의 문제들을
다루고 있다. 그 접근법은 신도는 교회를 구성하는 주체로 교황을 비롯한 교회
지도자들의 권력을 제한할 수 있고 일반회의는 교회의 대의적 기관으로서 신도
들의 의견과 이익을 보호할 권리를 갖고 있다는 주장을 한다.

교회정부는 교황과 일반회의 두 기구가 조화와 동의 원칙에 의해 운영되어
야 하며 일반회의는 교황의 권력을 제한하거나 심지어는 폐위할 수 있는 최종적
권한을 갖게 된다. 세속주의적 입장은 이러한 방식으로 그리스도에 의한 교황의
제도화가 교회 전체에 의한 권력위임의 관념에 의해 설명되거나 또는 그것과 조

---

26) E.Lewis, *Medieval Political Ideas*, 2 vols.(New York: Alfred Knopf, 1954), 2: 566.
27) Lewis, 2: 585－591.

화를 이루어지게 하였다. 또한 그 관념은 교회정부에서 오랫동안 유지되어온 성직자와 신도들간의 명백한 차이를 고려할때, 후자는 자율적인 법인체로 간주되는 교회에서 권리를 소유할 수 있게 해주었다.

세속주의적 입장에서 교회 내에서 교황의 절대주의 권력을 부정하고 교회정부의 재구성을 시도한 대표적 정치사상가들은 존(John of Paris), 마르실리우스(Marsilio of Padua), 그리고 오캄(William of Occam)이다.

존(John of Paris)은 교회정부를 일종의 혼합적인 군주형태로 간주했던 관계로 교황의 권력은 신과 신도들의 선출로부터 유래하고 일반회의 또는 추기경회의는 신앙의 문제를 다루고 교황을 파면할 수 있다는 주장을 하였다.28) 존의 주장은 교회정부론을 발전된 형태로 제시하지는 못했지만 온건한 성격을 갖고 있어 교회회의론자들에게 많은 영향을 주었다.

마르실리우스는 급진적이고 더 세속적인 교회정부론을 주장하였다. 그는 권력의 자연주의적이고 인민주의적 기원에 입각해서 교황을 비롯한 교회지도자들의 강제력과 교황의 신적제도를 부인하였다.29) 성직자는 단지 설교자, 성사의 집행자이고 상의하는 전문가에 지나지 않으며 그들의 파문권도 교황이 아닌 세속적 정부에 있다는 것이다.

교회는 신도들의 집합체로 법인체적 성격을 갖고 있으므로 교회정부의 최종적 권위는 일반회의에 있고 교황은 이러한 일반회의의 동의에 입각해 교회전체의 이익을 위해 권한을 행사하는 봉사자에 지나지 않는다. 따라서 교회정부는 계서적 조직을 갖지 않는 인간적 기원의 산물이고 그것의 권위는 인정법으로부터 나온다는 것이다.30)

오캄은 마르실리우스보다 보수적이었고 자연주의적 기초에서 교회정부론을 수립하려고 하지 않았다. 그러나 그는 교회정부에서 교황의 절대주의 관념에 대하여는 신랄한 비판을 하였다. 마르실리우스처럼 그는 교회는 신도들의 결합체로서 승려의 조직이 전부터 존재한 것이었다. 그에게 있어서 일반회의는 최고의 결정기구로서 교황을 견제하고 선출하는 권한을 갖는다고 하였다.31)

---

28) Lewis, 2: 585−591.
29) Lewis, 2: 601.
30) Lewis, 2: 603−604.

3. 교회회의론자들의 입장

교회회의론자들은 교회정부의 성격과 역할에 대한 관점과 주장에 따라 온건주의적 입장과 급진주의적 입장으로 세분해서 살펴볼 수 있다. 온건주의적 교회회의론자들은 교황을 비롯한 교회의 지도자들이 그리스도에 의해 신도가 소유할 수 없는 특별한 권력을 받았다는 사실에 입각해서 교회정부론을 설명하였다. 그들은 교황의 절대주의를 인정하지는 않았지만 독립적이고 최상적인 교황이 다른 기관 즉 일반회의와의 협력과 조화의 관계를 유지한다면 교회정부는 정상화될 수 있다고 보았다.

제르송(Gerson)은 교황의 권위는 그리스도로부터 유래하였다는 근거에서 교황권위의 신적 제도화를 주장했으나 실제 교황의 권력은 일반회의의 협력과 동의하에서 행사되어야 한다고 하였다. 교황의 권력은 그 직책에 내재하는 것이 아니라 교회에 의해 지정된다는 것이다.[32] 그러나 제르송은 교회의 법인체적 개념을 수용하지 않았을 뿐만 아니라 교황권력의 절대성과 무오류성에 대한 비판에 소극적이었기 때문에 그의 입장은 명백히 한계를 가질 수밖에 없었다.

또한 삐에르 다일리(Pierre d' Ailly)는 로마교회는 자신의 권위를 처음에는 신으로부터, 그 다음으로는 일반회의로부터 유래한다고 언급한 존(John of Paris)의 교회정부의 혼합적 성격을 따르면서 교회의 유일한 기관도 다른 기관보다 우월하지 않고 따라서 교회의 이상적 정부는 교황과 일반회의 또는 교황, 일반회의 및 추기경의 상호작용의 분리할 수 없는 과정이 되어야 한다고 하였다.[33]

니콜라우스(Nicholas of Cusanus)는 극단적인 교회회의론자로 교회를 법인체로 간주하였기 때문에 교회정부는 동의 관념을 기초로 구성되어야 한다고 하였다. 그에게 이러한 동의 관념은 정치 권위와 법제정에 있어서 필수불가결한 요소로서 자연법적 성격을 갖는 것이었다.

니콜라우스는 모든 자유인에 대한 강제적 권력은 지배를 받는 사람들의 동

---

31) Lewis, 2: 613-614.
32) Lewis, 2: 408-415.
33) Charles McIlwain, *The Growth of Political Thought in the West*(New York: McMillan, 932), 240-241.

의를 통해 조정된다는 원리를 교회정부에 적용시켜 그것의 이론적 기원을 제공하였다. 각 교구의 지도자도 교구 구성원들의 동의를 기초로 권한을 행사해야 하고 이러한 동의는 교회법에 의한 선거행위로 표현된다.[34] 니콜라우스는 교회정부의 권한이 행사되는 지역은 일반회의의 결정에 의존한다고 주장했으며 일반회의는 교회정부의 중심기관이며 교황은 그 기구에서 결정한 것을 집행하는 독립적인 대리인에 불과하다고 주장하였다.[35]

---

34) F.W. Coker, *Readings in Political Philosophy*(New York: Mcmillan, 1955), 262－263.
35) Coker, 262－263.

Reading

어거스틴
- ☐ 지상에서의 체류 ——————————————— 217
- ☐ 신국과 지상국가 ——————————————— 219
- ☐ 교회 ———————————————————————— 222

그레고리 7세
- ☐ 그레고리 7세의 교황교서 이노센트 3세 ——— 227
- ☐ 이노센트 3세의 공경할 교서 ————————— 228

보니파스 8세
- ☐ 교황 보니파스 8세의 하나이고 거룩한 교서 ——— 229

아에기디우스 로마누스
- ☐ 아에기디우스 로마누스 ———————————— 232

마르실리우스
- ☐ 교회의 수장 ———————————————————— 244
- ☐ 마르실리우스의 교회개념 —————————— 298

니콜라우스
- ☐ 법과 동의에서 권위의 기초 —————————— 302
- ☐ 대표 위원회와 황제의 선출 —————————— 310

Discussion Topics

1. 교회사회의 형성은 정치적 관념(political idea)의 차원에서 근대국가의 형성과 운영에 어떤 영향을 주었는가?

2. 교회사회와 정치사회간 갈등과 충돌을 어떤 방식으로 해결하려고 노력하였는가? 교황중심주의적 입장과 세속주의적 입장간 갈등을 생각해 보자.

3. 인간사회를 정치적 단일체(political unity)로 형성하고 개인적 요소들과 부분들을 사회전체로 조직하려는 내적 충동이 아퀴나스 정치사상에서 발견할 수 있다는 점에 동의하는가?

제5장

교권과 세속권의 관계[1]

제1절　　양검론

　　교회와 국가 또는 교권(sacerdotium)과 세속권(regnum)의 관계는 중세정치 사상에서 주요한 정치적 쟁점들 중의 하나로서 지배적인 위치를 차지하고 있 다. 물론 중세정치사상이 지속적이고 복잡한 이러한 쟁점에만 전적으로 초점을 맞추는 것은 아니다. 거기에 중세정치사상가들이 격렬하게 논쟁을 전개했던 실 제적인 다른 문제들이 있다. 그러나 중세의 모든 문제들 중에서 교권과 세속권 의 문제가 가장 지속적이고 포괄적이었기 때문에 그것의 실제적 가치는 대단 히 높을 뿐만 아니라 그것에 대한 다양한 이론들이 복잡한 성격을 띠면서 전개 되었다.[2]

　　이러한 문제는 역사적 사실과 깊은 관련이 있다. 로마기독교의 초기 시대에 서 황제는 국가와 교회의 수장으로 인정을 받아왔었다. 그러나 교회가 부도덕한 행위에 대하여 정신적 처벌을 주는 권리를 갖게 되었고 심지어는 황제에 대해서

---

1) 본 장은 2014년 『한국시민윤리학회보』 제27집 제1호에 발표된 저자의 논문인 "중세시기 세속 권 논의에 대한 연구"와 2015년에 충남대학교 사회과학연구소가 발간한 『사회과학연구』 제26 집 제3호에 발표된 저자의 논문인 "중세시기 교황절대주의(papal absolutism) 관념에 관한 연구"의 논의를 보충하고 확장하였다.

2) G. Sabine and T. Thorson, *A History of Political Theory*(Hinsdale, Illinois: Dryden Press, 1973), 179.

도 행사되었다. 교회가 독립적이고 자율적인 단체로서 성장하고 교회의 권위가 로마교황의 수중에 집중됨에 따라서 그는 불성실한 신도들을 파문하는 권리 즉 파문권이라는 귀중한 무기를 소유하게 되었다. 이러한 처벌권은 세속적 문제에까지 확대되어서 파문된 통치자는 더 이상 신민에 대하여 복종을 요구할 수 없다는 원리를 발전시켰다. 그러므로 교회는 국가의 부속물 또는 제국 내에 있는 단체로서가 아니고 국가 영역 밖에서 활동하는 독자적 존재로서 국가에 도전할 수 있는 정치적 세력이 되었다.[3] 이는 교회와 국가는 각기 독자적인 사회를 형성하는 것이 아니라 그리스도의 보편적 사회에서 상호 분리되어서 상이한 기능을 수행하는 두 개의 실체를 의미하는 것이다.

5세기까지 교회와 국가의 관계의 상대적 입장에 대하여 어떠한 정치사상가도 명백한 이론적 공식화를 제시하지 못하였다. 성 엄브로시즈(St. Ambrose)와 성 어거스틴(St. Augustine)은 정신적 문제에 있어서 교회의 권위, 그리고 세속적 문제에 있어서 황제의 권위를 각기 인정했지만 두 개의 권위체에 대하여 명백한 분리선을 설정하지 못한 채 애매모호한 입장을 취하였다.

그런데 5세기부터 8세기까지 기독교의 괄목할 만한 성장으로 교회는 그 자체 조직의 정비단계를 거쳐 정치적·사회적인 영향력을 행사할 수 있는 보편적인 제도로 거듭나게 됨으로써 중세정치에서 핵심적인 자리를 매김할 수 있었다. 교회는 국가와 같은 강제적인 세속권의 부재로부터 나오는 정치적 진공상태를 채울 수 있는 유일한 제도가 되었던 것이다.

모럴(Morral)은 이러한 현상을 다음과 같이 기술하고 있다.

역사에서 최초로 정신적 골격을 기초로 사회를 정치적으로 조직하려는 다소 역설적인 모습이 등장하였다. 그렇게 함으로써 정치에 대한 서유럽의 사상은 어느 다른 인간사회의 사상과는 완전히 다른 형태로 발전의 길을 걸어왔다.[4]

---

3) Sabine and Thorson, 179.
4) John B. Morral, *Political Thought in Medieval Times*(New York: Harper and Row, 1962), 10.

　　교회가 강력한 정치적 제도로 국가의 많은 역할들을 대행하게 됨으로써 국
가권력의 쇠퇴는 피할 수 없는 현상이 되었다. 종교에 의해 통일된 보편적 사회
에서 중앙집권적인 국가의 역할은 변경될 수밖에 없었고, 심지어는 신적 제도의
틀 속에서만 역할을 수행하는 제한적 실체로 변질되었다. 바카(Barker)는 국가의
역할 변화를 다음과 같이 설명하고 있다.

　　　중세정치사상의 핵심은 마지막 단계에서 유일한 권위에 의해 설명되는 하
　　나의 생활 원칙에 의해 생활하는 유일한 보편적 사회의 개념이다. 그 원칙은
　　신적일 뿐만 아니라 그 권위는 신적 대표이다. 따라서 그것이 우리가 신정(神
　　政)을 말하고 있는 이유이다. 기독교 사회에서 우뚝 솟은 교회는 기독교 원칙
　　의 통제 하에 정치·경제·사회 및 지적 영역에서 모든 생활을 통일시키려는
　　대담한 시도를 하였다. 정치적으로 교회는 군주가 실정을 하면 그를 꾸짖거나
　　교정하려고 하였다. 사회적으로 그것은 결혼법에 의해 가족생활을 회개 체계
　　에 의해 개인생활을 통제하려고 하였다. 경제적으로 그것은 정당한 가격을 실
　　행하거나 이자를 금지시키는 방식으로 경제를 통제하려고 하였다. 지적으로
　　그것은 대학에서 유일한 문화를 발전시켰을 뿐만 아니라 마지막 단계에서는
　　이교(異敎)의 박해로 그러한 문화를 실행하였다. 그것은 주권적인 지혜에 의
　　해 생활 전체를 합성하려는 웅장한 시도라고 할 수 있다.5)

　　이같은 교회의 역할 확대로 교권은 국가의 전통적인 영역이라고 할 수 있는
부문에까지 미치게 됨으로써 교회와 국가의 관계는 긴장 상황 또는 충돌 상황으
로 갈 수밖에 없는 형국이 되었다. 사실 교황은 정신권이 세속권보다 우월하다는
명분 하에서 황제의 권한을 축소하거나 또는 간섭하는 일도 발생하기도 했고 어
떤 경우 교황과 황제의 대립과 갈등은 극단적인 상황으로 발전하기도 하였다.
　　교회와 국가의 대립과 갈등 상황을 완화할 목적으로, 교회와 국가의 관계에
대하여 발전된 이론을 정립한 사람은 5세기말 교황 게라시우스(Gelasius) 1세이
다. 그의 이론은 양검론(two swords theory)으로서 알려져 있다. 그는 그리스도가
왕림하시기 전에 왕이면서 동시에 성직자인 사람들이 존재하였다는 것을 지적하

---

5) Ernest Barker, "Medieval Political Thought," in *The Social and Political Ideas of Some Great Thinkers*, ed., by F.J.C. Hearnshaw(New York: Barnes and Noble, 1950), 15.

였다. 그러나 그리스도는 인간본질의 약점을 알고 그의 인민의 복지에 관심이 있었기 때문에 교권과 세속권의 두 개 영역을 분리하여 각 영역에서 자신의 독특한 기능과 의무를 주었다.[6] 로마황제 아나스티시우스(Anastasius) 1세에게 보낸 서한에서 교황은 교회와 국가의 관계에 대하여 다음과 같이 이야기하고 있다.

> 세계를 지배하는 두 개의 권력이 존재하는데 성직자들은 인간의 왕들에 대한 신적 판단에 대하여 설명을 주어야 한다는 점에서 더욱 많은 책임감을 부여받고 있다. 공공 질서의 규칙에 관계하는 한 종교지도자들은 제국의 권위가 신으로부터 황제에게 부여되었다는 것을 인정하면서 당신의 법에 복종합시다. … 마찬가지로 당신도 대단한 열정을 가지고 신성하고 신비스러운 일을 담당하고 있는 사람들에게 복종해야 되지 않겠습니까?"[7]

게라시우스 교황에 의하여 표시된 견해는 교회와 국가의 관계에 대한 전통적이고 고전적인 입장의 구체화로서 간주되기 때문에 중세정치사상의 과정에서 대단히 중요한 의미를 갖고 있다. 그의 설명에서 세 가지 중요한 것이 주시되어야 한다. 첫째, 그는 성직자들이 정치적이고 정신적인 권위를 행사하는 신정국가의 관념을 포기하였다. 둘째, 그는 교권과 세속권 그리고 그들의 관할권을 구분하면서 양자의 관계는 상호 관련되었지만 독립적이고 각기 자신의 권위를 신으로부터 유래하고 자신의 영역에서는 우월하다는 것을 명백히 하였다. 셋째, 그는 권력의 경계선이 완전하고 최종적으로 획정될 수 없다는 것을 인식했고, 따라서 어떤 관계에서 두 권력은 영역이 불분명하여 상호 간섭할 수 있음을 시사하였다. 게라시우스는 이런 경우에 최종의 권력이 어디에 있는지를 언명하지 않았지만, 성직자에게 더 무거운 책임을 부과한다는 그의 강조는 결정권의 우위성이 교권에 속한다는 것을 의미하는 것으로 받아들여졌다. 대부분의 중세정치사상가들도 세속권에 대한 교권의 우위를 인정하지만 어려운 점은 그같은 우위가 내포하고 있는 것을 확인하는데 있는 것이다.

그 후의 시기에 게라시우스의 양검론에 의한 기능의 엄격한 구분은 지켜지

6) R.W. Carlyle, and A.J. Carlyle, *A History of Medieval Political Theory in the West*, 4 vols.(London: Backwood, 1936), 1: 190.

7) Carlyle and Carlyle, 1: 191.

지 않았다. 교회와 국가 모두 자신의 이익을 확보하기 위해 양검론에 호소함으로써 교권과 세속권의 대립 상황을 어느 정도 개선시키는 긍정적인 효과도 있었던 것도 사실이다. 그러나 양검론은 기본적으로 애매모호하고 불안정한 성격을 갖고 있어서 교회와 국가는 더 나은 지위를 차지하기 위해 이를 유리하게 해석하는 경우가 많이 나타났다. 따라서 양검론은 교회와 국가의 갈등을 근본적으로 해결하는 원리로 작용하지 못하였다고 할 수 있다.

서로마제국의 멸망과 기독교의 확장으로 인하여 세계는 곧 기독교 국가 즉 성직자와 황제는 교회의 유일한 공동체 내에 있는 두 개의 권력으로서 해석될 수 있었다. 이시도르(Isidore)는 세속적 군주는 세속의 칼로 성직자의 교시를 강화하기 위해 교회 내의 최고 권력의 소유권을 행사할 수 있다고 하였다.[8]

카롤링제국 그리고 신성로마제국이 유지되었을때 기능의 분리가 다시 주창되었지만, 황제와 성직자는 인간 구제의 공동목적을 위해 적극적으로 협력한다는 사실이 강조되었다. 황제의 신성화는 그의 권력이 교권으로부터 유래한다는 이론의 기초를 제공했지만 그 직책에 대하여 신성한 것이 존재한다는 관념을 표시 하거나 강화시켰다.[9]

교권주의자들은 일반적으로 교회의 이익을 보호하고 그것의 신앙과 규율을 실행할 황제의 의무를 강조하였다. 중세 초기의 실제적 위기 상황에서 이러한 보호가 교회 조직의 문제에 직접적인 간섭의 형식을 취했지만 그것은 이론적으로 어떠한 반대에 부딪히지 않았다. 그러므로 황제는 교회가 필요로 하는 경우에 성직의 문제에 간섭하는 권리와 의무를 갖게 되었다는 관념에 대한 전례가 놓여졌다.

황제가 교회의 발전 과정에 관여한 것처럼, 고위 성직자들도 세속정부의 발전 과정에서 일익을 담당하였다. 대봉토의 주인으로서 주교와 대수도원장은 어떤 통치자도 무시할 수 없는 정도로 그들에게 권력을 집중시켰다. 그들은 계급을 형성했고 그로부터 초기의 중세 통치자들이 그들의 유능한 관료들과 고문관을 선임하는 경향이 있었다.

황제 또는 왕들은 공식적인 주교직이 어떻게 채워지는가에 관심이 있었다. 이것은 주로 관구의 성직자와 신도들의 선출의 문제이지만 후보자를 승인하는

---

8) Carlyle and Carlyle, 1: 101.
9) Carlyle and Carlyle, 1: 101.

통치자의 권리는 6세기의 종교회의에 의해서 인정되어 왔다. 황제 또는 왕이 선출된 주교를 서임하는 관례는 그가 두 개의 권위를 소유하고 있다는 것을 상징적으로 나타내는 임명의 관례로 바뀌었고 이는 종교회의를 단지 형식적인 것으로 놓았다. 그러므로 많은 주교들은 교회에서 그들의 역할에 적합한 것 이상으로 세속화되었고 성직을 매수하는 행위는 진부한 사건이 되었다.

제2절   성직서임논쟁(Investiture Controversy)

이러한 성직자의 세속화 경향으로 조성된 교회의 부조리를 개혁하려는 기운이 일기 시작했으며, 이는 교황 그레고리(Gregory) 7세의 개혁프로그램에서 최절정에 이르렀다. 개혁의 추진세력들은 평신도 서임의 제도를 폐기하려는 것이 아니고 그것을 수정하거나 또는 제한하려는 의도를 갖고 있었다. 종교적 신념이 강한 그레고리 7세는 교회는 정신적 임무를 완수하기 위해서 성직자에 대한 완전한 통제를 행사해야 한다는 것을 깨달았다. 그는 1075년에 모든 평신도 서임을 금지하고 교회의 성직자에 대한 완전한 통제를 강조하는 내용의 포고령을 내렸다. 그러나 황제의 성직자에 대한 세속적 통제는 양보할 수 없는 본질적이고 절대적인 것이기 때문에 황제 하인리히(Henry) 4세는 이러한 포고령을 수용하기를 거부하고 교황 그레고리 7세를 파면시키려는 행위를 취하였다. 이에 대하여 교황 그레고리는 하인리히 4세를 황제의 직에서 폐위하고 파문시키려는 반응을 보였다.

이 사건으로 교권과 세속권의 쟁점이 최초로 명백하게 제시되었고 양측의 입장을 지지하는 상당한 양의 논문이 발표되었다. 그레고리가 황제를 폐위시킨 행위는 교회가 본래의 목적을 추구하는 데 있어서 세속적 영역에 직접적으로 간섭할 수 있는 권리를 소유하고 있는지의 본질적인 문제를 제기하였다. 그는 교권과 세속권의 상호 의존적 관계를 지지하는 게라시우스(Gelasius)이론, 즉 양검론을 수용하였다.

교황 그레고리 7세의 독창성은 그가 이미 친숙해졌고 일반적으로 문제시되지 않은 전제로부터 도출한 극단적인 실제적 결론에 있었다. 그는 교회정부의 수장으로서, 그리고 그리스도가 인간 정신의 복지를 위해 베드로(Peter)에게 수여한 모든 정신적 권위의 상속자로서 자신의 권력과 책임감에 대한 의식을 가지고 시작하였다. 그레고리는 하인리히 황제의 폐위를 '의무를 지우고 해제하는(bind and loose) 신권'에 기초하고 있었다.[10] 즉 양심 법정의 재판관으로서 교황은 인간을 사악한 서약의 구속력으로부터 면제시킬 수 있다는 것이다. 그레고리는 황제들이 교권으로부터 면제되어야 할 이유는 없다고 주장하였다. 왜냐하면 그들도 그리스도가 베드로에게 위임한 양떼들에 해당되기 때문이다.

그레고리의 이같은 논의는 명백히 세속권에 대한 정신권의 우위를 강조하고 있다. 물론 이것은 부인할 수 없는 사실이었지만 세속권이 교회로부터 유래한다는 것을 입증하지 못하였다. 그레고리의 전제는 혁신적인 내용은 없었지만, 세속권주의자에게 충격을 주기에는 충분하였다. 그레고리처럼 통치자들은 게라시우스 원리의 적용을 가지고 시작했으나 통치자의 파문과 폐위를 정신적 권위에 속하는 것으로 간주하는 그레고리의 주장을 수용하지 않았다. 그레고리의 목적과 방법이 정신적이라 할지라도 그것의 결과는 세속적 영역 내에서 행사된다. 그러므로 통치자들은 그레고리가 신이 왕권에게 위임하였던 영역에로까지 자신의 통제력을 확장하려 하였다는 비난을 하였다. 그들에게 있어서 그레고리는 무가치한 교황이었고 황제는 그레고리의 폐위를 확보하려는 시도에서 그의 세속권에 의해 교회를 보호해야 한다는 것이었다. 또한 황제는 세속권의 행사에 대하여 교황이 아니라 신에 대해 책임이 있다는 주장을 하였다.

하인리히 황제는 그레고리가 자신을 폐위시킨 행위에 대하여 이단을 제외한 어떠한 것에 대해 자신은 폐위될 수 없다는 주장을 하였다.

너는 기독교도인 중에서 무가치한 나를 왕위에 오르게 하였으므로 성부의 전통이 가르친 대로 나는 신에 의해 직접적으로 판단을 받아야 하며, 그리고 신이 금지한 신앙으로부터 배회하지 않는한 어떠한 죄로 인하여 폐위되지 않는다.[11]

---

10) Sabine and Thorson, 224.
11) Carlyle and Carlyle, 1: 186.

이러한 극단적 언명은 세속주의 이론가들에게서 찾아볼 수 있는 보편적 현상은 아니다. 그러나 그들은 황제의 특수한 입장과 그의 권위의 기원을 강조하는 일반적 경향, 그리고 이로부터 천국의 열쇠권(key to the Heaven)이 황제 폐위에 까지 연장될 수 없다는 주장이 그들 추론의 본질이 되었다.

교권과 세속권의 모든 저서들은 공통적으로 승인된 게라시우스의 양검론에 의존하면서 즉시적인 상황을 상술하거나 그들의 논쟁에 적합한 특정적 주장을 성서와 역사적 전제 또는 교회법으로부터 추출, 사용하는 경향이 있었다. 어떠한 측도 인간 본성에 의해 발전된 가치의 충돌에 기저하고 있는 근본적이고 실질적인 쟁점을 인식하지 못했음을 보여주고 있다. 교권과 세속권측에게 그것은 본질적으로 관할권의 문제이므로 각기 자신의 영역을 준수하면 모든 것이 잘 된다는 것을 전제하고 있다. 그들은 미래를 위해 특정 체계를 형성하는데 관심이 없었고 단지 오랫동안에 걸쳐 이미 확립된 체계의 일부가 된 특정권력을 비호하는데 역점을 두었다. 따라서 그들은 과거지향적인 논쟁을 전개할 수밖에 없었다.

특히 이 시기에서 교권과 세속권의 논쟁을 대표하는 저서들은 이러한 문제에 대하여 새로운 접근법을 대변하고 그 후의 이론 발전을 시사하기 때문에 매우 중요한 위치를 차지하고 있다. 그들은 교권측의 호노리우스(Honorius Augustodunensis)의 영광전집(The Summa Gloria)과 작자미상의 요크논문집(The York Tractates) 등을 들 수 있다. 호노리우스는 세속권은 교권에서 유래한다는 주장을 유태인의 역사 해석으로부터 입증하고 있다. 그에 의하면 유태인의 역사에서 사울(Saul)시기 이전까지는 왕권이 존재하지 않았고 사울은 성직자 사무엘(Samuel)에 의해 왕이 되었기 때문에 유태인은 모세시기부터 성직자(제사장)에 의해 지배를 받아왔다고 할 수 있다는 것이다.[12]

마찬가지로 그리스도는 교회에서 성직자의 권력을 제도화시켰고 콘스탄티누스 황제의 개종까지는 기독교적인 왕이 존재하지도 않았고 교회는 최초로 자신을 적으로부터 보호하기 위해서 최초로 기독교도인 왕을 옹립하였다. 성직자이면서 왕이신 그리스도는 천국의 열쇠권을 왕이 아닌 성직자에게 전달했고 베드로시기부터 교황 실베스테르(Silvester) 1세시기까지 교회를 지배해 왔다.

---

12) E. Lewis, *Medieval Political Ideas*, 2 vols.(New York: Alfred Knopf, 1954), 2: 559－560.

그리고 콘스탄티누스 황제가 교황 실베스테르에게 제국의 권위를 이양했고 이에 대한 답례로 교황은 교회를 적들로부터 보호하기 위해 황제에게 세속권을 위임하였다는 "콘스탄틴의 양여론(Constantine Donation)"이 출현하게 되었다.[13) 그 시기 이래로 교회가 자신의 관할권을 보수하면서 세속적 판단을 위해 왕을 옹립하는 것이 관례로 성립되었다. 물론 왕은 세속권의 통치자이면서 교회의 대리자로서 존경과 복종을 받아야 한다.[14) 이와같은 논리적 주장으로 영광전집은 13세기와 14세기에 있어서 교권론자를 지배하여 온 '교황의 직접 권력의 원리'를 예견하였다.

반면에 요크논문집은 1100년경 영국의 앤슬럼(Anslem) 주교와 헨리(Henry) 1세 왕 사이의 서임논쟁의 배경에 쓰여진 작자미상의 반(反)교황적인 주장을 포함하고 있다. 저자는 게라시우스 원리를 사용하고 있지만, 그의 분석은 세속권 우위의 입장을 견지하고 있다. 서임의 논쟁에 있어서 저자는 왕권이 주교의 권한보다 높은 종류의 것이므로 왕이 모든 주교들을 관할하고 교회회의를 소집하고 주관하게 된다는 주장에서 그레고리 교황이 교회에 대하여 요구한 주권적 권위를 반박하였다.[15)

더욱이 왕의 직위는 왕은 신으로서 그리스도의 왕권을, 성직자는 인간으로서 그리스도의 교권을 각기 나타내기 때문에 성직보다 상위에 있다. 왕은 기독교법의 규율에 의해 교회를 처분할수 있으며 인간의 영혼과 육체 모두를 지배한다. 따라서 왕의 권위는 주교의 임명을 비롯한 교권의 영역에까지 확대될 수 있는 것이다.[16)

그렇다고 저자는 교회의 정신적 역할을 부인하지는 않았다. 교권의 문제에 있어서 중요한 것은 성직자의 정신적 권위가 아니라 성직자의 정신적 역할에 있는 것이다. 그는 역사적 전례의 결과로서 로마교구의 우월성을 설명하면서 모든 주교의 평등권을 주장하였다. 로마의 주교는 그리스도의 계율을 교시하는 사도적인 역할을 수행하는 한 복종에 대한 요구를 할 수 있다는 것이다.[17)

---

13) Lewis, 2: 560-561.
14) Lewis, 2: 562.
15) Sabine and Thorson, 228.
16) Lewis, 2: 563-566.
17) Lewis, 2: 563-566.

또한 로마교회는 그것이 로마에 위치하고 있다는 지리적 특징이 아닌 신의 선임된 소수의 아들들을 포함하고 있는 그리스도의 진정한 교회이기 때문에 자비에 있어서 존경을 받아야 한다. 이와같은 주장은 중세말기와 16세기의 종교개혁기에 지배적인 주제가 되었던 종교이단의 지속적인 문제와 관련을 맺고 있음은 명백하다. 어느 면에서 저자는 교회의 권위를 권력이 아닌 교시하고 설교하는 권리로 파악하였다는 점에서 마르실리우스(Marsilio)를 연상시키고 있지만[18] 그는 냉정한 세속주의적 경향을 갖고 있지는 못하였다.

그의 종교적 기질과 신의 세속적 대리인으로서 왕에 대한 높은 존경은 위클리프(Wycliff)와 루터(Luther)에 이르는 종교개혁의 전통에서 의미를 찾을 수 있을 것 같다.

제3절   교황절대주의(plenitude of papal power)

서임논쟁은 결론적인 해결없이 12세기로 넘어갔다. 전반적으로 12세기와 13세기의 대부분은 교권과 세속권의 논쟁이 소강상태의 새로운 국면을 맞게 되는 과도적 기간이었다. 교권과 세속권의 관계에 대하여 체계적인 이론도 수립되지 않았다. 교회 및 세속정부의 발전, 로마법의 연구와 아리스토텔레스의 재발견 등의 요인들은 교권과 세속권의 논쟁의 문제보다는 상이한 제도로서 교회와 국가의 권한 집중화와 가치의 세속화에 기여하였다.[19]

특히 이 시기의 신학자들도 교황과 황제의 투쟁에 의해서 영향을 받지 않았다. 아퀴나스는 교권과 세속권의 문제에 대하여 단편적이고 불명확한 입장을 견지하였다. 그는 흔히 세속권에 대한 교황권의 우위를 주장하였다고 하지만, 이 점에 대한 그의 사고는 확실치가 않다. 그는 일반적으로 세속적 문제에 대한 교황의 권한은 우연적이고 간접적이라는 입장을 취하고 있었던 것 같다.[20]

---

18) Sabine and Thorson, 228.
19) Lewis, 2: 515−518.
20) Lewis, 2: 522.

그럼에도 불구하고 교회법 학자들은 교회와 국가의 문제를 다루는 데 있어서 신학자들을 훨씬 앞서 교황절대주의론(papal absolutism)을 수립하였다. 이 과정은 두 단계로 진행되었는데 그 첫 단계는 교황 이노센트(Innocent) 3세가 교황 그레고리 7세의 교회 우위의 입장에 의존하면서 발전시킨 교권론의 확충 시기이고, 두 번째 단계는 교황 이노센트 4세와 13세기말의 법령주의자(decretalists)들과 관련해서 교황의 세속권에 대한 직접적 권한이 확립되는 시기이다. 이같은 과정에 의해 이전에 이단적이고 막연했던 교권의 관념은 구체적인 관할권의 체계로 바뀌었다. 교황은 정신적인 문제에 해당되는 모든 경우에 대해 고유한 관할권을 주장하게 되었다. 정의는 정신적인 덕의 문제이기 때문에 교황은 그것이 결핍된 경우에 세속적 문제에 개입할 수 있다는 것이다. 이것은 명백히 교회법정으로 수많은 사건을 이관시킴으로써 무제한적인 권한을 교황에게 주었다.

1. 교황절대주의 형성과정과 특징

교권의 확충은 역사적인 실재의 사건들과 결부되어 진행되었다. 이러한 교권의 확충은 교황절대주의를 지향하고 있었다. 교황절대주의는 교황과 황제의 대립과 투쟁의 과정에서 형성되었다. 교황 그레고리 7세는 절대주주의가 형성할 수 있는 기반을 놓았다고 한다면 교황 이노센트 3세와 교황 이노센트 4세는 교황절대주의를 각기 공고화하고 완성하였다는 평가를 받고 있다. 그리고 교황 보니파스 8세는 이러한 절대주의의 재현을 통해 자신의 권한을 강화하려는 시도를 했으나 실패로 끝나게 됨으로써 교황절대 주의는 쇠퇴하는 결정적 국면을 맞게 되었다.

(1) 교황 그레고리 7세와 절대주의 기반의 형성

첫 번째 역사적인 실재 사건은 교황 그레고리 7세와 황제 하인리히 4세의 대립과 투쟁이다. 교황 그레고리 7세는 교회의 부패와 타락의 원인은 현실국가에 있다는 인식에서 주교임면권을 비롯한 교회문제에 있어서 황제의 개입을 배제시키려고 하였다. 전 생애동안 그를 지배했던 생각은 황제들로부터 로마교회의 권력층에 이르기까지 세계 모든 그리스도교들은 예수에게 절대적으로 복종하는 즉 순명적인 생활을 해야 한다는 것이었다. 교회는 그들을 순종하게도 또 그렇지 못하게도 만들 수 있으며, 동맹국들의 백성들을 용서해 줄 수도 있다.[21] 교회는 지구상에 최고의 위치에 있는 제도이므로 교회의 수장으로 교황이 최고의 위치에 있는 존재로 인식되어야 한다는 것이 그레고리의 생각이었다.

그레고리 7세는 1075년 사순절에 종교회의(synod)를 소집해 모든 평신도들에 의해서 거행되는 서임식을 비난하고 그들에 대한 파문까지도 불사하겠다는 단호한 입장을 취하였다. 이에 격분한 황제 하인리히 4세는 이탈리아 교구에 2명의 독일인 주교를 더 임명했고 선임자가 생존해 있음에도 밀라노 교구에 대주교를 한명 더 임명하였다.[22] 교황이 이러한 조치에 대한 소명을 듣기 위해 하인리히 4세를 로마로 소환하였으나 그는 이를 거절하고 대신 1076년 1월 24일 보스름(Worm)에서 공회의를 열고 그레고리 7세를 거짓 수도자로 비난하고 교황의 자리에서 폐위시켰다. 그레고리 7세는 1076년 사순절에서 열린 종교회의에서 모든 반역적인 주교들을 폐위시켰고 하인리히 4세를 파문하는 극단적인 조치로 반응하였다.

이같은 대립구도 상황은 하인리히 4세에게 불리하게 전개되는 형국이었다. 그는 자신의 파문은 적절한 때에 회개를 통해 해결될 수 있는 종교적인 문제로 단지 생각했었다. 그러나 파문의 정치적 파장은 그의 생각을 훨씬 뛰어넘는 실로 엄청난 것이었다. 이론상 파문은 왕에 대하여 충성을 맹세하였던 모든 백성들의 책임과 의무를 면하게 해주는 것이었고 만약 그들이 왕과 어떤 교섭을 하거나 혹은 왕에 대한 복종을 도와주면 그들도 똑같이 파문을 당하게 된다.[23] 더욱이 신성로마제국의 제후들도 트리부르(Tribur)에서 회의를 열어 일연하고 하루를 더한 기간에 교황으로부터 사면을 얻어내지 못하면 그들은 황제에 대한 복종을 철회하고 새로운 황제를 선출할 것을 결의하였다.

고립의 절망적 상황에 직면한 하인리히 4세가 선택할 수 있는 대안은 그레고리 7세에게 사죄해서 파문을 철회시킴으로써 왕국을 보존하는 일이었다. 그는

---

21) John J. Norwich, **교황연대기**, 남길영 옮김(서울: 바다출판사, 2014), 226.

22) E. Emerton, *Correspondence of Pope Gregory VII*(New York: Columbia Univ. Press, 1932), 90-91.

23) Norwich, 230.

한 겨울에 아내와 어린 아들을 동반하여 교황이 머무르는 카노사(Canossa)성에 이르러서 3일 동안 무릎을 꿇고 참회를 통한 교황의 용서를 구하였다.[24] 하인리히 4세를 만나주지 않는 완고한 입장을 견지했던 그레고리 7세는 마침내 노여움을 풀고 그를 사면해주었다.

그레고리 7세는 세속화된 교회의 개혁운동을 통해 교황절대주의가 형성할 수 있는 토대를 마련하려고 하였다. 이러한 개혁의 모델은 개혁을 실시해서 많은 성공을 거두었던 클뤼니(Cluny)수도원이었다. 수도원의 개혁운동을 모방하는 종교개혁을 실시해서 관직, 명예 및 돈과 관련된 교회 내부의 부패와 부조리를 제거하려고 하였다. 그는 이같은 개혁은 성직자에 대한 완전한 통제를 필요로 한다는 것을 깨달았다. 그레고리 7세는 1075년에 반포된 훈령에서 모든 평신도의 서임금지와 교회의 성직자에 대한 완전한 통제 그리고 모든 교황은 성 베드로부터 거룩함을 물려받은 성인이다 등을 선언하였다.[25] 이러한 주장들은 정신권의 세속권에 대한 우위를 강조하고 있음은 말할 필요가 없다. 종교가 지배적인 영향력을 행사했던 당시의 상황에서 이것은 하나의 사실로서 수용될 수도 있었지만 그레고리 7세는 세속권이 교권으로부터 유래한다는 것을 입증하지 못하였다.

(2) 이노센트 3세의 보편적 지배: 절대주의의 공고화

두 번째 역사적 실재 사건은 교황 이노센트 3세가 세속적 문제에 간섭하려는 지속적인 노력의 결과와 병행된다. 교황 이노센트 3세는 중세의 어느 시기보다 황제들과 비교적 안정적인 관계를 유지하였다고 할 수 있다. 이는 그가 자신의 강력한 지도력을 기반으로 해서 교황의 직책을 절대적인 위치로 올려 놓았다는 사실과 아마도 관련이 있는지도 모른다. 이노센트 3세의 이러한 지속적 노력은 두 경우의 사건들에서 확인될 수 있다. 첫 번째의 경우는 그에게 주 관심이 었던 교황령의 시칠리아(Sicily)에 대한 주권의 지속적인 유지와 관련된다. 이를 위해서 이노센트 3세는 신성로마제국의 황제 선출에 지대한 관심을 가질 수밖에 없었다.

---

24) Emerton, 112−113.
25) Philip Schaff, *History of the Christian Church*, 8 vols. (Peabody, Mass: Hendrickson Publishers, 1907), 5: 47−48.

하인리히 6세의 외아들인 시칠리아의 프리드리히(Friedrich) 2세는 혈통적으로 왕관의 정통 계승자임을 주장할 수 있었지만 독일 내에 살지도 않았고 게다가 나이도 어린 아이였다. 당시 황제의 후보자로서는 2명이 있었는데 하나는 프리드리히의 삼촌이자 슈바벤(Swabia)의 제후인 필립(Philip)이고 다른 한 사람은 부런즈윅(Brunswick)의 제후인 오토 4세였다. 필립은 시칠리아와 관련해서 어떤 약속도 하지 않은 반면 오토는 시칠리아와 교황청의 확장된 영지에 대한 교황의 권리를 존중할 것을 약속했기 때문에 이노센트 3세는 오토를 지지하였다. 그는 오토를 신성로마제국의 황제로 앉힘으로써 독일과 시칠리아를 이간질시킬 수 있었고 따라서 시칠리아에 대한 교황의 권리를 보존할 수 있다는 판단을 하였다.

벨펜집안의 오토 4세를 황제로 선출함으로써 필립의 슈타우펜(Staufen) 집안은 격렬한 반발을 했고 새로운 황제를 제위 찬탈자라고 비난하였다. 양 집안의 대립과 갈등이 다시 격화되면서 신성로마제국은 대혼란에 빠졌다. 오토 4세는 1210년 이러한 난국을 타개하기 위한 방편으로 시칠리아왕국을 침략하고 남부이탈리아를 장악하였다. 이노센트 3세는 은혜를 모르는 오토를 황제로 세운 자신의 잘못을 깨닫고 파문을 내렸고 독일의 주요 제후들은 뉘른베르크에서 공의회를 열어 그의 퇴위와 17세인 프리드리히 2세의 황제대관을 결정하였다.[26]

이노센트 3세는 프리드리히가 독일로 가기 전에 교황청의 시칠리아에 대한 권한을 갱신하고 제국과 시칠리아 왕국의 분리를 명확하게 하기 위해 시칠리아 왕위를 막 태어난 프리드리히의 장남 하인리히에게로의 양위와 십자군 원정에의 참여 약속 등의 조건들을 제시하였다. 프리드리히는 이러한 조건들을 받아들이겠다는 반응을 보였고 1212년 12월 독일로 가서 왕관을 썼다.[27]

이노센트 3세는 프리드리히를 신성로마제국의 황제로 승인해 주는 것은 당시의 사정상 최선의 방법이었다고 생각하였다. 그러나 1213년 여름에 프리드리히 2세는 에거(Eager)의 금인칙서(Golden Bull)로 알려진 헌장을 반포했는데 자신의 영역 내에 있는 모든 주교와 수도원장을 자유선거로 선출할 것과 모든 종교소송에 대해 교황청에 상소를 올릴 수 있도록 허용하는 내용이었다.[28] 이는 명

---

26) Carlyle and Carlyle, 2: 227 – 228.
27) Carlyle and Carlyle, 2: 230 – 231.
28) Norwich, 347.

백히 이노센트 3세의 권위에 도전하는 것으로 교황과 황제의 대립은 피할 수 없는 것같이 보였다. 그나마 이노센트 3세의 죽음으로 이러한 대결은 피할 수 있었던 것이 다행 중 다행이었다.

　두 번째 경우는 프랑스의 왕 필립(Philip) 2세가 그의 가신인 영국의 왕 존(John)과 벌인 투쟁에 대해 교황 이노센트 3세가 『공경할 교서』(Bull Venerabilem, 1202)에서 황제의 선거에 대해 선임된 후보자의 자격을 판정하고 분쟁적 또는 불법의 선거를 조사할 권리를 요구하였던 것과 관련된다.[29] 이에 대해 교황 이노센트 3세는 다음과 같이 기술하고 있다.

　　"어떠한 사람도 우리가 프랑스의 유명한 왕의 관할권과 권한을 침해하거나 감소시키지는 않을 것이라고 생각한다. 왜냐하면 그는 우리의 관할권과 권력을 침해하지 않았기 때문이다. 그리고 우리는 우리의 관할권을 소진할 수 없는데 왜 우리가 다른 사람의 권력을 박탈하기를 원하는 이유가 있는가? 그러나 영국의 왕은 프랑스의 왕이 자신에 대해 죄를 짓고 있다는 것을 보여주고 있다. … 신의 섭리에 의해 보편적 교회정부를 담당하고 있는 우리는 프랑스의 왕이 우리들과는 대조적인 충분한 이유를 제시하지 않는 한 신적 명령을 지키고 그것의 형식에 따라 처리할 수밖에 없다. 이런 경우 우리는 프랑스의 왕의 관할권에 있는 봉토에 대해서가 아닌 그의 죄에 대하여 판결을 내리게 된다. 왜냐하연 우리는 인정법이 아닌 신법에 의존하며 우리의 권력도 인간이 아닌 신으로부터 유래하기 때문이다. 어떠한 사람도 어떠한 종류의 인간죄를 교정하는 것과 만약 그 교정에 불복종하는 사람을 교회의 처벌을 통해 강제하는 것이 우리의 직책에 속한다는 것을 부인할 수 없다.[30]

　이노센트 3세가 반포한 이 『공경할 교서』(Bull Venerabilem)는 교황의 관할권 개념을 명시하였다는 점에서 의미가 있다. 교권은 교황 이노센트 3세에 의해 확충되었다고 볼 수 있다. 그는 정신적 문제에서의 권력의 풍부함과 세속적 문제에 권력의 간섭(latitude)을 결합시켜 교황의 보편적 지배를 확립하였다.[31] 이는 교황

---

29) Walter Ullman, *Medieval Papalism: The Political Theories of Medieval Canonists* (London: Metheun, 1949), 439.

30) Ullman, 71.

31) Lewis, 2: 125.

의 권력이 제한없이 확충되어서 세속적 문제에 대해 지배권을 가짐으로써 교황
절대주의가 공고화 되었다는 것을 의미하는 것이었다. 이 과정에서 교권의 개념
은 구체적인 관할권(jurisdiction)의 체계로 바뀌었다. 이 교서에서 교황은 정신적
인 문제에 해당하는 모든 경우에 대해 고유한 관할권을 갖는다는 주장뿐만 아니
라 황제의 선거에서 선임된 후보의 자격을 판정하고 분쟁적 또는 불법적 선거를
조사할 권리 등을 담고 있었다.[32] 정의는 덕의 문제인 관계로 세속권이 그것을
결핍할 경우 교황은 세속적 문제에 간섭할 수 있다는 것이었다. 이로써 교황은
수많은 사건들을 교회 법정으로 이관시킴으로써 전쟁과 평화, 지배자의 칭호, 왕
국의 궐석 등의 문제들에 개입할 수 있는 무제한적인 권력을 가질 수 있게 되었
다.[33] 이노센트 3세는 황제를 비롯한 세속적 통치자들도 자신들의 권한을 보호
하고 행사하는 것도 가능하다고 하였다.

　　명백히 그는 세속적 통치자들도 자신의 권한을 보호하고 다수의 경우에 기
능해야 한다고 하였다. 그는 자신의 권력이 세속적 통치자들의 그것을 대신하거
나 그들의 권력은 그로부터 유래한다는 주장은 하지 않았다. 그러나 그는 교회의
법정을 이용해서 교황은 필요한 경우 어떠한 종류의 문제에까지 확대될 수 있는
조사의 일반적 권한을 갖고 있다는 생각을 하였다.

　　이노센트 3세에 의하면, 교황은 신의 대리인(vicar)으로서 절대적 권력을 소
유하게 되고 그것은 그리스도교의 섭리의 특수한 결과라는 것이다. 예수 그리스
도는 베드로와 그의 후계자들에게 신국의 열쇠를 주면서 나의 양들을 먹이라고
말씀하실 때 그들을 자신의 대리인으로 삼았다. 이 세상에는 여러 직위와 정부가
존재하지만 필요한 경우 교황에게 항상 호소할 수 있다. 왜냐하면 재판관은 그가
내린 결정에 대하여 확신하지 못하거나 최상의 재판관이 존재하지 않거나 또는
재판관은 자신의 판결을 집행할 수 없거나 정의를 집행하려고 하지 않기 때문이
다.[34] 교황에 의해 소유된 이러한 독특한 권력은 특수한 의미에서 신권이라고

32) Ullmann, 439.
33) Brian Tierney, "Innocent III as Judge," in *Innocent III: Vicar of Christ or Lord of the World*, ed. by James Powell(Washington D. C.: The Catholic University of America Press, 1994), 96-97.
34) Carlyle and Carlyle, 2: 323.

할 수 있다. 교황은 모든 다른 형태의 권위를 수정하고 감독할 수 있는 권한을 갖고 있는 것이다.

(3) 이노센트 4세의 절대적 지배권(overlordship)의 원리: 절대주의 완성

세 번째 역사적 실재는 교황 이노센트 4세와 프레드리히 2세와 그의 둘째 아들인 콘라드 4세 간 대립과 투쟁이다. 프리드리히 2세는 황제로서 집권을 계속해 가는 동안 자신의 권력기반을 강화해갈 수 있었다. 그는 이노센트 3세 이후 등장한 호노리우스(Honorius) 3세, 그레고리(Gregory) 9세 및 첼레스틴(Celestinus) 4세의 교황들과 대립과 갈등을 겪었으나 그의 정치적 지도력과 판단으로 롬바르드(Lombard)와 시칠리아와 관련된 영토문제들에서 어느 정도 성과를 낼 수 있었다. 그러한 프리드리히 2세는 독일과 시칠리아 왕국을 오가면서 아주 거만한 태도로 자신의 파문을 비롯한 교황의 결정을 무시하면서 싸움을 계속하였다. 이노센트 4세도 독일의 제후들에 의해서 선출된 두 명의 대립 황제들을 지지하면서 맞대응했고 탁발수도회를 이용해 황제에 반대하는 십자군원정을 설파하였다. 이노센트 4세는 상당한 금액의 돈을 사용해서 프리드리히 2세를 암살하려고 하였다는 주장도 있다.[35] 그러나 1250년 12월 프리드리히 2세가 사냥을 나갔다가 이질에 걸려 죽는 사건으로 이러한 대립과 투쟁은 새로운 국면을 맞이하게 되었다.

프리드리히 2세의 둘째 아들인 콘라드(Conrad) 4세가 황제로 즉위하지만 그의 정치적 영향력은 아버지에 비하면 미비한 편이었다. 교황과 황제의 대립과 투쟁은 교황에게 유리하게 전개되는 형국이었다. 따라서 콘라드 황제의 정치적 입지는 약화되는 반면 교황은 정치적 지배를 더 강화하였다.

교황 이노센트 4세는 반포한 교서들(decretals)에서 세속적 문제들에 대한 절대적 지배권의 원리를 통해 이노센트 3세의 보편적 지배권을 강화시켰다. 그의 절대적 지배권의 원리는 교황은 신의 대리인으로서 절대적 권력을 소유한 존재(persona ficta)가 되고 이는 신의 섭리의 결과라는 개념을 핵심적인 요소로 하고 있다.[36] 교권과 세속권 모두 교회에 속하고 교회는 세속권의 사용을 황제에게 부여하였다.[37] 교황의 권한은 비기독교인과 유태교뿐만 아니라 전 기독교인들에

---

35) Norwich, 373.
36) Lewis, 2: 526.

게도 확장될 수 있는 것이었다.

실제 교황 이노센트 4세는 황제와 왕을 폐위하고, 선거인단이 무관심할 경우 황제를 임명하고 왕이 평화와 정의를 보존할 수없는 왕국의 관리자를 임명할 권리들을 갖고 있었다. 세속적이고 정신적인 권한 모두 교회에 있고 교황에 집중되어야 한다는 것이었다. 그는 교황은 전 법체계의 수장으로서 보편적 집행자가 아닌 법정과 법의 최종적 근원으로서 기능하는 존재로 부각시켜 교황절대주의를 완성하였다고 할 수 있다.

(4) 보니파스 8세와 절대주의의 쇠퇴

마지막 역사적 실재는 교황 보니파스(Boniface) 8세의 등장이며, 그가 프랑스 단려왕인 필립(Fhilip the Fair) 4세와 갈등과 투쟁이다. 가장 극단적인 교황절대권의 입장은 교황 보니파스 8세에 의해 취해졌다. 그는 종교적인 경건함과 영성이 그리 깊지 않았고 그의 교회정책의 주된 관심은 세속적 목표의 달성을 통해 자신의 영일을 추구하는데 있었다. 그는 회유나 타협 같은 것에는 거의 관심이 없었고 목표가 설정되면 어떠한 대가를 치루더라도 그것을 성취하려는 강한 열정과 자신감 그리고 강한 의지를 갖고 있었다. 어찌보면 교황 중에서 이단도 주저하지 않는 비종교적 지도자였던 것이다.[38]

교황 보니파스 8세는 교황절대주의와 관련해서 새로운 원리와 주장을 제시하지는 않았다. 그는 단지 이노센트 3세와 이노센트 4세가 주장하는 교황절대주의를 반복하는 수준에 머물러 있었다. 하지만 그는 프랑스 왕 필립 4세와의 투쟁에서 극단적인 절대주의적인 입장을 취하였다. 최초의 쟁점은 그가 13세기말 프랑스의 왕 필립과 논쟁을 벌여 교황의 세속적 문제에 대한 정당한 권위를 확보하려고 하였던 사건에서 시작되었다. 그 논쟁의 직접적 원인은 교회의 재정적·사법적 면책으로부터 나왔다. 그리고 그 논쟁의 직접적 사건은 1296년 필립 왕이 가스고뉴(Gascone)에 있는 영국을 공격하기 위해서 프랑스내 성직자들에게 무거운 세금을 부과하면서 시작되었다. 보니파스 8세는 성직자와 평신도(Clerics Lacios)의 교서의 발표를 통해 교황의 허가 없이는 성직자와 교회의 재산들에 세

---

37) Carlyle and Carlyle, 5: 306−307.
38) T.S.R. Boase, *Boniface VII*(London: Constable, 1933), 27.

금을 부과할 수 없다고 하였다. 필립 4세는 통화와 귀중품이 프랑스 밖으로 빠져
나가는 것을 차단하는 조치를 취함으로써 재정의 상당부분을 프랑스에 의존하고
있는 교황청을 어려운 상황으로 몰아놓았다.[39)

    보니파스 8세는 교황청이 재정적으로 곤란한 상황에 이르자 필립에게 고개
를 숙일 수밖에 없었다. 1301년 가을 필립 4세가 파미에(Pamiers)의 주교를 반역
죄와 모욕죄로 구속하는 사건이 일어나자 이에 격분한 보니파시오 8세는 1302년
로마에서 종교회의를 소집하는 하는 것으로 대응하였다. 필립 4세는 프랑스의 주
교들이 그 회의에 참석하지 못하도록 종용했지만 많은 주교들이 참석하는 놀라
운 일이 벌어졌다. 종교회의의 성공에 고무된 교황은 세상 모든 만물은 구원을
위하여 로마교화에 예속되어야 한다는 내용으로 이루어진 '하나이고 거룩한
(Unam Sanctum)교서'를 발표하여 필립 왕을 굴복시키려고 하였다.[40) 이 교서는
국가에 반한 죄를 지은 성직자들이 세속적 법에 의한 재판을 받을 수 있는가 하
는 문제에 관한 것으로, 큰 쟁점이 되었다. 그 교서는 이제까지 쓰여진 문서 중
교황절대주의에 대해 가장 진보적인 내용을 담고 있어서 주목을 받아왔다. 그 내
용은 다음과 같다.

    세속의 칼이 베드로의 권력이라는 것을 부인하는 사람은 진실로 너희의
    칼은 칼집에 넣어 두라는 하나님의 말씀을 오해하고 있다. 정신적이고 물질적
    인 것 모두 교회의 권력 내에 있는 것이다. 하나의 칼은 다른 칼 아래에 있어
    야 하는 것처럼 세속적 권위는 정신적 권위에 복종해야 한다. 그러므로 세속
    권이 잘못할 경우 그것은 정신권에 의해 재판을 받아야 한다. 그러나 최고의
    권력이 잘못할 경우 그것은 인간이 아닌 신에 의해서 재판을 받을 수 있다.[41)

    위 인용문은 세속권은 교황을 매개로 하여 신으로부터 유래함으로 황제 또
는 왕은 세속적 기능을 위한 교회의 대리인에 불과하다는 것을 시사하고 있다.

---

39) Norwich, 387–389.

40) W.Y. Elliott and N.A. Mcdonald, eds., *Western Political Heritage*(Englewood Cliffs, N.J.:
    Prentice Hall, 1959), 309.

41) E.F. Henderson, *Selected Historical Documents of the Middle Ages*(London: Bell and
    Son, 1896), 436.

교황의 권한은 다른 권위보다 상위에 있고 세속권과 정신권 모두를 포함하고 있
다는 의미에서 절대적이라고 할 수 있다. 그러므로 교황은 중세사회에서 세속권
과 정신권 모두를 소유, 행사할 수 있는 절대적 존재로서 자신에 대한 복종을 구
원에 필요한 것으로 요구하였다.

그러나 그 교서는 이노센트 3세를 비롯한 역대 교황들이 주장한 내용을 반
복하는 것이기 때문에 새로운 것은 없었고 보니파스 8세가 절대주의의 구현을
통해 필립 왕과의 대립과 투쟁에서 승리하는 것이 주 목적이었다.

그러나 교황절대주의를 부활시키려는 보니파스의 노력은 불가능했을 뿐만
아니라 필립 4세가 교황 클레멘트(Clement) 5세를 선출해서 아비뇽(Avighnon)에
머물게 하는 소위 아비뇽의 유수를 가져왔다.[42] 이같은 불행한 사건으로 거의
70년 가까이 교황청은 분열되어 두 교황들이 존재하게 되었고 심지어 교황은 프
랑스 왕의 도구가 되는 비참한 종교 지도자로 전락되었다. 교황의 권위는 심각하
게 훼손되어서 교황절대주의는 쇠퇴하는 길에 들어서게 되었다고 할 수 있다.

2. 절대주의의 구조와 기능

세속권과의 대립과 투쟁에서 형성된 교황절대주의는 체계화되어서 일종의
정치적 이데올로기로서 기능을 하였다고 할 수 있다. 절대주의는 다른 정치이데
올로기에 비해 단편적이고 논리적이지 못하다는 결함은 있었으나 중세정치에서
세속통치자들과의 대립과 투쟁에서 교권의 입장을 대변하는 역할을 충분히 하였
다는 점에서 그것은 정치이데올로기로서의 성격을 갖고 있다. 이러한 절대주의
형성을 가능케 했던 전제들, 이론적 요소들 그리고 이데올로기로서의 절대주의
의 기능 등을 살펴보겠다.

(1) 절대주의의 형성요소들

교황절대주의 형성을 가능하게 한 요소들은 종교적 요인들과 역사적 요인들
로 구분할 수 있다. 전자는 성서적 인용들과 그리고 후자는 역사적 사실들로부터

---

42) Sabine and Thorson, 251-253.

절대주의 형성의 근거를 찾는 것이다. 먼저 종교적 요인들로 세 가지를 제시할
수 있다. 첫 번째는 정신의 신체에 대한 우위이다. 인간에게 있어서 정신은 육체
보다 우월하다는 특징을 갖고 있는 존재라는 것이다. 기독교 교리는 인간은 신체
(body)와 정신(soul)을 소유한 이중적 존재로서 육체보다는 정신에 의한 생활이
더 가치가 있다는 것을 가르치고 있다. 신체에 의한 생활은 필멸의 삶인데 반해
정신에 의한 생활은 불멸의 삶이라는 것이다. 성경은 육체와 정신의 대조적인 생
활을 다음과 같이 묘사하고 있다.

> 육신을 따르는 자는 육신의 일을, 영을 따르는 자는 영의 일을 생각하니,
> 육신의 생각은 사망이요 영의 생각은 생명과 평안이라 … 만일 너희 속에 하
> 나님의 영이 거하면 너희가 육신에 있지 아니하고 영에 있나니 누구든지 그리
> 스도의 영이 없으면 그리스도의 사람이니라. 또 그리스도께서 너희 안에 계시
> 면 몸은 죄로 말미암아 죽은 것이나 영으로 말미암아 살아 있는 것이니라 …
> 너희가 육신대로 살면 반드시 죽을 것이로되 영으로써 몸의 행실을 죽이면 살
> 리니.[43]

타락과 방종의 무가치한 육체적 생활보다 기쁨과 소망을 가져다주는 영생의
정신적 생활이 더 가치가 있는 것이다. 그러므로 정신권을 담당하고 있는 교회가
세속권을 담당하고 있는 국가보다 더 우위에 있다는 유추도 가능한 것이다.

두 번째의 종교적 요인은 신의 대리인(vicar)로서의 교황의 관념이다. 그리스
도는 12제자 중 수제자인 베드로를 자신의 상속자로 정했고 특히 그에게 천국의
열쇠를 주었다는 것이다. 이것은 성서의 인용에서 근거를 두고 있다.

> 또 내가 네게 이르노니 너는 베드로라 내가 이 반석 위에 내 교회를 세우
> 리니 음부의 권세가 이기지 못하리라. 내가 천국의 열쇠를 네게 주리니 네가
> 땅에서 무엇이든지 매면(bind) 하늘에서도 매일 것이요 네가 땅에서 무엇이든
> 지 풀면(loose) 하늘에서도 풀리리라 하시고.[44]

---

43) **로마서,** 8장 5절−6절, 9절, 10절 및 13절.
44) **마태복음,** 16장 18절−19절.

그러므로 베드로는 그리스도의 상속자이고 교황은 베드로의 상속자가 됨으로 천국의 열쇠권도 갖게 된다는 것이다. 교황은 현실세계에 신의 대리인으로서 매고 푸는(또는 의무를 지우고 해제하는) 권한에 기초해 황제를 폐위시킬 수 있다. 왜냐하면 그리스도는 베드로에게 양떼를 먹이(feed my sheep)라고 했고[45] 황제는 이러한 양떼들에 해당되기 때문이다.

종교적 요인의 세 번째 요소로는 모든 권력은 신으로부터 유래한다는 것을 들 수 있다. 교권과 세속권 모두 신으로부터 유래함으로써 신으로부터 유래하지 않은 권력은 현실세계에서 존재하지 않는다.

> 각 사람들은 위에 있는 권세들에게 복종하라 권세는 하나님으로부터 나오지 않음이 없나니 모든 권세는 다 하나님으로부터 정하신 바라. 그러므로 권세를 거스르는 자는 하나님의 명을 거스름이니 거스르는 자들은 심판을 자취하리라.[46]

바울은 세속권도 신으로부터 유래하는 관계로 이러한 권력이 정당하게 행사되면 기독교인들은 복종할 의무가 있으나 그러한 권력이 신의 의사나 정의에 반하게 행사될 경우 그들은 복종으로부터 해제된다는 것을 가르치고 있다. 특히 후자의 경우에 교황이 세속통치자들의 권력에 간섭해 그들의 잘못된 정치를 바로 잡아주는 역할이 정당시 되었다.

절대주의 형성에 기여한 역사적 요인들로서 황제 콘스탄티누스의 양여, 대관식, 종교재판권 등을 들 수 있다. 첫 번째 역사적 요인으로서 황제 콘스탄티누스의 양여(Constantine donation) 또는 기진장을 들 수 있다. 콘스탄티누스 양여는 황제 콘스탄티누스가 교황 실베스테르(Sylvester) I세가 자신의 나병을 치유해주었던 것에 대한 감사의 표시로 로마제국의 수도를 로마에서 콘스탄티노플로 이전할 때 서로마제국이 지배했던 지역을 실베스테르 1세와 후임 교황에게 이양하였다는 것을 말한다. 이 양여로 교황청은 로마와 다른 속주들, 이탈리아의 여러 도시들 및 서로마제국의 지역에 지배권을 주장할 수 있었다.

---

45) **요한복음**, 21장 15절 – 17절.
46) **로마서**, 13장 1절 – 2절.

이를 근거로 교황 이노센트 4세는 황제 콘스탄티누스가 제국은 교회에 속한
다는 것을 인정했으므로 그는 이같은 인정 때까지 찬탈적이고 불법적인 권력을
행사해 왔다는 대담한 주장도 하였다.[47] 따라서 교황은 세속적 문제에 대한 간
섭과 통제는 역사적으로 타당하고 황제는 교황에 복종해야 한다는 논리도 성립
되었다. 그러나 르네상스 시기인 1441년에 이 양여는 중세 이후에 교황권의 우위
를 위해 역사적 사실을 날조한 것으로 판명되었고[48] 교황청은 후에 이러한 날조
사실을 승인함으로써 없었던 일이 되었다.

두 번째 역사적 요인은 대관식에의 교황 참여이다. 대관식(coronation)은 황
제 또는 왕의 즉위식에 교황이 참여해서 황제의 권한이 신으로부터 유래한다는
것을 보장하는 의식을 말한다. 이는 고대 이스라엘 왕국의 초대왕인 사울이 즉위
식에 자신의 머리에 제사장이 기름을 부음으로써 그의 권한은 신이 부여하였다
는 것을 보증하는 제전으로부터 유래한 것이다. 마찬가지로 교황도 대관식에 이
러한 의식을 통해 교황의 권한은 황제의 그것보다 우위에 있다는 주장을 하였다.
교황은 황제의 권한이 신으로부터 유래하는 권력 형성에 기여했으므로 이러한
권력이 부당하거나 비종교적일 경우 간섭해서 바로 잡을 수 있다는 것이다.

세 번째 역사적 요인은 종교재판권이다. 교황은 종교문제와 사회문제들에
대해 종교재판을 개최하여 이러한 문제들을 해결할 수 있는 권한을 갖고 있었다.
그런데 이러한 권한은 정의를 결핍하고 있는 정치적 및 사회적 문제들로 확대되
면서 교황권력의 강화의 발판으로 활용되었다. 이러한 교황권한은 종교적 영역
에서 정치적·사회적 영역들로 관할권의 확장으로 나타났다. 교황의 권력이 최고
정점에 이르렀을 때에 관할권도 무한정 확장될 수 있었고 이는 결국 교황절대주
의 형성에 기여했다고 할 수 있다.

---

47) Carlyle and Carlyle, 5: 315.
48) 로렌초 발라(Lorenzo Valla)는 콘스탄티누스의 양여(기진장)는 324년에 작성된 것이 아니고
8세기 중엽 이후에서 9세기 중엽에 만들어졌으며 이러한 기진장의 작성자는 교황청의 서기라
는 주장을 하였다. 콘스틴티누스의 기진장에 대하여는 다음을 참조하시오. Lorenzo Coleman
Valla, *Discourse of the Alleged Donation of Constance*, tralslated by B. Christopher(New
Haven, Connecticut: Yale Univ. Press, 1922).

3. 절대주의의 원리와 체계화

(1) 절대주의의 원리

교황절대주의는 4개의 주요한 원리들로 구성되었다고 할 수 있다.[49] 그 첫째는 중세정치에서 친숙한 군주제의 원리를 들 수 있다. 그 원리는 정치공동체의 관리를 부여받은 통치자에게 허용하는 광범위한 재량권을 의미한다. 교황은 교회의 복지 향상을 자신에게 맡겨진 의무로 간주하는 관계로 그것을 위해서는 무엇이든지 명령할 수 있는 권리와 책임감을 갖게 된다는 것이다.

교황의 이러한 완전한 권한(potestas perfecta)은 교회정부에 본질적인 것을 결핍할 수 없다는 것을 의미한다.[50] 신앙과 신법을 해석하는 문제에서 그는 일반회의 자문을 받기도 하지만 혼자의 힘으로 이러한 문제들을 처리할 수 있다. 모든 실정법들을 제정하거나 폐지할 수 있으므로 자신이 원하기만 하면 이러한 법들의 적용을 회피할 수 있다. 요컨대 교황은 자신을 즐겁게 했던 것 무엇이든지 법의 힘을 갖게 되기 때문에 그의 의지는 이성대신 존재하는 것이라고 할 수 있다.

그러나 교황의 절대적 권력에 대한 제한이 없는 것은 아니었다. 그는 실정법에 의존하는 모든 교회법의 적용으로부터 면제를 받는 반면에 신앙의 교리 또는 성사의 본질에 관해 신법에 의해 제도화된 것들 그리고 좋은 도덕과 관계하고 있는 신법과 자연법과 명백한 관련을 갖고 있는 교회법들의 구속을 받는다.[51] 일반회의가 교회정부에서 교황의 자의적 권력을 제한하는 역할을 제대로 수행하는 중세 후기에서 교황의 절대적 권한은 축소되는 경향이 있었다.

교황절대주의 두 번째 원리는 교회 내 존재하는 모든 통치권은 교황의 고유한 권력으로부터 유래한다는 것을 말한다. 이론적으로는 성사를 집행하는데 있어 모든 성직자는 동등한 관계로 이러한 정신적 힘에 대한 교황의 우월권도 인정하지 않는 것이다. 그러나 실제 성사에 관한 모든 관할권은(potestas jurisdiction)

---

49) Lewis, 2: 360−365.
50) Lewis, 2: 360−365.
51) Dino Bigongiari, ed., *The political ideas of St. Thomas Aquinas*(New York: Hafner Press, 1975), 18−20.

은 교황 직위를 통해 교회에 전달되곤 하였다.52) 하위 성직자들은 교황의 최고
권으로부터의 위임을 통해 이러한 관할권을 소유하게 된다. 계서적으로 조직화
된 세계와 마찬가지로 교회사회의 기능 분화도 교회 복지를 위해 신적으로 기획
되었고 교회구조와 성직자의 권리에 관한 구체적인 사항들은 교황의 권위로부터
유래한다는 것이다.

교황절대주의의 세 번째 원리는 교황간섭권으로 그것은 필연적으로 위임의
개념으로부터 유래하지 않는 것을 기본으로 하고 있다. 그것은 신권과 같이 교황
의 권한도 하위의 사람들에게 전달을 통해 소진되거나 감소하지 않는다는 것을
의미한다.53) 관할권은 교회의 모든 직위에 배분되었으나 동시에 그것은 완전하
며 정신에 즉시적으로 존재한다고 할 수 있다. 간섭권을 사용해서 교황은 자신이
지정한 대리인을 통해서도 무엇이든지 할 수 있는 절대적 힘을 소유했었다.

교황절대주의의 네 번째 원리는 완전한 복종의 개념으로서 그것은 교황이
내린 모든 포고령에 절대적으로 무조건적으로 복종해야 한다는 것을 의미한
다.54) 일반회의는 물론 모든 지상의 권력들은 교황으로부터 유래하기 때문에 교
황의 명령 또는 지시에 절대적으로 복종해야 한다. 왜냐하면 교황은 신의 대리인
으로서의 역할을 함으로써 그의 결정은 신의 결정이 되고 신의 의사는 교황의
해석을 통해 알려지기 때문이다. 물론 교황도 인간으로서 실수도 할 수 있으나
이러한 과오는 완전한 복종을 요구하는 그의 절대적 권력에는 큰 영향을 전혀
미치지 않는 것이다.

(2) 절대주의의 체계화

교권과 세속권의 대립과 투쟁이 격화되면서 형성된 교황절대주의는 단편적
이고 논리적이지 못하다는 비판을 받았다. 교회법 학자들은 이같은 결점을 보충
하여 절대주의의 체계화를 시도하였다. 그들은 대부분 양검론을 무시하면서 세
속권은 교회로부터 유래하기 때문에 황제는 교황에 복종해야 한다는 극단적인
주장을 하였다. 아에기디우스(Aegidius Romanus), 제임스(James of Viterbo) 및 아

---

52) Lewis, 2: 361.
53) Lewis, 2: 362.
54) Lewis, 2: 363.

우구스티누스(Augustinus of Triumphus)는 절대주의를 체계화시킨 대표적인 학자들이라고 할 수 있다.

아에기디우스는 『교회권에 대하여』(De Ecclesiatica Poteste)에서 천체는 창조물들이 신적으로 확립되고 통제된 질서에서 상호 관련이 있는 공동의 계서적 조직을 갖고 있는 유기체적 단일체로서 묘사되고 있다. 인정법은 신법에 자연은 은총에 그리고 정치적 권위는 신적 권위에 각기 복종한다.[55] 그에게 이러한 상하의 예정된 관계는 지배권(dominion)을 의미하는 것이다. 계서적 조직의 최고절정에 있는 신이 창조물 전체에 대한 지배권을 갖는 것은 당연한 일이고 그보다 못한 존재 또는 제도는 신으로부터의 은총을 통해 권한을 받는 한에 있어서 정당하다는 것이다. 교회는 지상에서 신을 대표하고 은총의 배분자이기 때문에 인간이 행사하는 지배권은 교회로부터 유래해야 한다.[56]

아에기디우스는 질서화된 천체의 개념을 사물이 자신의 위치에 따라 평등하게 그리고 불평등하게 배분되는 어거스틴의 질서의 평온 개념에서 빌려왔다. 어거스틴은 질서의 평온은 천체의 관계를 지배하는 신법의 반영으로 간주했으면서도 지배권의 요구를 주장하지 않았다. 반면 아에기디우스는 이러한 유기체적 질서는 모든 인간 제도의 신권에의 복종을 필연적으로 요구한다는 주장을 하였다.[57]

어거스틴은 정의를 신에 대한 복종으로 규정했던 반면에 아에기디우스는 정의를 정치적 및 종교적 문제에 있어서 신의 대리인으로서의 교황에 대한 복종을 의미하는 것으로 보았다. 그러므로 국가와 같은 제도들이 적절한 관할권과 기능을 갖고 있는 한편 그들은 최고의 권력 즉 교황의 지배를 받게 된다는 것이다. 이러한 방식으로 모든 인간관계는 교황의 절대적 권위의 통제를 받는 유일한 통합체계로 놓을 수 있다는 것이다.

제임스(James of Viterbo)가 교황절대주의를 위해 사용한 접근법은 아에기디우스의 접근법과 다소 다를 뿐만 아니라, 그의 결론은 더 극단적이라고 할 수 있다. 그는 아리스토텔레스주의를 수용하여 자신의 학문적 세계를 구축하였다. 아

---

55) Lewis, 2: 557－558.
56) Lewis, 2: 557－558.
57) Lewis, 2: 558.

리스토텔레스의 국가의 도덕적 목적과 인간의 합리적 본성의 잠재력에 대한 강조는 그로 하여금 국가와 교회의 제도적 관계를 이론적 차원에서 정립케 하였다.

제임스는 『기독교 체제에 대하여』(De Regimme Christiano)라는 논문에서 교회가 역사적으로 국가 이전에 존재하였다는 극단적인 교권주의자들의 주장을 반박하면서 인간본성이 갖고 있는 잠재력의 최고 구현체로서의 국가로부터 은총의 공동체이고 완전한 사회로서의 교회의 발전을 정당시하였다.[58] 아퀴나스처럼 그는 자연과 은총은 조화로운 관계를 이루면서 후자는 전자를 완전케 해준다는 전제에서 교회는 국가에 대한 통제를 통해 국가를 완전케 해준다는 주장을 하였다.

현실의 세계에서 두 개의 권력인 교권과 왕권이 존재하는데, 전자는 성직자들에 의해 공유된 것으로 그의 후계자에 부여된 천국의 열쇠권으로 인정되었다. 교권은 왕권의 적극적 원인(active cause)으로 존재하기 때문에 후자는 전자로부터 유래한다고 할 수 있다. 교권은 왕권을 도입하였고 왕권에 대한 판단을 갖고 있었다. 더욱이 왕권은 교권에 의한 비준과 승인을 필요로 하고 있었다. 그러므로 베드로의 후계자인 교황은 정신적 권위와 세속적 권위 모두를 갖는 왕 중의 왕이라는 것이다.[59]

그러나 제임스는 세속권과 정신권 모두 교회의 수중에 있다는 주장을 하지 않았다. 그에게 있어 왕은 정신권의 대리인으로서 역할을 수행하는 경우에만 그의 세속권은 타당성을 갖게 된다. 요컨대 세속권은 성직자들에 의해 행사될 수 없는 기능의 수행을 위해 교황이 세속통치자에게 위임한다는 것이다.[60]

아우구스티누스도 마찬가지로 동일한 원리에 의존하고 있지만 교황절대주의에 관해서는 다소 다른 주장을 하였다. 그는 정신적이고 세속적인 권한 모두 그리스도로부터 그러나 로마 성직자가 대변하는 권력이라고 할 수 있는 베드로와 그의 후계자를 통해서 교회의 성직자와 세속 군주들에게 온다는 대담한 언명을 하였다. 교황은 왕국과 세속권에 대한 권한을 갖고 있으므로 그들의 법과 법령이 교황에 의해 확인되지 않으면 어떠한 권위를 가질 수 없다.[61] 교황에 있는 정신

---

58) Lewis, 2: 532.
59) Lewis, 2: 580−585.
60) Lewis, 2: 585.
61) Carlyle and Carlyle, 5: 418.

권은 본질에서 항상 정당한 반면 세속권은 때로는 타락하는 경향이 있기 때문에 정신권에 의해 지시와 통제를 받고 그리고 판단되어야 한다.

그러므로 정신권과 세속권 모두 교황에게 있다고 할 수 있다. 왜냐하면 교황은 천국과 지상에서의 모든 권력을 소유하고 있는 그리스도의 대표이기 때문이다.[62] 보편적 교회의 수장으로서 교황은 이러한 권력들을 성직자와 속인들에게 수여하고 빼앗을 수도 있다. 요컨대 교황은 그리스도를 대변하는 전지전능한 통치자로서 절대적인 권력을 행사한다는 것이다.

4. 교황절대주의의 기능

교황절대주의는 다른 이데올로기에 비해 단편적이고 논리적이지 못하다는 결점은 있으나, 그것이 교권과 세속권의 대립과 투쟁에서 교회사회를 응집시키고 대변하는 중요한 역할을 수행하였다는 사실을 고려할 때, 정치이데올로기적인 성격을 내포하고 있다고 할 수 있다. 우선 절대주의는 교황이 보편적인 교회사회를 지도·감독할 뿐만 아니라 그것을 통일시킬 수 있는 종교적 지도자로서의 역할을 할 수 있게끔 해주었다. 절대주의는 교황이 교회가 성장함으로써 야기되는 문제들, 구체적으로 지목하자면 세속권의 침투 그리고 종교의 부조리와 비리 등과 같은 문제들을 성공적으로 해결함으로써 교회자체의 근본적 이익과 종교의 순수성을 유지시켜 주는 큰 힘이 되었다. 교황 그레고리 7세는 탁월한 정치적 지도력을 보여준 강력한 지도자가 되었으나 그에게 불리한 상황이 전개된 교황직의 마지막 단계에서 이러한 지도력은 현저한 감소를 보였다.

두 번째로 교황의 권력이 교회를 넘어 세속적 문제로까지 확장할 때 절대주의는 교황이 교회와 세속을 모두 대변하는 전제적 지도자로서 발돋음할 수 있도록 해주었다. 교황은 관할권의 확대를 통해 황제 또는 군주의 지배에 정당성을 부여해 주었을 뿐만 아니라 법과 정의의 공정한 집행자 그리고 특정 영토에 야욕이 있거나 영토문제를 조정·해결해 주는 절대적 지도자로서 군림하였다. 교황 이노센트 3세와 교황 이노센트 4세는 이러한 역할을 훌륭하게 수행한 전제적 지

---

62) Carlyle and Carlyle, 5: 419.

도자라고 할 수 있다.

마지막으로 절대주의는 교황을 신과 같은 존재로 신격화시켜 전지전능한 무오류·무결점의 지도자로 부각시켜 주는 역할을 하였다. 교황은 인간으로서 갖는 한계로 과오를 범할 수 있으나 이러한 과오는 오히려 자신의 권리를 만드는 통로의 역할도 하였다. 신격화된 절대적 지도자로서 교황의 역할은 그의 지도력이 뒷받침되어야만 효과를 낼 수 있었다. 교황 이노센트 3세와 교황 이노센트 4세는 강력한 지도력이 있어서 신비스러운 절대적 지도자로서 군림했던 반면 교황 보니파스 8세는 지도력의 부재로 자신을 신격화·절대화하려는 노력이 실패로 끝나게 됨으로써 불행한 지도자로 전락하였다. 절대적 존재로서 교황의 신격화는 근대시기의 왕권신수설의 형성에 큰 영향을 미쳤다고 할 수 있다. 교황과 마찬가지로 군주도 무오류·무결점의 절대적 지도자가 되었다.

교권과 세속권의 대립 구도를 배경으로 형성된 교황절대주의는 교황 그레고리 7세가 그 기반을 놓았다고 하면 교황 이노센트 3세와 교황 이노센트 4세는 절대주의를 각기 공고화하고 완성시킴으로써 보편적 지배와 절대적 지배권을 확립할 수 있었다. 그러나 교황 보니파스 8세는 이같은 절대주의를 지속시키려는 노력을 했으나 실패로 끝났고, 이는 교황절대주의가 결정적으로 쇠퇴하는 계기로 작용했음을 고찰하였다.

종합해 보면 4명의 교황들의 지도력은 상황과 자질 또는 두 요소들의 결합에 따라 다르게 나타났다는 것을 알 수 있다.[63] 그레고리 7세는 상황과 자질이 잘 결합되어서 하인리히 4세를 카노사성에서 굴복시키는 정치적 성과를 얻어냄으로써 절대주의의 기반을 다질 수 있는 강력한 지도자가 되었으나, 후반부에는 하인리히 4세가 독일 제후들의 지지로 자신의 권력을 회복시키는 상황에서 굴욕적인 패배를 맞보는 수모를 당하기도 하였다. 이노센트 3세와 이노센트 4세는 프리드리히 2세와의 대립과 투쟁에서 상황과 자질 모두 그들에게 유리하게 작용해 절대주의를 각기 공고화하고 완성시키면서 전제군주와 같은 지도자가 될 수 있었다. 반면에 보니파스 8세는 상황과 자질 모두 자신에게 불리하게 작용해 교황의 아비뇽 유수와 교회의 대분열이라는 정치적 불명예를 가져와 절대주의가 쇠

---

63) R. Tucker, *Politics as Leadership*(Columbia: Univ. of Missouri Press, 1981), 9-15.

퇴하는 길을 열어준 실패한 지도자로 만족했어야 하였다.

무엇보다도 교황절대주의는 근대시기에 군주의 절대적 권력에 영향을 주어 왕권신수설의 또 다른 정치이데올로기를 탄생시켰다. 교황과 대립했던 왕이 절대주의로 무장해서 무오류·무결점의 지도자가 되었다는 것은 역사적으로 흥미로운 대목이라고 하겠다.

제4절   세속권의 논지(Secular Arguments)

1. 세속권의 의미

세속권은 교권에 반대되는 의미이다. 이같은 개념은 종교가 지배적인 역할을 했던 중세의 독특한 정치적 상황에서 생성된 관계로 고대 또는 근대의 맥락에서 말하는 세속권의 개념과는 다소 상이한 의미를 갖고 있다고 할 수 있다. 여기서 세속권의 개념은 교황이 행사하는 교권에 대립되는 개념으로 현실국가의 황제 또는 군주가 자신의 영역 내외에서 행사하는 지배권으로 정의되며 그러한 정의는 교황이 세속적 사항에 대해 행사했던 권한을 제외시키고 있다.

두 가지 차원에서 접근할 때 이러한 세속권의 의미는 보다 명확해질 수 있다.

첫째로 중세의 세속권은 교회와 국가의 대립이라는 정치적 공간에서 그 의미가 더 명백해지는 개념이다. 교권과 세속권의 대립과 갈등이 대부분 종교문제와 이와 관련된 문제에 비롯되었으므로 세속권은 이러한 상황으로부터 분리되어 어떤 의미를 갖기는 어려운 것도 사실이다. 이것은 황제 또는 군주의 권한도 수세적이든 공세적이든 간에 이러한 문제들에 대해 주로 행사되었고 그러한 권한 행사는 교황과의 갈등과 투쟁 상황에서 이루어졌다는 사실에서도 확인할 수 있다.

둘째로 중세의 세속권의 주체를 황제 또는 군주로 한정할 때, 본래적으로 세속권은 국가와 불가분의 관계를 갖고 있으므로 간혹 그것은 국가 활동 또는 국가 기능으로 이해하기도 한다. 그러므로 세속권과 국가는 동일한 의미로 사용되는 것도 사실이다. 그러나 국가는 중세사회에 존재했으나 그것에 대한 의식은 희박했고 국가활동에 대한 개념도 발달하지 못하였다는 인식을 바탕으로 국가보다는 세속권의 개념을 선호해도 무리는 없다.

2. 세속권의 논지

교권에 대한 반응으로서의 세속권은 주로 궁정법학자(court lawyers)들에 의해 논의되었다. 이같은 논의를 전개하는 과정에서 그들 주장의 대부분은 교황 게라시우스(Gelasius)의 양검론, 로마법 그리고 역사적 사실들에 의존하는 경향이 있었다. 세속권 옹호론자들은 이같은 요소들을 세속권 논의의 이론적 기반으로 삼았다.

(1) 양검론

교권과 세속권의 안정적 관계를 발전시킬 목적으로 제시되었던 양검론은 외관상 이같은 목적에 충실한듯 보였던 것도 사실이다. 그러나 교회와 국가의 관계가 기본적으로 불확실하고 유동적인 상황을 배경으로 형성된 양검론은 추상적이고 애매모호한 성격을 내포할 수밖에 없었기 때문에 제기능을 다하지 못하였다. 이것은 교권과 세속권이 양검론을 각기 자신의 권력과 이익을 증진시켜주는 정치이데올로기로 이용하였다는 사실과 관련이 있는지도 모른다.

세속권의 입장에서 양검론은 교황의 권한이 세속적 문제까지 확대 적용됨으로써 발생하는 권력 남용의 문제를 해소시켜줄 수 있는 제도적 방안으로 간주하였다. 11세기와 12세기에 교황의 권력이 최고조에 이르는 교황절대주의 확립은 상대적으로 황제 또는 군주의 권력의 위축을 가져왔고 이러한 상황에서 양검론은 세속권을 지탱해주는 정치적 이데올로기가 되었다. 수세적 입장에 있었던 세속주의자들은 양검론에의 호소를 통해 교황의 절대적 권력을 제한시키고 교회와 국가의 원래적 관계를 회복할 수 있다고 믿었다.

양검론은 교권이 약화되었던 14세기와 15세의 중세말엽에도 황제 또는 군주에게 자신의 권한을 강화시켜주는 유효한 정치적 이데올로기로서 작용하였다. 황제 또는 군주는 공세적 입장에서 양검론의 활용을 통해 자신의 권력 확대를 꾀했고 이는 결국 교회를 세속권의 지배를 받는 국가내 하나의 제도로 전락시켰다. 어느 의미에서 교권보다 세속권이 양검론을 잘 활용함으로써 자신의 정치적 목적을 성취했었는지도 모른다.

(2) 로마법

궁정법학자들이 황제 또는 군주가 교권에 대한 대응으로 이론적 기반으로 삼았던 로마법은 이미 교회의 제도화과정에 많이 이용됨으로써 교회법의 확립과 교황의 권한 강화에 이바지 하였다. 로마법은 국가와 교회 모두를 규율할 수 있는 보편적 규범이 되었던 것이다. 이러한 상황에서 세속권론자들은 로마법이 교권에 대응하는 논리를 개발할 수 있는 골격을 제공할 수 있는 것으로 판단했던 것 같다.

로마법의 세속권의 논리에 대한 기여는 두 가지 방식에 의해 이루어졌다. 그 중 하나는 로마법이 공적 영역과 사적 영역의 구분을 명확하게 해준다는 점이다. 이러한 구분을 통해 국가는 공적 영역에 속하는 제도라고 하면 교회는 사적 영역에 속하는 제도가 되는 것이다. 공적 제도로서 국가는 사적인 제도로서의 교회보다 더 큰 의미와 가치가 있는 법적 실체로 인식된다는 것이다.

세속권론자들은 교회가 인간의 구원을 담당하는 제도라는 것을 부인하지 않았지만 그것은 황제 또는 군주에 의해서 인정되어야만 존재할 수 있는 국가 내 제도라는 점을 강조하였다. 황제의 의사는 법률적 효력을 가진다는 로마시대의 격언이 부활되어서 교황절대주의를 논박하기 위해 사용되었다. 이 시기 대표적인 법률자인 바토루수(Bartolus de Saxeferrato)는 황제는 신과 같은 존재로 양도할 수 없는 주권을 소유하고 있다는 주장을 하였다.[64] 그러므로 황제는 제국의 독립을 유지할 뿐만 아니라 정신적이고 세속적인 문제에 있어서 최고의 지위에 있으므로 교회에 대한 통제권을 당연히 갖는 것으로 여겨졌다.

3) 역사적 사실

세속권론자들은 역사적 사실을 기초로 세속권 우위의 논리를 전개하였다. 그들에게 역사적 사실은 그들의 입장을 객관적으로 담보하는 증표가 되었다. 물

---

64) Ramond Gettel, *A History of Political Thought*(New York: Century, 1924), 117.

론 역사적 사실을 해석하는 기준과 원칙에 대한 논란은 있을 수 있으나 세속권 우위의 논리가 보편적 또는 일반적 승인을 얻는다면 그것은 교권에 대한 세속권의 입장을 명백히 강화시켜 줄 것으로 보았다.

세속권자들이 인용하는 첫 번째 역사적 사실은 "국가는 교회보다 선재한 실체"라는 것이다. 그들은 아리스토텔레스의 국가 관념의 수용을 통해 이러한 논리의 정당성을 입증하려고 하였다. 그는 인간의 공동체 중에서 국가는 가족과 부락의 단계를 거쳐 형성되었으므로 이 단계에서 인간의 물질적·도덕적 수요를 충족시켜주는 가장 큰 공동체로 보았다.[65] 달리 말하면 국가는 인간의 도덕적 완성을 목적으로 하는 최고 공동체인 것이다.

그런데 아리스토텔레스의 국가는 그것을 구성하는 요소들의 합성체(compound)로 간주할 수도 있다.[66] 국가를 구성하는 주요 요소들인 가족과 부락은 독자성을 갖고 자신의 역할을 수행하고 있으나 유기적인 상관 관계를 맺고 국가 전체의 통합성 확보에 기여하고 있다. 그러므로 국가의 구성 요소들은 국가의 형성과 기능에 없어서는 안되는 필수적이지만 국가보다는 부차적인 것들로 고려되는 것이다.

세속권자들은 이같은 논리의 선을 따르면서 국가는 교회보다 먼저 생겼다는 주장을 전개하였다. 시간의 선후관계의 맥락에서 국가 공동체가 먼저 형성되었고 교회는 국가 공동체를 담당하고 있는 황제 또는 군주의 인가에 의해 생겨났다. 따라서 중세시기에 교회는 국가에게 꼭 필요한 요소이기는 하나 국가 구성 요소들 중의 하나로서의 부차적인 의미를 가질 수밖에 없는 것이었다.

세속권론자들은 황제는 교회재산에 대한 과세권은 물론 종교회의·소집·감독권을 소유·행사하였다는 것을 두 번째 역사적 사실로 제시하였다. 서기 313년 황제 콘스탄티누스에 의해 기독교가 공인된 이후 교회는 현실국가 내의 제도로서 존재했기 때문에 황제의 지배와 감독은 피할 수 없었다는 것이다. 황제의 이러한 지배권은 "가이사(Caesar)의 것은 가이사에게 하나님은 것은 하나님에게"[67] 라는 예수의 세금에 대한 말씀에서도 확인할 수 있다. 이 말씀은 기독교 초기에

---

65) Ernest Barker, *The Politics of Aristotle*(London: Oxford Univ. Press, 1960), 1-3.
66) Barker, 8-10.
67) **마태복음**, 22장 21절.

바울과 사도들에게 계승되어 현실국가에서 기독교인에게 신에 대한 의무와 국가에 대한 의무의 이중적 의무를 부과하는 정치적 지침으로 작용하였다.[68] 기독교인들은 이중적 의무를 이행함으로써 황제의 지배권에 대한 저항은 생각할 수 없는 소극적 복종을 할 수밖에 없었다.

그러므로 교회와 기독교인들은 제국의 지배권 내에 있었으므로 황제의 교회재산과 기독교인에 대한 과세권은 정당하였다는 것이다. 황제는 이러한 권한행사를 통해 교회가 고유한 임무인 정신적 기능을 수행할 수 있는 여건을 조성해줌으로써 기독교인들은 신국의 시민으로서 뿐만 아니라 국가 시민으로서의 이중적 의무를 더 잘 수행했었는지도 모른다. 어느 의미에서 교회는 황제가 훌륭한 통치를 구현하는데 기여하는 보완적인 역할에 만족해야 하는 제도로서 존재했다고 할 수 있다.

더욱이 세속권론자들은 황제는 종교회의를 소집하거나 감독하는 권한을 행사하였다는 주장을 하였다. 그들은 황제 콘스탄티누스가 아리우스파의 이단문제를 갖고 벌이진 기독교계의 논쟁을 해결하기 위해 서기 325년 소집한 니케아(Nicaea)회의[69]를 그 근거로 인용하였다. 사실 황제 콘스탄티누스는 종교회의를 개최했을 뿐만 아니라 회의가 개최되는 전 기간 동안 참가자들의 격렬한 논쟁 속에서도 조정을 통한 합의를 이끌어내는 지도력을 보였다. 세속권론자들은 교회는 종교문제를 자체적으로 해결할 수 있는 능력을 갖고 있지 못하므로 황제가 개입해서 이러한 문제를 해결해 줌으로써 교회와 국가의 안정적 관계는 물론 국가의 질서를 도모할 수 있다고 보았다.

세속권론자들은 황제가 교황의 선출과 주교의 선택에 대한 권한을 갖고 있었다는 것을 세 번째 역사적 사실로 제시하였다. 그들은 황제의 권력뿐만 아니라 교황의 권력도 신으로부터 유래한다는 당시 수용된 원리를 논리적 근거로 삼았다. 황제의 권력은 교황이 아닌 신으로부터 직접 유래했기 때문에 그는 자신의 통치에 대한 책임도 신에게 있는 것이었다. 따라서 교황이 황제의 지배권에 간섭하는 행위는 어떠한 이유에서도 정당화될 수 없었다.

---

68) Elliott and Macdonald, 300−302.
69) 니케아회의는 하나님을 유일신으로 보고 아들인 예수를 신이 아닌 인간으로 규정한 아리우스파를 이단으로 배격하고 성부·성신·성령의 삼위일체론을 기독교의 핵심교리로 채택하였다.

　　세속권론자들은 황제는 자신의 영지내에 있는 교회의 주교를 임명하거나 또는 시민이 참여하는 주교의 선출과정에 관여할 수 있는 권한이 있다는 주장을 하였다. 황제 콘스탄티누스가 이러한 권한을 행사한 이래, 이것은 하나의 역사적 관례로 인식되어 왔다는 것이다. 여기서도 황제는 신 이외의 누구에게도 책임을 질 필요가 없고 신에 의해서만 판단되고 이교도의 죄를 범하지 않는 한 폐위될 수 없다.

　　1076년 하인리히 4세는 교황 그레고리 7세와 벌인 성직서임논쟁에서 자신의 입장을 다음과 같이 진술하였다.

　　　　교황은 머리에 기름을 붓는 의식을 통해 나를 황제의 자리에 앉혔다. 교부
　　학자들의 전통이 가르친 대로 황제인 나는 신에 의해 판단을 받고 신이 금지
　　한 신앙의 죄를 범하지 않는 한 파면되지 않는다.[70]

　　교부학자들의 전통은 교황 그레고리(Gregory the Great)가 기독교인들에게 내린 황제 또는 군주에게 소극적으로 복종하라는 정치적 지침을 의미한다. 그것은 황제가 정의와 공동선의 파괴 그리고 이교도 등의 중대한 범죄를 범하지 않는다면 그는 신민들로부터 복종을 받을 권리가 있다는 것을 의미하고 궁극적으로는 왕권의 절대성의 개념을 확립하는데 기여하였다고 할 수 있다. 세속권론자들은 왕권의 절대성의 개념으로 황제의 권한은 어떠한 상황에서도 소멸되지 않는 불멸의 위치에 올려 놓았다.

　　황제 또는 군주의 권위는 신으로서 그리스도의 왕권을 나타내고 주교는 인간으로서 그리스도의 교권을 나타내기 때문에 군주의 직위는 성직보다 상위에 있다. 군주는 기독교 법규에 의해 교회를 처분할 수 있으며 인간의 영혼과 육체 모두를 지배한다. 따라서 군주의 권위는 주교의 임명을 비롯한 교권의 영역까지 확대될 수 있는 것이다.[71] 군주의 권위는 주교의 권위보다 더 높으므로 군주는 주교를 임명하고 폐위시킬 수 있는 권한도 갖게 되었다. 다만 주교의 정신적 권위를 행사하는 데 군주는 간섭할 수 있는 권한은 부인되었다. 심지어 영국 왕 헨

---

70) Carlye and Carlyle, 5: 186.
71) Lewis, 2: 563－566.

리(Henry) 1세 같은 극단적인 세속권론자는 정신적인 문제에서 모든 주교는 동등하고 모두 신으로부터 동일한 권위를 받고 신 이외는 누구로부터 판단을 받지 않는다는 주장을 하면서 교황이 다른 주교들을 규율하는 권한을 부정하였다.

    교권에 대한 세속권의 우위는 15세기 종교로부터 탈피하려는 세속화 운동의 영향으로 더 가속화 되었다. 그것은 신앙 또는 계시보다 이성이 인간에 적합한 지도 원리이므로 합리적 존재로서 인간이 추구하는 목적과 생활형태에 관심을 두고 있었다. 합리적 존재로서 인간은 본성상 공동체 생활을 영위해야 하고 그러한 공동체 생활에 적합한 형태가 다름 아닌 국가라는 것이다. 따라서 국가는 인간에 필요한 자연적 제도로 교회보다 더 큰 의미와 가치를 가지게 됨으로써 전자는 가장 중요한 제도로 간주된 반면에, 후자는 부차적인 제도가 되었던 것이다.

3. 세속권의 주요 사상가

    세속권의 입장을 대변한 주요한 사상가들로는 존(John of Paris), 마르실리우스(Marsilio of Padua), 그리고 오캄(William of Occam) 등을 들 수 있다. 존은 비교적 온건주의적 입장에서 세속권을 옹호하였다면, 마르실리우스와 오캄은 극단주의적 입장에서 세속권의 강화를 주장하였다.

(1) 존(John of Paris)

    존은 교황절대주의와 극단적인 세속주의 사이에서 중간적인 입장을 견지하면서 목적의 질서는 수단의 다양성과 일치하고 정신적 가치와 세속적 가치의 적절한 관계는 대립적인 제도들의 상호작용에 의해 가장 좋게 촉진될 수 있다는 주장을 하였다. 그의 사고의 기초는 토마스 아퀴나스의 질서의 단일체로서의 세계에 대한 견해라고 할 수 있다. 다양성은 신에 의해 확립되었고 신은 이러한 다양성을 최종적으로 통합시킬 수 있다. 존은 인간의 도덕적 목적은 교회의 간섭 없이도 구현할 수 있다고 하였다.[72]

    존은 양검론에 호소하면서 교회와 국가는 상이한 목적에 적합한 기능을 수

---

72) Lewis, 2: 585.

행한다는 지적을 하였다. 국가도 도덕적 목적을 추구하지만 교회는 국가가 성취할 수 없는 초자연적인 목적을 추구하고 있다. 따라서 국가는 그 구성원인 인간이 자연적인 완전성을 달성하는데 도와주어야 하는 것처럼 교회는 그로 하여 금 성사의 배분을 통해 초자연인 목표에 이를 수 있도록 해야 한다.[73] 교회와 국가는 상이한 제도로서 상호의존적인 관계를 유지하면서 인간의 덕스러운 생활을 구현하는 독자적인 기능을 각기 수행한다. 그러나 이같은 상호의존성은 가치의 계서적 조직에서 정신적 목적이 세속적 목적보다 우월하다는 것을 부인하지 않는다.

그런데 교권의 세속권에 대한 우위는 권위에서의 차이가 아닌 다만 위엄의 차이를 나타낸다는 것이다. 존은 위엄의 질서는 관할권의 질서를 포함하지 않는다는 것을 지적하면서 정신권은 세속권에 대하여 단지 위엄의 우위성만을 갖고 있다고 주장하였다.[74] 이런 경우 세속권은 목적과 가치에 있어서 열등한 지위에 있지만 정신권에 의해 포함되지도 않고 구속되지도 않는다. 왜냐하면 왕권은 교황으로부터가 아닌 신으로부터 나오기 때문이다.

교회의 관할권은 정신적인 사항에 한정되지만 교회는 여러 가지 방식으로 인간의 행위에 간접적으로 영향을 미칠 수 있다. 교회는 성사를 집행하는 능력, 신의 말씀을 교시하고 신법을 해석하는 권력을 통해 세속적 문제에 대한 정신적 규범을 마련할 수 있다. 교황이 정치질서에 영향을 줄지도 모르는 정신적 제재를 부과할 수 있는 경우도 있다. 교회는 황제 또는 군주에게 정치를 가르치는 것이 아니라 그의 정치행태를 지탱해주고 지배하는 기본적 원리를 가르치는 것이다.

리비에르(J. Riviere)는 교회와 국가의 이러한 관계를 다음과 같이 기술하고 있다.

> 존은 자신이 정립한 교권의 본질적 개념에 의해서 교권의 정치적 영역에의 간섭을 인정했기 때문에 중세의 가장 순수한 전통에 충실하였다고 할 수 있다. 그러나 동시에 그는 기능을 이해하고 그것을 단지 정신권의 행사에만 국한시키는 방식에는 근대적이라고도 할 수 있다.[75]

---

73) Lewis, 2: 590.
74) Lewis, 2: 585.

(2) 마르실리우스(Marsilio of Padua)

존보다 더 극단적인 입장에서 세속권을 옹호한 정치사상가는 마르실리우스
다. 그는 중세말기와 르네상스를 연결하는 과도적 시기의 정치사상가로서 뚜렷
한 특징을 갖고 교권에 대응하는 세속권의 합법성과 정당성을 입증하려고 하였
다. 그에게 있어 교황을 비롯한 성직자의 권력남용이 교회와 국가의 비리와 폐단
을 초래한 원인으로 보았다.

마르실리우스는 『평화옹호론(Defensor Pacis)』에서 세속권의 교권에 대한 철
저한 통제를 주장하였다. 종교는 흔히 사회적 결과를 가져오는 관계로 다른 사회
제도와 마찬가지로 엄격한 국가통제를 받아야 한다는 입장을 취하였다.[76] 그는
베드로가 다른 사도들보다 절대적 우위권을 갖고 있다는 교권론자들의 주장을
반박하면서 베드로와 그의 후계자도 정신적 문제에서조차 인민과 성직자에 대한
어떠한 관할권도 갖고 있지 않다고 하였다.[77] 교황은 특별한 의미에서 베드로
또는 바울의 후계자도 되지 못하였다는 것이다. 왜냐하면 베드로는 그리스도의
대리인이 아니고 따라서 그는 어떠한 사람에게 그 대리직을 전달하지 않았기 때
문이다.[78]

성직자들은 자신들의 기능을 수행하는 권력으로서 의미가 있는 성사권을 동
동하게 갖고 있어야 한다. 주교는 인간이 만든 매우 유익한 제도이나 성서로부터
보통 성직자 이상의 특별한 권력을 갖지 말아야 한다. 교회는 지시적 또는 규제
적 성격의 어떤 권위를 행사하지만 그것은 세속권에 의해 교회에 부여될 때만
효력을 갖게 된다.

마르실리우스는 세속권과 교권을 절대적으로 구분하여 교회를 정신적 기능
을 담당하는 제도로 엄격히 국한시켰다는 평가를 받고 있다. 그러나 그는 실제로

---

75) J. Riviere, *Le Probleme de l'eg Use et l'Etatau Temp de Philippcle*(Paris: Bel. Louvain,
1936), 281.

76) Marsilius of Padua, *The Defensor Pacis*, translated By Alan Gewirth(New York: Harper
and Row,1956), 113-126.

77) Previte Oreton, "Marsilio of Padua, Part II: Doctrines," *The English Historical Review*,
vol. XXXVIII. no. CXLIX(Januany, 1923), 1-21.

78) Oreton, 11.

유일의 절대적 세속권에서 교회와 국가의 완전한 동일시를 시도하였다. 국가는 최고의 관할권을 갖고 있으며 교회정부에서 교황의 권위는 훼손되었다. 그에게 교회의 계서적 조직은 명백히 인간 기원이므로 교회의 권위는 인정법에서 유래하는 것이었다. 따라서 교회는 세속적 위계와 권력의 특성을 갖고 있는 국가 통제를 받는 것은 자연적 일로 여겨졌다.[79]

(3) 오캄(William of Occam)

오캄도 마르실리우스처럼 교권에 대응하는 세속권을 옹호하는 주장을 피력한 과도기 정치사상가로 분류할 수 있다. 그러나 교회의 정신적 가치를 변호했고 국가 권력의 집중화에 강한 불신감을 갖고 있었다는 점에서 마르실리우스와는 또 다른 특징을 보이고 있다. 오캄의 학문체계의 중심적 주제는 모든 권위를 제한·견제할 수 있는 다원적 양상에 관한 것이었다. 그는 교회와 국가에서 권위의 기초를 면밀히 분석하여 모든 권위는 그것이 이바지하는 목적에 의해서 제한을 받는다는 결론에 도달하였다.

오캄은 교회에서 교황의 군주적 권위는 그리스도에 의해 확립된 것으로 영혼 구제와 교회사회의 안정과 질서를 위해 필요하다고 보았다. 황제의 권력과 마찬가지로 교황의 권력이 절대화되어서 초법적이고 탈법적인 지위를 갖게 되면 그 권력은 합법성과 정당성을 잃어버리게 된다. 교황이 자신의 권한 범위를 초월해서 내린 명령은 구속력이 없고 어떤 개인에 의해서도 저항을 받을 수 있는 개연성이 있다. 정신적인 영역에서조차도 교황은 초법적인 것을 명령할 수 없다. 그러므로 교황의 정부도 자유인들이라고 할 수 있는 신도들에 대한 정부이므로 그들의 기본적 자유를 침해할 수 없는 것이다.[80]

이같은 원칙으로부터 교황의 권한은 세속정부와 재산의 영역을 포함하지 않는다는 것은 명백해졌다. 성서는 교황의 임무는 현세적 문제가 아닌 정신적 문제를 다루는 것을 강조하고 있다. 그같은 임무 때문에 교황은 세속적 문제에 관여하지 말아야 한다는 주장이 성립된다. 교황에 의한 세속권의 행사를 보이는 전례

---

79) Lewis, 2: 605-606.
80) Max Shepard, "William of Occam and the Higher Law," *American Political Science Review*, vol. XXVI. no. 6(December, 1932), 1005-1023 참조.

들은 입증될 수 없는 우연한 관할권이거나 박탈 또는 인간 권위로부터 위임된 특정적인 경우라고 할 수 있다.[81]

오캄은 황제에게 많은 권한을 부여하였다. 인민을 대신하는 선거인단에 의해 선출된 황제는 자신의 권위가 아닌 기독교 평신도들의 대표들의 모임체인 일반회의(general council)의 동의를 기초로 정신적 문제에 간섭할 수 있는 권한을 갖게 된다. 또한 황제는 일반회의를 소집·주재할 수 있는 권한도 갖고, 필요한 경우에 로마인의 이름으로 교황을 선택하거나 또는 성직자들의 태만으로 인해 명백한 필요의 상황이 발생할 경우 정신적 영역의 어디에도 개입할 수 있는 권한도 있는 것이다.

오캄의 이론은 교회와 국가에 대한 중세의 논의에서 세속권의 이론적 정립에 마지막으로 중요한 공헌을 한 정치사상가라고 할 수 있다. 양검론에 대한 호소를 통해 교황에 대한 황제 우위의 입장을 주장하였다. 어느 의미에서 이같은 입장은 교권에 대한 세속권의 우위가 확립되었던 14세기말 지배적인 경향을 대변하는 것이라고 볼 수 있다.

---

81) Lewis, 2: 604.

Reading

교황 게라시우스 1세
❏ 교황 게라시우스 1세가 황제 아나스타시우스에게 보낸 서한 —— 216

어거스틴
❏ 지상에서의 체류 ——————————————— 217
❏ 신국과 지상국가 ———————————————— 219
❏ 교회 ———————————————————————— 222

교황절대주의
❏ 의무를 매고 푸는 권한 ————————————— 225
❏ 내 양을 먹이라 ————————————————— 226
❏ 그레고리 7세의 교황교서 ——————————— 227
❏ 이노센트 3세의 공경할 교서 —————————— 228
❏ 교황 보니파스 8세의 하나이고 거룩한 교서 ———— 229
❏ 아에기디우스 로마누스 ———————————— 232

마르실리우스
❏ 법의 개념 ——————————————————— 236
❏ 법의 효과적 근거 ———————————————— 237
❏ 심판의 성질 —————————————————— 241
❏ 파문권 ————————————————————— 243
❏ 교회의 수장 —————————————————— 244

존(John of Paris)
❏ 중간적 입장: 존(John of Paris) ————————— 248

오캄

❑ 오캄의 일반회의 ───────────────────────── 299

Discussion Topics

1. 교권과 세속권간 갈등이 근대르네상스로 넘어가는 과도기에 교권에 대한 세속권의 우위가 강화되었다. 이 과정에서 루터와 칼빈의 종교개혁운동에 어떤 영향을 주었는가?

2. 근대로 넘어오면서 세속권의 강화는 근대정치사상사에서 개인주의 관념의 형성과 발달에 어떤 영향을 주었는가? 그리고 이는 근대국가의 정부형태에 어떤 영향을 주었는가?

3. 교권과 세속권 갈등, 그리고 근대로 들어오면서 세속권의 강화는 결국 근대정치사상에서 종교가 국가 영역에서 어떤 의미를 갖고, 실제적으로 어떤 영향을 주었는가? 또한 사회와 국가, 혹은 사회와 정치라는 두 개의 분리된 그리고 상호 관계를 맺는 영역이 존재한다는 인식 형성에 영향을 주었다고 생각하는가?

4. 어거스틴은 '기교독교인으로서 군주(a Christian emperor)'를 정의하기 위해서 필요한 자질이 무엇이라고 말하고 있는가? 이러한 자질들을 이해함에 있어, 어거스틴과 마키아벨리는 어떤 점에서 상이점을 보이는가?

제6장

국 가 론[1]

중세정치에서 국가와 정부의 관념은 상대적으로 희박하였다. 종교가 모든 사회분야를 통할하는 봉건적 사회에서 개인 이외의 어떠한 것도 존재할 수 없었기 때문이다. 개인은 기독교적 생활을 영위하는 과정에서 자신의 도덕적 가치와 운명을 형성하게 된다. 개인이 이러한 목적을 달성하는데 국가와 정부는 도움이 되는 도구에 불과한 것이다. 또한 그리스·로마시대의 정치에서 중요한 위치를 담당했던 국가는 교회로 대치됨에 따라서 교회를 중심으로 정치가 전개하는 이른바 교회정치가 성립하였다. 교회와 성직자들이 정치의 전면에 등장하는 대신 국가와 황제 또는 군주는 정치의 뒷전으로 물러나면서 그들의 정치적 영향력도 상대적으로 줄어드는 추세에 있었다. 그러나 12세기에 국가와 정부의 관념은 현실적 정치제도로서 인식되어 중세의 정치생활에서 정착되어가는 과정을 경험하였다. 이같은 발전은 몇 가지 요인에 의해 가능한 것이었다.

첫째 요인은 로마법의 연구가 사적권리와 공적권위의 차이를 강조하고 황제의 직책을 공적 권력의 유일한 소유자로서 인정하는 계기를 마련해 주었다. 또한 로마법은 중세정치사상가들에게 인정법은 국가 또는 통치자의 의지로부터 나온다는 관념과 군주 또는 황제는 어떤 의미에서 법률의 구속을 받지 않는다는 관념을 소개시켜주었다. 반면에, 로마법은 통치자의 권력을 제한하는 또 다른 원칙

---

1) 본 장은 2014년에 충남대학교 사회과학연구소가 발간한 『사회과학연구』 제25권 제4호에 발표된 저자의 논문인 "중세시기 국가 관념의 변화 양상에 관한 연구"의 논의를 보충하고 확장하였다.

을 확립하기도 하였다.

둘째 요인은 아리스토텔레스의 영향이다. 그의 국가와 정부의 관념은 중세정치사상이 종교적 신비주의에서 벗어나 세속화의 경향을 가질 수 있게 하였다. 아리스토텔레스의 국가기원, 목적 그리고 정부형태의 분류는 중세의 일반적 양상과는 부합되지 않았지만, 국가와 정부의 정치제도에 대한 중세사상을 확장시켰다.

국가와 정부에 대한 연구는 13세기와 14세기에 활발하게 전개되어 상당한 양의 논문과 저서가 발표되었다. 이 기간의 연구에서 두드러진 경향은 많은 학자들이 국가를 유기적 실체로 파악하고 있는 것이다. 토마스 아퀴나스(Thomas Aquinas)는 아리스토텔레스의 이론을 수용하여 인간의 사회적·정치적 본질은 개인적 생활이 국가와 같은 공동체생활에 통합되는데 있다고 주장하였다. 모든 인간은 국가의 구성원으로서 공동선에 자신을 적응하지 못하면 진실로 선한 존재가 될 수가 없는 것이다. 그러므로 개인보다는 국가를 우선시하는 유기체적 관념에서 국가의 통일성을 강조하였다.[2]

국가 관념의 이같은 경향은 합리주의와 자연주의적 입장에서 국가를 체계적으로 연구하는 아베로이즘(Averroism)의 철학에 의해 더욱 강조되었다. 마르실리우스(Marsilio)와 단테(Dante) 같은 아베로이스트들(Averroist)은 헤겔의 국가 또는 홉스의 국가와 같은 국가 관념을 제시하여 중세적 의미에서의 국가와 정부 관념에서 탈피하여 근대적 상황에 적합한 국가 및 정부 관념을 창출하는데 공헌하였다.

셋째 요인은 게르만 민족의 왕에 대한 관념이다. 이 관념에 의하면 왕은 인민의 지도자로서 그의 권위는 부분적으로 그들의 동의에 기초한다는 것이다. 물론 그 동의는 인민들로부터 왕의 선출을 위임받은 선거인단에 의해 표시된다. 더욱이 왕권은 동의에 의존한다는 관념은 두 개의 다른 관념과 융합되었다. 그 첫째 관념은 왕권은 세습적 권리를 가지고 있다는 것이고, 둘째 관념은 왕권은 대관식에서 성직자의 역할을 통해 표시되는 신적 제도에 의존하는 것이다. 막연한 방식으로 왕은 관습법 하에서 인민의 공동이익을 위한 일종의 수탁자로서 역할

---

2) Otto Gierke. *Political Theories of the Middle Age*, translated by F. M. Maitland(Boston: Beacon Press, 1958), 27.

을 수행해야 한다. 그러므로 왕이 정의와 평화를 유지하는 기능을 소홀히하면 인민은 그에 대한 복종으로부터 해제되고 그를 폐위할 수도 있다.

그러나 이러한 왕권의 관념은 봉건주의가 발달함에 따라 사법원리에 의해 규정, 유지되고 있는 개인적이고 계약적인 관계의 네트워크로 변화되었다. 왕의 권위는 사적인 소유물로 간주되었고 왕국의 집행과 봉건영지의 그것은 구별되지 않았다. 그럼에도 불구하고 봉건주의의 계약적 측면은 왕권의 게르만적 관념과 일치할 수 있었다. 왕은 계약체계에 관계하는 정도로 모든 재산권처럼 법에 의해 제한을 받고 복종에 대한 그의 요구도 계약에 명시된 의무의 이행에 달려 있었다. 봉건적 법들은 영주뿐만 아니라 왕이 정의와 평화로 베풀지 못한 경우 그들에 대한 복종의 해제를 인정하였다.

제1절 교부철학과 국가관념

중세초기에 국가는 로마시대와 게르만 민족으로부터 이어져 내려왔지만 종교적 생활을 최고의 가치로 삼는 정치적 상황에서 그것은 개인에게 어떤 의미를 갖지 못하였다. 더욱이 중세의 분권적 정치구조에서 국가라는 큰 공동체보다 지역(locality)을 기반으로 하는 지역공동체의 발달은 국가를 주요한 정치적 제도로서 성장하는 것을 억제하는 요인으로 작용하였다. 달리 말하면 국가의 존재와 필요성은 부정하지 않았으나 국가는 교회에 비해 중요한 제도로 인식하지 못했던 것이다.

국가에 대한 이러한 애매모호한 관념은 교부철학의 중심적 원리를 제공했던 성 바울(St. Paul)의 다음과 같은 말씀과 관련이 있을 것이다:

각 사람은 위에 있는 권세들에 굴복하라. 권세는 하나님께로 나지 않음이 없나니 모든 권세는 하나님의 정하신 바라. 그러므로 권세를 거스르는 자는 하나님의 명을 거스름이니 거스르는 자들은 심판을 자취하리라. 관원들은 선한 일에 대하여 두려움이 되지 않고 악한 일에 대하여 되나니 네가 권세를 두

려워하지 아니하려느냐. 선을 행하라 그리하면 그에게 칭찬을 받으리라. 그는
하나님의 사자가 되어 네게 선을 이루는 자느니라. 그러나 네가 악을 행하거
든 두려워하라 그가 공연히 칼을 가지지 아니하였으나 곧 하나님의 사자가 되
어 악을 행하는 자에게 진노하심을 위하여 보응하는 자니라. 그러므로 굴복하
지 아니할 수 없나니 진노를 인하여만 할 것이 아니요 또한 양심을 인하여 할
것이라3)

여기서 국가의 권위는 신으로부터 유래하므로 국가에 대한 복종은 기독교의
의무라는 이른바 기독교인의 소극적 복종의 원리가 확립되었다. 더욱이 교부철
학자들자들은 이러한 기독교적 원리와 자연과 인습에 대한 스토아사상을 결합시
켜 그들의 국가 관념을 형성하였다. 그들은 원죄 이전의 순수한 상태에서 강제적
지배권은 존재하지 않았다는 전제에서 국가라는 제도의 출현은 인간 원죄의 결
과라는 주장을 하였다. 원죄의 출현으로 혼란과 무질서가 지배하는 정치·사회적
상황에서 국가는 악한 사람을 처벌하고 질서와 정의를 확보하는 데 필요한 강제
력을 행사할 수 있는 제도다. 국가의 기본적 조건은 인간의 원죄이고 그것의 기
본적 목적은 정의와 질서라는 것이다.4)

1. 어거스틴의 국가 관념

교부철학의 대표적인 정치사상가라고 할 수 있는 어거스틴(Augustine)은 이
같은 맥락에서 국가 관념을 제시하였다. 그는 사제적 임무를 수행하는데 국가에
대한 이해가 본질적이라는 판단을 했기 때문에 그의 국가 관념은 초경험적이고
현실적 차원을 바탕으로 하고 있다. 초경험적 차원에서 국가 관념은 신국(civitas
dei)과 지상국가(civitas terrena)의 대비에 의해서 설명될 수 있다. 그리고 신국도
지상국가도 아닌 현실적 차원의 국가를 제시하고 있다. 성서는 신국의 존재를 확
인해주는 훌륭한 증거라고 할 수 있다.5) 신국은 지상의 예루살렘으로서 신과 그

---

3) **로마서,** 13정 3절-5절, **베드로전서,** 2장 13절-14절 참조.
4) R.W. Carlyle, and A.J. Carlyle, *A History of Medieval Political Theory in the West,* 4
   vols.(London: Backwood, 1936), 1: 111-124.
5) 어거스틴이 생각하고 있는 성서의 증언으로는 **히브리서,** 11장 10절과 16절, 12장 22절, 13장

정신에 따라 생활하고 있는 천사와 인간 모두를 통합하는 성인의 초자연적인 국가의 예언적 상(像)으로 표현되기도 한다.[6] 넓은 범위에서 신국은 인간 역사이전에 존재하는 신성한 천사의 국가와 신에 의해 선택된 사람들의 국가를 포함하는 보편적이고 영원한 신의 왕국이다.[7] 정치사적으로 신국은 신의 예지에 따라 아담과 함께 시작된다. 아담의 아들인 세드(Seth)로부터 발전하여 아브라함, 야곱, 이삭의 조상시기와 예언가의 시기를 거쳐 이스라엘 고대국가가 성립하는 시기까지 계속된다. 구세주인 예수 그리스도의 출현과 함께 신국은 현실적 성격의 가장 높은 단계에 들어간다. 최종적 재판이 이루어지는 그리스도의 두 번째 출현과 함께 신국의 현실적 형태는 성인들의 영예와 그들의 신에 대한 아름다운 비전의 향유와 함께 신국으로 바뀐다.[8]

대조적으로 지상국가는 타락한 천사와 죄 많은 인간이 속하는 공동체인 것이다.[9] 지상국가의 구성원들은 자애심으로부터 신을 경멸하거나 마음이 불량한 상태에서 세속적인 사항에 더 많은 관심을 갖고 있는 사람들이다.[10] 그러므로 지상국가는 필연적으로 현실적 국가는 아니지만 일시적이고 열등한 가치에만 관심이 있는 천사와 인간의 단체로 볼 수 있다.

그런데 지상국가는 역사적 공동체에서 발견될 수 있는 또 다른 측면을 갖고 있다. 지상국가는 아담을 통해 현실적 세계에 들어갔으나 카인이 그것에 사회적 표현을 준 최초의 사람이다. 어거스틴은 창세기 4장 17절을 언급하면서 카인이 지상국가를 건설하였다는 주장을 하였다.[11] 노아의 대홍수 이후 그의 후손들은 지상국가를 회복시켰다.[12] 아브라함의 시기에 유명한 세 왕국이 존재했는데 시키온(Sicyon)왕국, 이집트왕국, 그리고 앗시리아왕국이 그들이다. 이러한 과거의 국가들은 신을 무시하는 죄스러운 생활에 과도하게 탐닉하였다는 것이다.

14절, **요한계시록,** 3장 12절과 21장 2절인 것 같다.
6) Rhandolf V.G. Tasker, *The City of God,* 2vols. (London: Dent and Sons, 1957), 1: 26.
7) Tasker, 2: 337.
8) Tasker, 2: 313−318.
9) Tasker, 1: 53−54.
10) Tasker, 1: 59.
11) Tasker, 1: 64.
12) Tasker, 1: 84−87.

　　마지막으로 어거스틴의 현실국가는 신국과 지상국가의 특징을 갖고 있는 이중적 성격의 공동체라고 할 수 있다. 그러한 국가(commonwealth)는 법률의 공동 일치와 이익의 공동체에 의해 결성된 인민의 집합체라는 키케로의 정의를 따르고 있다.13) 키케로와 마찬가지로 현실국가는 신에 의해 주어진 인간의 사회적 본질로부터 형성된 자연적 제도이다. 따라서 현실국가는 인간의 필요성을 충족시켜주고 시민평화를 확보해 주는데 그 존재 의의가 있는 것이다.

　　그러나 어거스틴은 키케로의 국가 관념은 너무 협소하고 역사적 사실에 부합하지 않는다는 이유에서 그것을 포기하고 신국을 모방한 정의의 국가로 대치시켰다. 무엇보다도 키케로의 국가에서는 진실한 정의를 찾아볼 수 없는 큰 결점을 갖고 있다. 진실한 정의는 모든 사람에가 자기의 몫을 주는 덕목으로서 그리스도가 수립자이고 지배자로서 역할을 하는 국가에서나 가능하다. 이같은 정의에서 인민은 그들이 사랑하는 대상에 대한 공동 일치에 의해 결합된 합리적 존재의 집합체인 것이다.14) 현실국가는 진실한 정의를 기반으로 해서 형성된 사랑과 시민평화의 공동체인 것이다.

　　또한 현실국가는 지상국가의 타락한 특징을 갖고 있다. 이는 인간이 원죄적 존재로서 정신보다 신체를 선호한 결과 탐욕적이고 관능적인 생활에 빠지게 된다는 어거스틴의 주장과 밀접하게 관련이 있다. 결국 이러한 생활은 현실국가를 인간의 사랑과 평화의 공동체로부터 타락한 공동체로 변모시킨다는 것이다. 현실국가의 강제적 권위는 인간의 죄악과 타락을 방지하고 시민평화를 확보하는데 필수불가결한 것으로 적극적으로 사용되어야 한다. 그러한 강제적 권위는 정의와 사랑의 현실적 국가를 온전한 상태로 유지하거나 현실국가의 타락한 상태를 개선시켜 국가구성원들 대부분을 가능한 영적 생활로 인도하는 역할을 해야 한다. 어느 의미에서 현실국가는 지상국가와 현실국가의 중간에 위치하면서 인간의 타락을 방지하고 영혼의 구제를 위해 필요한 자연적이고 경험적인 제도라고 할 수 있다.

---

13) Tasker, 2: 258.
14) Tasker, 2: 264.

2. 존(John of Salisbury)의 유기체적 국가 관념

존(John of Salisbury)은 키케로의 국가 관념을 계승해서 어거스틴보다 더 체계화된 국가 관념을 제시하였다. 그의 국가 관념은 키케로의 국가 관념(Res Publica) 즉 법률과 권리의 공동 일치에 의해 결합된 인민의 집합체이지만 국가의 유기체적이고 합법적인 측면을 강조하고 있는 점에서 그 특이성이 있다고 할 수 있다. 유기체적 국가에서 인민을 지배하는 공적 권위는 법의 지배이고 그러한 법의 지배는 일반성을 위해 기능함으로 합법성과 정당성을 갖게 된다.

그는 유기체적 국가 관념을 다음과 같이 기술하고 있다:

> 인간 실체에서 머리는 정신에 의해 빨라지고 지배되는 것처럼 국가라는 실체에서 머리(head)의 위치는 신과 그의 직책을 행사하고 지상에서 그를 대표하는 군주에 의해 채워진다. 심장의 위치는 상원에 의해 채워지고 그로부터 악한 일과 선한 일의 시작이 나오게 된다. 눈, 귀 그리고 혀의 의무는 재판관과 지방의 방백에 의해 수행된다. 관리와 병사는 손에 해당된다. 군주를 보호하는 사람들은 신체의 양 측면에 비유된다. 재정 관리와 감시인은 위와 창자에 비유되는 데 이들은 과도한 탐욕으로 인해 밀집되거나 누적물을 보유하게 되면 신체는 그들의 병 때문에 파괴될 위험에 직면하게 된다. 농부는 발에 해당되는데 이는 토지에 부착되어 머리의 보호와 예지를 받는다. 왜냐하면 발은 신체와 함께 봉사를 하면서 땅을 걷고 있는 동안에 장애물인 돌을 만나게 되므로 도움과 보호를 필요로 한다. 이것은 전 신체의 중심을 유지·향상시키고 신체를 그러한 방향으로 움직이게 하는 것이 발등이기 때문에 더욱 그러한 것이다.[15]

이러한 개인과 국가의 유추는 중세에 새로운 것은 아니지만 존은 그것을 국가의 구성과 기능을 설명하기 위한 분석적 도구로 사용하였다. 그러한 유추적 방법은 적용에 있어 많은 어려움을 갖고 있는 것도 사실이다. 그러나 그것은 책임 있는 통치자와 그렇지 못한 통치자를 구별하는 기준을 제시해 주었다는 점에서 큰 가치가 있는 것이다.

---

15) J. Dickinson, *The Statesman's Book of John of Salisbury*(New York: Knopf, 1972), 116.

존은 법이 그러한 기준을 제공해준다고 믿었다. 그의 정치사상에서 법은 국가 내에서 중요한 요소로 치자와 피치자의 관계를 포함한 모든 인간 관계를 규율하여 질서를 확보하는 역할을 담당한다. 따라서 법에 의한 합법적 지배가 군주와 폭군을 구별해 주는 중요한 기준이 된다.

군주의 의무와 덕은 여러 가지이므로 이를 기술하는 것은 어렵지만 폭군을 기술하기는 매우 쉽다. 군주와 폭군 사이에는 주요한 차이가 있다. 군주는 법에 복종하고 법의 지시에 따라 인민을 지배하므로 인민의 봉사자로서 책임을 진다.[16] 군주가 법에 의한 합법적 지배를 하면 정의와 책임의 통치자가 될 수 있다.

반면에 존은 군주의 야망이 가져오는 정치적 악이 최악의 경우 폭군을 낳게 할 수 있다는 것을 지적하고 있다. 이런 경우 군주는 법을 파기하게 됨으로써 폭군이 되는 것이다.[17] 폭군은 힘에 기초한 통치권에 의거해 인민을 억압하는 통치자이다. 존은 신하는 이러한 폭군에 대해 복종의 의무가 해제되고 심지어 그를 살해하는 것도 정당하고 영예스럽다는 대담한 주장에 이르게 된다.[18] 존은 폭군을 누가 선언하느냐 문제에 대해서는 애매모호한 입장을 보였다. 그러나 그는 신민이 폭군을 처벌하지 못할 경우 신이 대신 그 일을 할 것이라고 하였다.

이러한 폭군방벌을 신민의 정당한 제재로서 인정하는 정당성의 궁극적 판단은 사적 개인의 양심이 되어야 한다. 폭군에 대해 무기를 든 사람은 정치적 주권자 또는 공적 권리를 부여받은 관리가 아니라 권리가 침해받은 사적 개인으로 행동하게 된다. 이같은 행위는 자신에게 있는 우월한 권위에서가 아닌 통치자의 권위결핍에 의해 정당화된다.

제2절   아리스토텔레스의 수용과 국가 연구의 부활

중세시기에 국가에 대한 연구는 13세기에 아리스토텔레스가 수용됨으로써

---

16) Dickinson, 116.
17) Dickinson, 33.
18) Dickinson, 35.

새로운 전기를 맞게 되었다. 아리스토텔레스의 국가 기원과 목적, 헌법 그리고 다양한 종류의 정부에 대한 연구는 중세의 일반적 양상과는 부합되지 않았지만 중세정치사상이 종교적 신비주의에서 벗어나 세속화의 경향을 띠게 하는데 큰 기여를 하였다. 이같은 세속화와 맞물려서 국가에 대한 연구도 활기를 띠게 되었다.

국가에 대한 연구는 두 개의 방향으로 전개되었는데 하나는 이성과 신앙(또는 계시)의 조화를 토대로 국가를 연구하는 토마스 아퀴나스의 스콜라(scholasticism) 학파이고 또 다른 방향은 합리주의와 자연주의적 입장에서 국가를 연구는 아베로이즘(Averroism)이다.19) 아퀴나스는 이성이 신앙에 의해 도움을 받으면 인간과 국가는 더 나은 방향으로 발전할 수 있다는 주장을 하였다. 그는 아리스토텔레스의 합리적 인간과 자족적 공동체 관념들을 수용했지만 이러한 관념들이 신앙의 도움을 받으면 더 완전한 방향으로 나갈 수 있다는 믿음을 갖고 있었다.

14세기 아베로이즘철학의 등장으로 세속화 경향은 더욱 강화되어서 국가에 대한 연구도 활기를 띠게 되었다. 마르실리우스(Marsilio)와 오캄(William of Occam) 같은 정치사상가들도 아리스토텔레스의 영향을 받아서 국가를 연구했으나 그들은 가급적 종교를 배제한 채 합리적이고 자연주의적 입장에서 국가를 연구하였다. 따라서 그들의 관념들은 중세적 의미에서의 국가 관념을 탈피하여 근대적 상황에 적합한 국가 관념들을 창출하는데 이바지 하였다고 할 수 있다.

1. 토마스 아퀴나스의 국가 관념

아리스토텔레스처럼 아퀴나스의 정치사상의 기초는 자연이다. 그는 인간의 목적은 자신의 본성에 의해 고정되고 결정된다는 것을 증명하려고 하였다. 인간의 의지는 필연적으로 자신의 완전성을 향해 가는 속성을 가졌다. 그러나 다른 창조물들과는 달리 인간은 이성에 의해 자신의 목적을 이해하거나 그러한 목적을 향해 자신을 지시할 수 있다.

그런데 이러한 완전성은 신의 도움 없이는 달성하기 불가능한 것이다. 이성

---

19) 아라비아의 철학자 아베로에스의 아리스토텔레스의 해석에 바탕을 둔 철학적 학파로 13세기 후반 파리대학교와 르네상스의 이탈리아에서 성행하였다. 14세기에 신앙에 대한 이성의 우위를 대변하는 이성불멸론을 주장함으로써 교회와 극단적인 대립을 보였다.

적 존재로서 인간이 신의 안내를 받게 되면 그 자신의 자연적 제한성을 극복함
으로써 완전성으로 향하게 된다. 그러므로 이성과 동시에 신앙을 가진 인간은 신
의 영원한 계획에의 참여를 통해 자신의 완전성이라는 목적을 달성할 수 있는
것이다.

아퀴나스는 이 점에 대해 다음과 같이 기술하고 있다.

　　　모든 것들은 자신들에게 적절한 행위와 목적을 영원법(eternal law)으로
　　부터 유래하는 한 어느 정도 그것에 참여하게 된다. 그러나 다른 것들 중에서
　　합리적 창조물인 인간은 섭리의 참여자가 되고 그것의 복종을 받게 되는 특수
　　한 방식으로 자신들의 행위와 다른 사람들을 통제하게 된다.[20]

인간의 완전성의 목적이 자연법의 도덕적 기초가 되고 그것에 의해 인간행
위는 판단된다. 인간본성이 완전성에 이른 것은 선이 되고 그렇지 않은 것은 악
이 된다.[21]

이러한 도덕적 기초를 확립한 후에 아퀴나스는 인간은 본질적으로 정치·사
회적 동물이다라는 아리스토텔레스의 명제를 주시함으로써 정치사상의 영역에
들어가게 된다. 인간은 홀로 자급자족이지 못하기 때문에 사회적 존재가 된다.
그는 자신의 노력을 통해 합리적 창조물로서 자신의 적절한 목적을 달성하기 위
한 수단을 갖고 있지 못하고 있다. 인간의 자연적 불충분성은 부분적으로 가족과
촌락과 같은 조그마한 사회적 집단에 의해서는 극복될 수 있지만 그의 지식, 문
화 그리고 덕에 대한 열망이 충족되고 자신의 완전성이 실현되는 것은 조직화된
국가에서만 가능한 것이다. 또한 인간의 사회적 생활은 어떠한 형태의 정치 권위
를 필요로 하기 때문에 인간은 정치적 동물이 된다. 다수의 개인은 공동 목적을
위한 그들의 노력이 통일될 수 있도록 조직화된 협력체를 구성한다. 아퀴나스는
아리스토텔레스를 따르면서 정치공동체 구성원들의 전체를 형성하고 조직하는
원칙 또는 내부압력에서 정치공동체의 통일성을 발견하였다. 이러한 구성원들을

---

20) Dino Bigongiari, ed., *The Political Ideas of St. Thomas Aquinas*(New York: Hafner
　　Press, 1975), 12－14.
21) W. Farre, "Natural Foundation of the Political Philosophy of St. Thomas Aquinas," in
　　Proceedings of the American Catholic Philosophical Association, 1931: 77－85.

접착시키는 것은 의도, 이익, 그리고 상호 목적의 공동체인 것이다.

특정 목적에 의한 정치공동체의 질서화는 지시적 또는 규제적 권위를 시사한다.

> 인간이 다수의 사회에서 생활하는 것이 자연적이라면 그 집단이 통제하는 어떤 수단이 존재하는 것은 필요하다. 왜냐하면 다수가 결합되어 각자가 자기의 이익을 추구하게 되는 곳에서 그 복지에 적합한 기관을 돌보아 줄 제도가 존재하지 않는다면 다수는 해체되고 산재하게 될 것이기 때문이다.[22]

권위에 대한 복종의 자연성은 특정사람은 지배할 능력을 갖고 태어났고 다른 사람들은 지도자의 지시에 따라 여러 기능을 수행할 재능을 갖고 있다는 사실에 의해 더욱 증명된다. 인간의 질서는 지적으로 우월한 사람이 자연스럽게 통치자가 되는데서 존재하게 된다.[23] 자연의 지혜와 질서는 여기서 알 수 있게 된다. 왜냐하면 모든 인간이 지도자 또는 복종자로 태어났으면 국가의 질서와 통합은 사실상 불가능하기 때문이다.

그러므로 아퀴나스는 국가를 인간의 세속적 수요를 충족시키고 그의 완전성을 달성하는데 도와주는 제도로 파악하였다. 아리스토텔레스처럼 그는 원칙적으로 국가공동체의 생활에서 시민정부의 광범위한 역할을 인정하였다. 국가는 개인과 소규모의 사회집단이 공급할 수 없는 인간 필요를 충족시키기 위해 형성된다. 그러나 국가의 임무는 개인과 집단을 대치하거나 제거하는 것이 아니고 그들의 노력을 보충하는 것이다.

국가의 직접적인 목적은 내부적이고 외부적인 평화를 유지하고 인간의 신체적인 욕구를 충족시켜 줌으로써 질서적인 사회를 확립·보존하는 것이다. 그리고 국가의 궁극적인 목적은 공동선의 실현을 통해 구성원들의 완전성을 달성하는 것이다. 이같은 목적을 위해 국가는 인간의 지적이고 도덕적이고 문화적인 성장을 촉진함으로써 덕스러운 생활을 향상시켜야 한다. 덕스러운 생활은 다름 아닌 이성에 따른 생활을 말한다. 따라서 국가의 기능은 적극적이고 역동적이라고 할 수 있다.

---

22) Bigongiari, 176－177.
23) Bigongiari, 167－171.

아퀴나스는 국가와 정치적 제도는 인간의 원죄에 대한 신적 구제이고 순수한 상태가 지속되면 정치 권위의 필요성이 존재하지 않는다는 어거스틴의 국가 관념을 강력하게 부인하였다. 그는 지배권이 두 가지 의미가 있다는 것을 지적하였다. 어느 의미에서 지배권은 노예에 대하여 행사되는 권력을 의미하고 다른 의미에서 그것은 통치자의 지시를 의미한다. 첫 번째 종류의 권위는 순수한 상태에서 존재하지 않는 대신 두 번째의 지배 유형은 에덴의 정원에서조차 존재하였을는지도 모른다. 왜냐하면 인간은 진실로 사회적 존재이고, 그러므로 순수한 상태에서도 그는 사회적 생활을 영위할지도 모르기 때문이다. 사회적 생활은 공동선을 보호하는 한 사람의 지배가 아니면 다수의 인간들 사이에는 존재할 수 없다.

둘째로, 어떤 사람이 지식과 정의에 있어서 다른 사람을 능가하고 이같은 재능이 다른 사람의 이득에 기여하지 않는다면 이것은 적합한 것이 아닐지도 모른다.[24] 아퀴나스는 인간이 재능과 능력에서의 불평등이 순수한 상태에서조차 존재할지도 모른다는 것을 믿었던 것 같다. 자연은 모든 인간을 자유에서 동등케 했으나 자연적인 재능에서는 그렇지 않다는 것이다. 이것이 사실이라면 우월적인 능력을 구비한 사람에 의한 국가의 지시와 인도는 구성원들의 공동 목적을 위해 요구된다고 할 수 있다. 만약에 개인이 적당하다고 생각한대로 자신의 목적을 추구하기에 자유롭다면 사용된 방법의 다양성은 무질서와 혼동을 조성할 수도 있다.

아퀴나스는 국가의 본질과 목적에 관해 일반적으로 아리스토텔레스와 일치했지만 그는 아리스토텔레스의 국가 관념을 제한적으로 수용하였다. 신학자인 그에게 정치질서에서 실현될 수 없는 인간의 욕구가 존재하는 것이다. 도덕적 존재로서 인간은 세속적 영역을 초월한 초자연적 목적을 추구해야만 한다. 이러한 최종적이고 궁극적인 목적의 추구는 자연적 제도의 능력을 넘어서 있는 것이기 때문에 인간을 그것으로 지시하는 임무는 인간 정부가 아닌 신적 정부의 책임이다. 인간의 영혼을 돌보고 있는 교회는 신적 제도로서 시민종교의 고대 관념을 대치해야 한다. 루이스(E. Lewis)는 아퀴나스가 소개한 이러한 요소를 다음과 같이 간결하게 요약하고 있다.

---

24) Bigongiari, 70−72.

아퀴나스의 사상에서 두 개의 경향이 조화롭게 유지되고 있다. 한편에서
는 세속적이고 자연적 가치를 선한 것으로 평가하는 경향과 다른 한편으로는
하위의 선들이 최종적으로 정해져 있는 신의 탁월성을 인정하려는 경향이 있
다. 계시가 이성의 일을 완전하게 하고 은총이 자연을 완전하게 하는 것처럼
교회는 국가를 보존하고 안내해야 한다.[25]

아퀴나스는 교회의 국가에 대한 안내가 제도적으로 어떻게 성취되어야 하는
가에 대해서 명확한 입장을 갖고 있지 않았다. 그는 때로는 교황절대주의 주창자
로서 분류되기도 하나, 정신권과 세속권의 관계에 대한 그의 언급은 단정적이지
못하고 단편적이었다는 평가를 받고 있다.[26]

2. 마르실리우스(Marsilio)의 국가 관념

마르실리우스는 아리스텔레스를 수용해서 국가 관념을 정립했지만 아퀴나스
와는 달리 아베로이즘철학의 합리주의와 자연주의적 입장에서 국가를 연구하였
다. 국가는 종교적 신비주의를 가급적 배제한 채 현실 있는 그대로의 상태에서
연구되어야 국가의 실체를 제대로 파악할 수 있다고 보았다. 신앙과의 괴리를 넓
힘으로써 신적 창조물과 신적 질서는 합리주의 예증에 의해 확립된 어떤 정치적
원리에 대하여 통제력을 행사하지 못하게 되었다.[27] 신앙은 내세와 신국 연구에
불가결한 요소이고 이성은 현실 국가를 연구하는 데 필요한 요소라는 것이다.
아리스토텔레스를 따르면서 마르실리우스는 흔히 이해되는 국가의 유기체적
이론을 고수하였다. 자연과 일치하여 잘 배치되어 있는 동물은 상호 지정되어 있
는 비례적인 부분들로 구성되어서 그들의 행위는 상호적으로 그리고 전체와 의
사소통할 수 있는 것처럼 이성에 따라 배치되고 제도화된 국가도 유사한 방법으
로 구성되었다.[28] 이같은 유기체적 입장에서 국가의 통일성에 대한 강조는 중세
후기에 지배적인 영향력을 행사했던 명목주의 영향으로 보인다.

---

25) Lewis, 2: 151.
26) Bigongiari, 171−172.
27) A. Gewirth, *Marsilio of Padua*, vol. 1(New York: Columbia Univ. Press, 1951), 70.
28) Gewirth, 74−78.

아리스토텔레스는 국가는 새로운 실체를 창조하지 않은 채 국가의 구성적 부분들이 수행하는 독자적인 행위를 인정했지만 합리적 사고의 적절한 대상이 되는 국가 질서의 형식적인 통일을 강조하였다. 마르실리우스는 이러한 국가의 형이상학적인 실재를 부인하면서 국가의 통일성은 인민에 의한 공동 정부의 승인에 있다는 주장을 하였다.[29]

또한 마르실리우스는 국가의 목적에 대하여 아리스토텔레스와 다른 견해를 가지고 있다. 그는 국가의 목적이 되는 개인의 선하고 충족적인 생활은 윤리적인 성격을 내포하고 있으며 사회적 안전과 인간의 자연적 욕망의 성취라고 해석하였다.[30] 마르실리우스는 국가를 개인의 물질적 욕망을 충족시켜주는 기관으로 보고 있다. 국가는 도덕적이고 지적인 덕의 촉진자가 아니고 생활의 유익한 것을 제공해주는 수단으로 파악하고 있다. 그러므로 정치는 국가의 목적과 같은 규범적인 성격을 잃는 대신 국가의 기능과 복종에 필요한 모든 수단을 강구하는 데 주요한 관심이 있는 것이다.

이같은 세속주의적 국가 관념은 마르실리우스의 심리학으로부터 유래하는 것으로 보고 있다. 그는 인간의 사회적 본능은 단지 동물적 충동으로 간주하면서 충족적 생활을 위한 자연적 본능은 본질적으로 인간의 신체적 욕망의 충족에 있다고 하였다.[31] 자연적인 것은 순수하게 생물학적인 것이기 때문에 인간의 욕망은 합리적이거나 자유스럽지 못하다. 인간의 욕망들은 동물의 욕망들처럼 필수적이고 결정적이라고 할 수 있다. 이러한 전제에서 물리학과 유사한 수준의 정치학을 확립하는 것도 가능하다는 것이다.

마르실리우스는 아리스토텔레스가 정치공동체 구성원이 지위에 따라 민회 또는 배심원에 참여하는 권리로 정의한 시민권의 개념을 그대로 수용하였다. 이같은 개념에서 소년, 노예, 외국인 체류자 및 여성은 시민의 범주로부터 제외되었다.[32] 마르실리우스는 시민권을 가진 사람들로 구성된 시민체(citizen body)는

29) Gewirth, 95－102.
30) Gewirth, 155－157.
31) Gewirth, 54－56.
32) Ralp Lerner and M. Mandi, eds., *Medieval Political Philosophy: A Sourcebook*(New York: The Free Press, 1963), 476.

입법제정권을 행사한다고 하였다. 이러한 권한은 직접 행사하는 것이 원칙이나 필요한 경우 시민체는 경륜 있는 소수의 집단에게 위임하기도 한다.33) 시민체 또는 그것의 지배적 부분(weightier part)은 법을 직접 제정하거나 또는 이러한 임무를 일시적으로 최고입법가의 권위에 의해 입법가라고 할 수 있는 소수에 위임하는 것이다. 시민이 이같은 위임을 하는 것은 적절하고 편리해 보인다. 왜냐하면 법제정은 생활필수품을 얻는데 대부분의 활동을 집중하고 있는 일반인보다는 여가의 기회를 갖고 있는 사람 그리고 실제 문제에 경험이 있는 신중한 사람들의 관찰력에 의해 잘 수행되기 때문이다.34)

마르실리우스는 다수의 집단적 판단은 유일한 개인 또는 소수의 판단보다 더 낫다는 아리스토텔레스의 원리에 의거해서 시민의 법제정권을 정당화하였다. 다수의 집단적 지혜는 소수의 지혜보다 법제정에서 객관성과 타당성을 확보해준다는 점에서 더 큰 가치가 있는 것이다. 왜냐하면 다수는 그것을 구상하는 부분의 어떤 것보다 수(數)와 덕에서 더 크기 때문이다.35) 대부분의 경우에 전 시민체가 법제정을 위해 집회하는 것은 실제적이지 못하기 때문에 신중하고 전문가적인 소수의 집단이 이러한 임무를 담당하기 위해 선임되어야 한다. 또 이러한 소수집단이 제정한 법은 승인 또는 거부를 위해 시민에게로 이송된다. 이같은 과정은 근대적인 국민투표제도와 흡사하다고 할 수 있다. 법이 일단 제정되면 법의 집행은 정치지도자에 맡겨져야 한다.

거워드(Gewirth)는 마르실리우스의 국가 관념은 부르조아 이익을 옹호하는 최초의 정치이론이라고 주장하였다.36) 그에 의하면 마르실리우스의 국가기능은 질서유지, 무역과 상업 그리고 시민의 자유를 촉진시키는 부르조아 국가의 특성을 갖고 있다는 것이다. 이러한 견해에서 전형적인 시민은 신학적 또는 귀족적으로 덕스러운 사람이 아니고 그가 가지고 있는 것이 안전하기를 원하고 이러한 안전을 위해 그가 법과 정부를 통제한다는 의미에서 자유로워지기를 요구하는 부르조아 상인이나 장인이라는 것이다.37) 부르조아인은 자신이 원하는 안전을

---

33) Lerner and Mandi, 475-476.
34) Lerner and Mandi, 476.
35) Lerner and Mandi, 47.
36) Gewirth, 38.
37) Gewirth, 38.

가지기 위해 정부기관을 통제할 필요성이 있다는 것을 깨닫게 되었다.

3. 오캄(William of Occam)의 국가 관념

오캄은 시민에 의한 국가의 통제 관념을 구체화시킨 정치사상가라는 평가를 받고 있다. 그에 의하면 정치적 권위는 개인적 이익의 타협의 산물이고 사회는 독자적 관심의 불편한 산물이라는 것이다. 그는 국가 사회 그리고 공동체와 정부를 명확하게 구분하려는 노력을 하지 않았다. 인민은 자신들의 권위를 황제에게 이양하기 전에 최고로 조직화된 정치적 실체이다. 인민은 또한 단위로서 행위하는 조직화된 사회이고 국가가 된다.[38]

인민은 자신들이 가지고 있는 모든 법적 권력을 황제 또는 명료한 정치 권위체에 이양한다. 사회는 현존하는 관계를 유지하고 기존 권리를 보존하는 데 관심이 있다. 공동체는 신적 권리를 부정하는 제한적인 법적 능력을 가진 정치 권위체의 확립을 묵인함으로써 공적 이익을 보존케 한다.[39]

오캄의 국가 관념이 황제 또는 군주가 자신의 사적인 이익을 우선시하는 비합법적인 지배를 할 경우 소극적으로 저항할 수 있는 권리를 개인에게 부여하였다는 점은 흥미로운 대목이라 하겠다. 군주는 공동체보다 최고의 위치에 있지만 불법적이고 부당한 지배를 할 경우 공동체 구성원들은 그를 파면하거나 감옥에 감금시킬 수 있다.[40] 오캄은 이같은 저항권은 자연법으로 유래한다고 보았다. 긴급한 정치적 상황에서 군주를 처벌하는 즉, 폭군방벌론을 정당시했던 것이다.

마르실리우스와 윌리암의 국가 관념 모두 개인주의적 입장에서 시민의 정부 통제권을 인정하고 있다. 그들에게 인민은 정부 구성과 법 제정에서 중요한 역할을 수행하는 국가의 결정적 요소였다. 물론 오캄은 마르실리우스의 국가 관념처럼 극단적인 세속주의적 입장에서 국가 관념을 구성하지 못한 것은 사실이다. 그러나 오캄은 마르실리우스처럼 국가는 인민의 동의에 기초해야 한다는 근대적인

---

38) Max A. Shepard, "William of Occam and the Higher Law," *American Political Science Review*, vol.26 no.6(December, 1932): 1013.

39) Shepard, 1013.

40) Shepard, 1014.

정치원리를 명료하게 제시하였다. 이런 점에서 그들은 중세로부터 탈피해 근대
성을 지향했던 전환기적 정치사상가들이라고 할 수 있다.[41]

제3절 단테와 보편적 제국

아퀴나스의 정치사상은 기독교적 유럽의 이념을 권위적으로 언명한데 반하
여, 단테는 교황의 통제에 반대하는 제국을 변호하고 있다. 그는 제국의 통일과
황제의 포괄적 권위 하에서만 평화의 희망을 볼 수 있다고 주장하였다. 그의 제
국주의는 보편적 평화의 순수한 이념화인 것이다.

아리스토텔레스를 따르면서 단테는 『군주론』(De Monarchia)의 제1권에서 세
속적 군주가 세계의 복지를 위해 필요한지의 문제를 논의하였다. 인간의 모든 결
사체는 어떤 목적을 위해 형성된다. 인간 공동생활의 최초 형태는 가족이고 이것
은 촌락으로 발전하고 촌락은 도시국가로 성장하고 제국은 가장 완전한 결사체
로서 최고의 지위를 받게 된다.

만약에 인간의 본질이 지적성장에 민감하다면, 제국의 성취는 세속적 생활
의 목적이 되어야 하고 평화는 이러한 목적을 위한 필요한 수단이 된다.[42] 더욱
이, 신은 절대적인 세계국가를 형성하고 있다. 신의 의도에서 모든 창조물은 신
적 유사성을 나타내기 위해 존재하기 때문에 인간은 신처럼 통일체가 되려고 노
력해야 한다. 다수의 권위는 혼란을 초래하기 때문에 유일한 권위 하에 인간은
있어야 한다.[43]

단테 또한 보편적 제국은 자유 즉 욕망에 의해 편견되지 않는 판단에 의해
선택할 수 있는 인간을 만들 것이라고 말하였다. 아리스토텔레스가 기술한 것처
럼 이러한 사람들은 다른 사람들이 아닌 자신들을 위해 존재하는 것이다.

---

41) A.P.D. Dentreves, *Aquinas' Political Writings*, translated By J.G. Dawso(New York:
   Macmillan, 1949), 69.
42) H.W. Schneider, ed. and trans., *On world Government(De Monarchia)*(New York:
   Liberal Art Press, 1957), 3−4.
43) Schneider, 3−4.

둘째, 단테는 로마인이 제국의 위엄을 떠맡는 것이 정당하다는 것을 말하였다. 로마인은 본성적으로 지배하기로 되어있다. 로마인들은 모든 시대 중의 가장 고귀하였고 그들의 지배는 공동선을 위한 것이었다. 로마의 역사는 로마가 최고 권력의 지위로 부상하는데 있어서 신의 섭리의 인도 표시를 보이고 있다. 그는 유명한 로마 영웅과 순교자들을 마치 그들의 전형적인 인물들로서 제시하고 있다. 어거스틴의 시대는 평화와 그리스도의 시대로서 바울에 의해 가장 행복했던 충만의 시기라고 불리어졌다.

단테는 로마의 제국 확장은 힘의 결과로서 간주하지만 그것은 신의 섭리의 작용이라고 주장하였다. 인간 문제에서 신적 판단은 때때로 폭로되지만, 로마가 세계를 지배하였다는 감추어진 사실은 신적 축복을 가진 우월성의 표시로서 간주되기도 한다. 로마인들은 탐욕으로부터가 아닌 정복자뿐만 아니라 피정복자의 공동선을 위해 제국을 추구한다.

> 공적 이익과 배치되는 모든 탐욕을 뿌리치고 자유를 가지고 보편적 평화롤 선택할 경우 이러한 성스럽고 경건하고 명성있는 인민들은 인간 종족의 공적 안전을 돌보기 위해 자신들의 이익을 소홀히 하게 된다.[44]

단테의 국가 관념은 중세주의와 근대적 전망을 특징으로 결합하고 있다. 이러한 이유 때문에 그는 토마스 아퀴나스의 시대와 근대의 이론가들의 시대를 지적으로 연결하는 정치사상가로 간주되기도 한다. 대부분의 중세정치사상가처럼 그의 국가 관념은 인간생활의 목적을 두 가지 차원에서 설명하고 있다. 즉 인간은 국가의 공동체 생활에서 현세적 행복뿐만 아니라, 신의 은총의 결과로서 구체화되는 영원한 행복을 추구해야 한다는 것이다. 그러나 그는 국가의 세속주의화를 예고하였다는 점에서 근대적이라고 말할 수 있다.

---

44) Schneider, 57.

Reading

어거스틴
- ❏ 지상에서의 체류 ──────────────────── 217
- ❏ 신국과 지상국가 ──────────────────── 219

마르실리우스
- ❏ 심판의 성질 ───────────────────── 241
- ❏ 파문권 ──────────────────────── 243
- ❏ 교회의 수장 ───────────────────── 244

오캄
- ❏ "더욱이, 우리는 전에 왕의 법이 있었다. 아니 오히려 사실은,
  전에 어떤 왕들이 있었고, 어떤 사람에게 속하는 어떤 것들이
  있었다는 사실을 성경에서 찾는다." ──────────── 246

존(John of Paris)
- ❏ 중간적 입장: 존(John of Paris) ────────────── 248

아퀴나스
- ❏ 정의에 대하여 ───────────────────── 262
- ❏ 정부 분류와 최선의 정부형태 ──────────────── 280

단테
- ❏ 세속적 군주제 ───────────────────── 285
- ❏ 제국의 권위 ───────────────────── 293

니콜라우스
- ❏ 법과 동의에서 권위의 기초 ───────────────── 302

❑ 대표위원회와 황제의 선출 ─────────────────────── 310

Discussion Topics

1. 어거스틴의 기독교 현실주의는 마키아벨리와 홉스의 정치현실주의와 어떻게 상이한가?

2. 플라톤과 아리스토텔레스의 국가에 대한 인식이 중세정치사상에서 국가에 대한 인식에 어떤 영향을 주었는가? 그리고 14세기에 대두한 아베로이즘은 중세정치사상사 후기에 국가에 대한 어떠한 인식의 변화를 가져왔는가?

3. 키케로의 국가 인식은 중세정치사상에서 국가에 대한 인식에 어떠한 영향을 주었는가?

4. 우리는 지난 세기 이래로 몇 개의 주요한 전쟁과 테러를 경험하고 있다. 1991년 걸프전, 2003년 이라크전과 같이 미국과 미국의 동맹국이 수행한 전쟁, 그리고 9.11 테러와 같이 이슬람의 대미전쟁 수행 등을 우리는 목격하였다. 이들 모두는 전쟁과 테러를 수행하면서 '정의로운 전쟁'임을 주장하였다. 정의로운 전쟁에 대한 아퀴나스의 기준은 우리가 이들 모든 전쟁과 테러를 정의롭다고 간주해야 할 근거가 될 수 있는가, 아니면 그렇지 않은가?

제7장

법의 관념[1]

중세정치사상에서 법과 정치제도는 불가분의 관계를 형성하면서 상호간의 발전을 도모하였다. 국가와 정부의 관념이 매우 희박했던 중세 초기에 봉건법과 게르만 민족의 법이 관습법의 형태로서 존속해서 정치공동체 구성원의 의식과 생활 양상을 규율·통제하였다. 봉건제도에서 영주와 가신간의 쌍무적인 계약관계가 성립되지만 이러한 협정은 법률의 힘을 가지고 있었던 관습에 의해 지탱되었다.

그러나 법의 이러한 형태는 12세기와 13세기에 사회경제적 구조의 변화와 더불어 더 이상 존재할 수 없었다. 제도적 정비를 통한 교회의 보편적 지위의 획득, 그리고 무역과 상업의 성장은 아리스토텔레스의 학문과 로마법의 연구를 조장시켰고 이는 법률체계의 전반적인 발전을 촉진시켰다.

성직자들은 계서화된 교회 전체의 조직을 관리·규율할 수 있는 원리의 체계인 교회법을 성립시켰다. 그런데 그것은 교회의 전성기에 교회조직을 넘어 모든 다른 법적 관계와 조직을 종속시키려고 하였다는 점에서 매우 중요한 정치적 의미를 갖기도 하였다.

교회법 외에 다른 종류의 법들도 중요성을 갖기 시작하였다. 화폐경제의 발달과 함께 상인들은 자신들의 법을 발전시켰다. 그것은 봉건적인 법률이 아니었

---

1) 본 장은 1991년에 충남대학교 사회과학연구소가 발간한 『사회과학연구』 제2권에 발표된 저자의 논문인 "중세철학에서 법의 관념"의 논의를 보충하고 확장하였다.

고 왕에 의해서도 집행되지도 않았다. 또한 그것은 국가가 아닌 상인들의 결사체, 법인체 또는 자유도시의 연합에 의해서 집행되었던 것이다.

정치사상적 견지에서 이것은 국가와 법의 관계의 문제에 대해 흥미로운 조명을 해주는 것 같다.

> 때때로 이러한 법의 특수한 규칙은 왕 또는 영주로부터 공식적인 재가를 받는다. 그러나 어떠한 사람도 이유를 모른채 그 법의 대부분에 복종하였다. 왜냐하면 그것은 상이한 기원을 갖는 여러 당국자들 중의 하나에 의해 제정되었기 때문이었다. 상이한 기원의 여러 당국들은 각기 자신의 법을 만드는 것으로서 간주되는 여러 형태의 법인체적 집단들을 포함한다.[2]

모든 집단에 적용되는 일정한 법이 없기 때문에 각 직업적 및 사회적 범주는 본질적으로 도덕적이고 법률적인 결속의 정신과 규범을 발전시키는 경향이 있었다.[3] 동시에 다수의 당국은 충돌적 상황을 야기시켰다. 실로 이러한 충돌은 중세 중기에 하나의 역사적 사실이 되었다는 것은 누구도 부인할 수는 없었다.

그러나 한단계 높은 차원의 정치적 통합의 추구는 대안적인 정치원리를 발전시켰다. 제도적 발전의 수준에서 왕은 중세 말기의 지배적인 세속적 경향에 힘입어 각 종의 봉건적 장벽을 타파하고 자신에게 권한을 집중하는데 노력하였다. 정치적 통합의 왕국 관념이 공식적인 표현을 받고 그것의 제도적 진보가 이루어지는 상황에서 법은 왕에 의해 발견되어지거나 법인체에 의해 제정되는 것이 아니라 국가와 정부의 의지의 표현으로 간주되었다. 요컨대 법은 국가 또는 정부의 의지의 표현이기 때문에 그것은 국가 또는 최고주권자에게 종속되어야 한다는 관념이 형성되기 시작하였다.

그런데 중세에서 이같은 다양한 형태의 법 발전은 자연법의 원리와 내용을 중심으로 하여 이루어졌기 때문에, 자연법은 필연적으로 체계적인 연구의 대상이 되었다. 자연법은 다른 종류의 법이 이론적인 의존관계를 형성하는 법 체계의

---

2) Edward Jenks, *Law and Politics in the Middle Ages*(London: John Murray, 1913), 30.
3) Ernest Troeltsch, *The Social Teaching of the Christian Churches*, 2 vols.(New York: The Macmillan, 1949), 1: 248－249.

중심적인 원리 체계로서 작용했던 일종의 모델이었던 것이다.

　본 장은 이같은 여러 종류의 법들의 변모과정을 주요 학자들의 견해를 중심으로 고찰한다. 그렇게 하는데서 첫째로 이러한 법들의 기원과 본질에서의 공통점과 차이점을 기술하고, 둘째로 그것들이 중세의 정치제도 특히 국가와 어떠한 관련이 있는지를 구명하고, 마지막으로 중세의 법 관념이 근대정치사상에 남긴 유산을 지적하고자 한다.

제1절　　다원주의와 관습법

　중세 초기에 법의 최초 개념은 봉건제도의 발달과 밀접하게 관련을 맺으면서 형성되었다. 여러 야만인들이 남하해 온화한 지역에 정착하게 되어 다원적인 정치적 조건을 특징으로 하는 봉건제도가 형성됨으로써 각 지역을 단위로 하는 다양한 형태의 법률들이 출현하였다.

　게르만 민족들은 법률을 자신들의 인종 또는 부족에 속하는 것으로서 마치 그 집단의 공동 소유물로 간주하였다. 그 법률은 평화가 파괴되지 않도록 하기 위해 필요한 규제를 제공하였다.

　이러한 초기 상태에 있어서 게르만법은 성문화된 것이 아니라, 구전에 의해 영속화 되어서 부족의 평화로운 생활이 되게끔 하는 지혜를 제공하는 관습으로 구성되었다. 법은 물론 모든 경우에 그것이 지배하는 부족 또는 인종의 법이었다.[4] 이것은 게르만 민족이 새로운 지역에 정착을 했지만 유목민의 생활 습관이 아직도 강력한데 비해, 농경생활은 비교적 적은 중요성을 갖고 있다는 사실의 자연적 결과인 것이다.

　그러므로 야만인들은 로마제국의 영내에 침입하여 정착하는 과정에서 자신들의 법을 수반하였고, 그것은 부족 또는 인종 구성원의 개인적 소유물이 되었다. 이것이 게르만법이 게르만어가 아닌 라틴어로 최초로 성문화하려는 6세기와

---

4) Munroe Smith, *The Development of European Law*(New York: Columbia Univ. Press, 1928), 67.

8세기에 존재했던 상황이었다. 오스트로고드(Ostrogoth)와 비시고드(Visigoth),[5] 롬바르드(Lombard), 부르군트(Burgund), 그리고 프랑크(Frank) 등의 왕국들에서 여러 법전들이 공식화되었다. 그것은 게르만 관습을 게르만 민족들을 위해 성문화 하려는 시도일 뿐만 아니라 로마인들을 위한 로마법의 공식화를 포함하고 있었다.

이러한 관습법들은 시대의 위엄성과 공동 경험의 친밀성을 갖고 있었다. 그것들은 오랫동안 존속했고 친숙했기 때문에 정당한 것이었다. 그러한 것으로서 관습법들은 개인적 권리와 재산의 보호장치를 제공해줄 뿐만 아니라 종족 구성원들이 혁신에 반대해 호소할 수 있는 불변의 권위체였다. 왜냐하면 종족의 구성원이 그 종족의 법률 하에서 생활하는 권리를 박탈당하는 일은 가장 중대한 죄에 대한 가혹한 처벌로 간주되었기 때문이었다.[6]

로마인과 게르만 민족들의 융합이 촉진됨에 따라 관습법의 새로운 개념, 즉 법은 개인적 특징이 아니라 지역과 영토를 기초로 한다는 개념이 형성되기 시작하였다. 이같은 개념이 질서적이고 통일적인 집행에 도움이 된다는 것은 명백했으므로 그것이 폭넓은 기반을 얻게 되는 속도는 왕들이 자신들의 수중에 집행권을 어느 정도 확보하느냐에 달려 있었다. 예를 들어 법의 다양성이 가장 심한 프랑크 왕국에서 이러한 과정은 매우 느리고 불규칙적이었다. 왕의 법은 전 영토에 일정하지는 않지만 영토적이었고 전반적으로 개인적인 인종법보다 나은 것으로 간주되어 비교적 잘 집행되었다.

관습법의 이러한 발전은 법을 확립하는 데 있어서 권위적인 선포의 중요성을 강조했는데 그것은 대개의 경우 이미 존재했던 법을 공식적으로 발견하거나 선언하는 형식을 취하였다. 법의 선포에서 왕은 공동체의 법률 제정의 의지가 아니라 법에 대한 최선의 지혜를 대변하는 고관 평의회에 의해 조언을 받게 되었다. 왕의 권위, 고관의 조언과 동의 그리고 공동체의 일반적 보장이 전형적인 절차였다.[7]

사실상 관습법의 선포는 원래적인 의미의 오해 또는 오랜 관습을 새로운 상

---

5) 오스트로고드는 후에 동고트족으로, 비스고드는 고트족으로 각기 발전하였다.

6) Edward Jenks, 202.

7) E. Lewis, *Medieval Political Ideas*, 2 vols.(New York: Alfred Knopf, 1954), 2: 3.

황에 적응하려는 시도를 통해서든간에 현실적인 수정을 포함하고 있었다. 그러
나 이러한 수정은 입법의 이론없이 행해졌다. 차라리 왜곡되고 남용된 법은 원리
적인 순수성으로 회복하거나 또는 오랜 법의 새로운 상황에 대한 영향을 명확하
게 정의하는 것이 전제되었다.

실로 중세에서 관습법(또는 기본법)의 공포는 법률 행위라기 보다는 관할권의
행위와 같다고 할 수 있다. 평의회 또는 의회를 가지고 있는 왕은 법원이 법을
선언하는 것처럼 법을 선언하였다. 이러한 공식적 선언에 의해서 관습에 주어진
권위는 어떤 관습이 성공적인 소송에서 입증을 통해 받은 권위와 유사한 의미를
갖게 되었다.

관습법만이 중세가 알고 있는 유일한 법의 종류는 아니다. 효율적인 왕국
정부의 성장은 왕국의 행정과 사법의 수장으로서 기본법의 시행과 유지 그리고 공
공평화와 안전에 책임이 있는 왕의 권위와 재량권으로부터 나오는 법령(ordinance)
에 우월성을 주었다. 그러한 법령은 사실 관습법과 구별될 수 있었다. 예를 들어
보마누아르(Beaumanoir)는 프랑스의 왕이 내리는 행정적인 명령은 새로운 관습
을 구성한다는 것을 말하고 있다.[8]

왕에 의한 법령의 공포는 관습법의 공식적인 공포처럼 고관 평의회의 조언
과 동의를 가지고 흔히 행해졌다. 그러나 시간이 경과됨에 따라 정부 임무의 점
증하는 압력과 왕의 증대하는 위신은 그러한 절차를 불가능하게 하였다. 프랑스
에서 이러한 법령의 대부분은 왕의 정상적인 평의회에서 제정되는 경향이 있었
고, 14세기 영국의 관례와 용어는 기본적인 관습을 포함하지 않기 때문에 의회의
동의를 필요로 하는 법규와 기본관계에 영향을 주지 않으므로 왕의 재가를 필요
로 하지 않는 법령을 구분하였다.[9]

그러나 절차에서의 차이가 발전하기 오래 전에 일부 봉건주의자들은 권리와
의무의 영구적인 구조를 정의하는 불변의 관습이 되는 법이 일시적이고 가변적
이며 단지 행정 명령으로서 영속법을 보조하고 실행하기로 되어있는 왕의 법령
과 어떤 차이가 있는지를 논리적으로 파악하였다. 그들은 자신들의 정의에서 중

---

8) Lewis, 2: 4.
9) C.H. Mcilwain, "Magna Carta and Common Law," in *Magna Carta Commemoration Essays,* ed. by H. E. Malden(London: William Clowes and Sons, 1917), 122－179 참조.

세법 사상의 한 양상을 획정하였다. 그것은 불변적인 관습법이 우선적으로 지배하고 정치와 행정의 제한된 분야는 중요하지만 왕의 입법적 재량권에 위임되는 것을 의미하는 것이었다.

그러므로 관습은 최상의 법으로서 간주되었고 왕의 법령은 그것의 원칙에 부합되어야 하는 것이다. 만약에 왕의 법령이 관습과 충돌한다면, 그것은 특수한 긴급상황이 정상시의 관습을 일시적으로 적용할 수 없게 하지 않는 한 무효가 된다.

13세기에 로마법에 대한 체계적인 연구가 진행됨에 따라 봉건주의자들은 관습법의 궁극적 기초에 대한 탐구를 했지만 명쾌한 해답을 제시하지 못하였다. 그들은 관습을 이성과 동일시 할 수 있다고 생각은 했지만 관습의 세목에 기저하고 있는 일반적이고 합리적인 원리를 발견하지 못하였다. 뿐만 아니라 그들은 이성이 어떻게 법으로 전환될 수 있는지를 기술하는 어떤 이론을 갖고 있지 못하였다.

이러한 점에서 토마스 아퀴나스의 법과 관습의 관계에 대한 언급은 매우 유익한 것이다. 그는 개인적 인간에 있어서 이성의 작용과 공동체에서 관습의 성장을 유추하면서 관습법을 다음과 같이 기술하였다.

> 행위의 반복은 의지와 이성에서의 힘과 결속력을 증진시킨다. 왜냐하면 어떤 일이 자주 행해질 때 그것은 이성의 세심한 판단으로부터 유래하는 것 같이 보이기 때문이다. 따라서 관습은 법률의 힘을 갖게 된다. 관습은 명백히 사실적인 것보다는 외관적인 것을 통해 법률의 힘을 갖는다.[10]

모든 이러한 것은 관습은 완전성을 결핍하고 있지만 일반적으로 유익하다는 것을 시사한다. 그러나 아퀴나스는 덕에서는 결핍되지 않으나 현실적으로 사악한 관습을 법과 이성에 의해 제거하여야 한다고 주장하였다. 이 점에 있어서 아퀴나스는 매우 애매모호한 태도를 취하였다. 왜냐하면 주권자의 실정법, 인민의 관습, 관습에 표시된 전 인민의 동의, 그리고 성직자들이 그러한 법과 이성이 될 수 있기 때문이었다.

---

10) Dino Bigongiari, ed., *The Political Ideas of St. Thomas Aquinas*(New York: Hafner Press, 1975), 81-83.

제2절 법의 본질과 유형

관습법은 경직성의 원리에 의해 합리성과 일관성이 있는 질서를 보장해 주었다. 이론적으로 관습법의 지배는 변화의 기회와 이성 또는 궁극적 정의에 대한 호소를 허용치 않았다. 관습법이 지속적으로 적용되면 인간 제도를 영속적으로 정체화시킬 수도 있는 것이었다.

권리의 보루로서 관습의 우위에 대한 중세의 순수한 신념은 인정법과 제도가 측정될 수 있는 합리적이고 일정한 수준을 요구하는 중세정치사상가들을 만족시킬 수 없었다. 그들에게 있어서 연구의 출발점은 유스티니언법전(Corpus Juris Civilis of Justinian)에 수록된 로마법서와 교부철학자들의 논의를 통해 중세에 전달된 스토아학파의 자연법 원리였다. 법의 고전적 이론을 수집·분석하는 일은 궁극적으로 중세 문제에 대한 사고에 반응하는 중요한 지적 행사였다. 그러나 고전법들은 중세와는 다른 환경에서 발전했기 때문에 법에 대한 학문적 논의는 다소 형식적이고 심원하였다. 그리고 고전법들의 법적 개념이 중세적 상황에 적용되는 것은 완전하게 수행될 수 없는 과정이었다.

중세의 법체계의 발전에 공헌한 학자들을 세 개의 범주로 유형화할 수 있다.[11] 첫 번째 범주는 로마법을 연구하는 일단의 학자들이다. 로마법전의 발견 그리고 볼로냐(Bologna)대학과 다른 대학에서 로마법의 교수와 함께 로마법은 집중적인 연구의 분야가 되었다. 그들은 로마법전에 주석을 가하거나[12] 또는 그것으로부터 연역하는 방식으로부터 자연법의 원리와 내용을 도출하여 법의 본질을 파악하려고 하였다. 또한 그들은 법은 정의를 인간 존재의 구체적 상황에 이전시키는 시도로 파악하였다.[13] 그러므로 법은 논리적인 것 이상이라는 관념은 축소화되고 매일매일의 경험과 관련되어야만 한다는 것이다.

---

11) Lewis, 2:6.

12) 그렇기 때문에 그들을 흔히 주석자들이라고 부른다. Paul Vinogradoff, "Foundations of Feudalism," in *Cambridge Medieval History*(New York: Cambridge Univ. Press, 1913), 85.

13) M. Sibley, *Political Ideas and Ideologies*(New York: Harper and Row, 1970), 207.

두 번째 범주는 교회가 보편적 제도로 성립되어 교회법의 필요성이 대두하는 배경에서 형성된 교회법 학자들이다. 교회법은 12세기 중엽 그라티언(Gratian)의 교회법 편찬, 교황법령의 부가, 그리고 그라티언 법전에 대한 주석과 논평의 과정을 통해 완성되었다. 교회법 학자들은 동시대의 로마법 학자들의 법적 관념에 친숙했으므로 그들의 사상은 스토아학파로부터 유래하였다고 할 수 있다. 그러나 그들은 여러 가지 중요한 방법에서 로마법 학자들의 사상으로부터 이탈하고 있었다. 이것은 그들의 법, 특히 자연법에 대한 관념이 부분적으로는 교부철학자들의 사상에 의해 순수한 형태로 그들에게 전달되었기 때문이었고 그들은 부분적으로 로마법 학자들과는 달리 처음부터 현존하는 제도와 법률에 관심이 있었기 때문이다.

세 번째 범주는 신학에 최우선적인 관심을 갖고 있으나 인간 세계의 철학적 구조에도 관심이 있는 학자들이다. 그들은 후기 주석자(post-glossators) 또는 논평가들로 불리워지기도 하는데,[14] 봉건적인 게르만법과 교회법에 대한 설명을 통해 이러한 법들과 로마법과의 연결고리를 형성하는 것을 주 임무로 하고 있었다. 이것은 로마법이 포기되었다기 보다는 그것을 스콜라철학의 학문적 방법의 사용을 통해 구축된 넓은 틀에 부합되게 하려는 것을 의미한다.

이러한 세 학파들은 모두 자연법이 인간 생활의 합리적이고 보편적인 원리를 제공하기 때문에 법체계에서 중요한 위치를 차지하고 있다는 사실을 인정하였다. 또한 그들은 실정법이 인간 구조물(human construct)에 의존하지만 세계의 본질에 기초하고 있다는 신념을 갖고 있었다. 그들은 실정법의 기원을 인간에게 각기 자신의 권리를 배분하는 인간 의지의 특질 또는 정의에서 찾고 있는 것이다. 그러므로 그들은 법을 자연법, 만민법 및 시민법으로 분류한 로마법의 전통을 수용했고, 여기에다 교회법을 첨가시켜 중세의 법체계를 완성시켰다.

1. 자연법의 원리와 구조

자연법은 본질적으로 권리와 정의의 기본원칙이 세계의 본질에 내재하고 있

---

14) Sibley, 207.

고 인간은 합리적 존재로서 이러한 원칙들을 이해하고 그들에 부합하는 생활을 영위해야 한다는 신념에 기초하고 있다. 대부분의 로마법 학자들은 자연법의 일반 원칙에 대해 일치하고 있으나 자연법 내용의 중요한 문제에 대해서는 이견을 보였다. 이것은 중세의 정치사상가들에게 상당한 정도의 혼란을 야기시켰다. 다시 말하면 그들은 로마법 학자들이 자연법에 대해 다양한 정의를 하였다는 사실에서 비롯되는 어려움을 계승한 것이다.

자연법은 개별 국가들의 시민법 또는 실정법보다 타당성에서 더 보편적이라는 사고15)와 그것은 의견이 아닌 타고난 힘의 산물이라는 키케로의 관념16)이 모든 정의에 기저하고 있었다. 키케로에게 있어서 이러한 힘은 전체의 합리적 조화를 파악하고 그것을 인간 생활의 안내를 위한 불변의 원리로 구체화시키는 모든 인간에게 타고난 이성인 것이다.17)

마찬가지로 2세기의 로마법 학자인 가이우스(Caius)도 자연법을 자연이성이 모든 인간에게 확립한 것으로 정의를 하였다.18) 이러한 접근법으로부터 모든 인간사회의 법률에 나타나는 것 같이 보이는 모든 법적 관계를 수집함으로써 자연법이 발견될 수 있다는 전제를 하는 것이 가능했고 여기서 로마법 학자들의 논쟁은 시작되었다. 그들은 개별국가의 법에서 나타나는 일정한 사항들을 주시했고 그들을 만민법(ius gentium)의 호칭하에 수집하였다. 이러한 맥락에서 가이우스는 만민법을 자연법과 동일시 하였다. 이러한 기준에 의해 주인이 없는 사물을 소유함으로써 재산을 획득하는 권리와 전쟁포로를 노예로 하는 권리는 자연법의 제도가 되었다.

그러나 조직화된 인간 사회의 일정성과 자연법을 구별하는 일은 가능하였다. 3세기 율피언(Ulpian)은 자연법을 만드는 타고난 힘을 인간도 그 중 하나인 동물의 자연적 본능과 동일시 하였다.

---

15) W.Y. Elliott and N.A.Mcdonald, eds., *Western Political Heritage*(Englewood Cliffs, N.J.: Prentice Hall, 1959), 193.

16) Elliott and Mcdonald, 273−274.

17) Elliott and Mcdonald, 273−274.

18) Arnold H. M. Jones, *Studies in Roman Government and Law*, vol. I(New York : Praeger, 1960), 9.

　　자연이 모든 동물에게 교시한 법 즉 남과 여의 결합 … 아동의 출산과 양
　육 등의 본능적인 자연법의 자유는 노예제도를 인정하는 국가들의 인습법과는
　구별되어야 한다.[19]

　　자연법과 만민법의 또 다른 차이는 세네카(Seneca)의 원시적인 황금시대와
자연인에 대한 동경에서 비롯된다. 그러한 시대는 인간 사회의 모든 차이, 인위
성, 사유재산 및 타인에 대한 권리 등이 없는 합리적이고 도덕적 정신이 순수한
형태로 보존되는 사회인 것이다.[20] 세네카의 이러한 동경은 인간 타락 이전의
순수한 상태의 기독교이론에 적합했고 초기의 교부철학자들은 죄없는 인간의 생
활을 안내할지도 모르는 자연법 원칙(또는 불변의 원칙)과 타락 후에 불완전한 인
간의 불행한 사실을 충족시키기 위해 발전한 국가들의 법(만민법)을 구분하였다.
사물의 공동 소유와 모든 인간의 자유는 정부, 재산, 노예의 만민법적인 제도와
대조되었다.
　　마지막으로 교회법 학자들은 자연법을 정의하였다. 그라티언은 자연법을 신
법과 성서의 계율과 동일시 하였다. 이러한 정의는 이성과 본능을 일련의 객관적
인 명령으로 대치시켰다.
　　교회법 학자들에게 율피언의 정의는 관심을 끌지 못했음은 명백하였다. 그
들은 동물의 본능은 도덕과 법률의 가능한 기초가 되지 못한다고 파악하였다. 그
들에게 있어서 권리의 가장 중요한 토대는 인간을 야수와 구분하고 인간의 낮은
본성의 충동을 수정·제한하는 합리성이었다. 그러나 그들은 그라티언의 자연법
과 성서적 계율을 동일시했기 때문에 자연법과 인간 이성의 관계에 대한 충분한
분석을 하지 못하였다. 그들은 자연적 이성으로서의 자연법과 신의 명령으로서
의 자연법을 선택했어야 했다.
　　그러나 루피누스(Rufinus)는 창의성을 가지고 모세와 복음법을 원죄의 출현
에 의해 희미해진 이성의 내부적 빛을 대신하는 외부적 대치물로서 설명하였다.
교회법 학자들은 신법의 본질적 요소들을 위해 성서를 탐구하여 영구적 타당성

---

19) Elliott and Mcdonald, 284.
20) G. Sabine and T. Thorson, *A History of Political Theory*(Hinsdale, Illinois: Dryden
　　Press, 1973), 173－174.

을 가지고 있는 도덕적 계율과 특별한 역사적 상황에만 적용되는 신비적 또는 의례적인 계율을 구분하였다.[21] 그들은 후에 도덕법의 교훈에 있어서 변화의 가 능성을 인정하였다.

　　동일한 시기에 신학자들도 자연법은 인간에 고유하다는 관념을 확고하게 갖 게 됨으로써 인간 심성에서 그것의 위치를 탐구할 수 있었다. 오세르의 윌리엄 (William of Auxerre)은 자연법의 최우선 원칙과 사변적 이성의 작용을 안내하는 최우선 원칙을 비교하였다. 모든 원칙들은 감각적 경험으로부터 독립해서 직접 적으로 알려지고 불변이라는 것이다. 윌리엄은 교회법 학자들보다도 자연법을 인간 이성과 연결시키려고 노력한 반면 전체에서 인간의 위치에 대한 그의 충분 한 분석은 율피언의 정의를 쉽게 수용하게끔 하였다. 그에게 있어서 자연법의 최 우선 원칙은 인간 본성의 3차원 즉 실체로서 인간, 동물로서 인간 그리고 합리적 창조물로서 인간에 있어서의 선의 원칙들을 포함하였다.[22] 헤일소언의 알렉산더 (Alexander of Hales)는 자연법은 동물로서 사람, 인간으로서 사람, 그리고 신의 은총의 대상으로서 인간에게 선한 것을 규정하는 것으로 간주하였다.[23]

　　교회법 학자들과 신학자들 모두 자연법의 내용을 검토할 때 초기의 사상이 다루었던 문제 즉 순수한 상태에 적합한 원칙이 인간의 현제도와의 관계에서 발 생하는 문제에 직면하게 되었다. 스토아학파와 교부철학자들은 편의성의 관념을 사용하여 자연법의 어떤 교훈은 상황에 따라 변해야 한다는 입장을 견지하였 다.[24] 인간이 원죄의 결과로서 완전한 상태를 유지하지 못한 상황에서 자연법 원칙의 일부는 변하게 되고 따라서 자연법은 영속적 원칙과 가변적 원칙으로 구 분할 수 있는 것이다.

　　루피누스는 자연법을 영구적 교훈과 가변적 교훈으로 구분하였다. 자연법의 명령과 금지는 항상 적용된다. 그러나 자연법은 변화하는 상황에서 편의적인 것 을 지적하는 교훈을 포함하고 있다. 상황이 인간 타락과 함께 변하기 때문에 이

---

21) Walter Ullman, *Medieval Papalism: The Political Theories of Medieval Canonists* (London: Metheun, 1949), 2장 참조.

22) Lewis, 2: 10.

23) Lewis, 2: 11.

24) Lewis, 2: 144－163.

전에 편의적이었던 것은 더이상 그렇게 될 수가 없고 타락 이후에 제정된 만민법은 자연법의 가변적인 부분에서 이러한 변화에 의해 고쳐되었다.25)

신학자들은 다른 해결책을 제시하였다. 헤일소언의 알렉산더는 자연법은 불변이지만 적용에서 가변적일 수 있다고 말하였다. 자연법은 건전한 본성에게는 모든 것은 공유되어야 하고 병든 본성에게는 재산을 주어야 한다는 것을 지시하고 있다.26)

앨버트(Albert the Great)도 여러 상황에 대한 다양한 규칙들이 자연법의 최우선 원칙으로부터 유래한다고 보았다. 예를 들어 노예제도는 본성에 고유한 것이 아니고 원죄의 결과로 보았다. 그러나 그것의 정당성은 원죄자는 처벌되어야 한다는 자연법의 불변 원칙에까지 추적할 수 있다.27) 마찬가지로 자연이성은 순수성에 대해서는 공동 재산, 원죄에 대해서는 사적 재산을 명령한다는 것이다.

자연법이론의 체계화를 수립한 정치철학자는 토마스 아퀴나스이다. 그는 『신학대전』의 법률에 대한 논문에서 스토아적이고 교부적인 전통을 융합시켜 법체계의 종합화를 시도하였다. 그는 법을 네 개의 유형으로 분류하였다. 그 첫째는 천체의 궁극적 목적을 향해 그것을 지배하는 신의 계획인 영구법, 둘째는 인간 본성과 그것의 자연적 목적에 관계 있는 영구법의 원칙들에 대한 합리적 인간이해인 자연법, 셋째는 인간에 의해 자연법 원칙들의 특정적 상황에의 적용인 인정법 그리고 마지막으로 이성이라기 보다는 계시에 의해 알려지고 초자연적인 미를 탐구하는 적절한 원칙들로 구성되어 있는 신법인 것이다.

이러한 분류는 자연법과 성서의 명령을 통일시키려는 초기 이론의 시도에서 비롯되는 조그마한 혼동을 해소해 주었다. 그러나 무엇보다도 그것은 스콜라철학이 아리스토텔레스의 형이상학을 가지고 스토아적이고 교부적인 자연법의 전통을 명료하게 해주는 골격을 제공하였다. 그러한 형이상학에 기본적인 것은 각 종(species)의 구성원의 최상적 선 또는 궁극적 원인은 그 종에 내재하고 있는 능

---

25) R.W. Carlyle and A.J. Carlyle, *A History of Medieval Political Theory in the West*, 4 vols.(London: Backwood, 1936), 1: 103.

26) Don Odon Lottin, *Le Droit Naturel chez saint Thomas et ses Predecesseurs*(Burges: Charles Beyaert, 1926), vol.28: 367 – 369.

27) Lottin, 368.

력의 완성이다라는 관념과 법과 이성의 관계인 것이다.

아퀴나스의 사상에서 천체에 지정되어 있는 다수 목적과 각 종(種)이 추구하는 목적을 탈성하게끔 하는 여러 길에 대한 관념은 신의 영구법인 것이다. 그러나 각 종(種) 중에서 영구법이 성취되는 수단에 있어서는 분열이 있게 된다. 불합리한 존재들은 법의 수동적 창조물인 것이다. 그들은 스스로 이해하지 못하고 선택할 수 없는 힘의 충동에서 자신들의 성취를 향해 움직인다. 그러나 합리적 동물과 인간은 자신의 목적과 그것으로 자신을 지시히는 기본 원칙들을 알고 있다. 따라서 인간은 이러한 원칙에 따라 자신의 생활을 형성할 책임이 있는 것이다.

아퀴나스는 또한 법과 이성의 관계를 다음과 같이 기술하고 있다.

> 법은 인간이 행위에로 권유되거나 행위를 하지 못하도록 억제받는 행위의 규칙이고 척도이다. 인간행위의 규칙과 척도는 인간행위의 최초 원칙인 이성이다. … 법은 일종의 규칙과 척도이기 때문에 그것은 두 가지 측면을 갖게 된다. 첫째, 척도와 규칙적인 것이고, 둘째, 측정되고 규칙되어지는 것이다. 전자는 본질적인 법이라고 한다면 후자는 참여법이라고 할 수 있다.[28]

법의 두 가지 차원, 즉 측정하고 측정되는 것의 개념은 대강 사변적 이성과 실제적 이성의 차이와 유사한 것으로 볼 수 있다. 사변적 이성은 추상적 결론에 도달하려는 노력에서 명제를 가지고 작용하는데 반해 실제적 이성은 이러한 결론을 3단계 논법에 의해 현실에 적용하는 것이다. 즉 전자는 최초의 원칙으로 회귀하려는 경향을 후자는 최종 목적으로 나가려는 경향을 각기 지니고 있다.

아퀴나스는 법은 의지의 문제를 수반한다고 하였다. 이성이 어떤 것을 명령한다면 그것은 의지의 관계로 파악할 수 있다. 그는 이에 대하여 다음과 같이 말하고 있다.

> 이성은 의지로부터 움직이는 자신의 힘을 갖게 된다. 그것은 어떤 사람은 목적을 의지하는 즉 이성이 그러한 목적에 지정된 것에 대해 명령을 발할 수 있다는 사실에 기인하기 때문이다. 그러나 명령되는 것의 의지가 법의 본질을

---

28) Bigongiari, 4.

갖기 위해서 그것은 이성의 어떤 규칙과 일치할 필요가 있다.[29]

마지막으로 법은 공동선을 촉진할 목적으로 제정되어야 한다. 법은 최우선
적으로 공동선의 질서를 고려해야 한다. 어떤 것을 공동선으로 질서화하는 일은
모든 시민 또는 그들의 대리인이라고 할 수 있는 특정인에게 속한다. 그러므로
법의 제정은 모든 시민 또는 그들을 돌보고 있는 공적 사람에게 속한다.[30]
　이같은 형이상학과 법의 관념을 기반으로 해서 아퀴나스는 자연법을 다음과
같이 정의하였다.

　　합리적 창조물은 자신과 다른 것들에게 섭리적인 것이기 때문에 섭리에
　참여하는 한 더욱 탁월한 방법으로 신의 섭리에 복종하게 된다. 그러므로 그
　것은 영구 이성에 참여하게 됨으로써 그것의 적절한 행위와 목적에의 자연적
　경향을 갖게 된다. 그리고 합리적 창조물의 영원 법에의 이러한 참여는 자연
　법이라고 불리어진다.[31]

아리스토텔레스의 용어로 자연법의 이러한 재구성은 자연법 이론의 기본적
인 재정향을 의미한다. 이것은 아퀴나스의 자연법 내용의 설명에서 명백해진다.

　　실제 이성에 있어서 최초의 원칙은 모든 것은 선을 추구한다는 선의 본질
　에 기원한 것이다. 그러므로 이것은 선은 행해지고 악은 회피되어야 한다는
　법의 최초 원칙이 된다. 자연법의 모든 다른 계율들은 이것을 기초로 하고 있
　으므로 실제 이성이 자연적으로 인간적인 선 또는 악으로서 이해하고 있는 모
　든 것들을 각기 행해지고 회피되어야 할 것으로서 그들에게 속하게 된다.[32]

그러나 선은 목적 지향의 성격 그리고 악은 정반대의 성격을 갖고 있기 때
문에 이성적 인간은 자연적 성향으로서 가지고 있는 모든 것을 자연스럽게 인간

---

29) Bigongiari, 8.
30) Bigongiari, 5-7.
31) Bigongiari, 12-14.
32) Bigongiari, 46-48.

적 선으로 이해함으로써 그러한 선을 적극적으로 추구해야 하고 정반대는 회피해야 한다. 그러므로 자연법 계율의 질서는 자연적 성향의 질서와 비례한다.

첫째, 인간은 다른 실체와 공유하고 있는 본성에 따라 선한 것으로 향하는 성향이 있다. 예를 들어 모든 실체는 본성에 따라 자기 보존을 추구한다.

둘째, 인간은 다른 동물들과 공유하고 있는 본성에 따라 어떤 특수한 것에로 향하는 성향이 있다.[33] 이것과 일치해서 자연이 모든 동물에게 교시하고 있는 모든 것들은 자연법에 속한다. 예를 들어 남·여의 결합, 유아의 양육같은 것들이 여기에 해당된다.

셋째, 인간은 이성의 본성에 따라 선한 것으로 향하는 성향이 있다. 인간이 신에 대한 진리를 알고 사회에서 생활하려는 자연적 경향은 여기에 해당된다.[34]

아퀴나스의 자연법은 자명한 원칙으로 구성된 규범의 구조인 것이다. 그것은 인간 제도들이 추구하고 그들을 측정하는 목적을 정의하지만 그러한 목적이 달성될 수 있는 법적 수단을 규정하고 있지 않다. 그것은 18세기의 자연법논자들처럼 타고난 제도적 권리의 목록을 제시하지 않고 인간 제도의 규칙 또는 척도로서 공동선 또는 공동의 유용성과 동일시 되었다.[35] 명백히 자연법에 명시된 규범은 인간 본성의 특질이라고 상정되는 영속적이고 보편적인 경향에 내재하고 있기 때문에 인간 제도의 판단에 보편적으로 타당한 것으로 간주된다.

그런데 토마스 아퀴나스의 체계에서 자연법은 다음의 함축된 의미를 내포하고 있다.

첫째, 아퀴나스의 자연법에서 자연은 모든 것, 즉 의지의 추진력과 이성의 인력(pull)을 포함하고 있다. 이는 존재의 상태와 선의 상태가 자연의 개념에서 통일되었음을 의미한다.[36]

둘째, 아퀴나스의 자연법은 사변적 이성과 유추로부터 유래하는 자명한 원칙들뿐만 아니라 실제 이성으로부터 나오는 최초의 원칙들을 포함하고 있다. 전자의 경우에 자연법의 내용은 모든 사람에게 동일한 원칙과 결론 모두 동일해야

---

33) Bigongiari, 46–48.
34) Bigongiari, 46–48.
35) Lewis, 3: 149.
36) Bigongiari, 3–10 참조.

한다는 보편적 타당성을 갖는 반면에, 후자의 경우 자연법의 내용은 실제의 상황에 따라 변할 수 있는 것이다.[37] 실제 이성의 일반적 원칙들은 구체적 행위 또는 상황에 적용될 때 모든 사람에게 동일한 내용이 될 수가 없다.

이와 같은 자연법의 변화는 두 가지 방법에 의해 가능하게 된다. 그 첫째 방법은 인간 존재에게 유익한 어떤 것들을 자연법에 부가하는 형식을 취한다. 이러한 부가는 인정법을 통해서나 신법의 결과로서 있게 된다. 이것은 자연법은 변화되지 않고 보충되는 것을 의미한다.[38] 두 번째 방식은 자연법의 요건으로부터의 공제(substraction)를 의미한다. 아퀴나스는 자연법의 최초 원칙의 수준으로부터 어떠한 공제를 허용할 수 없다고 주장하였다. 그것은 구체적 행위 또는 상황과 관련되어 최초 원칙들로부터 유래하는 원칙들에게만 적용되는 것이다.[39] 마지막으로 아퀴나스의 자연법은 존재와 당위의 불가분성을 암시하고 있다. 아리스토텔레스와 토마스 아퀴나스의 목적론적 윤리학이 기초하고 있는 선의 관념은 인간이 이해하는 모든 것에 내재하고 있는 존재의 선험적 관념과 관련되어 있다. 여기에서 자연법의 입증될 수 없는 자명한 원칙은 존재와 비존재의 관념에 기초한 것으로 확인도 부인도 할 수 없는 것이다.

토마스 아퀴나스의 일반적 선을 따르면서 자연법을 이성의 규정과 동일시한 정치사상가는 오캄(William of Occam)이다. 그는 신법과는 달리 자연법은 특별한 계시를 통해서가 아니라 신에 의해 인간의 마음 속에 새겨진다고 하였다. 여기서 그는 이성의 사용으로 발견할 수 있는 자연의 영구적이고 불변의 원칙들이 자연법을 구성한다는 고대 및 중세의 전통을 고수하였다.

기르케는 오캄은 자연법의 본질을 이성이라기 보다는 의지로 파악하여 그것을 신의 명령과 의지와 동일시 하는 명목주의학파에 속하는 정치사상가로 간주하였다. 이러한 점에서 그는 오캄을 신의 존재에 내재하고 있는 이성을 자연법의 기원으로서 강조하고 있는 토마스 아퀴나스와 대비시켰다.[40] 오캄의 자연법적

---

37) Bigongiari, 3-10 참조.

38) Bigongiari, 51-53.

39) Bigongiari, 51-53.

40) Otto Gierke, *Political Theories of the Middle Age*, translated by F.W. Maitland(Boston: Beacon Press,1958), 172-173.

관념은 순수한 명목주의에서 나오는 반면에, 아퀴나스의 그것은 현실주의로부터 나온다는 것이다.[41] 그러나 이같은 차이는 확고한 지지를 받지 못하고 있는 것 같다. 오캄과 아퀴나스의 본질적 차이는 이러한 점에 있지 않다. 이러한 차이는 아마도 기르케가 자연법에 관한 그들의 이론을 포함시키기 위해 명목주의와 현실주의 양분법을 확대한 결과로 생각한다.

확실히 오캄은 아퀴나스와 중세의 다른 정치사상가들처럼 자연법을 신과 직접적으로 또는 간접적으로 연계시켰다. 물론 그는 신법과 자연법의 차이를 인식했지만 그들 모두를 신의 의지라기보다는 정당한 신의 이성으로 특정지었다.

그는 자연법이 사용되는 세 가지 의미를 구분하였다. 자연법에 대한 그의 최초의 두 개의 정의는 중세의 오랜 전통을 따르고 있다. 첫 번째 의미에서 자연법은 자연적 이성의 불변적이고 특정적인 지시의 목록으로 구성되었다. 이러한 의미에서 자연법은 모든 인정법과 하위의 권위체를 구속하는 성격을 갖고 있다. 두 번째 의미에서 자연법은 이념적 개념, 인간의 관습과 헌법 등이 없이도 자연적 형평을 사용히는 사람들에 의해서 준수되어야 하는 것이다.[42] 그런데 인간은 원죄를 진 불완전한 존재이기 때문에 자연적 형평에 따라서만 생활한다는 것은 하나의 이상에 불과하다. 그러므로 이러한 의미에서 자연법은 구속적인 힘이 아니라 지시적 또는 규범적인 힘만을 갖게 된다.

첫 번째 의미에서 자연법은 불변이고 두 번째 의미에서 자연법은 현실적 상황과 필요에 따라 변할 수 있는 성질을 갖고 있다. 오캄에 의하면 '간음하지 말라,' '거짓말 하지 말라' 등의 규칙들은 첫 번째 의미에서 자연법의 예이고 '재산은 모두에게 공동'이고, '모든 인간은 자유롭다'는 규칙들은 두 번째 의미에서 자연법을 구성한다는 것이다.[43]

세 번째 의미에서의 자연법은 두 번째 의미에서의 자연법으로부터 유래하는 것으로 보통 만민법이라고 불리어진다. 자연법의 이러한 종류의 규칙들은 정치 공동체 구성원들의 동의에 의해서만 효력을 발생하는 것이 통례이다.

---

41) Gierke, 172-173.
42) Max Shepard, "William of Occam and the Higher Law," *American Political Science Review*, vol. XXVI. no. 6(December, 1932), 1011.
43) Shepard, 1012.

자연법의 세 가지 의미의 구분을 통해 오캄은 자연법의 전통적 원칙들을 새로운 용법으로 전환시켰다. 이성과 계시는 신의 의사에서 조화된다는 그의 전제는 그로 하여금 이성을 신법의 해석에 적용하고 합리적 원칙들에 의해서 교회의 제도를 시험할 수 있게 하였다. 또한 그는 자연법의 원칙에 의거해서 부패하고 죄많은 교황의 폐위, 교황선거에 있어서 황제의 간섭권, 그리고 공동체 구성원이 지도자를 선출할 수 있는 권리 등을 주장할 수 있었다.

2. 만민법의 원리와 구조

자연법과 만민법을 현실적으로 구별하기는 대단히 어려운 일이다. 2세기에 가이우스는 만민법을 자연적 이성이 모든 인민들 중에서 확립한 것으로 정의하면서 그것을 자연법과 동일시하였다. 그러나 3세기의 울피언과 6세기의 유스티언법전은 일반적으로 관례화된 것조차도 부당하고 불합리하다는 사실을 인정함으로써 만민법과 자연법을 구분하려고 하였다 .

특수한 시민법과 관습의 이면에는 모든 인간에 의해 준수되어야 할 권리의 근본 원칙들이 만민법을 구성하며 그러한 원칙들을 모든 국가(또는 인민)에게 공통적인 제도에 구체화되는 것이 통례였다. 그러나 만민법의 제도들은 자연법의 원칙들에 호소하는 경우가 많았기 때문에 양자의 구분은 매우 어려운 것이었다.

로마 말엽과 중세 초기에 기독교가 세력을 확장함에 따라 스토아학파와 교부철학자들은 만민법을 자연법과 구분하는 중요한 기준으로서 인간 원죄의 개념을 제시하였다. 그들에 의하면 인간 원죄의 출현으로 자연법의 일부는 영속성을 잃게 되어 상황에 따라 변하는 가변적인 성격을 갖게 되었고 자연법은 이같은 상황적 필요에서 생성된 인간제도들을 재가하였다.

세네카의 정치사상에 있어서 만민법의 제도들은 인간의 원시적인 순수한 본성에 기반을 두고 있지 않기 때문에 인습적이고 가공적이었다. 그러나 이러한 제도들은 인간의 합리적이고 도덕적 본질로부터 유래했기 때문에 자연법에 직접적으로 상반된다고 할 수 없었다.

마찬가지로 교부철학자들은 자연법을 타락 이전의 인간에게만 직접적으로 적용할 수 있다는 논거에서 원죄의 인간은 상이한 체계를 필요로 한다고 하였다.

그들은 이러한 인습적 체계가 그 자체로서 사악한지 아닌지에 대해서 이견을 보이고 있으나 강제적 정부, 사적재산 및 노예제도 등은 인간의 규율을 위해 신에 의해 인정된 좋은 제도들이고 따라서 자연법에 모순되지 않는다고 생각하였다. 그러나 13세기 이후부터 인간 원죄의 개념은 자연법과 만민법을 구분하는 중요한 기준으로서 타당성을 잃어가고 있었다.

아퀴나스의 정치사상에서 만민법의 제도들은 자연법과 동일시 또는 대조되지도 않는 것으로 자연법의 전제들로부터 도출한 결론에 해당된다. 그들은 자연법의 일반적 목적을 성취하는데 입증된 유사성 때문에 인간이성에 의해 자연법에 부가된 제2차적인 원칙들인 것이다.[44] 그러한 것으로서 그들은 어느 정도 특정상황의 가변성을 띠고 있기 때문에 그들의 유익성이 통용되지 않는 경우도 있게된다. 아퀴나스는 순수한 상태를 지배하는 법으로서의 자연법의 정의를 자신의 법체계로부터 제거함으로써 자연법의 불변성을 유지할 수 있었다. 그에게 있어서 만민법은 자연법과 실정법의 중간적 입장을 차지하고 있는 것이었다.

오캄도 만민법을 정치공동체에 적합한 법으로 정의하면서 그것을 자연법과 시민법의 사이에 놓았다. 그에게 있어서 만민법은 정치공동체의 제도들이고 이러한 제도들이 구체화하는 합리적 원칙들인 것이다. 후자의 의미에서 만민법의 범주는 세 번째 의미에서의 자연법에 해당된다. 여하튼 간에 그는 만민법을 자연적이고 인간적 의미를 갖고 있는 법으로 파악하였다.[45]

그에게 있어서 만민법은 아퀴나스처럼 자연법으로부터 도출되는 직접적이고 회피할 수 없는 원칙들이 아니고 인간동의가 주요한 역할을 하는 자연법의 외연인 것이다. 실로 그는 그것을 자연법이라기보다는 인정법으로 간주하였다.[46] 그의 만민법은 상황에 따라 변하는 가변성의 가능성을 허용하지만 그것의 구속력은 최종적으로 정치공동체 구성원의 동의에 의존하는 것이었다.

---

44) Lottin, 368.
45) Ralp Lerner and M. Mandi, eds., *Medieval Political Philosophy: A Sourcebook*(New York: The Free Press, 1963), 497−499.
46) Shepard, 1013.

제3절 교회법(Cannon Law)

중세시기에 교회법은 교회의 성장과 궤를 같이 하면서 발달된 독특한 위치를 갖고 있었다. 콘스탄티누스 황제 이후의 기독교 황제들은 성직의 문제에 대하여 자유로이 입법할 수 있기 때문에 교회법은 시민법의 효력을 가질 수 있었다. 그러나 게르만 민족의 기독교로서의 개종, 로마의 함락, 그리고 교회의 동서로의 분열 등의 요인들은 궁극적으로 교황을 지배적인 위치로 부각시켰고, 그는 황제를 대신하여 교령(decretal)을 공포하였다. 또한 교황의 주재하에 개최된 일반회의, 또는 공의회는 신앙과 규율의 문제에 대하여 포고령을 선포했고, 이는 교회법의 또 다른 중요한 원천이 되었다.[47] 디오니시우스 엑시구스(Dionysius Exigus)는 5세기 말엽에 이러한 교령과 포고령을 수집하여 교회법을 최초로 완성시켰다.

교회가 세력을 확장하여 보편적 지위를 획득함에 따라 교회법은 세속권으로부터 더욱 독립적인 형태로 발전할 수 있었다. 9세기의 이시도 교령(lsido decretal) 위조사건을[48] 계기로 교회법은 다수의 교령을 포함하게 되었고, 이를 토대로 그라티언은 교회법에 관한 권위적인 언명이라고 할 수 있는 『그라티언 교령집(decretum Gratiania)』을 완성하였다. 그 후에도 교회법은 1234년 교황 그레고리 9세의 교령 제5권, 1298년 교황 보니파스 8세의 교령 제6권, 그리고 1317년 교황 클레멘트 5세의 교령 등을 포함하는 규모로 발전하여 시민법과 관할권 논쟁을 자주 야기시키곤 하였다.[49]

이와같은 교회법의 발전과정에서 정치사상가들은 교회의 사항은 무엇인가, 교회법과 시민법의 관계는 어떠한 것인가 등의 문제들을 분석하여 교회법의 개념을 정립하려고 하였다. 로마법 학자들은 이러한 문제들에 대해 일치된 입장을 보이고 있는 것 같다. 그들은 성서에 구체화된 교회법의 내용이 시민법보다 우월

---

47) Jenks, 274.
48) 이 사건은 교권을 세속권으로부터 독립시켜 로마 교황의 권한을 강화시키는데 공헌하였다. 보다 구체적인 것은 Sabine and Thorson, 219를 참조.
49) Jenks, 274.

한 위치를 차지하고 있다는 주장을 한다. 이같은 주장은 물론 애매모호한 일면도 있는데 이는 성서가 신법과 자연법으로 간주되고 어떤 의미에서 그것이 교회법으로 알려진 법의 적극적인 측면을 나타냈기 때문이었다.

그들은 또한 교회의 초기에 열렸던 4개 일반회의[50]가 선포한 포고령들은 황제의 공포에 의해 법적 효력을 갖게 된다는 주장을 하였다. 이러한 포고령들은 황제의 재가없이는 인민의 생활에 영향을 주는 법적 지위를 가질 수 없는 것이었다.

이에 비하여 교회법 학자들은 교회법이 시민법과 동등한 지위를 갖고 있다는 주장을 하였다. 그라티언이 지적한 것처럼 교회법은 시민법과 마찬가지로 자연법과 신법의 하위법으로 존재하였다.[51] 그러나 그들은 교회법을 근본적이고 불변적인 범주와 2차적 또는 유래적인 범주로 구분하였다. 전자의 범주에는 성서, 사도의 교시, 4개 일반회의 포고령 등이 포함되고 교령, 다른 일반회의의 비신앙적 문제에 대한 포고령, 그리고 교부철학자들의 저서 등은 후자에 속한다.

이러한 교회법의 구분을 통해 교회법 학자들은 로마법 학자들 같이 전통과 관습에 큰 역할을 부여할 수 있었다. 그들은 전통과 관습은 교회법의 2차 범주보다 더 큰 기능을 수행한다고 주장하였다. 교황 그레고리 9세는 합리적이고 오랜 기간동안 존속한 관습은 교령 또는 다른 부차적인 교회법을 폐기할 수 있다고 하였다.[52]

중세의 독특한 상황에서 교회법도 세속적인 측면을 갖고 있었기 때문에 교회법 학자들도 법의 본질에 대한 문제를 다룰 수밖에 없었다. 그러나 그들은 이러한 주제에 대하여 상이한 이견을 보였고 심지어는 그들의 설명은 애매모호성을 갖고 있었다. 이것은 그들의 법관념이 근대 영국의 공리주의적 법학자인 오스틴(Austin)의 의미에서 주권자의 의지에 기초하고 있지 않다는 사실에 기인하고 있는지도 모른다. 그들에게 있어서 국가는 법을 제정·집행하는 정치적 실체가 아니고 교회를 보존하는 세속적 기관으로 이해하였다.

---

50) 교회 초기에 열린 4개 일반회의에 대해서는 제3장 제3절 1항(각주 21번)을 참조하시오.
51) Siblely, 218-219.
52) Carlyle and Carlyle, 4: 218.

제4절   실정법

실정법은 국가마다 상이하고 인간결정에 의존하는 법으로서 자연법과 대비
된다. 로마법 학자들은 이러한 종류의 법을 시민법이라고 했고 아리스토텔레스
의 실정권(positivie right) 그리고 이시도어(Isidore)가 신법과 대비한 인정법과 동
일시 되었다.

실정법과 자연법의 관계는 복잡한 일면을 갖고 있다. 실정법은 자연법으로
부터 유래하고 그것의 특징적 규칙은 추상적 원리의 적용과 구현인 것이다. 이것
이 로마법 학자와 교부철학자들에 의해서 전달된 스토아학파의 실정법 개념이
다. 그러므로 중세사상은 법의 제정에 있어서 이성의 역할을 강조하였다. 이시도
어는 법은 이성으로 구성되었다고 하였다.[53] 또한 아퀴나스도 법은 이성의 어떤
규칙이라고 말하였다.[54] 마르실리우스는 완전한 법은 필연적으로 정의와 시민적
선의 진실한 개념을 포함한다고 하였다.[55]

반면에 자연법의 시민법으로의 구체화는 전제로부터 결론의 과정이라고 할
수 없다. 많은 사항이 첨가·수정되어야 하고 결과적인 법은 어떤 경우에 이성과
형평의 규정으로부터 이탈하기도 한다. 아퀴나스는 이러한 관계를 다음과 같이
언명하고 있다.

> 단순 연역은 자연법의 1차척 규칙에 만민법의 2차적 규칙을 첨가한다. 그
> 러나 시민법은 장인이 특정한 집을 짓기 위해 집에 관한 일반적 관념을 자신
> 의 계획에 적용하는 것처럼 특수화(particularization)에 의해 자연법으로부터
> 유래한다.[56]

아에기디우스(Aegidius Romanus)도 실정법과 자연법의 관계를 모든 사람에

---

53) Lewis, 2: 18.
54) Bigongiari, 8.
55) Lewis, 2: 71−73.
56) Bigongiari, 57−59.

게 자연적인 말이 선택의 문제인 언어와 갖는 관계에 비유하였다. 그는 실정권은 자연권이 끝나는데서 시작한다고 하면서 그것은 기교적인 것이 자연적인 것을 미리 상정하고 있는 것처럼 자연권을 상정한다고 하였다.[57]

그러므로 실정법의 제정은 재량의 요소를 포함하고 있다. 그러한 법의 일반적 경향은 자연법에 의해 고정되었으나 목적에 대한 여러 수단 중에서 선택하는 가능성이 있다. 더욱이 법은 그것이 적용하는 상황에 적응되어야 한다. 자연법의 특수화는 합리적 과정이나 종합적이고 창조적 과정인 것이다. 법률가들의 이성은 하나의 추상으로부터 다른 추상으로가 아닌 일반적인 것으로부터 특수한 것으로 움직이는, 즉 특수한 사실의 견지에서 특정적 규칙을 제정하는 것이다. 이러한 의미에서 실정법은 발견되어지기보다는 제정된다고 할 수 있다. 따라서 입법은 과학이 아니고 하나의 기교이다. 그러나 실정법은 오스틴의 근대적 의미에서 주권자의 자의적 의지에 의해 제정되는 것은 아니다.

실정법의 다른 요건들이 존재하는데 그 첫째는 법은 공익에 기반을 두어야한다는 것이다. 법은 통치자의 사적 이익과 상이한 개인의 복지 또는 발전의 도구가 되지 말아야 한다. 더욱이 법은 인간행위의 척도로서 공헌하려고 한다면 공포되어야 한다. 자연법이 모든 인간의 마음에 새겨지는 것을 통해 신에 의해 공포된 것처럼 실정법도 공식적인 공포를 필요로 한다.

마지막으로 강제력의 관념은 법의 개념과 불가분의 관계에 있다. 아퀴나스에게 있어서 강제력은 법의 공리성의 전제 조건인 것이다. 마르실리우스도 법의 정의에서 강제력의 관념은 중요한 요소로 취급하였다. 그는 정의와 시민적 선의 모든 진실한 개념은 법의 준수에 관한 강제적 명령이 주어지지 않는다면 법이 되지 못한다고 하였다.[58]

진실한 법의 강제적 성격에 대한 이러한 강조는 마르실리우스의 고유한 사상 대부분의 전제가 되었다. 왜냐하면 그것은 정치적으로 조직화된 공동체에 의해 인정받지 못한 교회법의 전 체계에 궁극적으로 법의 성격을 부여하지 않는데 이르렀기 때문이었다. 그에게 있어서 법의 강제력은 정치공동체의 독점물인 것이다. 그는 강제력을 실정법의 본질적 요소로 간주하는 데 있어서 아퀴나스와 중

---

57) Lewis, 2: 65−69.
58) Lewis, 2: 73−78.

세의 학문적 전통과 다르지 않았다. 모든 이러한 사항들은 그 특수화에 관계된 재량적 요소, 법의 사회적 목적, 법의 공식적 공포의 필요성과 강제적 성격, 그리고 실정법은 공적 권위를 부여받은 의지에 의해서 제정되어야 한다는 결론을 지지해 주고 있다. 사적인 사람들의 지혜와 오래된 전통도 법을 제정할 수 없다. 그것은 권위적인 의지의 재가를 받아야 한다.

중세 정치사상가들은 이같은 의지의 위치에 대해 상이한 입장을 보이고 있다. 중세시기에 인민은 입법적 의도를 표시할 공식적 기관을 향유하지 못한 반면에, 군주는 관습의 권위적인 공포자 그리고 규칙의 제정자로서 존재하였다.

교회에서도 교황은 불변이라고 간주되는 교회법의 제정자였다. 교회는 지역적이고 일반적인 관습과 교황이 주재히는 일반회의의 포고령으로부터 유래하는 법의 종류를 알고 있었다. 군주의 세속적 입법권의 독점은 황제와 여러 왕국의 왕들을 옹호하는 공법학자들에 의해 주창되었다.

아에기디우스와 실비우스(A. Sylvius)는 이러한 입장을 취하고 있는 대표적 학자들이다. 14세기 교회법 학자들도 교황에게 동일한 입장을 부여했으므로 관습 은 그의 승인에 의존했고 일반회의 포고령의 타당성도 그 회의의 주재자의 직책에서 기인하는 것이었다.

아퀴나스는 다른 대안을 제시하였다. 그는 입법권의 소유자로서 통치자와 공동체 중의 하나를 선택하는 대신 군주를 실정법의 제정자로서 간주하였다.[59] 그는 관습을 인민의 입법으로 설명하면서 그것의 타당성은 통치자의 동의에 의존한다고 하였다.[60]

이와는 대조적으로 궁극적인 입법권은 인민에게 있다는 관념이 존재하였다. 이전에 지적한 것처럼, 관습법은 전체로서 공동체의 법으로서 간주되었다. 그러한 법이 공동체에 의해 제정되었다는 관념은 없었지만 시민 대의체가 관습을 발견함으로써 그러한 시민 대의체는 그것을 확인하고 수정하는 공적 권위체로 변하게 되었다.

또한 교회의 전통과 제도에서도 인민 입법권의 관념이 존재하였다. 그라티언은 법은 공포될 때 제도화될 뿐만 아니라 그것을 사용하는 시민들에 의해 승인될

---

59) Bigongiari, 7−8.
60) Bigongiari, 81−83.

때 타당성을 갖고 확인된다고 하였다.[61] 그리고 교회회의 운동기간(conciliarmovement)에 교회법의 제정에 시민이 참여한다는 관념은 폭넓은 지지를 받았다.

인민 입법권에 대한 보다 명료한 입장은 마르실리우스의 『평화옹호론(Defensor pacis)』에 잘 나타나 있다. 그는 인민 또는 그것의 지배적 부분(prevailing or heavier part)이 법의 원천이 된다고 주장하였다. 인민은 전문성은 부족할 뿐만 아니라 회합하기도 어려워서 그들을 대표하는 신중하고 전문적인 인사들로 구성된 위원회가 법을 제정하고 그 법은 비준을 위해 인민 또는 시민공동체로 이관된다.[62] 따라서 교회법이든 실정법이든 간에 모든 법은 인민 또는 시민공동체의 궁극적 권위에 의해 제정된다.

마르실리우스는 국가 권력의 표현보다는 법제정의 우위와 궁극적 입법권의 불가분성(不可分性)을 주장하였다. 그의 입법가는 어떠한 법에 의해서도 제한을 받지 않는다는 것이다. 그는 주권 이론의 본질적 요소를 갖고 있었다고 할 수 있지만, 실제 그 이론을 결핍하고 있었다. 이러한 의미에서 마르실리우스는 중세가 해체되고 근대의 기운이 조성되는 과도적 시기에 근대성을 지향하는 세속주의적 법관념을 피력하였다고 할 수 있다.

---

61) Elliott and Mcdonald, 312.
62) Lewis, 2: 34.

Reading

마르실리우스
- ❏ 법의 개념 ——————————————————————— 236
- ❏ 법의 효과적 근거 ————————————————————— 237

오캄
- ❏ "그러나 신법에 의하여" ————————————————— 245
- ❏ "인정법을 근거로 하지 않은 지배는 첫 번째로 소개되었다." —— 245
- ❏ "더욱이, 우리는 전에 왕의 법이 있었다, 아니 오히려 사실은,
   전에 어떤 왕들이 있었고, 어떤 사 람에게 속하는 어떤 것들이
   있었다는 사실을 성경에서 찾는다." ——————————— 246

아퀴나스
- ❏ 법의 본질 ——————————————————————— 266
- ❏ 다양한 종류의 법에 관하여 ————————————————— 273

Discussion Topics

1. 자연법 원리와 내용을 중심으로 만민법, 교회법 그리고 실정법의 특징을 정리하여 보자.
2. 중세정치사상에서 발달된 자연법은 근대정치사상사에서 어떤 발전 양상을 보였는가? 자연법 개념을 발전시킨 근대정치사상가들은 누구이며, 자연법 개념을 공격하였던 근대정치사상가들은 누구인가?
3. 만민법이 근대시기에 국제법으로 성장하는 과정의 고찰을 통해 두 법(法) 간의 의미론적 차이가 무엇인가를 파악해 보기로 하자.

제8장

대의제 관념[1]

중세의 대의제 관념은 서구정치사상의 전통에서 자유주의 발전에 기여한 유산 중의 하나로 여겨진다. 봉건제의 다원적 정치구조를 배경으로 형성된 대의제 관념은 황제의 자문기관과 제국 선거인단으로부터 출발해서 중세 말기에는 근대성을 지향하는 대의기관들을 정착시켰다. 이러한 대의기관들은 공동체 또는 인민의 동의를 표시하는 정치적 수단으로서 작용해서 황제(또는 군주)와 교황의 권력을 제한하는 중요한 역할을 수행하였다. 이러한 사실들을 고려할 때 서구정치상의 전통에서 대의제 관념이 아무리 강조되어도 지나치지 않는다고 할 수 있다.

제1절　대의제의 원리와 대의기관의 발전

대의제 관념은 서구정치사상의 전통에 중세정치사상이 남긴 중요한 정치적 유산 중의 하나로 평가된다. 대의제는 중세 초기에 형성되기 시작한 봉건주의 제도와 밀접하게 관련을 맺으면서 성장했고 15세기 세속주의 운동과 교회회의 운동(conciliar movement)을 계기로 하나의 정치적 원리로 확립되었다. 봉건제도의 다원적·분권적인 정치구조는 일인(一人) 절대지배자의 출현을 어렵게 하는 관계

---

1) 본 장은 2016년 『한국동양정치사상연구』 제15권 제1호에 발표된 저자의 논문인 "중세시기 대의제 관념의 변화양상에 관한 연구"의 논의를 보충하고 확장하였다.

로 정치지도자들 간에 협력과 합의의 정치가 자연스럽게 이루어졌고 이같은 현실정치에서 정치를 수렴하는 공적인 장소로서 대의기관의 필요성이 대두되었다. 달리 말하면 대의제는 봉건제의 다원적 이익을 대변할 수 있는 효율적인 제도로서 여겨졌던 것이다.

그러므로 대의제 관념은 세속정부와 교회정부의 구성과 운영에 심대한 영향을 주어 황제(또는 군주)와 교황에게 각기 독자적인 영역을 대변하는 대표적인 성격을 부여하였다. 황제와 교황은 공동체를 대표하는 대의기관의 구성을 통해 자신의 권위를 정당화했던 것이다. 여기서 통치자의 권리에 상반되는 것으로서 공동체의 권리 또는 공동체의 구성원에게 고유한 권리가 존재하고 후자는 상위개념으로 대의기관에 의해 행사되어야 한다는 관념이 형성되었다. 이런 경우에 대의기관의 대표적인 성격은 선거에 주어진 위임(mandate)으로부터 유래한다고 말할 수 있다.

실제로 게르만 부족은 중세 초기에 부족장들을 선출했고 그들은 주변의 지도적 인사들과 협의해 중요한 문제들을 처리하였다. 부족장들은 협의 또는 합의의 절차를 거쳐서 결정된 사안을 비교적 쉽게 집행할 수 있었고 그로 인해 그들의 권위는 더 정당성을 갖게 되었다. 물론 당시에 이같은 협의 또는 합의정치는 형식적인 의미 이상을 갖지 못했으나 점차적으로 부족장들이 지켜야 할 정치적 관례가 됨으로써 그 정치적 의미가 커져가고 있었다.

신성로마제국에서 황제도 봉건영주, 귀족 및 고관들로 구성된 공식적인 제국선거인단 또는 자문집단(consultative group)과 같은 대의기관들에 의해 선출되었다. 황제의 직(職)은 장자(primogeniture)원칙에 의해 장자에게 계승되는 것이 오랫동안 지켜온 하나의 관례였으나 대표적 성격의 제국선거인단에 의해 형식적인 승인을 받음으로써 새로운 황제는 그 정당성을 갖고 출범할 수 있었다. 제국의 진전과 더불어 자문집단보다 제국선거인단이 더 정치적 의미를 갖는 제도로 발전하여 황제의 권력승계과정에서 흔히 발생하는 불안과 혼란을 어느 정도 예방해 주는 역할을 한 것도 사실이다.

더욱이 대의기관들의 권한과 의무는 명확하게 설정되지 않았을 뿐만 아니라 기능의 전문화에 따른 독자적인 기구로서의 역할은 갖고 있지 못하였다. 그들은 황제의 요청으로 특정한 사안에 대해 자문을 하거나 이미 확정된 황제를 형식적으로 추인하는 역할을 하는 수동적인 위치에 머물러 있었다. 따라서 대의기관들은 황제에 의존적인 상태에 있는 관계로 그들의 권한과 역할은 매우 제한적인 성격을 가질 수밖에 없었던 것이다.

그러나 봉건제도가 정착함에 따라 이러한 대의기관들은 독립적인 권력을 갖고 있는 제도들로 성장하여 공동체 또는 인민의 동의를 표시하는 정치적 수단으로서 작용하였다. 대의기관들이 인민의 대표로서 갖는 위상과 역할은 황제의 권한을 정당화시켜 줄 뿐만 아니라 제국의 정치적 안정화에도 기여하였다. 무엇보다도 대의기관들은 관례와 관습법에 의해 확고히 뿌리를 내려 대의제 원리를 발전시킴으로써 황제 또는 군주의 권한을 제한시켜 권력의 자의성을 방지하는 중요한 역할을 수행하였다.

교회정부에서도 유사한 정치현상이 일어났다. 11세기와 12세기 전개된 교권과 세속권의 투쟁에서 교황이 승리했고 그 결과로 그의 수중에 권한이 집중하는 교황절대주의 시기가 시작되었다. 교황절대주의는 13세기에 최고 절정에 이르렀지만 그것은 교회정부의 구성과 운영에 적지않은 문제점을 가져왔다. 교황은 자신의 절대적 권력을 이용해서 교회정부의 중요한 기구 중의 하나인 일반회의를 무시하고 교회 문제를 독단적으로 결정하는 경향을 보였다. 대의제적인 성격의 일반회의가 교황을 견제하는 중요 역할을 제대로 수행하지 못한 결과로 교회는 온갖 종류의 부패와 비리를 양산하였다. 따라서 14세기와 15세기에 이르러 교회의 구조적인 부패와 비리를 개혁하려는 기운이 조성되었으며 그것은 교황절대주의에 대한 공격으로 시작되었다.

마르실리우스와 오캄이 주도한 세속주의 운동과 교회회의주의 운동은 이같은 사상적 경향을 대표하는 것으로 교황의 절대권력을 제한하는 효과적인 수단으로서 일반회의의 역할을 강조하였다. 이러한 정치사상가들은 법인체(corporation)의 원리를 적용해서 교회정부에서 일반회의가 제 역할을 할 수 있도록 하였다. 세속정부와 교회정부에서의 통일성은 황제와 교황의 절대권력에 의해서가 아닌 정부를 구성하는 여러 기관들의 조화와 협력에 의해 제 역할을 하는데서 이루어지는 것이었다. 그러나 법인체적 집단의 관념은 개인의 집합체인 국가보다는 여러 지역의 계급(estate), 교회와 정부의 회의체 그리고 자치도시 등에는 잘 적용될 수 있는 것으로 생각되었다.

　　법인체적 원리는 그 법인을 구성하는 사람들의 모임체로 파악하고 그들의
대표자들이 법인의 사무와 중요 문제를 결정한다는 점을 강조하고 있다. 이같은
의미에서 교회는 모든 신도들의 모임체이고 그들이 궁극적이고 잔여의 권력을
갖고 있는 법인체로 이해될 수 있다. 신도들의 대표들로 구성되는 일반회의는 교
회정부의 대의제였다. 신도들은 일반회의를 통해 그들의 권한과 책임을 수행했
던 것이다. 일반회의를 통해 교회는 비로소 형식과 행위에서 힘을 갖게 되는 것
이었다. 교회의 수장이 아닌 교회 그 자체가 이론의 중심이 되었고 대의제 원리
는 권력의 원천과 집행자의 구분을 쉽게 해주었다.[2]

제2절　　마르실리우스와 오캄의 대의제 관념

　　중세말기 대의제 관념은 더 명확한 의미를 갖게 됨으로써 대의기관은 점차
중요한 정치제도로 인식되었다. 대의기관은 주권자인 인민으로부터 권한을 위임
받은 관계로 인민의 이익을 대변할 뿐만 아니라 인민에 대한 정치적 책임도 지
어야 한다는 의식이 성립하기 시작하였다. 근대적 의미에서 인민은 권리의 주체
로서 인식되지는 못했지만 정치적 주체로서 인민의 역할과 의무에 대한 강조에
비례해서 대의기관의 정치적 비중도 더 커지게 되었던 것이다.

1. 마르실리우스의 대의제 관념

　　마르실리우스는 이같은 경향을 대표하는 정치사상가로서 인민은 정치 권위
의 궁극적 원천으로서 지도자를 선출하고 자신들에게 책임을 져야 하는 대의기
관에게 정치 권위를 위임해야 한다는 주장을 하였다. 인민 또는 인민의 지배적
부분(die weightier part)은 법을 제정하는 입법가가 된다. 그는 인민의 이러한 자
격에 대해 다음과 같이 언급하고 있다.

---

　2) W. Dunning, *A History of Political Theories: Ancient and Medieval* (New York:
　　 Macmillan Co., 1955), 279.

입법가 또는 법의 주요한 그리고 효율적인 원인은 인민 또는 전 시민단체 또는 그것의 지배적인 부분이라고 할 수 있다. 그것은 선거 또는 시민의 대의 기관의 말로 표시되며 일시적 고통 또는 처벌 하에서 시민 행동에 관해 어떤 것이 행해지고 생략되는지를 결정하고 명령을 한다. 지배적 부분은 법의 적용 대상이 되는 공동체의 구성원들의 양과 질을 고려해서 형성되는 것으로 인민 의 대표를 의미한다.3)

여기서 마르실리우스는 입법가와 대의기관의 대리인이라고 할 수 있는 집행 부(pars princilans)를 구분했고 이러한 구분이 그의 정치사상의 본질이라고 할 수 있다. 입법가는 필연적으로 보통법의 제정자 그리고 선포자와 동일시되지 않았 다. 마르실리우스는 선포자의 의미에서 입법권은 군주 또는 정부의 다른 어떤 기 관에 있다는 생각을 하였다. 그러나 인민은 이러한 기관들보다 상위에 있으면서 그들의 집단적 의지가 법의 본질이 될 뿐만 아니라 그들의 국가적 생활은 국가 의 본질을 이루고 있다는 것이다.4)

민주적 도시국가에서 이러한 본질적 힘의 표시는 매우 직접적이고 즉시적일 수 있다. 이것은 다른 어떤 정부 형태가 갖지 못하는 민주정치의 큰 장점이라고 여겨질 수 있다. 그러나 귀족정치에서도 이러한 힘은 마찬가지로 결정적일 수 있 다. 왜냐하면 인민 다수의 동의는 어떠한 형태의 국가가 존속하기 위한 절대적 조건이 되기 때문이다.5) 그리고 인민은 대의기관을 매개수단으로 하여 자신들의 궁극적 권위를 행사하고 집행부는 이런 경우에 대의기관의 대리기관에 불과한 것이다. 요컨대 마르실리우스는 대의제를 통한 권력의 자의성이 방지될 수 있는 제도적 장치를 마련했고 더 나아가서 이를 통해서 국가와 정부를 구분하였다. 어 느 의미에서 이것은 모든 정부는 피치자의 동의에 의존해야 한다는 14세기 말엽 의 정치적 도그마(dogma)를 반영한 것이라고 할 수 있다.

그러나 마르실리우스의 대의제 관념은 세속적 정부보다는 교회정부를 다루

---

3) Marsilius of Padua, *The Defensor Pacis*, translated by A. Gewirth(New York: Harper and Row, 1956), 45-46.

4) Ralp Lerner and M. Mandi, eds., *Medieval Political Philosophy: A Sourcebook*(New York: The Free Press, 1963), 476.

5) Lerner and Mandi, 477.

는데서 분명하고 진일보한 내용이 나타난다. 그에게 있어서 종교의 궁극적 기초
는 교회보다 선행하고 우월한 권위를 갖고 있는 성서인 것이다. 성서의 권위적인
해석은 로마의 교황이 아니라 종교적 문제에 대해 지식과 지혜를 소유하고 있는
학식있는 사람들 또는 일반회의에 의해 행해진다. 교황절대주의 시기에 성서의
해석에 대한 교황의 독점은 교회정부의 구조적 부패와 비리를 양산하는 주요한
요인들 중의 하나였기 때문에 그에게 이러한 특권을 빼앗는 것이 절대적으로 필
요하였다고 본다. 따라서 성서에 대한 해석이 성직자와 일반회의에 주어지면 성
서에 대한 다양한 해석이 가능해지고 이는 교회정부의 자율성 확보에 도움이 된
다는 것이다.

　　세속정부와 마찬가지로 교회정부에서 교회의 권위는 신도들의 모임체라고
할 수 있는 교회공동체로부터 유래하고 대의제 성격의 일반회의에 책임을 져야
한다. 초기기독교의 종교회의 역사에서 영향을 받아서 그런지는 몰라도 마르실
리우스는 일반회의를 교회정부를 대표하는 중추적 기관으로 간주하였다. 특히
의심이 가는 성서의 의미 또는 문장과 관련된 문제들을 해결하기 위해 니케아
(Niceaen)회의, 콘스 탄티노플(Constantinople)회의, 에베소(Ephesus)회의, 및 칼케
돈(Chaleceton)회의 등의 4대 일반회의 또는 공의회가 개최되었다. 더욱이 이들
종교회의는 예수와 관련해서 제기되는 문제라고 할 수 있는 성부·성자·성령의
소위 삼위일체의 문제와 성서에 대해 당시 유행했던 관념과 진실한 관념을 구분
하는 문제를 해결해 주었다.[6]

　　마르실리우스는 일반회의에 대해 다음과 같이 언급하고 있다.

　　나는 성서의 의심스러운 문제들을 결정하기 위해 직접 또는 간접의 주요
한 권위는 모든 기독교인들 또는 그들의 지배적인 부분 또는 전 기독교 신도
들에 의해 그러한 권위를 인정받은 사람들에게 속한다는 것을 보여주려고 한
다. 그 절차는 다음과 같다. 제국의 유명한 지역 또는 공동체는 인간 입법가들
－하나 또는 다수이든－ 의 결정에 일치해서 그리고 사람의 수와 양을 참작
하는 방식에 따라 우선 성직자, 비성직자, 불경스러운 생활을 하는 사람들 중
에서 적당한 사람들 그리고 신법에 경험 있는 사람들의 순으로 대표자들을 선

6) Gewirth, 280.

출한다. 이러한 사람들은 전 기독교신도들이 그들에게 부여하는 권한에 의해 그들을 대변하면서 재판관으로서 행동한다. 그들은 의심스러운 것 같이 보이거나 정의하기에 편리하고 유익한 것 같이 보이는 신법에 관한 문제들을 해결하기 위해 다수의 결정에 의해 인습적인 곳에서 회합한다. 또한 그들은 신도들의 묵상과 평온에 도움이 되는 교회의식과 예배에 관한 포고령을 제정하기도 한다.[7]

교황은 교회정부의 수장이지만 성서의 해석과 교회의 중요 문제에 대해 이단적인 결정을 하는 중대한 실수도 때로는 한다. 교황보다 다수의 대표들로 구성되는 일반회의의 결정이 오류를 범할 가능성이 적다는 것이다. 교회정부에서 교황은 일반회의에 책임지는 관계로 그는 일반회의의 대리인에 불과한 존재가 되었다고 할 수 있다.[8]

마르실리우스는 일반회의의 소집은 교황이 아니라 세속권자인 황제 또는 군주에게 있다고 주장하였다. 그는 중세초기에 개최되었던 일반회의의 전례를 통해 이러한 입장을 정당화하였다. 실제로 콘스탄티누스(Constantinus) 황제는 교회사에 가장 중요한 회의 중의 하나라고 여겨지는 니케아회의를 개최하고 주재하였다. 명백히 그는 세속권을 교회개혁의 문제를 해결하는 바람직한 수단으로 간주하였다. 그러므로 일반회의가 소집되었을 때 황제는 그 회의에서 다루어져야 할 의제들을 설정함으로써 회의의 전체적인 방향을 정하는 특권을 갖고 있었다. 달리 말하면 그는 일반회의라고 할 수 있는 공회의가 결정해야 할 문제를 의제로 공식화해서 심의하는 데 결정적인 역할을 하였던 것이다.

이와 함께 마르실리우스는 교회공동체가 성직자를 통제할 수 있다는 주장을 하였다. 이같은 주장은 교황을 비롯한 어떤 성직자의 권한은 신도들의 모임체인 교회공동체로부터 유래한다는 사실에 근거하고 있다. 황제 또는 군주의 권력이 입법가인 인민으로부터 유래한다는 이론적 주장과 마찬가지로 교회정부에서도 교황과 최고위 성직자들의 권한이 평신도들에게 있다는 논리가 성립될 수 있는 것이다. 실제로 각 구역의 평신도들은 성직자들에게 그들을 대표해서 수행하는

---

7) Gewirth, 280–281.

8) W.Y.Elliott and N.A.Mcdonald, eds., *Western Political Heritage*(Englewood Cliffs, N.J.: Prentice Hall, 1959), 315–318.

종교적 역할을 부여했기 때문에 성직자들이 이러한 역할을 제대로 못할 경우 평신도들은 그들을 해임시킬 수 있는 최종적 권한을 가질 수 있었다.

그러나 마르실리우스의 일반회의론은 유럽의 보편적 세계를 포함시킬 수 있는 힘을 결핍하고 있어 실제적이지 못하다는 비판을 받았다. 특히 그가 제시했던 유럽사회의 개념은 국가간의 시기심과 특수주의를 극복할 수 있는 실질적 기초를 제공하지 못하였다. 이런 점에서 마르실리우스의 대의제 관념은 교회의 계서적인 조직체를 제거하는 데 효과적이었지만 중세말기에 분열된 기독교 세계의 통일성을 회복시키는 수단으로서는 비효과적이어서 그 한계가 분명히 있다는 지적을 받아왔다.9)

2. 오캄의 대의제 관념

오캄(William of Occam)은 대의제 관념에 대한 정교한 관념을 제시한 정치사상가라고 할 수 있다. 마르실리우스처럼 그는 일반회의는 교회정부의 대의제로서 성직자들과 평신도들을 포함한다고 주장하였다. 일반회의는 긴급한 시기에 교황의 호출 없이도 소집될 수 있다는 그의 주장은 마르실리우스의 급진적 원리보다 온건적 정치사상가들에게 더 유익한 접근법을 제공하고 있다. 교황이 거짓되고 이단일 경우 일반회의는 그러한 교황의 권위없이도 소집될 수 있다. 그러나 이것은 진실한 교황의 권위없이도 일반회의를 소집할 수 있다는 것을 입증하지 못하고 있다.10)

오캄의 두 번째 주장은 어떤 다른 사람의 권위없이 법을 제정하는 모든 인민, 모든 공동체 그리고 모든 단체는 어떤 다른 사람의 권위없이 전 공동체 또는 단체를 대표하는 사람들을 선출할 수 있다는 것이다.11) 바울이 로마서 제12장 5절에서 "이와 같이 우리 많은 사람이 그리스도 안에서 한 몸이 되어 서로 지체가 되었느니라"고 말씀한 것처럼 그들은 하나의 인민 그리고 하나의 공동체이다. 더

---

9) G. Sabine and T. Thorson, *A History of Political Theory*(Hinsdale, Illinois: Dryden Press, 1973), 284.

10) E.Lewis, *Medieval Political Ideas*, 2 vols.(New York: Alfred Knopf, 1954), 2:399−400.

11) Lewis, 2: 400.

욱이 선출된 사람들이 특정한 시기에 회합한다면 그들은 일반회의를 구성한다고 할 수 있다. 왜냐하면 일반회의는 전 기독교를 대표하는 사람들의 집합체에 지나지 않기 때문이다.[12] 그러므로 일반회의는 어떤 사람 —그가 카톨릭교도 아니고 신도도 아니든 간에— 의 권위없이 그리고 이단적인 교황의 권위없이도 소집될 수 있는 것이다.

세 번째로 오캄은 보편적 교회는 어떤 것을 명하기 위해 회합할 경우 일반회의로 묘사될 수 있다는 주장을 하였다. 그러나 보편적 교회는 동시에 한번 소집할 수 있도록 하기 위해서 적은 수로 놓을 수도 있다. 예수의 승천 후에 보편적 교회는 수(數)에서 소수였으므로 그것이 다시 소수가 되는 것도 불가능한 일은 아니다.[13] 그는 보편적 교회를 다음과 같이 기술하고 있다.

> 보편적 교회가 그 자체로 무엇을 하든 간에 그것은 교회의 여러 지역들로부터 선출된 사람들을 통해 일을 한다. 그러므로 우리가 보편적 교회의 여러 지역들이 하나님의 교회(church of God)에 관해 어떤 것을 명하기 위해 회합하는 사람들을 선출한다면 함께 모이는 그러한 사람들은 진실한 교황이 없다는 사실과 관계없이 일반회의라고 불릴 수 있다.[14]

일반회의의 대표성의 기초는 교회공동체를 분할하는 교구(parish) 또는 수도원 또는 관구(dioces)와 같은 법인체들이다. 오캄은 모든 기독교인들이 개별적으로 여러 상이한 단위로서 또는 영토적으로 여러 지역의 주민들로 대변된다는 생각을 하지 않았다. 이러한 법인체들은 전체 또는 그들의 선임된 대표자를 통해서 기능할수 있는 것이다.

그러므로 그가 제안한 일반회의는 간접적인 원리에 의해 구성되었다

> 각 교구 또는 다른 조그마한 공동체의 제1차적 회의체는 관구 또는 왕국 또는 다른 정치적 단위를 위한 선거회의체(episcopal council)에 보낼 대표자를 선출하고 이러한 회의체들이 일반회의에 보낼 대표자들을 선출한다. 그리

12) Lewis, 2: 400.
13) Lewis, 2: 400-401.
14) Lewis, 2: 401.

고 이러한 대표자들이 한 곳에 모여 회합할 될 때 일반회의는 구성된다고 할
수 있다.15)

　일반회의는 교황을 선출할 뿐만 아니라 교황이 불법적인 활동을 할 경우 그
를 폐위시킬 수 있는 권한도 갖고 있었다. 어떠한 경우에도 교황은 일반회의가
부여한 제한된 권력의 범위를 초월하는 권한을 갖지 못하였다. 오캄은 일반회의
의 원래적 기능의 회복을 통해 교회정부의 정상화를 구상하였다고 할 수 있다.
　오캄의 대의제 개념은 일반회의를 통해 평신도의 권리를 구체적으로 확장시
키려고 했던 점은 의미있는 일로 평가된다. 평신도들은 일반회의를 구성하고 참
여하는 권리를 소유하고 있기 때문에 교황이 이단적이거나 불법적인 활동을 할
경우 그를 기소하고 심지어는 처벌할 수 있는 최종적인 권한을 갖고 있다. 또한
평신도들은 교회복지와 관련된 모든 종류의 정신적 활동에 참여하여 이러한 복
지문제들을 처리할 수도 있다. 특히 평신도들은 세속법에 의한 금지를 제외하고
는 자연법, 만민법, 신법에 의해 주교와 교황의 선출에 참여할 수 있는 자격을
부여받았던 것이다.16)
　세속정부와 교회정부에서 마르실리우스와 오캄의 대의제 관념들은 15세기
의 정치사상에서 매우 주요한 의미를 갖고 있다. 그들의 대의제 관념들은 격렬한
논의의 주제가 되었고 이러한 관념들은 교회정부에서 차지하는 공간을 점차적으
로 넓혀감으로써 그들의 적용과 영향력은 증대하게 되었다. 교회회의주의자들은
마르실리우스와 윌리엄의 대의제 관념들을 사용해 교회의 개혁을 시도했고 그
과정에서 교회정부는 더 정밀하고 실제적인 형태를 갖추게 되었다.17) 그러므로
그들의 대의제 관념은 15세기 교회회의론자들의 정치사상을 형성하는 데 중요한
역할을 하는 정치원리로서 작용했다고 할 수 있다.

---

15) Lewis, 2: 401.
16) Lewis, 2: 399-400.
17) Otto Gierke, *Political Theories of the Middle Age*, translated by F.W. Maitland(Boston:
　　Beacon Press, 1958), 37-67.

제3절 교회회의론자들의 대의제 관념

종교회의 운동에서 대의제 관념을 체계적으로 제시한 정치사상가로는 제르송(J. Gerson)과 니콜라우스(Nicholas of Cusa)를 들 수 있다. 그들은 콘스탄스(Constance)와 바젤(Basel)회의에서 각기 활동하면서 교회의 구조적 모순을 개혁할 수 있는 가장 효과적인 방안으로서 대의제 관념을 공식화하였다. 그러나 그들은 자신들이 절대불가결한 것이라고 생각하는 것을 넘어서 교회를 수정하는 어떤 형태에는 단호히 반대하는 입장을 견지하였다. 실질적 의미에서 그들은 혁명가라기보다 개혁가들로 불리어질 수 있다.

1. 제르송의 대의제 관념

제르송은 제한된 교회정부의 진실한 형태를 제시하였다. 이 이론은 오랫동안 유지되어 왔던 교황절대주의를 배격하고 마르실리우스의 정치적 원리의 여러 특질들을 구체화시킨 것이라고 할 수 있다. 그러나 제르송은 마르실리우스보다 덜 급진적이었다. 사실 그는 마르실리우스의 민주정치를 알지 못했을 뿐만 아니라 교회는 신도들의 모임체가 아닌 교권제로 보았다. 요컨대 제르송의 교회정부 개념은 귀족주의적인 성격을 내포하고 있었다.

제르송은 일반회의는 교황의 전통적 권위를 훼손하지 않는 범위 내에서 최고의 권위를 갖는 교회정부의 중요한 기구라고 하였다.[18] 그는 일반회의에 대해 다음과 같이 기술하고 있다.

> 일반회의는 신앙과 도덕과 관련된 교회의 문제들에 관해 건전하게 토의하고 명령을 내리기 위해 전 카톨릭 교회의 계층으로부터 어떤 장소에 모이는 합법적 권위에 만들어진 집합체로서 정의할 수 있다. 일반회의는 자연과 인간의 기술보다는 성서와 그리스도의 약속으로부터 활동의 방향을 받는다.[19]

---

18) Lewis, 2: 408.

제르송은 교황은 군주처럼 절대적인 권력을 갖고 있으나 그러한 권력은 일반회의에 포함되어 있다는 것을 말하고 있다.[20] 교황의 권력이 일반회의에 근거를 두고 조직화되면 그것은 합법적이고 정당화될 수 있는 것이다. 그는 교황과 일반회의와의 관계에 대해 다음과 같이 언급하고 있다.

일반회의는 교황이 관계하는 문제들에 대해 조언하고 추천하는 권한을 갖는 반면에 교황은 행사하고 집행하는 권한을 갖는다. 콘스탄스회의의 권한은 그리스도부터 직접 유래한다. 또한 그 회의는 교황을 구속하는 법령을 제정하고 그러한 규정에 위반할 경우 그를 처벌할 권리를 포함할 것을 주장할 수 있다.[21]

일반회의는 교회의 통일을 촉진하고 교황의 권력이 사용되는 방식을 법으로 규제하는 기능을 갖고 있다. 사실 교황은 일반회의가 상설화되어 있지 않고 또 쉽게 소집할 수 없기 때문에 중요한 문제에 대해 재량권을 갖고 있는 교회의 집행자라고 할 수 있다.[22]

제르송은 이러한 대의제 원칙은 세속정부에도 적용될 수 있다는 생각을 하였다. 그는 예수에 의한 교회의 보편적 성격이 시공에 따른 세속법의 다양성과 다르다는 것을 인정했지만, 집행자와 법의 관계 그리고 정부조직의 일반적 조정은 교회와 국가의 동일한 원칙에 의해 결정된다는 신념을 보였다. 그의 일반적 논의는 황제에게 귀속되어 있는 법에 대한 우월성을 교황에게는 부여하지 않았다. 교황이 그러한 우월성을 갖고 있다고 말하는 것은 속임수적인 아첨에 불과하다는 것이다.[23] 일반회의만이 교회법을 초월한 권한을 갖고 있으므로 교황 또는 이전의 종교회의에 의해 제정된 것을 해석, 수정 또는 폐지할 수 있다.

그런데 일반회의는 제르송이 옹호한 혼합적 형태의 교회정부에서 중요한 의미를 갖고 있었다. 그는 아리스토텔레스의 정부의 분류를 따르면서 군주정치 귀

---

19) Lewis, 2: 407.
20) Lewis, 2: 407.
21) Lewis, 2: 408.
22) Lewis, 2: 413.
23) Lewis, 2: 407 – 408.

족정치 및 민주정치로 구성된 혼합형의 정부가 교회공동체에 바람직하다는 생각을 하였다.[24] 교회정부에서 교황은 군주제 요소, 고위성직자들은 귀족제 요소 그리고 일반회의는 민주적 요소를 각기 구체화하고 있다. 이러한 혼합형은 역사적으로 모세의 이스라엘 공동체의 조직에서 발견된다. 거기에서 모세는 군주적 요소, 72명의 장로들은 귀족적 요소 그리고 행정관료들은 민주적 요소들을 각기 나타내고 있다.

그러므로 제르송의 대의제 관념은 마르실리우스와 오캄의 대의제 관념보다 덜 급진적이고 제한적인 측면을 갖고 있었기 때문에 콘스탄스회의(Council of Constance)에서 완전한 비준을 받을 수 있었다. 어느 의미에서 그의 개혁 의지는 한계성을 노출했고 그 시대의 지적 수준에 흡수되었던 것이다. 그럼에도 불구하고 제르송의 대의제 관념은 보수적이고 경직화된 교회정부에서 개혁 논의를 활발하게 할 수 있는 길을 열어 주었다는 평가를 받고 있다. 이러한 사실을 고려해서 피기스(Figgis)는 교회사에서 콘스탄스회의가 갖는 의미를 다음과 같이 기술하고 있다.

그 회의는 거대한 규모로 순수한 정치의 충돌을 보이고 있었다. 거기에서 입헌주의 관념은 유럽적 수용의 지지를 받았다. … 그것은 인민의 자유를 보장해준 반면 군주의 권리를 규제하였다. 그것은 미래의 헌법적 개혁가들에게 대의제 계획을 정교화시킬 수 있는 길을 열어 주었다.[25]

2. 니콜라우스의 대의제 관념

니콜라우스는 콘스탄스회의의 역사적 경험을 바탕으로 대의제 관념을 구체화시킬 수 있었다. 그는 교회와 제국은 인간적인 문제를 조직적으로 다루는 관계로 세속정부와 교회정부의 통일을 조성하는데 필수적인 제도들로 간주했고 세속정부의 여러 기관들의 상호관계를 결정하는 원리는 교회정부에도 유효하다는 입

---

24) Lewis, 2: 407.

25) J. Neville Figgis, "Politics at the Council of Constance," in *The Transactions of the Royal Historical Society,* 1899: 103.

장을 견지하였다. 일반회의는 교회정부의 중추적 기관으로서의 위치와 역할을 담당하고 있는 것처럼 이와 유사한 대의기관도 세속정부에도 중요한 역할을 한다는 것이다.[26] 두 정부 사이의 이같은 유사성은 단지 유추 또는 편의 문제가 아니라 역사적 존재를 기초로 해서 성립된 사실이다.

니콜라우스는 초기 종교회의의 공식적인 포고령은 거기에 참석했던 사람들의 동의에 의해서 효력을 갖게 되었다는 사실의 역사적 증명을 통해 법은 적용받는 사람들의 수용 또는 동의가 타당성의 기초가 된다는 일반적 원리에 도달하였다. 그는 일반적 동의가 의무의 유일한 기초가 된다는 것은 신법과 자연법의 원리라는 주장을 하였다.

> 모든 헌법은 자연법에 기초하고 있으므로 이러한 법에 위배하는 헌법은 그 타당성을 가질 수 없다. 자연법은 본성상 이성에 존재하기 때문에 모든 법은 인간과 일치한다. … 인간은 본성상 강력하고 동동하고 자유롭기 때문에 어떤 특정한 사람의 권력은 다른 사람들의 그것과 같고 그 권력의 타당성은 마치 법이 동의에 그 타당성을 갖는 것처럼 선거와 다른 사람들의 동의에 의하자 않고는 만들어질 수 없다. … 더욱이 교회법도 지배자도 반대하는 권위를 갖지 못하는 자연법에 근거를 두고 있다. 교회법이 동의, 관례 및 수용에 의해 승인되면 어떤 법령의 타탕성은 그것의 수용에 의존한다. 그리고 교회법은 공동회의(일반회의)에 의해 선언된다. 왜냐하면 교회는 신도들의 모임체이기 때문이다.[27]

모든 인간은 동등하게 권력을 부여받았기 때문에 어떤 사람의 우월한 입장은 다른 사람의 선택과 동의에 기인한다. 그러므로 지배와 법의 원천은 인민과 그들의 대의제에 있는 것이다.

니콜라우스는 이러한 원리를 기초로 대의제 관념을 공식화하는 데 있어서 제국 내 제도의 범주를 넘어서지 않았다. 황제의 선택에서 인민의 의견은 곧 제국선거인단의 의견이었고 법의 제정에서 인민의 동의를 표시하는 대의제는 전

---

26) F. W. Coker, *Readings in Political Philosophy*(New York: Macmillan Co., 1965), 267−268.
27) Coker, 261−262.

제국을 대표하는 왕, 공작 및 영주로 구성된 회의체였다.[28] 니콜라우스는 권력은 인민으로부터 유래한다는 원칙에 일관성을 보였지만 그의 대의제 관념은 사회의 유력한 사람들이 그들의 세력에 의해 그렇지 못한 사람들을 대표하는 제한적인 측면을 내포하고 있었다. 그는 마르실리우스와 오캄처럼 대표자는 인민에 의해 특정 지역과 수에 따라 선출되어야 한다는 제안을 하지 않았다.

이같은 대의제 관념의 성격은 그의 교회정부의 개념에서도 극명하게 나타나고 있다. 평신도들의 모임체인 교회공동체는 자급자족적이고 권위와 법의 궁극적 권위의 원천이 된다는 것이다. 그러나 교회공동체는 정치적 존재를 갖고 있지 못했기 때문에 그것의 대리기관이라고 할 수 있는 일반회의를 통해 권력을 행사한다. 니콜라우스는 이점에 대해 다음과 같이 기술하고 있다.

> 교회가 신도들의 모임체이면 분열을 방지하기 위해 이러한 모임체를 대표하는 대리기관(presidency)이 존재한다. 이것은 신도들의 모임체의 보존과 유지를 위해 교회 구성원 개인들을 관리(preside)하는 것이라고 할 수 있다. 이러한 이유 때문에 교회라고 불리어지는 신도들의 모임체와 교회를 대표하는 카톨릭교회의 보편적 교회(또는 일반회의)는 성직자들과 개별적인 교회 구성원들을 담당하는 개인을 관리한다.[29]

니콜라우스는 교회정부를 구성하는 여러 기관들 중의 어느 한 기관이 독점적이고 최종적인 권한을 갖는 제안에는 반대하였다. 교황과 일반회의 또는 추기경회의는 교회공동체를 대표하는 기관들로서 각기 독자적인 기능을 수행하는 권리를 소유하고 있지만 조화와 협력에 의해 교회공동체의 통일을 달성하는 데 주력해야 한다.[30]

그러나 이러한 기관들 간의 조화와 협력은 존재하지 않았고 이는 교회정부 전체의 문제를 야기시켰다. 결과적으로 니콜라우스는 현존하는 법들에 의해 해결될 수 없는 어려움에 직면하게 되었다. 긴급한 경우에 일반회의는 교황보다 교회공동체의 합의를 결정하는 최고의 기관으로 존재할지도 모른다. 그러나 일반

---

28) Coker, 268-270.
29) Lewis, 2: 421.
30) Coker, 270-273.

회의도 교황의 협력없이는 존재하거나 기능할 수도 없었다. 긴급한 상황 필요성의 논리에서 그의 일반회의 옹호는 논리적인 회피나 실제적으로는 임시적인 변통으로 볼 수 있었다.

니콜라우스에게 실제 가능한 결과는 일반회의를 교황 권위의 원천이 되게 함으로써 후자는 전자의 결의를 수행하는 집행기관으로 놓는 것이다. 그러나 이러한 해결책은 초법적인 성격을 갖는 것이기 때문에 교회정부는 자급자족적인 교회공동체의 여러 기관들의 협력체에 불과하다는 그의 관념의 철저한 변경을 수반할지도 모르는 것이었다.

이러한 제한성에도 불구하고 니콜라우스의 대의제 관념은 근대정치의 입헌주의에 중요한 영향을 끼친 것도 사실이다. 그는 교황절대주의를 대신해서 정부의 여러 기관들의 자유롭고 상호적인 동의에 의해 협력하는 정부를 제시하였다. 정부는 공동체를 대표하는 이러한 기관들 간의 상호교환 또는 균형으로 상정되었고 이는 공동체의 통일성을 반영하는 정부의 통일성을 확보하는 방법으로 이해되기도 하였다.

Reading

마르실리우스

- ❑ 법의 개념 ————————————————————— 236
- ❑ 법의 효과적 근거 ————————————————— 237
- ❑ 심판의 성질 ——————————————————— 241
- ❑ 파문권 ————————————————————— 243
- ❑ 교회의 수장 —————————————————— 244
- ❑ 마르실리우스의 교회개념 ———————————— 298

오캄

- ❑ "그러나 신법에 의하여" ————————————— 245
- ❑ "인정법을 근거로 하지 않은 지배는 첫 번째로 소개되었다." —— 245
- ❑ "더욱이, 우리는 전에 왕의 법이 있었다. 아니 오히려 사실은, 전에 어떤 왕들이 있었고, 어떤 사람에게 속하는 어떤 것들이 있었다는 사실을 성경에서 찾는다." ————————— 246
- ❑ 오캄의 일반회의 ———————————————— 299

니콜라우스

- ❑ 법과 동의에서 권위의 기초 ——————————— 302
- ❑ 대표위원회와 황제의 선출 ———————————— 310

Discussion Topics

1. 중세봉건제의 다원적 구조를 배경으로 형성된 대의제 관념은 중세 말기 세속화 운동의 출현과 함께 어떤 방식으로 근대적 형태를 갖게 되는가?
2. 교회사회와 교회정부 운영의 경험이 대의제를 근대정치제도로서 설정하는데 어떤 기여를 하였다고 생각하는가?

3. 인민의 동의 개념은 대의제 개념에서 중요한 의미를 갖는다. 이 개념이
   자연법 개념과 어떤 관계를 갖는다고 생각하는가? 또한 사회계약론자들
   의 주장에 이 개념은 어떤 위치를 점유하고 있다고 생각하는가?

4. 대의제 관념의 발전은 입헌주의 발전에 어떤 기여를 했다고 생각하는가?

제9장

정치 권위의 관념[1]

중세시기에 종교의 지배적인 영향 탓에 국가 또는 정부에 대한 관심이 그리스·로마시대에 비해 약했고 따라서 정치 권위에 대한 의식도 희박하였던 것도 사실이다. 정치 권위는 신적 권위에 압도되어 자율적으로 행사될 수 있는 위치에 있지 못하였다. 정치 권위는 종교적 제도들을 보완하는 역할을 수행하는 한에서 인정되는 소극적 위치에 있었다고 할 수 있다. 그러한 이유로 중세정치사상에서 정치 권위의 문제는 근대정치사상에서처럼 중요하게 다루어진 것 같지는 않다.

그러나 12세기 아리스토텔레스의 국가 관념이 소개된 이후 정치 권위의 소극적 입장은 다소 변화를 보여 자율적이고 주체적인 역할을 어느 정도 할 수 있었다. 특히 아퀴나스는 현실적 정치 권위와 신적 권위의 조화로운 관계의 정립을 통해 정치 권위의 필요성을 강조하였다. 중세 말기에 세속권론자들은 정치 권위의 인민적 기반의 강조를 통해 정치 권위의 적극적 역할을 회복시켜 근대국가를 지향하려고 하였다.

제1절   중세 초기 정치 권위의 관념

중세 초기에 형성된 봉건체제는 정치 권위의 성격과 특징을 규정하였다고

---

1) 본 장은 2015년에 충남대학교 사회과학연구소가 발간한 『사회과학연구』 제32권 제2호에 발표된 저자의 논문인 "중세시기 정치 권위의 변화양상에 관한 연구"의 논의를 보충하고 확장하였다.

할 수 있다. 봉건제의 다원적 정치구조에서 권위가 한사람 또는 소수에 집중되기
보다는 권위가 여러 지역으로 분산되는 현상이 나타났다. 다양한 권위의 축이 존
재했으며 이들은 각자 쌍무적 계약에 의해 상호적으로 호혜적 관계를 유지하였
다. 이같은 상황에서 정치 권위는 공적인 성격보다는 사적인 성격을 더 갖고 있
었다. 봉건체제에서 계약의 대부분이 개인적인 이해관계를 기초로 맺어졌으므로
계약에 의해 지탱되는 정치 권위도 사적인 성격을 강하게 표출할 수밖에 없었다.
한 사람에게 권위의 집중화의 결과로서 나타나는 권위의 절대성 대신 권위의 사
유화 경향이 일반적인 현상이 되었다.

중세 초기에 정치사상가들은 정치 권위의 원천을 역사적인 문제로 파악하지
않고 원죄의 인간 타락 이후에 대두되는 제도적 문제로 취급하였다. 그들은 정치
권위를 정당하게 하는 것이 무엇인가 하는 근본적인 문제를 제기하였다. 그들은
정치 권위가 추구하는 목적들에서 이런 문제에 대한 해답을 찾으려고 했고 그러
한 해답의 전제를 신의 본질과 섭리에서 추구하였다.

1. 왕의 정치적 권위

중세 초기에 정치 권위의 문제는 국가보다는 왕권이라는 제도를 기초로 해
서 제기되었다. 게르만 왕권으로부터 세습되어 온 관념들이 왕의 권위를 규정해
주었다. 게르만 관습에 의하면 첫째, 왕은 형식적인 선거의 의식을 통해 주어진
인민의 동의를 기초로 해서 선출되는 관계로 인민의 지도자로서 존재할 수 있었
다. 그의 권위에 대한 정당성은 적어도 이러한 동의에 기초를 두고 있었고, 그러
한 동의는 고관평의회에 의해서 표출되었다. 둘째, 왕권은 특정한 가문에 세습된
다는 관념이다. 그리고 마지막으로 왕의 대관식에서 성직자의 역할에 나타났던
것처럼 왕은 신적 제도에 의존한다는 관념이다. 이같은 세 개의 관념을 기초로
왕은 막연하게나마 공동이익을 위해 관습법 하에서 노력하는 일종의 인민수탁자
라고 할 수 있다.[2]

그러나 봉건제의 다원적 정치구조는 왕의 역할에 대한 이러한 관념을 퇴색

---

2) E. Lewis, *Medieval Political Ideas*, 2 vols.(New York: Alfred Knopf, 1954), 2: 141.

시켰다. 봉건제도는 왕국을 사법원리에 의해 규정, 유지되는 개인적이고 계약적인 관계의 단순 망(network)으로 변화시켰고 왕권은 신민의 재산권을 규제하는 동일한 법률 원칙의 틀 내에서 확립된 특수한 재산권의 종류로 취급되었다. 왕은 자신의 권위를 사적인 것으로 간주하였고 왕국의 집행과 대영주의 집행은 구분되지 않았다.

왕이 계약체계에 관계하는 정도로 그의 권리는 재산권처럼 법에 의해 제한되었고 복종에 대한 왕의 요구도 계약에 의한 의무의 이행에 달려 있었다. 왕이 가신에게 정의와 보호를 제공하지 못할 경우 봉건적 법은 왕에 대한 그의 복종의 의무를 해제시켜 주었다.

2. 교부철학의 정치 권위 개념

교부철학자들은 인간 원죄에 대한 제도적 대책으로서 정치 권위에 대한 필요성은 인정했지만 정치 권위의 개념에 대한 명확한 입장을 갖지 못하였다. 성 바울(St. Paul)은 정치 권위에 대해 다음과 같이 말하고 있다.

> 각 사람은 위에 있는 권세들에 굴복하라. 권세는 하나님께로 나지 않음이 없나니 모든 권세는 다 하나님의 정하신 바라. 그러므로 권세를 거스르는 자는 하나님의 명령을 거스림이니 거스리는 자들은 심판을 자취하리라. 관원들은 선한 일에 대하여 두려움이 되지 않고 악한 일에 대하여 되나니, 네가 권세를 두려워하지 아니 하려느냐, 선을 행하라, 그리하면 그에게 칭찬을 받으리라. 그는 하나님의 사자가 되어 네게 선을 이루는 자느라. 그러나 네가 악을 행 하거든 두려워하라 그가 공연히 칼을 가지지 아니하였으니 곧 하나님의 사자가 되어 악을 행하는 자에게 진노하심을 위하여 보응하는 자니라. 그러므로 굴복하지 아니할 수 없으니 노를 인하여 할 것이 아니요 또한 양심을 인하여 할 것이라.3)

성 바울의 가르침은 왕은 하나님이 기름을 부어준 자로서 간주하는 구약성서의 전통과 일치하는 것이다. 하지만 다소 다른 의미의 이야기가 구역성서에 존

---

3) **로마서**, 13장 1−5절. **베드로전서**, 2장 13−14절.

재한 것도 사실이다. 성서에 최초로 기록된 니므롯(Nimord)[4]의 군주는 명백히 힘에 의존하였다는 것을 전하고 있다. 원래 하나님은 이스라엘 백성에게 왕을 인정하지 않으려고 했으나 날로 점증하는 그들의 죄악에 대한 대책으로 왕을 허용하게 되었다. 따라서 이스라엘의 최초의 왕인 사울은 신적 의지에 반하는 것으로서 이스라엘 백성에 의해 지정되었다. 달리 말하면 사울 왕은 명백히 이스라엘 백성의 죄스러운 생활에 대한 처벌로서 허용되었지 신에 의해 계획된 것은 아니었던 것이다.[5]

성 바울의 가르침은 중세 초기에 중요한 의미를 갖고 있었다. 초기 교회시대의 무정부적 상황을 억제하고 기독교적인 통치자들과의 협력적인 관계를 유지할 필요성은 교부철학자들로 하여금 그들의 권위는 신으로부터 유래함으로 기독교인들의 그들에 대한 정치적 복종은 일종의 의무가 된다는 원칙을 적극적으로 수용하게끔 하였다. 교부철학자들은 기독교사상과 자연과 인습의 관계에 대한 스토아적 개념을 결합하면서 원죄 이전의 자연의 순수한 상태에서는 강제적 지배는 없었으나 원죄의 출현과 이로 인한 사회적 혼란과 함께 강제적 권위는 사악한 자를 처벌하고 인류를 어느 정도의 질서와 정의에 따르게 하기 위해 필요하다고 주장하였다. 원죄가 강제적 권위의 근본적 조건이고 신의 의지는 그것의 근본적 원인이며 질서와 정의는 그것의 근본적 목적이 되는 것이다.

교부철학자들은 사악한 통치자도 선한 통치자와 마찬가지로 신으로부터 권위를 부여받았는가 하는 문제에 대하여 양분된 의견을 보였다. 정의와 질서 유지라는 왕권의 본래 기능을 유린한 왕은 복종의 정당한 요구를 할 수 없는 결론에 이른 반면에, 사악한 통치자도 원죄에 대한 처벌로서 신에 의해 보내졌으므로 그의 자의적 권한에 대한 보호책이 마련되면 그에 대한 소극적 복종은 인정되어야 한다는 관념이 있었다.[6] 후자의 관념보다 전자의 관념이 일반적인 경향으로 수용되었다고 할 수 있다. 이러한 의미에서 이시도어(Isidore)는 그의 저서 『어원학

---

4) 함의 장남인 구스의 아들로, 세상에 태어난 첫 번째 장사로 여호와께서도 알아주시는 힘센 사냥꾼으로 묘사되었다. **창세기**, 10장 8절−12절을 참조.

5) R.W. Carlyle and A.J. Carlyle, *A History of Medieval Political Theory in the West*, 4 vols.(London: Backwood, 1936), 1: 272.

6) Lewis, 2: 143.

(Etymoligies)』에서 왕의 지배의 정당성은 정의(正義) 확보에 달렸다는 것을 주장하였다.[7]

어거스틴은 이러한 정의의 입장에서 왕국의 권위를 체계적으로 기술하였다. 그는 키케로의 국가 정의를 따르면서 국가는 인민의 사항에 관한 것(people's affairs)이라고 하였다. 인민은 어떠한 방식으로 뭉쳐진 단지 인간의 결합체가 아니고 법에 대한 동의와 이익의 공동체에 의해 결합된 다수의 결사체라는 것이다.[8]

어거스틴은 정의는 국가의 기능에 필수적이라는 관념을 발전시켰다. 정의가 없는 왕국은 마치 큰 강도떼에 불과하다는 것이다.[9] 완전한 정의는 불완전한 국가에서가 아니라 진실한 기독교적 국가에서만 실현될 수 있다고 보았다.

그의 이러한 국가 관념은 평화를 질서의 고요한 상태로 보는 중요한 관념과 관련되었다. 질서는 모든 것을 각자의 위치에 동등하게 나누는 분배이다. 시민평화는 신적으로 확립된 질서의 반영으로 시민들이 신적 계획에 순응해서 명령하고 복종하는 데서 형성되는 조화로운 상태이다.[10] 어거스틴에게 강제적 권위는 원죄의 결과이고 비강제적 지배는 죄없는 본성에 적합한 것이다. 그러므로 현실국가의 권위는 시민 평화와 정의를 확보하고 궁극적으로는 신국으로 나가기 위해 필요한 제도로 간주되었다.

제2절 서임논쟁과 정치 권위의 문제

정치 권위의 원천문제는 서임논쟁 동안 교권론자들과 세속권론자들에 의해 상당한 관심을 받았다. 그 논쟁에서 양쪽 진영 모두 왕권의 궁극적인 신적 기원을 문제삼지 않았다. 오히려 그것을 전제로 해서 자신들의 주장을 전개하였다.

마네골드(Manegold of Lautenbach)는 교황 그레고리 7세에 의한 황제 하인리

---

7) Lewis, 2: 143.
8) Rhandolf V.G. Tasker, *The City of God*, 2 vols.(London: Dent and Sons, 1957), 1: 258－259.
9) Tasker, 1: 258－259.
10) Tasker, 1: 249－251.

히 4세의 폐위를 왕권의 인민적 기초의 주장을 통해 정당화하였다. 그에 의하면 왕은 인민의 선택된 대리인으로서 존재하기 때문에 그가 계약의 조건을 위반한다면 인민은 그를 전복할 권리를 보유하고 있다는 주장을 하였다. 또한 호노리우스(Honorius Augustodunensis)는 교회 역사의 풍부한 자료로부터 세속정부는 교회의 매개를 통해 신에 의해 제도화되었다고 하였다. 그에게 있어서 왕은 신의 사자로서 지정되었으므로 어떤 의미에서 교회의 관리로 간주되는 것이다. 그러므로 교권론자들은 왕은 교회를 통해 제도화되었기 때문에 그는 교황의 관할권 하에 있게 된다는 주장을 함으로써 교황의 세속권에 대한 간섭을 정당화하였다.

이에 반해 왕은 일반적으로 교회규율의 실행과 신앙의 보호뿐만 아니라 정의의 이행을 위해서 세속권을 신으로부터 부여받았다. 그러므로 왕은 사제적인 성격을 부여받았으므로 교회문제에 관여할 수 있었다. 세속권자들은 왕의 권한은 신으로부터 유래하기 때문에 그의 통치 행위는 교황이 아닌 신에 대해 책임을 져야 한다는 논거에서 뿐만 아니라 평화와 정의를 확보하는 미명 하에서 왕의 교회 문제의 간섭을 정당화하였다.

이러한 논쟁에도 불구하고, 교권론자들과 세속권론자들 모두는 왕권이 신민의 이익을 위해 존재해야 한다는 관념을 보유하고 있었다. 왕은 신의 사자로서 그의 권위는 신으로부터 유래하지만 정의와 평화를 유지할 목적으로 그것을 행사해야 한다. 그의 권위는 사적 권리가 아니라 그의 직위에 수반하는 것이었다.

그러므로 정부의 권위는 원죄에 대한 처벌과 구제책이다라는 교부철학 원리의 영향력이 압도적이었고, 인간 본성이 죄있는 것으로 생각되는 한 권위의 주요한 목적은 죄를 억압하는 것이었다. 정치 권위에 대한 이러한 소극적이고 절대적인 견해는 토마스 아퀴나스시대 이전까지 중세정치사상을 지배하였다고 할 수 있다.

제3절   아퀴나스의 정치 권위 관념

그런데 중세는 12세기와 13세기에 들어가면서 엄청난 변화를 겪었다. 화폐

경제의 발달과 도시화로 인한 경제 사회구조의 변화는 종교의 신비주의를 퇴색시키면서 세속화 경향이 나타나는 계기를 마련해 주었다. 이러한 배경에서 당시 정치사상가들은 로마법과 아리스토텔레스의 국가 관념의 수용을 통해 정치 권위의 관념을 재구성하려고 하였다. 로마법에서 국가는 공동이익의 추구를 위한 인민의 법인체로 간주되었다. 법의 형식적인 의미에서 로마시민들은 자신들의 권력을 황제에게 위임하였던 것이다. 또한 아리스토텔레스의 국가 관념은 교부철학자들의 권위 관념을 수정하는 데 도움이 되었다. 그에 의하면 국가는 인간의 신체적 욕구 충족과 도덕적이고 합리적 잠재력의 실현을 위해 본질적으로 필요한 자연적 공동체라는 것이다.[11] 인간은 국가공동체에서의 생활을 함으로써 물질적으로 그리고 도덕적으로 온전한 존재가 될 수 있다.

아리스토텔레스의 국가 관념은 당시 정치사상가들에게 정치 권위에 대한 인식을 새롭게 하는 계기를 마련해 준 것은 분명해 보였다. 그들이 국가의 의미를 총체적으로 이해하는 것은 불가능한 일인지는 몰라도 그들은 적어도 정치 권위의 적극적인 가치와 필요성에 대한 점증하는 인식을 하고 있었다. 아퀴나스는 이러한 상황에서 천체의 그리스도적 개념과 아리스토텔레스의 국가 관념을 융화시킬 수 있는 스콜라(scholastic)철학을 확립한 정치사상가라는 평가를 받고 있다. 교부철학자들이 주장한 원죄의 개념과 강제적 권위의 필요성은 그의 저서에 중요한 위치를 차지하고 있었다. 그러나 아퀴나스는 그들의 견해를 인간의 필요성을 충족시켜주는 자연적이고 합리적인 제도로서의 국가 관념에 통합시켰다. 신앙과 이성의 조화의 터전에서 확립된 스콜라철학의 종합적이고 체계적인 성격이 이러한 통합을 가능케 했던 것으로 보인다.

그러므로 아퀴나스에게 국가는 기원에서 자연적인 것이다. 그것은 인간의 본성에 의해 정의된 목적에 일치해서 만들어진 수많은 제도들 중의 하나이다. 국가는 인간 타락 이전의 순수시대는 물론이고 타락 이후에도 자연적이다. 아퀴나스는 다양성, 조정 그리고 지도력이 없는 인간 사회는 상상할 수 없으므로 국가는 천체의 계서적 양상을 반영하는 필수적인 자연적 제도라고 주장하였다.[12]

---

11) E. Barker, *The Politics of Aristotle*(London: Oxford Univ. Press, 1960), 5-10.
12) Dino Bigongiari, ed., *The Political Ideas of St. Thomas Aquinas*(New York: Hafner Press, 1975), vii-xi.

아퀴나스의 정치사상에서 정치 권위의 관념은 명백하게 정의되지는 않았지만 국가의 존재를 적극적으로 인정한 그의 주장에서 정치 권위의 문제를 암시적으로 다루고 있음을 알 수 있다. 그는 정치 권위가 공동체로서 조직화된 인민에 있다고 하였다. 정치 권위의 진실한 기능은 공동선을 위해 특정한 것을 명령하는 데 있고 그러한 권위는 전 인민 또는 그들의 대리인에 속한다. 인간은 정치 권위를 교황이 했던 것처럼 신적 간섭의 특별한 행위가 아닌 자연법을 통해서 받는다. 이러한 권위는 정치공동체 내의 실체의 속성으로 존재하는 것이다. 국가 확립을 위한 마음과 의지들이 통합되어 있는 곳에서 정치 권위는 이러한 연합의 필수적이고 자연적인 산물로서 동시에 존재하게 된다.[13]

아퀴나스에 의하면 이성은 최고의 정치 권위는 공동체로서 조직된 인민에게 있다는 것을 가르쳐 준다는 것이다. 인민은 그들이 원하는 정부형태를 만들고 공직의 소유자들에게 공동체를 지배하는 권위를 부여할 수 있다. 정부는 그 형태가 군주제 또는 직접민주정치이든 간에 인민의 대표자 또는 대리인으로서 존재한다. 인민의 대표적 성격을 결여한 정부는 법을 제정하는 권한을 갖지 못한다.[14]

인민으로부터 통치자로의 정치 권위의 전이는 공동체의 자유로운 합리적 행위와 동의에 기초한 것이고 이러한 전이의 결과로서 통치자의 권위도 정당한 자격을 갖게 된다. 이러한 의미에서 국가와 정치 권위는 인간적 기원을 갖고 있다고 할 수 있다. 국가에서 정치 권위와 통제는 대개 인정법에서 유래한다. 인민은 공동선 그리고 합리적으로 상정된 정치공동체의 목적에 도덕적으로 동의를 표시하기로 되어 있다.

달리 말하면 인민은 그들의 발전에 정부는 본질적인 것으로 보기 때문에 정부의 수립에 필요한 동의를 표시할 수밖에 없는 것이다.

아퀴나스는 정치 권위의 관념에 대한 구체적이고 명확한 의미를 군주의 역할에서 찾고 있다. 군주는 공동체의 밖 또는 위에서 군림하는 존재가 아니고 공동체의 사려있는 부분이 되어야 한다. 군주는 공동체의 최고의 실권자로서 인민 위에 군림할 수 있으나 대부분의 경우 그의 권위는 정치단위로서 최고의 주권자인 인민으로부터 위임받는다. 군주가 행사하는 권위는 형식적인 의미에서 인민

---

13) Bigongiari, 6-7.
14) Bigongiari, 83.

으로부터 유래하는 것이다. 신민이 이러한 군주에 대해 정치적 복종의 의무를 갖는 것은 당연한 일이다.

그러나 군주가 사악할 경우 이러한 정치 권위의 전이는 불가능할뿐더러 의미가 없어진다. 사악한 군주는 자신의 권력을 절대화시켜 법과 정의를 유린할 뿐만 아니라 심지어는 공동체를 파괴하기도 한다. 정의와 공동체 이익보다는 부정의와 사적 또는 당파적 이익이 우위에 있는 현상이 지속적으로 나타난다. 따라서 신민의 군주에 대한 복종의 의무는 해제되고 심지어 군주가 교체되는 극단적 상황이 발생하기도 한다.

아퀴나스는 군주의 정치 권위와 함께 법의 힘을 논하고 있다. 그는 법의 힘은 강제적 힘과 지시적 힘(directive force)으로 구분하면서 군주는 전자보다 후자로부터 복종의 면제를 받을 수 없다는 주장을 하였다.[15] 군주는 일반적으로 강제적 힘으로부터 복종의 의무를 면제받았다. 왜냐하면 어떠한 처벌적 제재에 의해 군주를 복종케 하는 제도적 수단이 존재하지 않기 때문이다. 최고 주권자인 군주가 법에 위배되는 행위를 했을 경우 처벌할 수 있는 유능한 사람이 없기 때문에 그는 법의 복종으로부터 면제를 받는다고 할 수 있다.[16] 그러나 군주는 법의 지시적 힘으로부터는 면제를 받지 못한다. 군주는 최고권자로서 법의 지시적 힘을 강제로서가 아닌 자발적으로 이행해야 한다.[17] 어느 의미에서 군주의 최고 권위는 인민의 통제의 수준을 넘어서 있는 반면에, 법을 준수해야 하는 그의 도덕적 책임은 유효한 것이다.

아퀴나스 이후 정치 권위에 대한 분석은 활발하게 이루어져서 수많은 학자들의 논문이 양산되었다 이들 중 교회법 학자들이 토마스적인 원리를 사용하여 교회정부에서 정치 권위의 기원과 목적을 설명하였다는 것은 주목할 만한 부문이라고 할 수 있다. 아에기디우스(Aegidius Romanus)는 아리스토텔레스의 국가 관념과 교부철학자들의 정치 권위의 관념을 결합해서 교회정부에서 정치 권위의 기원과 기능을 설명하였다. 그는 정치 권위를 인간 특히 사악한 사람을 대상으로 하는 통치권의 종류로 취급했고 정치 권위의 기능은 정의를 확보하는 일이고 이

---

15) Bigongiari, 73–74.
16) Bigongiari, 73–74.
17) Bigongiari, 73–74.

는 신의 은총없이는 불가능하다고 주장하였다.[18]

또한 제임스(James of Viterbo)는 아리스토텔레스의 국가 관념에 대한 충분한 분석이 교황절대주의론의 기초가 될 수 있음을 보여주었다. 그는 국가는 인간의 본질로부터 유래하고 인간의 도덕적 완성을 목표로 하고 있는 공동체로 간주되었다. 그러나 그의 이러한 견해는 기독교에 의해 통제되지 않거나 은총의 도움으로 완전화의 길로 가지 않은 국가는 불완전한 국가가 된다는 주장에 이르게 하였다.[19] 그러므로 정치 권위는 자연주의에 의해서만 조정될 수 없는 성질이므로 신의 은총과 교회의 지도하에서만 진실하고 유효한 기능을 행사할 수 있는 것이었다.

제4절   정치 권위의 인민적 기초

아퀴나스 원리는 중세말기에 세속권론자들에게도 영향을 주어 정치 권위는 인민으로부터 나온다는 관념을 더 구체화시켰다. 이같은 경향은 인민이 조직화된 단체로서 정부를 수립할 있게 해주는 영토적 결속과 왕국이 제도적으로 성숙한 결과라고 할 수 있다. 또한 정치 권위의 인민적 기초는 당시 유행했던 법인체의 친숙한 개념에 의해서도 지지를 받았다.

중세가 근대로 바뀌는 전환기적 상황에서 정치 권위의 인민적 관념은 근대성을 지향하고 있음을 알 수 있다. 로마시대에 인민의 개념은 기능적인 집단으로 이해되었으나 그러한 개념은 중세말기에 더 명료화되어서 정치적 의미를 갖기 시작하였다. 근대국가의 태동의 시점에서 인민은 정부와 정치 권위의 원천으로서 정치적 역할을 하는 실체로 점차적으로 인식되었던 것이다.

---

18) Lewis, 2: 154.
19) Lewis, 2: 182−184.

1. 마르실리우스의 정치 권위 관념

마르실리우스는 정치 권위의 인민적 관념을 체계화시킨 정치사상가라고 할수 있다. 그의 이론의 요체는 법과 정부를 제공할 수 있는 공동체의 원리는 입법가로서 활동하는 인민의 권리의 개념이다. 마르실리우스는 입법가로서의 인민에 대해 다음과 같이 언급하고 있다.

> 입법가(legislator) 또는 법의 제1차적이고 효과적인 원인은 인민 또는 시민단체 또는 어떤 것이 일시적인 처벌 하에서 행해지고 또는 그렇지 말아야 하는 것을 명령하고 결정하는 시민의 일반회의에서 표시된 시민의 지배적 부분(prevailing part)이다.[20]

그에게 입법가는 주권자이므로 인민은 항상 그리고 필연적으로 입법가인 동시에 주권자가 되는 것이다. 그러므로 인민의 의사는 국가 또는 정부 권위의 효율적인 원인이 된다. 입법에 의해 인민은 국가에게 명료한 형태를 주고 관직을 배분하고 국가의 여러 부분들을 전체로 통합시킨다.

첫째로 인민의 의사는 공동체의 일을 그 자체로서 수행할 수 없기 때문에 통치자를 선정한다. 그러나 이러한 직위의 형태는 주권자인 입법가 즉 인민으로부터 나온다.

둘째로 정부의 담당자는 입법가에 의해 임명, 교정 그리고 폐위될 수 있다. 통치자는 전 공동체의 일부 또는 지배적 부분이고 항상 전 공동체보다 하위에 있어야 한다. 전 공동체는 그것을 대변하는 대의기구를 통해서 기능하기 때문에 통치자의 정부는 전 공동체의 의사에 순응할 때 최선의 상태에 있게 된다. 어찌되었든 통치자가 행사하는 권력은 전 공동체에 고유한 것이고 공동체의 행위에 의해 그에게 위임된 권력이라고 할 수 있다.

마르실리우스의 인민의 개념에서 개인의 권리는 적어도 공동체 결정에 포함된 것으로 표시되는 자신의 발언권을 의미한다. 이러한 권리는 공익성에 직접적

---

20) Marsilius of Padua, *The Defensor Pacis*, translated By Alan Gewirth(New York: Harper and Row, 1956), XII.

으로 의존하고 있다. 이러한 점에서 마르실리우스의 정치 권위에 대한 관념은 근대사회계약적 의미에서 동의이론이 아니고 의사의 작용에 여백을 남겨놓지 않는 합리적 필요성의 견고한 구조라고 할 수 있다.[21] 공동체는 권력을 통치자로부터 유보시키는데 자유롭지가 않다. 만약 공동체가 인간 수요의 충족에 필요한 모든 것을 포함하는 완전한 공동체가 되려고 한다면 그것은 이러한 목적의 실현을 위해 필수적인 정치 권위를 행사하는 지배적인 부분을 가져야 한다.

2. 니콜라우스의 정치 권위의 관념

다소 상이한 정치 권위의 개념은 니콜라우스(Nicholas of Cusanus)의 저서에서 발견된다. 그는 자연권적이고 신적인 원칙에 의거해서 교회와 정부에서 정치 권위의 인민적 기초를 추론하였다.[22] 교회정부의 일반회의와 황제선출을 위한 제국선거인단은 대의적 성격의 제도이므로 이러한 추론을 지탱해주는 중요한 역사적 근거로서 인용되었다.

그는 교권과 세속권을 포함한 모든 권위는 신으로부터 유래한다는 주장을 하였다. 신이 고취한 공동체의 의사는 신적 표시의 성격을 갖는 것이다. 신적 기원의 모든 정부는 피치자의 자발적 동의에 의해 표시된다. 그러므로 모든 입법과 집행은 선거와 공동체 또는 공동체의 다수 또는 대표자에 의해 행사되는 권력의 자유로운 전환에 기초하고 있다.

더욱이 니콜라우스는 본질적으로 자유롭고 동등한 인간에게 정부의 타당성은 동의에 의존한다고 하였다. 인민의 동의 표시는 주로 관례(usage)와 관습을 통해 이루어진다. 만약 이러한 관례와 관습이 의심을 받을 경우 공동체를 대표하는 대의기구가 그들의 정체성을 결정하였다. 일반회의와 선거인단은 이러한 역할을 각기 수행하는 제도들인 것이다.

그러나 니콜라우스는 교회정부와 국가에서 인민이 자신들을 구속하는 정치 권위에 대해 어떻게 동의를 표시하는가를 보여주는데 있어서 명료하지도 않았을 뿐만 아니라 일관성도 없었다. 그는 교회정부에서 일반회의는 다른 기구들보다

---

21) Lewis, 2: 160.
22) F.W. Coker, *Readings in Political Philosophy*(New York: Mcmillan, 1955), 258.

우월한 기구라는 입장에서 부패하고 불법적인 교황을 폐위시킬 수 있다는 주장을 하였다.[23] 그럼에도 불구하고 그는 교황에게 가장 높은 특권을 부여했고 공식적으로 일반회의를 소집할 수 있는 것을 인정하였다. 신성 로마제국의 경우 그는 소수 선거인들에 의한 황제의 선출에서 인민동의의 표현을 찾았다.

니콜라우스의 정치 권위의 인민 동의 관념은 외관상 근대성을 지향한 것 같이 보이지만 그의 관념은 면밀히 관찰해 보면 아직 중세적 흔적에서 벗어나지 못하고 있음을 알 수 있다. 정치 권위는 동의에 기초해야 한다는 그의 주장은 계층적 존재의 필요성을 인정하는 신적 계획의 범주 내에 있다고 할 수 있다. 니콜라우스는 개인의 자유에 대해 이야기했지만, 이러한 자유는 공동체의 자연적 자유에서만 인정되는 점에서 그 문제점과 한계가 분명히 드러나고 있다.[24] 또한 일반회의와 선거인단같은 대의기구들도 선출된 인사들로 구성되지 않았으므로 공동체의 관습을 언급하는 방식으로 인민의 동의를 표시하였다는 사실을 고려하면 그의 동의 관념이 근대성을 지향하였다고 말하기는 어려운 것이다.

이러한 한계는 인간은 정치적·사회적 동물이고 우인(愚人)에 대한 현인(賢人)의 지배는 인간 결점을 보충하기 위해 필요하다는 아리스토텔레스의 원리를 수용·적용한 니콜라우스의 다른 주장에서도 잘 드러나고 있다. 그는 예속은 의지의 행위를 포함한다고 말한 반면 자발적 예속은 필요성 때문에 발생함으로 그 필요성에 구속 된다고 주장하였다. 현인의 지배와 우인의 복종은 어떤 자연적 본능에 의해 조화롭게 되어 현인이 제정자이고 보존자일 뿐만 아니라 집행자인 관습법을 통해 존재하였다는 것이다.

3. 오캄의 정치 권위의 관념

오캄(William of Occam)의 정치 권위의 관념은 더 근대성을 지향하고 있는지도 모른다. 마르실리우스와는 달리 그는 법적 분석과 역사적 분석을 결합해서 황제권의 기원을 설명하고 있다. 그에 의하면 황제를 선출하는 제국선거인단의 법

---

23) Coker, 258.
24) G. Sabine and T. Thorson, *A History of Political Theory*(Hinsdale, Illinois: Dryden Press, 1973), 320.

인체는 전 인민의 동의를 대변하고 교황의 승인과는 관계없이 제국 권위를 수여할 수 있는 기관이라는 것이다.[25] 오캄은 인민은 최고 통치자가 없을 경우 자신들의 수장을 스스로 선출해야 한다는 원칙을 이용하였다. 그에게 이것은 인간의 현실적 생활의 사실로부터 추론할 수 있는 만민법 또는 세 번째 의미에서 자연법의 원칙이 되는 것이다.

오캄은 『간결성』(Breviloguim)에서 이같은 원칙에 대해 다음과 같은 강력한 언명을 하였다.

> 모든 인간들은 신과 자연으로부터 수장을 선택할 권리를 부여받고 있다. 왜냐하면 그들은 자유롭게 태어났고 어떤 인정법에 의해서도 특정인에게 복종하지 않기 때문이다.[26]

자유는 인간의 자연권이고 신은 인간 자유의 제정자로서의 지위를 제외하면 권위의 원인조차 되지 않는다. 그러나 오캄이 말하는 자유는 인간의 존엄과 가치를 중요하게 생각하는 본질적인 인간 권리가 아니고 특정적인 통치자와 정부의 형태를 선택할 권리를 의미한다. 그는 이러한 권리는 개인에게 보다는 인민의 집단에 부여한 것이다.

이러한 의미에서 그의 정치 권위의 관념도 마르실리우스와 니콜라우스의 정치 권위의 관념들이 결핍하고 있는 내용을 갖고 있지만 중세적 전통의 한계를 완전히 극복하지 못하였다고 할 수 있다. 오캄은 인간이 통치자를 선택할 수 있는 권리를 단지 인간의 자연권으로 파악하였다는 점에서 다른 중세의 정치사상가들보다 진일보하였다는 평가를 받고 있다. 그러나 그의 선택권은 인간 내면의 본질적인 가치를 포함하지 않은 관계로 형식적 의미에서 자유권 또는 비본질적인 자유권이라고 할 수 있다.

---

25) Max Shepard, "William of Occam and the Higher Law," *American Political Science Review*, vol. XXVI. no. 6(December, 1932): 1013−1014.
26) Lewis, 2: 161.

Reading

어거스틴
☐ 정의없는 왕국이 어떻게 약탈과 같은가? ——————— 256
☐ 국가에서의 정의와 평화 ————————————— 256
☐ 공화국과 진정한 정의 ————————————— 258

마르실리우스
☐ 법의 개념 ———————————————————— 236
☐ 법의 효과적 근거 ———————————————— 237
☐ 심판의 성질 ————————————————— 241
☐ 파문권 ——————————————————— 243
☐ 교회의 수장 ————————————————— 244

솔즈베리 존
☐ 중세의 유기체와 계약론 ———————————— 259
☐ 대역죄 ——————————————————— 260
☐ 폭군방벌론 ————————————————— 261

아퀴나스
☐ 정의에 대하여 ———————————————— 262
☐ 정부분류와 최선의 정부형태 ————————— 280

오캄
☐ 오캄의 일반회의 ——————————————— 299

존(John of Paris)
☐ 중간적 입장: 존(John of Paris) ———————— 248

니콜라우스

❑ 법과 동의에서 권위의 기초 —————————————— 302
❑ 대표위원회와 황제의 선출 —————————————— 310

Discussion Topics

1. 정치 권위에 대한 마르실리우스, 니콜라우스 그리고 오캄의 논의 속에서 '인민(people)'은 의미적 차원에서 어느 위치에 놓여 있는가? 인민이 자발적으로 복종할 수 있는 근거는 그들의 정치 권위에 대한 논의 속 어느 곳에서 발견될 수 있는가?

2. 키케로의 인민 개념과 마르실리우스, 니콜라우스 그리고 오캄의 정치 권위에 관한 논의 속에서 '인민(people)'의 개념은 어떤 점에서 상이한가?

3. 중세의 정치 권위 관념이 근대자유주의이론 형성에 영향을 주었다고 평가할 수 있다. 정치사상사적 차원에서 정치 권위 관념의 변화 양상을 정리하여 보자.

제10장

맺는 말

중세정치사상은 로마제국이 붕괴되고 기독교가 세력을 뿌리내리기 시작한 기원 5세기부터 중세가 해체되는 과정에서 근대민족국가의 객관적 조건이 형성되는 16세기까지의 기간 동안에 형성·발전되었다.

중세정치사상은 기독교의 출현이라는 종교적 사건을 중심으로 다차원적으로 접근되어야 하기 때문에, 중세정치사상을 오직 종교적인 내용으로 구성된 특성만을 갖고 있다는 주장은 설득력이 떨어진다. 또한 본서가 각 장에서 다루었듯이 중세정치사상사에 등장하는 주요 정치적 관념들(political ideas)은 근대정치사상사에 등장하는 주요한 관념들과 연계되어 있고 근대정치에서 등장하는 정치적 제도와 정치적 관념들에 주요한 시원적 관념으로서 또한 의미를 갖는다.

이같은 사실은 중세정치사상을 연구하는 연구자와 일반 독자들에게 중요한 시사점을 던져 준다. 즉 중세정치사상은 고대정치사상사적 전통과 근대정치사상적 전통간 일종의 '다리' 역할을 하였다. 이러한 문제 의식을 바탕으로 본서가 각각 다루었던 관념들은 다음과 같이 정리된다.

제2장에서 중세정치사상의 배경으로서 봉건주의와 보편주의가 언급되었다. 봉건주의는 중세시기 왕의 성격을 발견하는 단초가 된다. 봉건주의는 고대의 정치제도와 달리 정치의 분권화를 가져왔다. 여기서 국왕은 실권이 없는 명목상 통치자에 불과하였다. 또한 관습법은 특정지역(locality)에서만 적용되는 법의 형태로 존재하는 다원적 성격을 갖고 있었다. 그런데 봉건주의는 충성과 계약이라는

관념을 근대정치사상의 주요한 지적 유산으로 남겨주었다. 특히 계약 관념은 절대군주의 권력 남용을 억제하고 저항할 수 있는 근거가 되었을 뿐만 아니라, 피지배층의 권리를 보호하는 정치 원리로 구축되는 바탕이 되었다. 그리고 충성은 지배층과 피지배층이 계약 관념을 통하여 법에 모두 복종심을 가질 수 있는 정치적 결과를 산출시켰다.

봉건주의와 함께 중세시기의 정치상황이 갖는 또 다른 특징은 보편주의이다. 봉건주의는 기본적으로 지역주의와 분권주의를 특징으로 한다. 이러한 상황에서 제국과 교회가 중요한 제도로 정착되면서 단일의 보편적 사회의 형성을 지향하였다. 보편주의적 특징은 유럽인들의 중요한 역사적 경험이 되었다. 실제적 차원에서 볼 때, 비록 종교적이기는 하지만 기독교를 통하여 단일의 인식을 갖고 보편적 정치 질서를 확립하고 운영했던 경험은 향후 서구, 특히 유럽에서 정치 통합이 지속적으로 제기되는 계기가 되었다.

또한 관념사적 차원에서 볼 때, 중세정치사상의 연원이 되었던 기독교 원리, 그리스·로마의 정치사상 및 로마법은 합리적·사회적 존재로서 인간의 본성, 인간 평등 그리고 자연법같은 주요한 정치적 관념들이 서구정치사상의 전통에서 보편성을 갖는 정치적 교의들(political doctrines)로서 설정되는 배경이 되었다.

제3장[1]에서 다루어진 인간 본성이 중세시기에 인간의 원죄를 전제로 형성되었다는 점이 고대의 인간본성 관념과 다르다. 비록 중세에 기독교가 절대적 영향력을 행사하고 있어서 신앙이 이성보다 우위에 있다는 인식이 형성되었지만, 중세 중기 이후 이러한 우위적 관계는 상호보완적 관계로 대치되는 현상이 나타났다. 어거스틴과 아퀴나스는 똑같이 인간의 합리성에 대한 신뢰를 갖고 있었다. 그러나 어거스틴은 인간의 의지와 선택을 강조하였다. 인간의 타락 문제도 어거스틴은 이와 같은 의지와 선택의 결과로 인식하였고, 죄 있는 존재로서 인간이 교만하지 말고 겸손하려는 노력을 지속적으로 하면, 신의 은총과 구원의 확신을 얻게 될 수 있고, 결국 진정한 행복에 이르게 된다고 주장하였다.

반면에 아퀴나스는 타락 이전과 타락 이후에도 인간은 여하튼 신의 본질을 통해 신을 알지 못하였다는 점에서, 양자간 차이는 큰 의미가 없다고 주장하였

---

1) 해당 장의 결론은 조찬래, "중세정치철학에서 인간본성의 개념에 관한 연구," 356-357을 수정·보완하였다.

다. 그에게 있어서 합리적 존재로서 인간에 의한 공동체 생활은 자연적이지만 완전하지 않기 때문에, 신앙의 도움을 받으면 신의 은총과 구원에 의한 행복한 생활이 가능하다고 주장하였다. 어거스틴의 의지와 선택의 원리는 캘빈의 신학사상에 영향을 주어 성공적인 종교개혁의 이론적 토대가 되었다. 이성과 신앙의 결합체로서 인간이 공동체 생활을 통해서만 궁극적 목적으로서 완전성과 행복을 달성할 수 있다는 아퀴나스의 주장은 국가에 대한 중세정치사상가들의 연구를 촉진시킴으로써 중세정치사회의 세속화에 기여하였다.

제4장[2]에서 교회정부 개념과 교회 개념간 관계가 매우 밀접하고, 이러한 관계를 통해 교회정부 개념이 발전되어 왔음이 확인되었다. 오거스킨은 지상교회와 천상교회로 교회의 의미를 파악하였다. 그의 이러한 개념은 교회정부의 성격과 역할에 중요한 영향을 주었다. 지상교회는 교회의 제도화에 영향을 주었고, 교황주의적 입장에서 교황절대주의로 교회정부를 구성하는 것을 주장하였다. 반면에 천상교회는 세속주의와 교회회의론의 급진주의적 입장에 영향을 주면서 일반회의의 기능을 회복함으로써 교회정부의 정상화를 모색하였다.

중세 초기에 교회가 제도적으로 정비되는 과정에서 교회정부는 군주제 원리에 입각해서 형성되었다. 그러나 황제의 영향을 받아서 교회정부는 제 역할을 하지 못했다. 교회정부는 중요한 제도로 점차적으로 인정되었다. 그러나 교황절대주의가 대두됨에 따라 교회정부의 정상화가 가로 막혀졌다. 교황주의적 입장에서 교황은 마치 절대군주처럼 군림하여 교회정부의 중요한 기관인 일반회의의 대의제 기능을 박탈함으로써 교회정부를 교황의 시녀와 같은 위치와 역할로 전락시켰다. 교황이 종교적 지도자로서 갖는 상징적 역할은 무오류와 무결점을 갖고 있는 절대적 정치지도자로 전환되었고, 교회정부도 또한 교황의 완전한 지시와 통제를 받는 지배형태가 되었다.

그러나 중세 말기에 세속권이 교권에 우위를 갖고 있다는 주장과 함께 출현한 세속주의적 입장은 교회의 법인체적 개념을 통해 교회정부의 대의제 기관으로서 일반회의 기능을 회복시키는 방식으로 교회정부를 정상화시키려고 했다. 법인체적 개념에 의해 교회는 신도들의 모임체로 이해되었고, 신도는 자신의 신

---

2) 해당 장의 결론은 조찬래, "중세시기에 교회정부의 변화과정에 관한 연구," 78을 수정·보완하였다.

앙생활을 스스로 결정할 뿐만 아니라 교회정부를 구성하는 주체로서 역할을 수행하는 존재로 부각되었다.

교회회의론적 입장의 온건파와 급진파 모두는 교회정부가 교황과 일반회의가 협력과 동의의 원칙 하에 운영된다면, 교회는 부패와 부조리 문제들을 개혁해서 새로운 모습으로 태어날 수 있다는 생각을 해왔다. 온건파는 이같은 개혁에 소극적이었으나 급진파는 교회정부의 동의 관념을 자연법의 지위로 격상시켜 교회자체를 스스로 정화시키는 강력한 원리로 작동시켰다. 세속주의적 입장과 교황회의론적 입장은 교회개혁을 통해 교회정부의 정상화를 도모했다는 평가를 받았다.

그러나 교회 자체의 개혁 노력은 구체적 결실을 맺지 못하였다. 이는 아마도 교황의 절대 권력은 제한을 받아서 자신은 교회정부를 구성하는 한 기관으로서 존재하였으나, 종교지도자로서 교황 자체의 위상과 가치가 역사적으로 워낙 막중하여 일반회의를 압도했다는 사실에서 연유하는지도 모른다. 대의제 기구로서 일반회의는 교황의 권위에 도전할 만큼 제도적인 능력을 갖추고 있지 못하였다. 따라서 교회 자체의 개혁을 통한 교회정부의 정상화는 달성될 수 없는 목표가 되어 버렸으나 세속주의적 입장과 교회회의론적 입장의 주장과 노력은 루터와 같은 종교개혁가에 영향을 주어 교회개혁의 달성을 가능케 했다.

제5장[3]에서 교권과 세속권의 대립구도에서 형성된 교황절대주의는 교황 그레고리 7세가 그 기반을 놓았고, 교황 이노센트 3세와 교황 이노센트 4세가 교황절대주의를 각기 공고화하고 완성시킴으로써, 교황의 보편적 지배와 절대적 지배권을 확립할 수 있었음이 지적되었다. 교황 보니파스 8세는 교황절대주의를 지속시키려고 하였으나 결국 실패로 끝났다. 이 사건은 교황절대주의가 결정적으로 쇠퇴하는 계기로 작용되었다.

교황절대주의 형성요인들은 성서를 기반으로 하는 종교적 요인들과 역사적 요인들로 구분된다. 전자는 성서를 기반으로 하는 정신이 신체에 비해 갖는 우위성, 신의 대리인으로서 교황, 그리고 모든 권력이 신으로부터 유래한다는 요소들을 포함한다. 후자는 콘스탄티누스 양여, 종교재판 및 교황의 대관식에 참여라는

---

3) 해당 장의 결론은 조찬래, "중세시기 세속권 논의에 대한 연구," 73−74를 수정·보완하였다.

요소들을 포함하고 있다. 에지디오스(Aegidius Romanus), 제임스(James of Viterbo) 및 아우구스티누스(Augustinus Triumphus) 같은 교회법 학자들은 군주제의 원리, 관할권의 원리, 간섭권의 원리 및 완전 복종권의 원리들을 중심으로 교황절대주의를 체계화시켰다. 교황절대주의는 일종의 정치이데올로기로서 교황을 종교적 지도자, 교회와 국가의 전제적 지도자 그리고 무오류, 무결점의 신과 같은 존재 등으로 부각시키는 역할을 했다.

종합해 보면 4명의 교황들의 지도력은 상황과 자질 또는 두 요소들의 결합에 따라 다르게 나타났다. 그레고리 7세는 상황과 자질이 잘 결합되어서 하인리히 4세를 카노사성에서 굴복시키는 정치적 성과를 얻어냄으로써 절대주의의 기반을 다질 수 있는 강력한 지도자가 되었다. 그러나 후반부에는 하인리히 4세가 독일 제후들의 지지로 자신의 권력을 회복시키는 상황에서 그는 굴욕적인 패배를 맛보는 수모를 당하기도 했다. 이노센트 3세와 이노센트 4세는 프리드리히 2세와의 대립과 투쟁에서 상황과 자질 모두 그들에게 유리하게 작용해 교황절대주의를 각기 공고화하고 완성시켜서 전제군주와 같은 지도자가 될 수 있었다. 반면에 보니파스 8세는 상황과 자질 모두 자신에게 불리하게 작용해 교황의 아비농 유수와 교회의 대분열이라는 정치적 불명예를 가져와 교황절대주의가 쇠퇴하는 길을 열어준 실패한 지도자로 만족했어야 했다. 무엇보다도 교황절대주의는 근대시기에 군주의 절대적 권력에 영향을 주어 왕권신수설의 또 다른 정치이데올로기를 탄생시켰다. 교황과 대립했던 왕이 절대주의로 무장해서 무오류·무결점의 지도자가 되었다는 것은 역사적으로 흥미로운 대목이라고 하겠다.[4]

교권에 대립적인 의미로 사용된 세속권은 중세의 전 기간 동안 정치적 상황에 따른 부침을 거듭하면서 발전해 왔다. 5세기부터 8세기까지 교회와 국가는 보완적인 관계를 유지했다. 교회는 11세기 정치세력화에 성공함으로써 13세기에 교황절대주의를 구축할 수 있었다. 그러나 교권의 우위현상은 교황 보니파스 8세 이후 형성된 교회분열로 쇠퇴의 징조를 보였다.

14세기에 세속권은 교권에 대한 우위를 가지는 현상으로 뚜렷하게 나타나기 시작했다. 세속권을 옹호하는 정치사상가들은 공세적인 입장에서 교황 권력의

---

4) 해당 장의 결론은 조찬래, "중세시기 교황절대주의(papal absolutism) 관념에 관한 연구," 461 – 462를 수정·보완하였다.

남용과 교회의 비리를 공격하여 세속권의 이론적 기반을 강화했다. 온건론적인 입장인 존, 극단적인 입장인 마르실리우스 및 오캄 등의 세속주의적 사상가들은 양검론과 과거의 역사적 사실들을 활용하여 교권에 대한 세속권의 우위를 정당화했다. 그들은 양검론에 대한 호소를 통해 교황이 권력 남용을 통해 자행했던 세속적 문제에 간섭하지 못하게 했다. 마르실리우스와 오캄은 대의제 성격을 갖는 일반회의의 부활을 통해 교황의 특권을 폐지하고 교회정부의 정상화를 도모했다. 더욱이 그들은 로마법에 명시된 공적 영역과 사적 영역의 구분, 국가는 교회보다 선재(先在)했다는 사실 그리고 황제는 종교회의를 소집·감독하고 주교를 임명했다는 사실 등의 인용을 통해 교권에 대한 세속권 우위의 입장을 주장하기도 했다.

중세 말엽에서 근대 르네상스로 넘어가는 과도기에 교권에 대한 세속권의 우위는 더욱 강화되는 경향을 보였다고 할 수 있다. 교회의 보편적 지위의 상실, 개인주의 의식의 발달 그리고 근대민족국가의 태동 등의 요인들은 이같은 세속권의 발달에 기여했다. 교회는 국가의 한 제도로서 인정되는 분위기가 형성됨으로써 교권은 세속권의 영향을 받을 수밖에 없는 존재가 되었다. 이같은 세속권의 강화는 근대민족국가의 형성을 촉진시킴으로써 왕의 권력이 절대화되는, 즉 왕권신수설의 정립에 기여했던 것도 사실이다. 반면에 그것은 종교개혁 이후 종교를 국가영역의 문제가 되게 함으로써 종교문제는 곧 정치문제가 되었고 이는 많은 근대국가들이 경험했던 내란의 원인이 되었던 것도 사실이다.

제6장[5])에서 중세시기 국가 관념에 대한 인식은 전반적으로 희박하다는 것을 지적했다. 아마도 종교의 강한 영향으로 인한 교회정치의 대두와 중세의 분권적 정치구조에서 국가공동체보다 지역(locality)을 기반으로 하는 공동체의 선호 등의 요인들과 깊은 관련이 있는 것으로 보인다. 그러나 국가에 대한 인식이 부족했던 상황에서도 국가의 존재 또는 역할까지도 부정되지는 않았다. 고대시기에 비해 국가의 역할은 많이 축소되었지만, 국가는 여전히 인간의 생활에 필수불가결한 제도로 인식하였다.

중세시기에 국가에 대한 인식도 편차를 보이는 것도 사실이다. 중세 초기에

---

5) 해당 장의 결론은 조찬래, "중세시기 국가 관념의 변화 양상에 관한 연구," 422를 수정·보완하였다.

어거스틴으로 대표되는 교부철학의 강한 영향력으로 신비주의가 교회정치에 침투한 탓으로 국가에 대한 인식은 매우 희박했다. 13세기 중세의 세속화 경향과 함께 진행된 아리스토텔레스의 수용으로 국가에 대한 연구가 활성화됨으로써 국가에 대한 인식은 개선되는 계기를 맞이했다. 토마스 아퀴나스는 아리스토텔레스를 따르면서 이성과 신앙(또는 계시)의 조화를 기초로 하는 국가 관념을 확립했다. 14세기에 대두한 아베로이즘(Averroism)의 영향을 받은 마르실리우스와 오캄은 국가를 종교를 배제한 채 이성에 기반을 둔 자연적이고 현실적인 제도로 이해하는 공감대를 형성함으로써 국가 연구에 한 획을 그었다. 따라서 중세시기에 국가 관념은 초기에 종교의 신비주의적 영향으로부터 벗어나 점차적으로 세속주의적 경향으로 발전하는 양상을 보였다.

이같은 국가 관념의 변화 양상에서 발견할 수 있는 특징들을 살펴보면 다음과 같다. 첫째로 중세 초기에 어거스틴의 현실국가는 키케로의 국가 개념(commowealth)을 그대로 받아들이고 있다. 존(John of Salisbury)도 키케로의 국가 개념을 수용했다는 점에서 키케로의 영향은 12세기 중엽까지 지속되었다. 둘째로 13세기 이후 국가연구가 활성화되는 과정에서 아리스토텔레스의 영향력은 절대적이었다. 아퀴나스는 아리스토텔레스의 영향을 강하게 받아 국가 관념을 형성했지만 종교의 영향을 배제할 수 없는 한계를 갖고 있었다.

그러나 마르실리우스와 오캄은 종교를 배제한 채 이성에 기반을 둔 현실적이고 자연적인 국가 관념의 확립을 도모하는 과정에서 아리스토텔레스에게 더 의존할 수밖에 없었던 것 같다. 마지막으로 마르실리우스와 오캄의 세속주의적 국가 관념은 근대적인 요소들을 포함하고 있다는 점에서 근대성을 지향했다고 말할 수 있다. 특히 그들은 정치 권위와 법 제정에서 인민의 동의 그리고 인민의 정부에 대한 통제 등을 강조한 대목에서 근대적 자유주의 사상의 싹을 엿볼 수 있다. 그러므로 그들의 국가 관념은 16세기에 폭군방벌론과 계약이론이 형성할 수 있는 정치사상적 토대를 형성했다고 말할 수 있다.

제7장6)에서 중세에서 존재하였던 다양한 종류의 법 즉 관습법, 자연법, 만민법, 교회법 및 실정법 등이 주요한 정치사상가들의 견해로 고찰되었다. 중세의

---

6) 해당 장의 결론은 조찬래, "중세정치철학에서 법의 관념," 303 – 304를 수정·보완하였다.

법 관념은 근대법 체계의 발전에 공헌하였다. 이는 중세 이후 법 관념의 변모과정에서 두드러지게 나타난다. 사회경제적 구조의 변화와 종교개혁이 권력의 집중화와 세속화를 조장하는 시대적 상황에서 관습은 시대착오적인 것으로 여겨졌고, 주권자의 의지로 제정되는 법의 필요성이 대두하였다. 16세기 말경에 보댕은 입법적 주권의 개념을 정의하면서 절대주권론을 옹호했다. 그는 입법적 주권자인 군주는 자연법에 의해 제한을 받는다고 주장했다.

그러나 다음 시기의 정치사상가들은 절대주권자인 군주의 권력을 제한하는 방편으로 자연법에 호소했고 이는 궁극적으로 자연법의 개념을 점진적으로 변형시켰다. 이러한 정치사상가들을 사회계약론자들이라고 통칭할 수 있는데, 그들에게 있어서 자연법은 국가의 형태와 권력을 결정하고 그것들과 개인의 자연적 권리를 경계짓는 원리 체계로서 나타났다.

자연법의 관념은 근대정치철학의 경험주의적이고 상대주의적인 사상가들에 의해 공격받았다. 동시에 대의제가 군주의 절대권력을 제한하는데 성공함으로써 자의적 입법의 관념에 대한 지적 저항은 소멸하게 되었고 이는 법을 단지 주권자의 의지로 보는 오스틴의 법 관념의 길을 열어 주었다. 이같은 법 체계의 변천과정에서 근대법의 대부분은 중세 규칙에 의존했고, 통치자도 집행되는 법을 과거의 법과 일치시키거나 자신의 결정을 강화하기 위해서 자연법을 재해석하고 또는 그것에 호소하는 경향이 있었다. 또한 카톨릭교회의 정치·사회적 교시도 토마스 아퀴나스와 다른 중세정치사상가들에 의해 구축된 자연법론에 의존하였다. 근대시기에 있어서 인민들은 자신들의 법적 권리를 침해받았다고 생각하면 실정법보다 상위에 있는 자연법 또는 자연권의 이름으로 저항을 정당화하였다.

제8장[7])에서 논의된 것처럼, 중세봉건제의 다원적 구조를 배경으로 형성되었던 대의제 관념은 중세 말기에 세속화 운동의 출현과 함께 근대적 형태의 모습으로 진화하였다. 중세 초기에 황제 또는 군주의 자문집단 또는 황제의 선출을 위한 제국선거인단은 형식적인 제도들로 출범해서 점차적으로 공동체 또는 인민의 동의를 표시하는 정치적 수단으로서의 역할을 수행했다. 인민의 동의 개념은 마르실리우스, 오캄, 제르송 및 니콜라우스 등의 정치사상가들에 의해 더 구체화

---

7) 해당 장의 결론은 조찬래, "중세시기 대의제 관념의 변화양상에 관한 연구," 282–283을 수정·보완하였다.

되었다. 마르실리우스는 인민이 정치 권위의 궁극적 기원으로서 대의제에 그러한 권위를 위임해야 한다고 주장했다. 또한 오캄과 니콜라우스는 정치 권위의 인민 동의 개념을 자연법의 원리로 발전시켜 대의제를 중요한 정치제도로 확립하는 이론적 토대를 마련했다.

이러한 정치사상가들의 대의제 관념은 교회정부에도 적용되어 일반회의가 교회정부의 중추적 기관으로서 중요한 역할을 하도록 했다. 그들은 법인체 원리에 입각해서 교회는 신도들의 모임체이고, 이러한 모임체를 대변하는 일반회의는 교황을 선출하고 폐위할 수 있는 권한을 갖는다고 주장했다. 교황은 일반회의가 결정한 사항을 단지 시행하는 집행자에 불과한 것이었다.

그러나 대의제 관념은 근대성을 지향했으나 제약성을 갖고 있었다고 할 수 있다. 이는 제르송과 니콜라우스같은 교회회의론자들이 종국에는 교황을 지지해서 그들의 개혁이 퇴색했다는 것과 관련되었으나, 더 근본적인 원인은 그들의 대의제 관념이 중세 말부터 근대로 넘어가는 과도기적 상황에서 생성되었다는 사실로부터 찾아야 한다. 대의제 관념이 근대성을 지향하고 있었으나 근대성의 명확한 형태로 드러나지 못했다. 따라서 대의제 관념에서 나타나는 인민의 개념이 개별적 수준에서 보다 집단적인 수준에서 기능적 집단으로 이해되었고, 인민의 동의라는 개념도 자연법의 원리로서 명확한 의미를 갖고 있지 못했다.

더욱이 대의제 관념은 군주에게 권한이 집중되는 역사적 사실의 결과로 나타났던 절대주권론과 상충되는 것이었고, 심지어는 그 존립기반을 잃어가는 상황에 봉착하기도 했었다. 그러나 이러한 권한의 집중화는 결국 인민의 동의를 기초로 하는 대의제 관념과 타협될 수밖에 없었다. 15세기 대의제 관념으로부터 17세기와 18세기의 자유주의적 입헌주의 운동이 발전했다는 사실을 고려할 때, 대의제 관념은 합법적 권위와 법만이 도덕적 힘이며, 사회는 기존 권위가 받아야만 하는 도덕적 비판을 구체화해야 한다는 신념을 서구정치사상의 전통이 지탱되는 흐름으로 만드는데 기여했다.

제9장[8])에서 봉건체제의 다원적이고 분권적인 정치적 조건에서 정치 권위의 관념이 그리스·로마시대처럼 발전될 수 없었음이 언급되었다. 정치 권위의 공적

---

8) 해당 장의 결론은 조찬래, "중세시기 정치 권위의 변화양상에 관한 연구," 115-117을 수정·보완하였다.

개념보다 사적 개념이 더 발달한 상황에서 권위의 사유화 현상이 나타났다. 정치 권위에 대한 복종도 공적인 권력 관계의 틀에서 형성되지 않고 사적인 범주에서 계약에 의해 이루어지는 것이 일반적인 관례였다. 이같은 사적인 권력 관계는 왕권의 개념에 잘 나타나 있다. 봉건제는 왕국을 계약적인 관계의 단순한 망(network)으로 변화시켰고, 왕권은 재산권처럼 취급되었다. 왕의 권위도 사적인 성격을 갖고 있었고, 그의 복종에 대한 요구도 계약에 의해 명시된 조건의 이행에 달려 있는 것이었다.

교부철학자들은 정치 권위에 대한 희박한 의식을 다소 개선시키는데 기여했다. 그들은 정치 권위는 원죄적 인간의 타락의 결과로서 필요한 제도라는 인식에서 출발하고 있다. 원죄 이전의 순수한 상태에서는 강제적 지배는 없었으나, 원죄의 출현으로 인한 사회 혼란과 무질서의 상황에서 정치 권위는 사악한 자를 처벌하고 인간을 어느 정도의 질서와 정의에 따르기 위해서 필요하다는 것이다. 특히 어거스틴은 '국가는 인민의 조직체이다'라는 키케로의 정의를 사용하면서 현실국가는 신의 인도로 조성될 수 있는 평화의 상태에서 정의를 확보하는 조건에서만 진실한 제도가 될 수 있다는 주장을 했다.

아퀴나스가 아리스토텔레스의 국가 관념의 수용 이후 정치 권위의 관념은 더 체계적으로 발전할 수 있었다. 국가는 인간의 요구를 충족시켜 주는 합리적이고 자연적인 제도라는 아리스토텔레스의 정의는 교부철학자들의 정치 권위의 관념을 수정시켰다. 무엇보다도 아퀴나스는 이성과 신앙의 조화로운 상태에서 정치 권위는 합리적이고 자연적인 존재로서 인간의 다양한 요구들을 충족시켜주는 역할을 한다고 했다. 특히 그는 정치 권위는 공동체로서 조직화된 인민에 있다고 주장했다. 인민은 그들이 원하는 정부 형태를 창출할 수 있고, 인민 또는 인민의 대리인이 정부의 권력을 행사하게 된다. 따라서 인민을 대표하는 자격을 갖지 않는 어떤 정치 권위가 법을 제정하는 행위는 정당치 않은 일로 여겨졌다.

아리스토텔레스의 국가 관념은 중세 말기에 더 큰 영향력을 행사해서 정치 권위의 인민적 관념을 발전시켰다. 마르실리우스, 니콜라우스 및 오캄은 정치 권위는 궁극적으로 인민에 기반하지 않으면 정당치 않다는 정치적 원리를 설립시키는데 기여했다. 마르실리우스는 입법가인 동시에 주권자로서의 인민의 개념을, 니콜라우스는 정치 권위의 동의 관념을 그리고 오캄은 개인이 통치자를 선택할 수 있는 권한을 자연권으로 각기 정립했다.

이같은 정치 권위의 진화 과정에서 근대적인 특성을 발견할 수 있는 것도 부인할 수 없는 사실이다. 그러나 이들의 정치 권위 관념은 중세의 틀을 벗어나지 못하고 있는 점에서 그 한계가 분명히 드러나고 있다. 그들에게 있어 인민의 개념은 키케로의 인민의 개념처럼 기능적 집단의 의미를 갖고 있으므로 인민은 권리를 소유하고 있는 개별적인 주체로 인식하지 못하였다. 특정적으로 그들의 인민의 개념은 공동체를 법인체로 보는 관점에서 법인체적 또는 법률적 시각에서 이해되었기 때문에 정치적 원리로서 적용하는 의미를 갖지 못했던 것이다.

그럼에도 불구하고 중세시기에 정치 권위의 변화 양상은 16세기와 17세기의 정치사상가들에게 지대한 영향을 주어 인민을 기반으로 하는 정치사상을 발전시켰다. 16세기 계약론의 발전이 17세기 사회계약론이 형성될 수 있는 자양분이 되었다는 사실을 고려할 때, 중세의 정치 권위 관념은 근대자유주의 발전에 기여를 했다고 할 수 있다. 특히 마르실리우스, 니콜라우스 그리고 오캄의 인민의 정치 권위의 관념은 그 제약성을 갖고 있었지만, 17세기 로크를 비롯한 사회계약론자들에게 전승되어서 자유주의이론이 형성될 수 있는 계기를 마련해 주었다.

그러나 사회계약론자들은 개인의 권리를 극도로 강조한 나머지 국가의 본질을 제대로 파악하지 못하는 실수를 범했다. 이러한 점에서 인민의 동의 관념과 국가의 목적은 인간의 자연적 능력의 실현이고 국가의 영역은 공동선 만큼 광범위하다는 관념을 결합시킨 루소의 정치사상은 탁월하다고 할 수 있다. 왜냐하면 당시의 17세기 사회계약론자들이 시도하지 못했던 자유와 정치 권위의 결합을 통해 훌륭한 공동제의 비전을 제시했기 때문이다.

제2부

강독

제1장 양검론과 어거스틴의 신국
제2장 교권과 세속권의 대립과 갈등
제3장 중세의 정부론
제4장 대의제의 원리

제1장

양검론과 어거스틴의 신국

로마제국에서 기독교는 공식적인 종교로 인정되어 급속도로 그 세력을 확장하였다. 제국이 내부의 분열과 무능력 때문에 쇠약해지는 상황에서 기독교는 상대적으로 무시할 수 없는 독립된 정치세력으로 성장하였다. 교회를 중심으로 보편적 기독교사회를 형성한 시점에서 기도교인들은 신과 국가에 대한 이중적 의무를 갖게 되었고 이는 정치적 복종의 측면에서 긴장과 갈등의 문제를 야기하였다. 예수와 바울은 현실주의적인 입장에서 기독교인들에게 국가에 대한 소극적 복종을 가르치는 방식으로 정치복종의 문제를 해결하려고 하였다.

그러나 이같은 방법은 종교의 영향력이 더욱 강력해지고 국가의 역할이 감소해지는 상황에서는 유지될 수가 없었다. 오히려 교화와 국가 간의 긴장과 갈등 관계는 완화되기보다는 더 커지는 경향이 있었다. 교회는 하나의 거대한 정치세력으로 성장한 이상 그것은 국가에 대한 대담한 요구를 하게 됨으로써 교회와 국가의 정치적 갈등은 피할 수 없는 형국이 되었다.

이같은 상황에서 대두된 양검론(two swords theory)은 교회와 국가의 갈등문제를 해결하려는 목적으로 교황 게라시우스 1세(Gelasius I)에 의해 고안된 개념이었다. 그것은 교회와 국가는 상호 간섭 없이 정신적 문제와 세속적 문제를 각기 담당하면 두 제도는 갈등없이 조화롭고 안정적인 관계를 유지할 수 있다는 것을 의미하였다. 그러나 양검론은 시초부터 애매모하고 불안정한 개념이어서 제대로 기능할 수가 없었다. 왜냐하면 교황과 황제(또는 군주)는 자신들의 이익을 도모하려는 목적에서 이 개념에 호소하였고 자칫 이 개념의 유용성이 현저히 저하되면 그들은 그것에 호소하지도 않았던 것이다.

어거스틴(Augustine)은 교회와 국가 간의 갈등상황을 심도 있게 다루지는 않았지만 그의 저서 『신국론』(The City of God)은 플라토닉한 사상과 기독교적 사상을 융합하여 정치사회의 기원, 시민정부와 신법과의 관계, 자연법의 정의, 정당한 지배자와 전제자의 특질, 그리고 노예제도와 사유재산에 대한 기독교도의 태도 등의 광범위한 주제들을 체계적으로 분석하였다는 평가를 받고 있기 때문에 정치사상가들에게 심오한 영향을 주었다. 그는 두 개의 국가 즉 지상국가(earthly city)와 천국(city of God)을 제시하고 있다. 인간은 신체와 정신을 겸비한 이중적 존재이기 때문에 그의 본성의 성질에 따라 두 개의 국가 중 하나에 속하게 된다는 것이다.

또한 그는 여기에 대응해서 두 개의 교회 즉, 보이는 교회(visible church)와 보이지 않는 교회(invisible church)를 제시하고 있다. 전자는 현실국가에서 제도화된 교회라고 하면 후자는 천국에서의 교회를 각기 의미한다. 여기서 보이는 교회의 역할이 무엇보다도 중요시 된다. 왜냐하면 그것은 원죄의 인간들을 신의 은총과 구원에 의해 믿음의 공동체로 인도해서 그들을 천국에 이르게 하는 주요한 임무를 맡고 있기 때문이다. 이런 점에서 그는 교회의 출현을 인간역사의 전환으로 파악하고 있는 것이다.

제1절   기독교인의 이중적 의무와 소극적 복종

❏ 가아사에게 세금을 바치는 것(마태복음 22장 15-22절)[1]

15절. 이에 바리새인들이 가서 어떻게 하면 예수를 말의 올무에 걸리게 할까 상의하고,

16절. 자기 제자들을 헤롯 당원들과 함께 예수께 보내어 말하되 선생님이여

---

1) 대한성서공회 편, **신약전서**(서울: 성서원, 2015), 32.

우리가 아노니 당신은 참 되시고 진리로 하나님의 도를 가르치며 아무도 꺼리는 일이 없으시는 이는 사람을 외모로 보지 아니 하심이니이다.

17절. 그러면 당신의 생각에는 어떠한지 우리에게 이르소서 가이사에게 세금을 바치는 것이 옳으니이까 옳지 아니하니이까 하니,

18절. 예수께서 그들의 약함을 아시고 이르시되, 외식하는 자들아, 어찌하여 나를 시험하냐?

19절. 세금 낼 돈을 내게 보이라 하시니, 데나리온 하나를 가져왔거늘,

20절. 예수께서 말씀하시되, 이 형상과 이 글이 누구의 것이냐?

21절. 이르되 가이사의 것이니이다. 이에 이르시되 그런즉 가이사의 것은 가이사에게, 하나님의 것은 하나님께 바치라 하시니,

22절. 그들이 이 말씀을 듣고 노엽게 여겨 예수를 떠나가니라.

❏ 그리도인과 세상의 관계(로마서 13장 1-7절)[2]

1절. 각 사람은 위에 있는 권세들에게 복종하라 권세는 하나님으로부터 나지 않음이 없나니, 모든 권세는 하나님께서 정하신 봐라.

2절. 그러므로 권세를 거스리는 자는 하나님의 명을 거스림이니, 거스르는 자들은 심판을 자취하리라

3절. 다스리는 자들은 선한 일에 대하여 두려움이 되지 않고, 악한 일에 대하여 되나니, 네가 권세를 두려워하지 아니하려느냐 선을 행하라, 그리하면 그에게 칭찬을 받으리라.

4절. 그는 하나님의 사역자가 되어 네게 선을 베푸는 자니라 그러나 네가 악을 행하거든 두려워하라. 그가 공연히 칼을 가지지 아니하였으니, 곧 하나님의 사역자가 되어 악을 행하는 자에 진노하심을 따라 보응하는 자니라.

5절. 그러므로 복종하지 아니할 수 없으니, 진노 때문에 할 것이 아니라, 양심을 따라 할 것이라.

6절. 너희가 조세를 바치는 것도 위로 말미암음이라 그들이 하나님의 일꾼

---

2) **신약전서**, 257.

이 되어 바로 이 일에 힘쓰느니라.

7절. 모든 자에게 줄 것을 주되 조세를 받을 자에게 조세를 바치고 관세를
받을 자에게 관세를 바치고 두려워할 자를 두려워하며 존경할 자를 존
경하라.

❏ 선한 일과 소극적 복종(디도서 3장 1-2절)[3]

1절. 너는 이것을 말하고 권면하며 모든 권위로 책망하며 누구에서든지 업
신여김을 받지 말라. 너는 그들로 하여금 통치자들과 권세 잡은 자들에
게 복종하며 순종하며 모든 선한 하기를 준비하게 하며,

2절. 아무도 비방하자 말며 다투지 말며 관용하며 범사에 온유함을 모든 사
람에게 나타낼 것을 기억하게 하라.

제2절   양검론

❏ 교황 게라시우스 1세가 황제 아나스타시우스에게 보낸 서한[4]

황제 폐하 이 세상을 지배하는 두 개의 권력이 존재하는데 즉 성직자들의
교권과 황제의 왕권이 바로 그것들입니다. 이러한 권력들 중에서 교권이 더 비중
이 있다고 생각합니다. 왜냐하면 성직자들은 신적 판단으로 세상 왕들에 대한 설
명을 주어야 하기 때문입니다. 황제 폐하 당신은 인간에 대한 지배를 영예롭게

---

3) 신약전서, 349.

4) 양검론은 494년 교황 게라시우스(Gelasius) 1세가 황제 아나스타시우스(Anastasius) I세에게
쓴 편지로 교황은 정신의 칼을 황제는 물질의 칼을 각기 상호간섭 없이 행사하면 교회와 국
가 안정적인 관계를 유지하면서 서로 발전을 도모할 수 있다는 것을 주 내용으로 하고 있다.
여기서는 Quora(http://www.quora.com)에서 "What was Gelasius's Two Swords
Theory?"의 질문에 대한 답변으로 Harold Kinsberg가 답변한 것의 일부를 번역·기재하였다.
자세한 내용을 위해서는 아래 웹사이트를 참조한다: "What was Gelasius's two swords
theory?," Harold Kingsberg, accessed at July, 14, 2017, http://vww.quora.com/What
was Gelasiuss two swords theory.

할 수 있는 반면에, 당신은 신적인 사항들에 관해서 성직자들 앞에 머리를 숙여야 하고 그들의 손으로부터 구원의 수단을 기다려야 한다는 것을 알고 있으실 겁니다. 천상의 신비스러운 일들을 수용하고 배분하는데 있어서 당신은 성직자들보다 아래에 있다는 것을 인정하고 이러한 문제들에 있어서 그들로 하여금 너의 의지를 따르게 하기보다는 그들의 판단에 의존해야 합니다.

성직자들도 세속적 문제들의 집행에 방해가 되지 않기 위해서 공공질서에 관련된 문제들에 대해서 신으로부터 공인된 당신의 우월성을 인정하면서 국가의 법들에 복종해야 합니다. 그리고 당신은 종교의 신비스러운 일들의 분배를 담당하는 사람들에게 성직자들의 복종을 강요하지 말아야 합니다. 황제인 당신은 영원한 생활을 위해서 성직자들을 필요로 하고 성직자들도 세속적 문제들을 처리하는데 제국의 규제들을 사용해야 합니다.

여기서 성직자들과 황제들이 다른 영역을 간섭하자 않고 자신들의 영역에 충실케 하는 교권과 세속권의 상호부조(mutual helpfulness)의 정신이 유지되는 것이 무엇보다도 중요합니다. 이러한 정신의 지배 하에서 황제와 성직자들이 자신들의 고유한 영역인 정신적인 칼과 세속적인 칼을 행사한다면 교회와 국가의 관계는 위험이 없고 안정적인 상태를 유지할 수 있을 것입니다. 이것은 궁극적으로는 보편적 기독교 사회의 조화와 통일에 기여할 것으로 생각합니다.

제3절   어거스틴의 신국[5]

❑ 지상에서의 체류[6]

그러나 신념(신앙)에 의해 살지 않는 가정은 이런 삶의 현세적 이점에서 평화를 찾는 반면에 신념에 의해 살고 있는 가정은 약속되었던 영원한 축복을 추구하며, 시간이나 현세의 그러한 이점을 순례자처럼, 그들을 신에게 엇나가게 하

---

5) R.V.G. Tasker, *The City of God*, 2 vols.(London: Dent and Sons, 1957).
6) Tasker, 2: 254−256.

거나 매혹시키지 않고 오히려 쉽게 인내하고 영혼에 가중되는 부패한 육체의 무거운 짐의 수를 경감시키려고 돕는데 이용한다.

지상의 국가(the earthly city)는 신념에 의해 살지 않고 현세적인 평화를 추구하고, 시민의 복종이나 규칙에 있어서 그것이 제안한 목적은 이러한 삶에 도움이 되는 것들을 얻기 위한 인간의지의 결합인 것이다. 천국(the Heavenly City) 또는 현세에 체류하고 신념에 의해 살고 있는 천상국의 부분은 그것을 필요케 하는 사멸의 조건이 사라지게 될 때까지 해야 하기 때문에 이 평화를 이용한다. 결과적으로 지상국가에서 포로나 이방인 같이 살게 되는 한, 구제의 약속과 가장 진정한 것으로서 영혼의 선물을 받았다 할지라도, 지상국가의 법을 따르는 데 주저하지 않으며, 그것에 의해서 사멸하는 삶의 유지를 위해 필요한 것은 주어진다. 그리고 이런 삶이 두 국가에 공통적인 것이기에, 무엇이 그것에 속하는 것인가에 관해 그들 사이에 일치가 있게 된다. 그러나 지상국가가 신의 가르침에 의해 비난을 받는 교리를 가진 사상가들을 갖고 있기 때문에, 그리고 그들 자신의 추측이나 악마에 의해 속았던 사람은 많은 신들이 인간 사이에 어떤 이익을 갖고 초대되었으며, 각자가 기능과 부분을 분리하기 위해 할당되었다고 가정한다. 한 사람에게는 육체, 다른 이에게는 영혼, 그리고 그 육체 자체에서 한 사람은 머리, 다른이는 목, 그리고 다른 사람들은 그 신들 중 한 사람, 이와같은 방법으로 영혼에 있어서는 한 신에게는 선천적인 능력이 할당되고, 다른이에게는 교육, 또 다른 이에게는 분노, 또 다른 강한 욕망 그래서 삶의 다양한 일들이 할당되었다.

그리고 반면에 신국은 숭배해야 할 유일한 신을 알고 있고, 그에게 봉사는 당연한 것이었으며, 그것은 단지 한 신에게만 주어질 수 있고, 두 국가가 공동의 종교법을 가질 수 없다는 것을 통과시키게 되었고, 천국은 이 문제에 있어서 의견을 달리하게 강요되었고, 다르게 생각하는 사람들에게 미움을 받게 되고, 그 적대자들이 기독교인 다수에 의해 놀라지 않고, 그들에게 일치하는 신의 명백한 보호에 의해 진압될 수 있을 정도로 분노와 미움, 그리고 학대를 계속하였다. 그래서 천국은 현세에 체류하는 동안 모든 국가의 시민들을 소집하고 풍습, 법제도의 다양성에 대해 망설이지 않고 모든 언어권의 순례자 사회를 구성했고, 그럼으로써 현세의 평화는 구원되고 유지되었으나, 그러한 것들이 얼마나 다양하든지, 그들은 하나가 되어 현세의 평화라는 같은 목적을 이루어가는 것을 알게 되었다.

그러므로 이러한 다양성을 폐지하거나 철회할 필요가 없고, 하나에 대한 숭배에 방해만 없다면 그것들을 보존하고 채택할 수도 있으며, 최고의 진정한 신은 전해질 수 있다. 그러므로 천국이 순례의 상태에서, 그 자신을 현세의 평화로 이용할 수 있고 믿음이나 깊은 신성을 해치지 않고 인생에 있어 필요한 것들을 습득하는 것에 관해서 사람들 간에 공통된 동의를 바라고 유지할 수 있으며, 이 현세의 평화를 하늘의 평화에 의존하게 만들게 된다. 왜냐하면 이것만으로 신들 간의 그리고 신의 조화롭고 완벽하게 정돈된 향유에서 존재하는 이성적인 창조물의 평화는 존중되고 유지되기 때문이다. 우리가 그런 평화에 도달했을 때, 사멸하는 삶은 영원한 것으로 하나가 될 수 있는 여지를 주게 되고 우리의 육체는 그것의 부패에 의해 눌려지는 이러한 동물적인 육체가 더 이상 되지 않는 것이다. 그러나 정신적인 육체는 부족을 느끼지 않고, 모든 구성원은 그 의지에 종속되는 것이다. 이런 순례(pilgrim) 상태에서 그 천국은 신앙에 의한 변화를 소유하게 되고 이 신앙에 의해 인간과 신에 대한 모든 선한 행동인 그 평화의 획득을 증명할 때, 그것은 올바르게 존재하는 것이다. 왜냐하면 그 국가의 삶은 사회적인 삶이기 때문이다.

❏ 신국과 지상국가[7]

우리는 인간 판단의 사랑이 아닌 신의 섭리의 조치에 의해 모든 다른 작품들 중에서 가장 탁월한 권위와 위엄을 갖고 있는 성서가 증언하는 사회에 신국(the City of God)의 이름을 주고 있다. 성서는 하나님의 성이여 나를 가리켜 영광스럽다 말하는 도다(시편 87장 3절)라고 기록하고 있다. 시편 다른 곳에서 여호와는 위대하시니 우리 하나님의 성 거룩한 산에서 극진히 찬양받으시리로다, 터가 아름다워 온 세계가 즐거워함이여 큰 왕의 성 곧 북방에 있는 시온 산이 그러하도다(시편 48장 1절, 2절). 그리고 한 시내가 있어 나뉘어 흘러 하나님의 성 곧 지존하신 이의 성소를 기쁘게 하도다. 하나님이 그 성중에 계시매 성이 흔들리지 아니할 것이라 새벽에 하나님이 도우리로다(시편 47장 4절-5절).

모든 이러한 증언들은 우리들에게 신국이 있다는 것을 가르치고 있으며 우

---

7) Tasker, 1: 312-313, 2:26, 2: 60-61에서 주요 부분을 발췌하여 번역하였다.

리들은 하나님의 고취적인 사랑에 의해 그러한 신국의 구성원이 되기를 원한다. 지상국가(the earthly city)의 시민들은 신국의 신성한 하나님보다는 자신의 신들을 선호한다. 그들은 천국의 하나님이 거짓이고, 사악하며 그리고 자만하지도 않을 뿐만 아니라 보편적이고 불변적인 속성을 지닌 신들 중의 신이라는 것을 알지 못하고 있다. 이러한 신국의 적들에 대해서는 이전 10권에서 충분히 답했으므로 우리들의 왕이신 하나님의 도움으로 지금은 천사들의 힘의 차이에서 나오는 두 개의 국가들의 기원에 대하여 기술하려고 한다.

이전 권(券)들에서도 말했듯이 하나의 사회적 유사성에서 인간본성을 유지하고 인간 최초의 단일성이 마음 속의 화합을 위한 수단이 되게 하기 위해서 하나로부터 모든 인간들을 번식시키는 것이 하나님 기쁨이 되었다. 아담과 이브가 선악의 열매를 따먹는 죄로 인하여 인간본성은 타락한 상태로 전락하였고 죽음을 맞이하게 되었다. 인간은 신의 은총에 의해 이러한 원죄를 용서받지 못하면 두 번째 죽음에로[8] 마구 돌진하게 되어서 고통과 저주의 형벌을 영원히 받게 된다. 그러므로 인간은 언어, 훈련, 습관 및 유행에서 상이한 여러 민족들로 나누어지는 일이 일어났다. 여기에 두 국가를 만드는 두 종류의 인간이 있게 되는데 하나는 육(flesh)에 따라 생활하는 사람들로 구성되는 지상 국가이고 다른 하나는 영(spirit)에 따라 생활하는 사람들로 구성되는 신국이다.

이러한 것들이 두 국가 또는 두 사회로 불리어지는 것이며 신국은 하나님이 영구적으로 지배하기로 되어 있는 국가이고 지상국가는 악이 지배하는 영원한 고통으로 저주받는 국가인 것이다. 우리는 두 국가들의 기원에 관해 충분히 말했음으로 그 다음은 그들의 생애 즉 이러한 국가들이 어떻게 진화되었는지를 검토하는 것이 순서라고 본다.

카인(Cain)은 인간 최초의 살인자이므로 그는 지상국가에 그리고 그의 동생

---

8) 두 번째 죽음에 대한 언급은 요한계시록 2장 11절, 20장 6절과 14절 그리고 21장 8절에 언급되어 있다. 그 중 21장 8절은 "두려워하는 자들과 믿지 아니하는 자들과 흉악한 자들과 살인자들과 음행하는 자들과 점술가들과 우상숭배자들과 거짓말하는 자들은 모두 불과 유황으로 타는 못에 던져지리니 이것이 둘째 사망"이라고 하였다. 하나님에 의한 구원을 받는 사람은 지상에서 죽음을 맞이해서 두 번째 죽음이 이르지 않지만 구제받지 못하는 이러한 악인들은 심판으로 영원한 형벌의 장소인 불못(lake of fire) 또는 지옥에 던져짐으로써 두 번째 죽음을 맞이 한다는 것이다.

아벨(Abel)은 의로운 존재이므로 신국에 각기 속한다고 할 수 있다. 여기서 우리는 영적인 것이 첫 번째가 아니고 자연적인 것이 첫 번째라는 것을 알 수 있다. 아담의 타락한 본성으로부터 유래하는 영적인 것은 필연적으로 악이 되었고 육욕적인 생활이 첫 번째가 되었다. 그리스도에 의해 부활된 사람은 선하고 영적인 존재가 된다. 그러므로 인간의 최초번식과 두 국가들의 여정에서 육욕적인 시민들은 먼저 태어나며 신의 은총에 의해 선택을 받아서 지상에서 순례중에 있게 되면 후에 신국의 시민이 될 수 있다. 하나님은 비난의 배를 먼저 만들었고 영예의 배를 나중에 만드셨다. 한 인간에게 영원한 벌이 먼저이므로 그는 거기에 머물러 있을 필요가 없으므로 다시 시작해서 후에 선한 존재로 바뀌게 될 수 있는 것이다.

그러므로 악스러운 모든 사람은 선하게 되지 못하지만 처음에 악스럽지 않은 사람도 선한 존재가 될 수 없다. 그러나 자기 자신을 개선하는 노력을 일찍 할수록 이러한 사람은 선한 존재라는 이름을 빨리 갖게 된다. 카인은 지상국가를 건설하였다는 기록이 있는 반면 아벨은 순례자이고 어떤 도시를 건설하지도 않았다. 왜냐하면 이러한 천국에는 이러한 왕국이 오는 시기까지 지상에서 순례자로서의 생활을 하고 있는 시민들이 있으며 육체의 부활에서 모든 시민들을 결합시키고 그들의 왕인 하나님이 지배하는 왕국을 그들에게 영원히 주고 있지만, 성인들의 국가인 천국9)은 위에 있기 때문이다.

신국의 원리는 한편으로는 기독교의 원리로부터 유래한다고 할 수 있다. 다른 한편에서는 그것은 헬레니즘의 철학가들과 키케로에서 성장하였다고 알려진 것 즉 국가, 인종 또는 계급을 초월하면서 우리를 단지 공동의 인간본성의 소유에 의해 구성원이 될 수 있게 해주며 우주(universe)와 일치하는 사회의 개념을

---

9) 스베덴보리는 영계의 신비적 경험을 통해 천국은 3가지 종류, 즉 제3천국(천적 왕국), 제2천국(영적 왕국), 그리고 제1천국(자연적 왕국)이 존재하고 있음을 얘기하고 있다. 그에 의하면 천적왕국은 사랑의 화신체가 된 영인들이 사는 곳이고 영적인 왕국은 이성을 통해 진리를 이해하고 행하는 영인들이 사는 곳 그리고 자연적인 왕국은 종교를 갖지 않고 하나님과 주님을 모르지만 양심을 가지고 도덕적인 삶을 살아 온 선한사람들이 사는 곳이라는 것이다. 어거스틴이 말하는 성인들의 국가인 천국은 아마도 제3국인 천적왕국을 의미하고 있는 것으로 보인다. 자세한 내용은 다음 책을 참조. Emanuel Swedenbory, **위대한 선물**, 스베덴보리 편역 (서울: 다산북스, 2009), 109−114.

포함하고 발전시켰다. 물론 키케로의 사회의 개념과 천국의 개념 간에는 중대한 차이가 있다. 전자에 의하면 인간은 본성상 사회의 구성원이 된다. 모든 인간은 신적 계획에 의해 천국의 구성원이 될 수 있도록 창조되었지만 인간의 원죄로 인한 타락 이후로 이같은 신적 계획은 포기되었다. 타락 이후 인간은 신의 은총에 의해서만 천국의 구성원이 될 수 있고 이러한 은총은 모든 사람에게 주어지는 것이 아니기 때문에 모든 사람이 천국의 구성원이 되지 않는다. 그러나 이러한 차이는 우리의 현재 목적을 위해서 중요하지가 않다. 왜냐하면 어떤 사람들은 비록 신국으로부터 제외되지만 그들은 주어진 종족, 계급, 또는 국가에 속하는 것을 제외되지 않는다. 신의 은총을 받고 천국에 들어가는 사람들도 인간사회의 경계와 특이성에 무관심할 수가 없는 것이다.

여기서 어떤 의미에서 천국의 구성원들은 사회를 형성한다고 말할 수 있는 가하는 문제가 제기된다. 그들은 공통적으로 갖고 있는 것은 하나의 하나님을 사랑하고 예배하는 일이다. 그러나 이것이 예배자들간에 사회의 유대를 구성해야 한다는 것은 명백하지가 않다. 하나님에 대한 공동의 사랑과 숭배는 한편에서는 예배의 바로 그 행위는 필연적으로 한 공동체의 예배자 구성원들을 구성하는 결과를 가지게 된다. 신국의 구성원들은 하나님과의 공동체를 향유하고 하나님 안에서 서로서로를 즐겁게 한다. 전자는 하나님의 인간에 대한 사랑이고 이는 결국 후자 즉 이웃에 대한 사랑에 이르게 되는 것이다.

❏ 교회

두 국가에 대응해서 두 개의 교회 즉 보이는 교회(visible church)와 보이지 않는 교회(invisible church)가 존재한다. 전자는 신국과 지상국가의 구성원들을 포함하고 있는 계서적인 조직체로서 현실 국가에서 존재하는 반면 후자는 신국과 동일시 된다. 엄밀한 의미에서 보이는 교회는 우리가 사는 세계에서 보통 교회라고 불리어지는 법인체라고 할 수 있다. 그러한 교회는 하나님의 적들과 투쟁을 계속하기 위해서 그에 의해서 만들어졌다. 그것은 그리스도의 대리인들이라고 할 수 있는 성인들에 의해 지배되고 그리스도의 두 번째 재림을 준비해야 하는 중대한 임무를 수행해야 한다.

인간은 하나님의 은총에 의해 신국의 구성원들이 될 수 있고 이러한 은총의 정상적인 수여는 교회의 성사를 통해 이루어진다. 그러므로 천국은 교회의 구성원이었거나 현재 구성원인 사람들로 구성된다. 교회는 세상에서 순례중에 있는 그것의 구성원들을 포함하고 있는 천국의 한 부분이기도 하고 천국의 구성원들이 거쳐야 하는 통로가 되는 것이다.[10]

---

10) Tasker, 2: 282–285.

제2장
교권과 세속권의 대립과 갈등

교권과 세속권의 대립과 투쟁은 중세정치상에서 중요한 주제로서 지배적인 위치를 차지하고 있었으므로 수많은 정치사상가들의 관심을 받았다. 어느 의미에서 중세정치사상은 대부분 이러한 주제를 중심으로 전개하였다고 할 수 있다. 교권과 세속권의 대립과 투쟁도 상황의 변화에 따라 다양한 형태로 나타났다.

교회가 거대한 정치세력이 됨에 따라 교권과 세속권의 투쟁은 전자가 우세한 형국으로 발전하여 교황절대주권론이 대두하게 되었다. 11세기말엽 교황 그레고리 7세는 황제의 교회 간섭으로부터 오는 종교의 세속화에 반대하는 명분의 교회개혁운동을 전개하여 교회의 순수성과 지위를 강화시키려고 하였다. 이러한 운동은 성공적이었으므로 그레고리는 성 베드로의 대리자로서 의무를 지우고 매는 권한(마태복음 16장 13－20절)에의 호소를 통해 권력의 절대화를 도모하였다. 그는 총 27개 항으로 구성된 교황 교서(Dictatus Papae)의 공포를 통해 교황권력의 무오류·무결점의 절대성을 선언하였다.

교황 이노센트 3세는 이러한 절대주의를 더 공고화시켰다는 평가를 받고 있다. 그의 재위기간 동안 황제들의 세력은 쇠잔해진 상태여서 그의 적수가 되지 못하는 상황이 지속되었다. 이같은 유리한 조건에서 이노센트는 관할권의 확대를 통해 보편적 지배를 확립할 수 있었다. 그는 공경할 교서(Bull Venerabilem)에서 자신은 대제사장이고 세속의 왕이시었던 그리스도의 대리자로서의 역할(히브리서 7장 1－3절)을 통해 세속적인 문제들에 개입할 수 있는 정당성을 천명하였다. 그리고 교황절대주의는 교황 이노센트 4세 때 최절정에 이르게 되었다.

교황 보니파스(Boniface) 8세는 1302년에 공포된 '하나이고 거룩함(Unam Sanctam)'교서에서 속인은 성직자에게 과세할 수 없다는 원칙을 확립하여 교황 권력의 절대성을 유지하려고 하였다. 그러나 프랑스의 왕 필립 4세가 아비뇽(Avignon)에서 교황 클레멘트(Clement) 5세를 선출해서 유수시킴으로써 두 명의 교황 존재하는 즉, 교회의 대분열(great schism)이 발생하였다. 이러한 사건을 계기로 교황절대주의는 쇠퇴하는 추세 속에서 세속권의 우위를 주장하는 이론들이 14세기 대두하기 시작하였다.

마르실리우스(Marsilio of Padua)와 오캄(William of Occam)은 중세말기 세속주의 운동을 대표하는 정치사상가들이라고 할 수 있다. 그의 『평화옹호론(Denfensor Pacis)』은 교권의 통제로부터 세속권의 해방을 지지하는 독창적인 저서이다. 거기에서 그는 국가와 교회정부의 인민적 기초에 관한 광범위한 원칙과 교회의 국가에 대한 절대적 복종을 강조하였다. 마르실리우스는 정치사회의 목적은 인민의 선이고 법률의 제정자는 시민체이거나 그것의 지배적 부분이라는 주장을 하였다. 그리고 그는 교회에서 최상의 권위는 황제에 의해 소집되는 신도들의 일반회의(general council)에 있다는 주장을 하여 교황의 절대적 권위를 부정하였다.

오캄은 또한 황제에 의해 제정되는 인정법의 적극적인 주장을 통해 교권에 대한 세속권의 우위를 확립하려고 했다.

제1절 교황절대주의(papal absolutism)의 논거

❑ 의무를 매고(bind) 푸(loose)는 권한(마태복음 16장 13-20절)[1]

13절. 예수께서 빌리보 가이사랴 지방에 이르러 제자들에게 물어 이르시되 사람들이 인자를 누구라 하느냐.

14절. 이르되 더러는 세례 요한, 더러는 엘리야, 어떤 이는 예레미야, 선지자

---

1) 대한성서공회 편, **신약전서**(서울: 성서원, 2015), 27.

중의 하나라 하니이다.

15절. 이르시되 너희는 나를 누구라 하느냐.

16절. 시몬 베드로가 대답하여 이르되 주는 그리스도시오 살아계신 하나님
의 아들이시니이다.

17절. 예수께서 대답하여 이르시되 바요나 시몬아 네가 복이 있도다 이를
네게 알게 한 이는 혈육이 아니요 하늘에 계신 내 아버지시니라.

18절. 또 내게 이르노니, 너는 베드로라 내가 이 반석 위에 내 교회를 세우
리니 음부의 권세가 이기지 못하리라.

19절. 내가 천국의 열쇠를 네게 주리니 네가 땅에서 무엇이든지 매면 하늘
에서도 매일 곳이요 네가 땅에서 무엇이든지 풀면 하늘에서도 풀리리
라 하시고,

20절. 이에 제자들에게 경고하사 자기가 그리스도인 것을 아무에게도 이르
지 말라 하시니라.

❑ 내 양을 먹이라(요한복음 21장 15-17절)[2]

15절. 그들이 조반 먹은 후에 예수께서 시몬 베드로에게 이르시되 요한의
아들 시몬아 네가 이 사람들보다 나를 더 사랑하느냐 하시니 이르되
주님 그러하니이다. 내가 주님을 사랑하는 줄 주님께서 아시니이다
이르시되 내 어린 양을 먹이라 하시고,

16절. 또 두 번째 이르시되 요한의 아들 시몬아 네가 나를 사랑하느냐 하시
니 이르되 주님 그러하니이다 내가 주님을 사랑하는 줄 주님께서 아
시니이다. 이르시되 내 어린 양을 치라 하시고,

17절. 세 번째 이르시되 요한의 아들 시몬아 네가 나를 사랑하느냐 하시니
주께서 세 번째 나를 사랑 하느냐 하시므로 베드로가 근심하여 이르
되 주님 모든 것을 아시오매 내가 주님을 사랑하는 줄을 주님께 아시
나이다 예수께서 이르시되 내 양을 먹이라.

---

2) 신약전서, 185.

❏ 그레고리 7세의 교황교서(Dictatus Papae)[3]

1. 로마교회는 신에 의해서만 설립되었다.

2. 로마교황만이 보편적이라고 불리어진다.

3. 교황만이 주교들을 폐위시킬 수 있고 또는 복권시킬 수 있다.

4. 교황의 특사는 낮은 지위에 있다고 하더라도 회의에서 모든 주교들보다 우위에 있고 그들을 폐위시키는 판결을 할 수 있다.

5. 교황은 부재자를 폐위시킬 수 있다.

6. 우리는 교황이 파면한 사람들과 같은 집에 거하지 말아야 한다.

7. 교황만이 필요시 새로운 법을 제정하고 표준적인 수도원을 설립하고, 재정적으로 여유있는 주교구들을 분할하거나 가난한 주교구들을 결합할 수 있다.

8. 교황만이 제국의 휘장을 사용할 수 있다.

9. 모든 군주들은 교황의 발에 키스해야 한다.

10. 교황의 이름은 교회에서 암송되어야 한다.

11. 교황의 이름은 세상에서 독특한 것이다.

12. 교황은 황제들을 폐위할 수 있다.

13. 교황은 주교를 한 교구에서 다른 교구로 이전시킬 수 있다.

14. 교황은 교회에서 그가 원하는 곳 어디로든지 성직자를 임명할 수 있다.

15. 교황에 의해 임명된 성직자는 그렇지 않은 다른 성직자의 교회 위에 있으나 그 교회의 성사 일을 수행하지 못하며 그는 어떤 주교로부터 우월한 직책을 받아서는 안된다.

16. 교황에 의해 소집되지 않은 공의회는 일반적이라고 불리어지지 말아야 한다.

17. 교황의 권위를 받지 않는 사제단과 자유로운 참사회원(canonry)은 존재할 수 없다.

---

3) 이 교서는 1075년 작성된 교황그레고리 7세의 서간집에 수록된 것으로 총 27개 항으로 구성되었으며 그 내용 대부분은 교황절대주의를 지향하고 있다. 여기서는 E. Lewis, *Medieval Political Ideas*, vol. II(New York; Alfred Knopf, 1954), 380－381에서 재인용·번역하였다.

18. 교황의 결정은 어떠한 사람에 의해 검열을 받지 말아야 하고 그는 모든 사람의 결정을 검열할 수 있다.

19. 교황은 어떤 사람에 의해서 판단을 받지 말아야 한다.

20. 로마교황청에 항소한 사람을 비난하지 말아야 한다.

21. 로마교황청에 항소된 사건은 교황에게 이관되어야 한다.

22. 로마교회는 오류를 범한 적이 없고 성서가 증인이 되는 것처럼 종말까지 오류를 범하지 않을 것이다.

23. 정당한 절차에 의해 선출된 교황은 성 베드로의 공로에 힘입어 거룩하게 된다.

24. 신민들은 교황의 교훈과 하가에 의해서만 그들의 주인(lord)을 고소할 수 있다.

25. 교황은 일반회의(공의회)의 개최 없이도 주교들을 폐위하고 재임용할 수 있다.

26. 로마교황과 불화에 있는 사람은 카토릭이라고 할 수 없다.

27. 교황은 부당한 통치자의 신민들을 충성의 의무로부터 면제시킬 수 있다.

❏ 이노센트 3세의 공경할 교서(Bull Venerabilem)[4]

우주의 창조자이신 신은 하늘의 궁창에 두 개의 빛 또는 광명체들이 있게 하시고(창세기 1장 14절) 큰 빛은 낮을 그리고 작은 빛은 밤을 각기 주관케 하신 것처럼 하늘의 이름에 의해 불리어지는 보편적 교회의 강화를 위해서 두 개의 직분을 마련하셨다. 큰 직분은 낮에 대한 것처럼 정신을 담당하고 작은 직분은 밤에 대한 것처럼 신체를 담당하기로 되어 있다. 여기서 큰 직분은 교황의 권위를 그리고 낮은 직분은 왕권을 각기 나타내는 것이다.

---

4) 1202년에 교황 이노센트 3세 의해 공표된 것으로 교권의 일반적 이론을 나타내고 있으나 교황청의 관할권의 확대를 통해 세속적 문제에 대한 간섭을 정당화하는 것을 목적으로 하고 있었다. 이를 통해서 그는 교권과 세속권 모두에 대한 보편적 지배권을 확립할 수 있었다. James M. Powell, tr., *The Deeds of Pope Innocent III*(Washington, D. C.: The Catholic University of America Press, 2004), 13-14에서 주요 부분을 인용·해석하였다.

달이 해로부터 빛을 받고 달이 해보다 규모와 본성뿐만 아니라 위치와 효과에서도 더 작은 것처럼 작은 직분(왕권)도 큰 직분(교황)으로부터 즉 왕권도 그 위엄의 찬란한 빛을 교황의 권위로부터 받는다. 큰 빛은 작은 빛을 지금 빛나는 수준의 존재로 있게 하면 할수록 그리고 작은 빛과 분리되면 될수록 그것은 더 밝은 광채를 가지고 빛나게 되어 있다.

교황의 교회와 국가에 대한 지배는 교황이 그리스도의 대리자라로서 역할을 수행한다는 사실과 관련이 있다. 최초의 제사장인 멜기세덱(Melchisedech)은 전쟁에서 승리하고 돌아오는 아브라함을 축복한다(창세기 14장 17 – 20절). 멜기세덱이 아브라함을 향해 떡과 포도주를 가지고 나갔던 것은 예수님의 떡과 잔 즉 주님의 죽으심을 기념하는 성찬을 미리 보여주는 주는 것이다. 그러므로 멜기세덱이 제사장과 왕의 권한을 행사하여 정의를 마련한 것처럼 그리스도도 대제사장으로서 교권과 왕권을 모두 갖고 세상에 평화를 실현하기 위해 오셨다. 즉 멜기세덱은 그리스도가 진정한 평화의 왕이심을 보여 준 인물인 것이다. 멜기세덱의 반차를 따르는 예수그리스도도 대제사장과 왕으로의 역할을 하셨다(히브리서 7장 1 – 3절, 24 – 28절). 그러므로 교황도 그리스도의 대리자로서 역할을 하기 때문에 교권과 세속권 모두에 대한 권한을 가질 수 있다. 교황은 세상에 정의와 평화를 가져오기 위해서 이러한 권한들을 시용한다.

❑ 교황 보니파스 8세의 '하나이고 거룩함(Unam Sanctam)' 교서[5]

우리의 신앙이 충동될 때, 우리는 죄에 대한 용서나 구제가 없는 것에서 신성한 카톨릭이나 사도의 교회가 있다는 것을 믿고 유지할 것을 강요당하였다. 교회의 배우자는 기도나 성서에서 그것을 선언하였다. "내 사람, 내 순결한 것은

---

5) 교황 보니파스 8세의 교서는 교황권을 위한 가장 일반적인 요구였다. 보니파스 교황이 만일, 요구했던 권력을 가졌다면, 그는 그 요구를 하지 않았을 것이다. 그가 주장했던 것은 교황이 이 권력을 가져야 한다는 것이다. 이 문서는 그것이 제시한 요구의 새로움 때문이 아니라 정치적 제도의 성장과 함께 해결할 수 없이 섞여버린 한 측면 —요구에 대한 반대요구, 반대요구에 대한 또다른 요구, 결국 최후의 것에 도달할 때까지— 인 정치사상이 성장했던 방법의 한 가지 예로서 그 중요성을 갖는 것이다. 그 교서는 1302년 11월 14일에 공표되었고 프랑스의 왕 필립(Philip the Fair) 4세를 겨냥한 것이었다. W.Y. Elliott and N. Mcdonalds eds. *Western Political Heritage*(Englewood Cliff, N.J.: Prentice Hall, 1959), 309 – 310 참조.

오직 하나 교회는 꾸밈 없는 것 중 하나의 선택이다." 교회는 신비스런 육체를 대표하는 것이고, 육체의 머리는 그리스도이다. 그러나 그리스도의 머리는 신이다. 이러한 교회에는 하나의 군주, 신앙, 그리고 세례가 있었다. 사실, 홍수의 시대에 교회를 상징하는 노아의 방주(ork of Noah)가 있었다. 그리고 이것이 하나의 완척(cubit)[6]이 지나서 끝났을 때, 조타수와 지휘자로서 노아를 갖게 되었다. 그리고 이 방주를 제외하고 현세에 의존해 존재하는 모든 것은, 우리가 알고 있듯이 파괴되었다. 게다가 우리가 유일한 것으로 숭배했던 이 교회는 군주가 그의 예언자를 통해서 얘기하였다. "칼로부터 내 영혼을, 개로부터 내 사랑을 구하라" 그는 동시에 그의 영혼을 위해 기도하였다. ─즉 그 자신의 머리를 위해─ 그리고 그의 육체를 위해─ 즉 그가 약속한 신앙, 성사(sacraments), 그리고 교회의 사랑에 대한 조화 때문에 유일한 하나의 교회를 위해 기도하였다. 교회는 잘린게 아니라 신분에 의해 접어 감추어진 하나의 육체와 머리가 있었다. 괴물과 같이 두 개의 머리가 있지 않았다. 즉 그리스도, 그리스도의 대리자, 성 베드로(St. Peter), 그리고 베드로의 계승자들이다. 왜냐하면 그리스도는 베드로에게 내 양들을 기르라라고 일반적인 용어를 사용해서 말했으며, 특별한 양을 지명한지는 않았다. 간단한 것으로부터 그는 그에게 모든 양을 인도한 것이다. 만일 그리스인들이나 그 밖의 사람들이 그들은 베드로나 그의 계승자들의 보호에 인도되지 않았다고 말하면, 필연적으로 그들은 그들이 그리스도의 양이 아니라고 고백하게 된다. 왜냐하면 요한복음에서 단지 하나의 양떼와 양치기(목자)가 있다고 말했기 때문이다.

　　우리는 성서의 말씀에서 그의 양떼에는 두 개의 칼 ─즉 정신적인 것과 세속적인 것─ 있다고 들었다. 왜냐하면 사도들이 "여기 있는 두 칼을 보라."라고 말할 때 ─즉 그 사도들이 교회에서 설교를 할때─ 그리스도는 그것은 충분하지는 않지만 너무 많다고 말씀하지도 않았다. 분명히 그 현세의 칼이 베드로의 권위안에 있다는 것을 부인하는 사람은 그가 "그 칼을 칼집에 넣어라"라고 그리스도가 말한 것을 잘못 해석한 것이다. 그러므로 두 개의 칼, 정신적인 것과 세속적인 것은, 교회의 권력안에 있는 것이다. 사실, 하나는 교회를 위해 사용되어야

---

6) 고대에 사용되었던 길이 단위로서 손가락 끝에서 팔꿈치의 길이로 약 45cm이다.

하고 다른 하나는 교회에 의해서 사용되어야 한다. 게다가 칼 하나는 다른 칼보다 아래에 있어야만 하고, 세속적 권위는 정신적인 권위에 복종해야 한다. 왜냐하면 사도들이 "신의 권력을 제외하고는 없으며, 신의 권력만이 제정된다"고 말했기 때문에 만일 칼(세속적 칼)이 칼(정신적 칼) 밑에 없거나, 작은 것이 더 큰것에 의해 지배되지 않는다면, 그것들은 제정될 수가 없다.

디오니소스 대왕(St. Dionisius)에 따르면, 신법은 가장 낮은 것을 중간물을 통해서 가장 높은 것으로 이끈다고 하였다. 그렇지 않고 보편법에 따르면 모든 것은 순위에 따라 동등하게 축소되게 된다. 그러나 가장 낮은 것은 중간물을 통해서 중간물은 가장 높은 것을 통해서 그렇게 된다. 만일 그 정신적인 것이 존엄성이나 고결함에 있어서 어떤 세속적인 것보다 우월하다면 우리는 좀더 솔직하게 현세적인 것을 능가하는 정신적인 것을 공언해야만 한다. 이것은 또한 신성화나 축복 그리고 십일조를 우리 눈으로 볼때 명백한 것이 된다. 이같은 권력의 인정과 그와 같은 것들에 대한 통제에서 볼때에도 그렇다. 정신적 권력은 세속권력을 제정해야 하고, 만일 그것이 선하지 않을 땐 판결을 내려야 한다. 그래서 교회나 교회의 권력에 관해서는 예레미아(Jeremiah)의 예언에서도 입증되었다. "보라, 이 시대에 나는 국가나 왕국을 감독한다." 그리고 다른 것들도 나를 따른다.

그러므로 세속권력이 죄를 범하였다면 그것은 정신적 권력에 의해 판결된다. 그러나 작은 정신적 권력이 죄를 범했을 때는 더 큰 정신권력에 의해 판결된다. 그러나 가장 큰 정신권력이 죄를 범했을 때에는 인간에 의해서가 아니라 신에 의해 판결되고, 사도들은 증인이 된다. 정신적인 사람은 모든 것을 판결하나, 그 자신은 아무에게도 판결되지 않는다. 게다가 이 권위는 사람에게 부여되고 실 행될지라도 인간적인 것이 아니라 신적인 것이며, 그것은 신의 입술에 의해 베드로에게 부여되고 그의 후계자들을 위해 그들이 고백했던 그리스도를 통해서 그의 말씀이 바위 위에서 발견되었다. 그리스도는 베드로에게 말하였다. "이 권력에 저항하는 자는 누구든지, 무엇이든지 네가 구속할 수 있고 그럼으로써 마니교도(Manichean)처럼 믿음을 얻을 수 있으며, 거기에는 두 가지 시작이 있다. 우리 는 이것을 허위나 이단인 것으로 생각한다. 왜냐하면 신이 하늘과 세상을 창조했기 때문이다. 사실 우리는 모든 인간 창조물들이 로마교황에게 복종하게 하기 위해 구제는 필요한 것이라고 선언하고, 알리고 명백히 보여주었다. 우리는 8년째, 11월 14일 라테란성당(The Lateran)에서 이 문제에 관한 영원한 기록으로서.

❏ 아에기디우스 로마누스[7]

아에기디우스는 『정부지도자』(De Regimine Principium)와 『교화의 권위』(De Ecclesiastica Potestate)의 저서들을 남겼다. 교회의 권위에서 그는 정신권과 세속권에서 교황은 무제한적인 권력을 갖는다는 극단적인 주장을 하였다. 이러한 주장의 중요한 부분은 은총에 의존하고 광범위한 영향을 가진 지배권(lordship)의 발전에서 나온 것이다.

(1) 7장

교회 아래에 있지도 않고, 교회를 통하지도 않으면서 정당한 지배가 없다는 사실을 우리는 보여주고자 한다. 예를 들어 만일 사람이 자신의 경작지, 혹은 자신의 포도원, 혹은 그가 갖고 있는 그 밖에 무엇이라도 그것을 교회 아래에서, 그리고 교회를 통하여서 가지고 있지 않다면, 그는 정당하게 그것들을 가질 수 없다.

왜냐하면 설립자와 지배자가 그리스도인 국가(Commonwealth) 내에서 존재하는 것을 제외하고서 진정한 정의는 존재하지 않기 때문이다. 어거스틴이 위에 언급된 장에서 말하고 있듯이, 진정한 신이 숭배되지 않는 국가에서 진정한 정의는 존재하지 않는 것이다. 그리고 그리스도의 고난 이래로, 만일 거룩한 어머니 교회(the holy mother church)가 그 곳에서 죽복받고 그리스도가 자신의 설립자이고 지배자가 아니라면, 어떠한 국가도 진정한 국가가 될 수 없다,

이러한 이유 때문에, 진정한 정치가 결코 그 곳에 있지 않았기 때문에 로마인들의 국가는 진정한 국가가 아니었다고 어거스틴은 『신국론』 29권 21장에서 언급하였다.

---

7) E. Lewis. *Medieval Political Ideas*, 2 vols.(New York:Alfred Knopf, 1954), 1: 112－115.

　그리고 누군가가 권위에 대한 언급에 만족스러워하지 않을 수 있는 경우에, 어느 누구도, 만일 그가 교회를 통하여 다시 태어나지 않는다면, 정당하게 어떤 것의 지배권을 차지할 수 없다는 주장을 더하고자 한다. 왜냐하면, 어거스틴이 전술한 책과 장에서 말하고 있듯이, 정의는 각각 자기의 것에 배분하는 덕이기 때문이다. 그러므로, 만일 모든 사람에게 그 자신이 것이 건네지지 않는다면, 진정한 정의는 없다. 그러므로 너희가 신 아래에 그리고 그리스도 아래에 존재하여야만 하기 때문에, 만일 너희가 주님 아래 있지 않는다면, 너희들은 정의롭지 않다. 그리고 너희가 정의스럽지 못하게 너의 주인인 그리스도로부터 물러나게 되면, 모든 것이 정의롭게 너의 지배로부터 철회된다. 왜냐하면 주님의 지배 아래에 있고자 하지 않는 사람은 정당하게 어떤 것의 지배도 가질 수 없기 때문이다. 만일 기사가 왕 아래 있고자 하지 않는다면, 기사의 신민들도 그 기사의 아래에 있지 않아야만 하는 것이 어울린다. 그러므로 만일 기사가 정의롭지 못하게 자신을 그의 군주로부터 물러나게 한다면, 그는 그의 모든 지배권을 빼앗는 것이 정의롭다. 그러나 교회를 통하여 다시 태어나지 않는 누구더라도 그리스도 주님 아래 있지 않는다면, 모든 지배권을 빼앗는 것은 적절하다. 그리고 그 결과로 그가 어떤 것의 지배자가 될 수 없는 것은 정당하다.

　그러므로, 물건을 정의롭게 그리고 가치있게 소유하기 위해서는, 교회를 통한 영적 부흥은 아버지를 통한 세속적 발생보다 더욱더 중요하다는 것을 너희들은 알아야 한다. 세속적으로 태어났기 때문에, 우리는 본래적으로 원죄의 아들들이며, 우리는 죄악들 안에 있는 것으로 인식되었고, 그러한 결과로서, 우리가 말해왔듯이, 우리는 우리의 주님 아래에 있지 않았다. 세속적으로 아버지로부터 태어난 사람이 모든 그의 지배를 빼앗기어야 한다는 것, 아니면 만일 그가 교회를 통하여 다시 태어나지 않는다면 그는 아버지로부터 물려받은 상속의 지배권을 정의롭게 계승할 수 없다는 것은 적절하다. 왜냐하면 이러한 부활에 의해 사람들이 그리스도 주님 아래로 오게 되면, 그는 그의 지배를 빼앗기지 않고, 그의 세속적 유산에 대한 지배가 그에게 주어져야 한다는 것은 정당하기 때문이다.

　결과적으로 너희들은 너희들의 유산, 그리고 모든 너희들의 지배, 그리고 모든 너희들의 재산은 교회로부터 그리고 교회를 통하여 나온다는 점과 너는 너의 세속적 아버지의 아들보다 교회의 아들이라는 사실을 인정해야 한다. 그러므로 만일 너희 아버지가, 그의 평생에 너보다 더 유산의 주인이 되듯이 죽지 않는 교회가 너보다 더 너의 재산의 주인이 되는 것이다.

그러나 비록 교회가 모든 재산과 모든 세속적인 것들의 어머니이고 주인이라고 하더라도 신도들이 그들의 지배와 재산을 빼앗기지 않는다는 것을 주시해야 한다. 왜냐하면 교회와 신도 모두는 유사한 지배를 가지고 있으나, 교회는 보편적이고 우월한 지배를 가지고 있는 반면에 신도는 부분적인 그리고 하위의 지배를 갖기 때문이다. 그러므로 우리는 카이사의 것인 것들을 카이사에게 주고 하나님의 것들은 하나님에게 준다. 왜냐하면 우리는 부분적이고 하위의 지배권을 신도들에게 나누어주면서, 세속적인 것들에 대한 보편적이고 우월한 지배를 교회에게 부여하기 때문이다.

(2) 10장

우리가 더욱더 명백하게 보여주고자 하는 바는 교회에 의해 구속된 어느 누구더라도, 혹은 교회에 의해 추방되어진 어느 누구더라도 그 자신의 것이라고 말할 수 있는 것은 없다는 사실이다. 혹은 만일 그가 자신의 것이라고 말할 수 있다면, 그것은 오직 교회의 면죄에 의하여서만 말할 수 있을 것이다. 그리고 이것이 나타날 적에, 만일 교회의 면죄를 통하여서가 아니면 교회가 구속한 사람에게 자기 자신의 것으로서 어느 것도 남겨지지 않을 그와 같은 방식으로 교회가 모든 세속적인 것들과 모든 재산들에 대한 우월적 지배를 갖는다는 점이 명백하게 밝혀질 것이다.

그러므로 이런 저런 것의 소유는 사람들간의 협의 혹은 동의를 통해서만 정당한 것이었다는 점이 알려져야만 하고, 그 결과 사람들은 '이것은 나의 것이다'라고 말할 수 있었다. 그리고 토지의 분할과 구분을 위한 협의 혹은 동의는 처음으로 이루어졌다. 즉 아담의 아들들이 이러한 방식으로 특정한 재산을 자기 것으로 삼았고, 이러한 방식으로 그들은 그들이 토지를 나눈 것에 비례하여 그것들을 자신들의 것으로 소유하였고, 이러한 협의와 동의에 의하여 그들은 한 개의 물건은 한 사람에게 속해야만 하고 다른 물건은 다른 사람에게 속해야만 한다는 것을 승인하였다.

그러나 후에 사람들이 더욱더 많아지기 시작하였을 때, 그와 같은 협의들과 동의들은 필수적으로 증대되었고, 그 결과 한 아버지의 아들들 사이에 발생하는 것처럼 그와 같은 분할에 상응해서 뿐만 아니라 또한 판매, 수여, 양도 그리고 협의 혹은 사람들의 총의에 기반한 다른 방법들에 상응해서 거기에 토지와 목초지의 소유가 시작되었다. 왜냐하면 만일 사람들의 총의가 그것들을 수반하지 않았다면, 구매하는 것, 혹은 배분하는 것, 혹은 수여하는 것 어느 것도 발생할 수 없었기 때문이다.

더욱더 사람들이 토지를 지배하기 시작하고 왕들이 존재한 후에, 이러한 협의들을 포함하고 또한 다른 문제들을 첨가한 법들이 뒤이어 일어났다. 지금 법의 의도는 법적 동의들과 법적 협의들과 법적 계약들이 반드시 관찰되어져, 그 결과 이러한 법적 동의들의 기반 위에 사람들이 '이것은 나의 것이고, 저것은 너의 것이다'라고 말할 수 있게 하는 것이다. 더욱이, 법은 협의들, 계약들, 그리고 동의들 이외에 다른 것들을 더한다. 즉, 예를 들자면, 만일 특정기간 동안 사람이 특정한 것의 평화로운 소유자이다. 혹은 만일 그가 법에 의해 설정된 다른 조건들을 만족시킨다면, 그가 저것의 소유자가 된다라는 규칙과 같은 것들이다. 그러므로 법령과 법이 법적 계약들, 협의들 그리고 동의들을 포함하기 때문에, 사람들이 "이것은 나의 것이다"라고 말할 수 있다는 이유로 모든 조건들, 그리고 사람이 물건의 합법적인 소유자로 판단되어지는 다른 조건들이 법령과 법에 포함되었다. 그리고 거기서부터, 아마도, 만일 법이 폐지되었더라면 어느 누구도 '이것은 나의 것이고, 저것은 너의 것이다'라고 말하는 것이 불가능하였을 것이다 라는 말이 나왔을 것이다.

그러므로 토대로 시작하자. 그리고 그 토대가 폐지될 때 전체 구조가 파괴된다고 말하여보자. 지금 모든 이러한 것들의 토대는 사람들 서로간 대화이다. 왜냐하면 거기서부터 분할, 수여, 양도 그리고 판매가 일어났기 때문이다. 사려 깊게도 또한 법은 공통적이다. 왜냐하면 윤리학에서 철학자가 말하였듯이, 어느 인간도 그 자신에게 부정의를 할 수 없기 때문이다. 그러므로 만일 사람들이 어떠한 방식으로도 서로 소통하지 않고, 다만 각각 그 스스로 홀로 살았다면, 무엇이 정의롭고 무엇이 정의롭지 않은지를 구분하는 기능을 가진 법이 어느 방식으로든 반드시 필요하지 않을 것이다. 그러므로 교회가 사람들로 구성된 공동체 (communion), 혹은 신도들로 구성된 공동체를 누군가로부터 빼앗는 일을 유발했다면, 이는 이러한 것들이 세워진 토대들을 그로부터 박탈했다는 것을 의미하는 것이다. 그러므로 그렇게 빼앗긴 사람들에게 있어서, 분할, 판매, 수여, 양도 그리고 모든 종류의 법들은 조금도 도움되지 않는다. 그러므로 어떤 것도 자기 것이라고 그는 말할 수 없는 것이다. 왜냐하면 사람이 자신의 것이라고 말할 수 있는 것의 기초에 있는 앞서 말한 모든 조건들이 소통의 사실 위에서 세워졌기 때문이다.

제2절 세속권의 논지: 마르실리우스 -권위의 근원[8]

❏ 법의 개념

시민사회에서의 법에 관한 그의 토론에 대한 입문으로서 마르실리우스는 아래와 같이 법의 개념에 관한 네 가지의 다른 용법을 구별하였다.

(1) 어떤 행동이나 느낌에 대한 자연적이고 감각적인 경향. 이것은 사도 바울이 말을 할때 사용했던 의미였다. "나는 나의 신도들 중에서 나의 마음 속의 법과 양립할 수 없는 다른 법이 있음을 알았다."[9]

(2) 어떤 특별한 대상에 관해 마음 속에 존재하는 원형. 이것은 『에스겔』 43장(Ezekiel XLH)에서 사용되었던 의미이다. "보라 이것이 가정의 법이다. 그리고 이러한 것들이 제단의 조치이다.[10]

(3) 신으로부터 온 계시(revelation)로서 미래의 삶에 있어서 보상과 처벌에 대한 안을 제공하는 것. 모세 율법(the Mosaic law)의 일부분과 완전한

---

8) Marsilius of Padua, *The Defensor Pacis*, translated and edited by Alan Gewirth(New York: Harper and Row, 1956), 35 – 36.

9) **로마서**, 7장 23절에 나온다(저자 주).

10) **에스겔서**, 43장 12시 3절에 나온다(저자 주).

복음서 그리고 이런 종류의 법.

(4) 시민에 관련된 사항에서 무엇이 정당하고 옳은가와 무엇이 그것과 반대
되는가에 대한 학문이나 원리나 보편적인 판단.

이 마지막의 것이 보통 정확한 의미에 있어서의 법이다. 그리고 마르시리우스는, 다음과 같이, 이런 종류의 법에 관해 좀더 명백하게 정의를 계속하였다. 그리고 이런 의미에서 법은 두 개의 근원(two heads) 하에서 이해될 수 있다. 우선 무엇이 공정하고 불공정한가 또는 이롭고 해로운 것인가를 나타내는 그것의 본성에 의해서 고려되며, 이러한 의미에서 이것은 과학이나 법의 원리라고 불리운다. 반면에, 그것은 이런 세계에서 처벌이나 보상의 분배를 통한 강제적인 계율로서 취급되거나, 혹은 그러한 계율의 권위에 의해 행해지는 무엇으로서 취급된다. 법이란 가장 적절하게 불려진 것이며 그것이 바로 이 강제적인 계율인 것이다. 이 가정은, 아리스토텔레스가 그의 『윤리학』 제10권 8장에서 언급한 것이다. "법은 강제적인 힘을 소유해야 한다. 그렇지 않으면 지혜나 지식이 없는 단순히 빈말, 즉 정치적인 의미에 있어서 지혜나 지식이 없는 말이나 연설인 것이다. 다시 말하면, 법이 뜻하는 것은 시민들의 사항에 있어서 무엇이 공정하고 적당한가와 무엇이 이것에 반대되는가에 대한 통제이며, 정치적인 지혜나 강제적인 힘의 소유로 이루어진 것이다. 바꾸어 말하면, 법은 모든 사람이 복종해야 하는 계율에 근거한 것이나, 또는 그러한 계율의 권위에 의해 행해지는 그 무엇에 관한 것이다."

☐ 법의 효과적 근거[11]

1) 다음의 입증에 의해 분명해질 수 있는 법의 효과적인 근거에 관해 서술할 것을 제의한다. 나는 여기에서 신이나 또는 이미 존재하는, 그 예로서 모세의 율법 그리고 우리가 이미 위에서 언급한 것의 주장이나 연구에 의해 직접 성립될 수 있는 것에 관해서는 관심을 갖지 않겠다. 또한 이 세상에서의 일들을 통제하는 시민행동에 근거한 신의 법에서 발견될 수 있는 그러한 계율을 다루지 않

---

11) Gerwirth, 1-8, 44-49.

겠다. 나는 단지 법의 제정이나 인간마음의 결정에서 유래하는 권위에 대해서만 관심을 가질 것이다.

2) 우선, 법은 비정신적인 의미를 포괄하며, 그것은 시민사(市民事)에 있어서 무엇이 옳고 공정한 것인가를 다루는 과학(science of civil justice)과 같이 각각의 개인적인 시민에 의해 발견될 수 있으며, 비록 법을 위한 추구가 여유있는 사람들의 연구에 의해 착수되고 수행된다고 해도, 실제사에 있어 연륜과 경험이 있는 사람, 소위 "현명한" 사람들이 연구에 임하는 것이 필요하다.

3) 플라톤의 『정치학』 제3권 6장의 견해에 따르면, 입법가 혹은 법의 유효한 그리고 최우선의 근본적인 근거는 인민 또는 전 시민체 또는 그들의 지배적 부분(weightier part)이며, 그것은 전 시민의 총회에서 선포된 그들의 선택이나 의사, 그리고 인간의 현세적인 형벌이라는 조건으로 시민행동에 있어 무엇을 해야 하고 하지 말아야 하는지를 결정하고 명령하는 말의 표현에 의한 것이다. 나는 법이 제정되는 공동사회에서의 사람의 양(quantity)이나 질(quality)을 모두 고려하는 대다수에 대하여 얘기하겠다. 전 시민체나 그들 스스로 직접행동하는 지배적 부분은 그러한 것을 직접하거나, 한 사람 혹은 몇몇 사람에게(소수에게) 그것을 할 수 있는 권력을 위탁한다. 권력을 위임받은 사람(혹은 소수)은 본래의 입법가의 권위에 의해 지정된 기간이나 목적을 제외하고는 입법가가 아니며, 어떤 의식(solemnities)이든 간에, 선출자들에 의해 요구되지 않은 것을 수행할 수 없으며, 비록 모든 것이 선한 것일지라도 선거의 정당성에는 영향을 줄 수 없다. 더욱이 나는 그와 같은 권위는 시간, 장소, 상황에 따라 그러한 변화를 공공선에 적합하고 충분한 것으로 만들 수 있게, 모든 확장, 삭제, 총체적 변화, 해석 그리고 법의 중지를 착수해야만 한다. 이와 같은 권위에 의해, 시민이든 이방인이든, 어떤 범죄 자가 법에 대한 무지를 이유로 삼을 수 없게 하기 위해서 법의 제정후에 법은 공포되고 선포되어야 한다.

4) 아리스토텔레스의 『정치학』 제3권 3장, 7장에 따르면 시민은 지위에 따라 자문 또는 재판관의 권위를 갖고 시민공동체에 참여한 사람이다. 이런 묘사에 의하면 소년, 노예, 외국인 여자는 다른 면이 있기는 했지만 시민권에서 제외되

었다. 왜냐하면 시민의 자식들은 단지 나이 때문에 힘이 부족한 잠재적인 시민이었기 때문이다. 시민의 대다수는 아리스토텔레스의 『정치학』 제6권 2장에 따르면, 이러한 것의 결정이나 국가의 관습의 제정에 주의를 해야만 하였다.

5) 시민이나 시민의 대다수가 한정되었기 때문에 우리는 인간의 입법적인 권위는 단지 전 시민체나 그것의 대다수에 속한다라는 것을 증명하는 원래의 목적으로 되돌아가야 한다. 이것이 처음에 우리가 제시하려고 시도했던 것이다. 왜냐하면 인정법을 제정하고 성립시키는 고유한 권위는 최선의 법이 출현하는 기관에 속하는 것이기 때문이다. 왜냐하면 어떤 것의 성질은 개인적인 무지나 악의 때문에 전체적인 감정에 대해 어둡게 되거나 부조화를 이루기 때문에, 모든 사람들이 하나로 일치된다는 것은 쉽거나 가능한 것이 아닌 것이다. 그러나 공동체의 공동의 동의는 그러한 비이성적인 불찬성이나 반대를 이유로 해서 저해되거나 방해되지 않는다. 그러므로 법을 채택하거나 제정하는 권위는 전 시민체나 그들의 지배적 부분에 귀속되는 것이다.

이러한 증명의 첫 번째 명제는 거의 자명한 것이다. … 그러나 나는 아리스토텔레스의 『정치학』 제3권 7장에 따라 법은 시민의 공공선에 부합되게 제정된 것이 최선의 법이라는 가정 하에 최선의 법은 전 인민체의 심사숙고의 결정에 의해 제정되어야 한다는 두 번째 명제를 증명하고자 한다. 이런 이유로 그는 다음을 주장한다. "법에 있어서 올바른 것은 시민의 공공선과 국가의 이익에 맞게 하는 것이다." 그러므로 나는, 공공의 이익과 공공선은 전체를 대신할 수 있는 지배적 부분이나 전 시민체에 의해 가장 잘 종결될 수 있다는 주장을 한다. 수적인 다수는 그것의 어떤 부분보다도 쉽사리 제정된 법에 있어서의 결점을 찾아낼 수 있다. 왜냐하면 전체는 힘이나 덕에 있어서 어떤 부분들보다도 우월하기 때문이다. 게다가 공공이익은, 아무도 알면서 자기자신을 다치게 하는 사람은 없기 때문에, 전체 다수에 의해서 더 잘 수반될 수 있다. 전체 다수에서는 누구든지 법이 한 사람이나 소수를 위해서 혹은 그 밖의 다른 사람이나 공공단체를 위해 제안된 것인지를 판단할 수 있고, 그것에 대해 저항할 수 있다. 그리고 만일 법이 공동의 선보다 그들 자신의 이익을 보살피는 한 사람 혹은 소수에 의해 만들어졌다면 그는 그것을 따르지 않을 것이다.

6) 주요한 결론에 되돌아 가기 위해서는 법을 제정하는 권위는 그것이 가장 잘 제정될 수 있고, 정직하게 집행될 수 있는 사람에게만 속하게 된다. 그것은 바로 전 시민체이다. 그러므로 그들은 입법권을 갖고 있는 것이다. 법은 복종되지 않는다면 쓸모없는 것이다. 그것은 아리스토텔레스의 『정치학』제4권 6장에서 유래한다. "법을 잘 통과시키고 그것에 복종하지 않는 것은 법의 좋은 성질이 아니다" 또한 제6권 5장에서 "정의의 견해를 집행하지 않고 그것을 채택하는 것으로는 아무것도 성취될 수 없다." 두 번째 명제의 증명을 계속하면, 각각의 시민은 그들 자신에게 부과되었다고 보이는 그런 법에 잘 복종하기 때문에, 시민 전체 다수의 심사숙고의 결정에 의해 제정된 법이 최선의 것이다. 이런 연역법의 첫 번째 명제는 국가가 자유인의 공동사회이기 때문에 거의 자명한 것으로 나타난다. 만일 누구든지 또는 소수의 시민이 전 시민체에 대한 그들 자신의 권위에 의해 법을 제정하였다면 이것은 사회에 맞지 않는 것이다. 왜냐하면 그러한 입법은 다수의 시민들에 대한 독재가 될 것이고 그러므로 대부분 그들은 그러한 법을 인내해야 하고, 불법으로서 그 법을 아주 업신여긴다면, 아무리 선하다 할지라도 저항하게 될 것이며, 그 법을 통과시키자는 요구가 없었다면 결코 그것을 준수하지 않을 것이다. 반면에 전체 다수의 동의와 심사숙고에 의해 통과된 법은, 그것이 과거에 무용지물이었을지라도 쉽게 준수하고 인내할 것이다. 왜냐하면 그 자신이 그것을 제정했기 때문에 그것에 대해 저항할 수 없고 침착하게 그것을 행해야만 한다. 첫 번째 연역법의 두 번째 명제는 다른 것으로부터 증명하겠다. 법을 집행하는 권력은 범법자에 대해 강제적인 권력을 가진 이의 것이며, 이것은 전 시민체이거나 그것의 지배적 부분이므로, 그것 자체만으로 입법권위를 갖는 것이다.

7) 그러면 중요한 요점에 관하여 법의 특성은 그것의 공정한 제정에서 대부분의 시민들은 이러한 생활에서 이익을 유도하고, 그것의 부정한 제정에는 모든 이에게 위험이 숨겨져 있기 때문에 그것은 오로지 전 시민체에 의해 제정되어야 한다. 그러므로 그것의 제정은 전 시민체에 속하는 것이다. 이런 증명의 대부분은 자명한 것이다. 인간은 시민공동체 내에서 편익과 충만한 인생을 추구하게 되고 그 반대는 피하게 된다. 그러므로 모든 이의 이익과 불이익에 영향을 주는 그

러한 것들은 모든 사람에게 알려지고 들려줘야 하고, 그럼으로써 그들은 그들의 이익을 추구하고 그 반대는 추방하게 되는 것이다. 법은, 우리가 또 다른 경우에 가정했듯이 이러한 성질이 있다. 옳게 성립된 법에는 인류에 대한 대부분의 복리가 존재한다. 불공정한 법아래에서는 예속과 억압 그리고 견딜 수 없는 시민의 비참 등이 존재하며, 결국에는 국가의 파멸이 따른다.

8) 입법권은 우리가 이미 얘기했듯이 전 시민체에 속할 수 있고, 특별한 사람이나 소수에게 속할 수 있으나, 단지 한 사람에게만은 속할 수 없다. 왜냐하면, 그의 무지나 악의로 인해 공공의 이익보다도 자기자신의 이익을 위해 악법을 만들 수 있기 때문이다. 이런 경우에 그는 독재자가 되는 것이다. 그와 같은 이유로 소수에게도 속할 수 없다. 왜냐하면 그들도 또한 위에서 언급했듯이 공동의 이익보다 그들의 사적인 이익을 위해 법을 제정하는 데서 죄를 지을 수 있기 때문이며, 이러한 것은 과두제라고 묘사된다. 그러므로 입법권은 전 시민체나 그들의 지배적 부분에게 속해야 하고, 그들의 운영원칙은 완전하게 달라야 한다. 왜냐하면 모든 시민들은 공정한 비율에 따른 법에 의해 평가되고, 아무도 알면서 자신을 해롭게 하거나 부정을 바라지는 않기 때문이며, 그러므로 모두 혹은 대부분이 시민의 공공선에 접목된 법을 원한다.

9) 이와 같은 증명과정을 통해서 법의 승인, 해석, 중지, 그리고 이 장의 3편에서 언급했던 것들이 유일한 입법가에 속한다는 것을 보여줄 수 있다. 이같은 견해는 선거에 의해 성립되는 모든 것에 관해서 인정되어야 한다. 원래의 선출권을 가진 사람 혹은 그가 이 권리를 부여했던 이는 승인이나 불찬성하는 권위를 갖게 된다. 그렇지 않으면, 부분이 전체보다 더 크게 될 것이고, 또는 적어도 그것과 동등하게 된다.

❏ 심판의 성질[12]

반대로 우리는 어떠한 성직자도, 평신도, 통치자, 지역단체, 대학, 또는 어떤 상황에 있든지 간에 다른 개개인에 대해 교황이라고 불리는 로마 대주교 혹은

---

12) Gewirth, 1, 9, 113, 119.

어떤 다른 대주교, 성직자 혹은 집사들이 국가적 권위나 심판 그리고 강압적인 사법권을 갖거나 갖을 수 없다. 기독교 신앙에 있어 인정된 박사들의 설명과 성인들의 해석에 따라 글자상이거나 초자연적인 의미에서 명령적이고 조언적인 성경의 진실을 명백히 예증했으면 하고 바란다. 강압적인 사법권에 관한 것은 이 책의 2장에서 심판이나 재판관의 세 번째 정의에 따라서 우리가 언급했던 것으로 이해될 수 있다.

사도 성 바울의 연구에 있는 말씀과 명백한 예들은 이것을 따르게 한다. 우리가 그에 관해 사도 행전 25장에서 읽었듯이, 성직자의 강압적인 재판을 거절하면서 그는 솔직하게 말하였다. "나는 카이사에게 호소하였다." 그리고 반면에 "내가 심판받아야만 하는 카이사의 심판석에 나는 섰다." 행간에 써넣은 주석은 언급한다. "여기는 심판의 장소이기 때문이다." 그러므로 목사의 심판을 거절할 때, 그는 그 자신이 카이사의 사법권에 종속됨을 인정하였다. 그러나 사도행전 21장에서 나타나듯이, 그가 말할 때 죽음에 대한 두려움없이 "거기, 즉 카이사 앞에서, 심판받아야 한다"고 한 사도들의 말이 잘못된 것이라고 사려되지는 않는다. "왜냐하면 나는 구속뿐만 아니라 우리의 신, 예수 그리스도의 이름으로 예루살렘에서 죽을 준비가 되어 있지 않기 때문이다." … 게다가 이 세상에서는 어떤 대주교나 교황도 성직자나 평신도에 대해서 인간적인 입법가에 의해 인정되지 않는다면, 강압적인 사법권을 가질 수 없으며, 그의 권력내에는 언제나 합리적인 이유가 발생한다면 그것을 폐지할 수 있는 상태가 유지된다. 그러한 합리적인 과정을 결정하는 완전한 권력은 그와 같은 입법가, 특히 충실한 신도들의 공동체에 속하는 것이라고 지적되었다. 그리스도가 이 세상에서 어떤 종류의 강압적인 사법권과 모든 정부권위를 포기하였고, 상담이나 계율에 의해 그의 사도들, 그리고 그들의 후계자, 대주교 또는 목사들에게 그것을 금하게 했으며, 그 자신과 이런 사도들은 세속군주의 강압적인 사법권에 복종해야 한다고 하였으며, 그와 그의 사도들, 특히 베드로(Peter)와 바울(Paul)은 그들의 행동과 말씀에 의해서 이런 것은 준수되어야 한다는 것을 가르쳤음을, 우리는 기독교 신앙에 의해 인정받은 박사들과 성인들의 해석, 그리고 영원한 증거와 복음서에 의해 증명되어야 한다고 믿고 있다.

❏ 파문권[13]

앞서 말한 것에 관하여, 파문권이 누구에게 속하며 어떤 방식으로 수행되는지를 알기 위해서는, 파문에서 범죄자는 그의 내세의 지위에 영향을 주는 처벌로 비난 받는다는 것을 지적하는 것이 필요하다. 또한 심한 처벌은 그가 공식적으로 명예가 훼손되고 다른 사회로부터 배제된다는 점에서 그의 현세생활에서의 지위에 영향을 미치는 것으로 부과된다. 그는 시민간의 의사소통이나 행동의 자유를 박탈당한다. 그리고 그가 이미 쓰러져서 벌을 줄 가치가 없는 경우에, 첫 번째 처벌의 부과는 내세에서의 그의 지위에 해롭게 영향을 줄 수 없으나, 그들이 어떤 이를 불공정하게 판결했을 때(위에서 충분히 증명되었던) 신은 항상 교회의(성직자) 판결을 따르지 않으나, 그럼에도 불공정하게 쓰러진 사람은, 그가 악랄한 사람(명예훼손)으로 취급되고 모든 시민관계를 박탈당하기 때문에, 이 현세에서의 그의 지위에 관해 성직자에 의해 심하게 손해를 받게 된다. 그리고 이런 이유로 해서, 성직자의 견해나 행동이 그러한 판결을 할 수 있는 단일의 성직자나, 어떤 그들 단체가 없다는 것은 언급되어야만 한다. 범죄자를 조사하고, 재판하고, 사면하며 또는 그에 대해 비난함으로써 공공연하게 명예를 훼손하고 신도들과의 관계를 단절하는 권력을 소유한 이런 판사를 유지하는 것은, 신도들의 전 단체에 속하는 것이다.

사실 죄에 대한 조사는, 만일 그것이 파문이라는 처벌을 위한 어떤 것이라면, 인정된 법이나 관습에 따라 결정된 수의 전문가나 성직자단체에 의해 판결이 있은 후에 그러한 판사에 의해 수행된다. 왜냐하면 그들의 판결에 의해 판사는 (전문가의 견해라는 의미에서) 의사나 의사단체가 다른 사람들에게 전염시키지 않기 위해서(예를 들어 만일 그가 나병환자 같이) 다른 사람들의 사회로부터 그 사람이 격리되어야 하는지 때문에 신체적 병에 관한 그들의 의견을 얘기해야만 하는 것같이, 복음서 규율에 따라서 다른 사람들에게 영향을 미치지 않게 하기 위해 신도 사회로부터 그 사람이 단절되어야만 하는 그런 범죄를 조사하고 판결해야만 한다. 그리고 반면에 그 범죄는 어떤 증언에 의해 입증될 수 있는 것이 되어야 하는 것이다. 이러한 이유 때문에 나병환자를 추방할 수 있는 강압적인 권력을 가

---

13) Gewirth, 148-149, 154-155.

진 판사를 결정하고 판결을 내리는 권력이 어떤 의사나 의사단체에 속하지 않는 것 같이, 인지된 죄로서 영혼의 병 때문에 누군가가 추방되어야 한다는 것을 결정하는 강압적인 권력을 가진 판사를 결정하고 판결을 내리는 것을 어떤 한 사람의 성직자나 성직자 단체에 속하지 않는다.

또한 이와 같은 방법으로 영혼의 의사, 즉 성직자는 내세의 지위와 관련된 현세적 처벌 또는 영원한 죽음 또한 영원한 건강으로 이끄는 그러한 것들에 관해서 훈계하고 판결한다. 그럼에도 불구하고, 이런 목적을 위해 그는 현세에서 어떤 사람을 강압적인 판결에 의해 단절시킬 수 없고 그렇게 해서는 안된다.

❑ 교회의 수장[14]

만일 그리스도가 그의 부재시에 수장이 없는 상태로 교회를 남겨놓았다면 그는 교회를 그러한 상황으로 남겨놓지 않을 것이며, 교회에는 수장이 없는 것이라는 논쟁에 대한 답에서, 위에서와 같이, 에베소서 4장이나 다른 곳에서 분명히 보여지듯이, 그리스도는 항상 교회나 모든 사도들 그리고 교회의 성직자와 나머지 구성원의 수장이었다고 말할 수 있다. 그리고 그리스도 자신은 마태복음의 마지막 책에서 다음을 말하였다: "그리고 나는 이 세상의 종말일지라도 너희들과 함께 한다." 왜냐하면 로마시나 다른 도시의 성직자는 성경이나 파리대학의 성직자단 이상으로 고양된 생활을 하지 못하였다. 이러한 이유로, 신자에 대해 교회의 그러한 수장제도를 남겨놓은 것은, 제12장 8과 9절에서 언급했 듯이, 그리스도가 그것을 위해 가장 가능한 규정을 만들었기 때문이다(인간논쟁이 그것을 결정할 수 있는 한). 이 조치를 유지함에 있어서, 사도들은 베드로를 교회의 수장으로 임명하였다.

---

14) Gewirth, 402−403.

제3절 오캄의 인정법[15]

오캄은 재산권을 신법에 의해 소개하였고 심지어 어거스틴은 그것은 왕들의 법들에 의해서도 인정되었다는 근거에서 사도의 청빈(apostolic poverty)의 원리에 반대하는 교황 존 22세의 주장을 반박하였다. 왕들의 법들에 앞서 존재하였던 인정법의 형태에 대한 자신의 특징적 개념에 근거해서 전개되었다.

☐ "그러나 신법에 의하여"

이것은 어떤 의미에서 인정될 수 있다. 즉 모든 지배는 사도가 로마서 13장에서 '신으로부터 나오지 않는 권력도 없다'라고 말하는 의미에서 신법에 의하여 소개되어졌다. 따라서 어떤 방식으로 신권에 기반하지 않은 지배는 없다. 왜냐하면 모든 지배는 신으로부터 나오기 때문이다. 그러나 신권에 기반한 지배와 인간 권리(human rights)에 기반한 지배를 구분하는 사람은 이러한 의미에서 말하지 못한다. 그러므로 특별하고 명백하게 성스러운 계시를 통하여 하나님의 선물 덕택으로 소유된 지배는 신권에 의한 지배이다라고 말하여진다. 그리고 따라서 모든 지배가 신권에 의한 지배가 아니다.

☐ "인정법을 근거로 하지 않는 지배가 첫 번째로 소개되었다."

부정적 진술은 모든 의미에서 오류이다. 왜냐하면 사적 지배가 처음으로 인정법에 의해 소개되었기 때문이었다. 그러므로 토마스의 원칙을 지지하는 사람이 말한 것을 주목하자. 왜냐하면 아퀴나스는 신학대전에서 '자연법에 따르면, 소유의 차이가 없으나 실정법에 속하는 인정법에 따라 소유권이 확립되었다'고 말했기 때문이다. 거기서부터 재산의 소유권은 자연법에 반대되지 않으나, 인간 이성의 발명에 의해 자연법에 더해졌다. 그러므로 그 진술에 의하면, 지배의 소유

---

15) Lewis, 1: 117-120.

권은 인간 이성의 발명에 의해 소개되어진 것이다.

그리고 "인정법은 우리가 왕들의 법들에서 찾을 수 있는 것이다"는 진술은 어거스틴의 시대에도 사실이었다. 그 시대 동안 우리는 그의 시대의 이단자들에 대항하여 말하였다. 왜냐하면 만일 우리가 왕이라는 용어 아래에 황제를 포함한다면, 그 당시에 모든 국가들이 왕에게 종속되었기 때문이었다. 그러므로 그 당시에 모든 세속적 지배는 황제들, 혹은 왕들의 법 덕택으로 소유되었다. 그러나 만일 우리가 왕이라는 용어를 다른 이들에 대한 어떤 권위를 갖고 있는 모든 사람들에게 확장하지 않는다면, 많은 다른 시대에 이것은 사실이 아니었다. 그리고 아마도 세상의 것들에 대한 첫 번째의 구분(the first division of things)에서, 심지어 이것은 사실이 아니었을 것이다. 왜냐하면, 심지어 아브라함과 롯이, 우리가 창세기 제13장 8~11에서 읽었듯이, 그들 자신의 권위에 의해 그들 자신들 사이에 있는 영역들을 구분하였던 것같이, 아마도 카인과 아벨도 어떤 우월자의 권위 없이도 그들 자신의 권위에 의해 그들 자신들 사이에 있는 것들을 나누었을 것이었기 때문이다. 그러나 만일 우리가 엄격한 의미에서 왕이라는 용어를 사용한다면, 인정법이 항상 왕들의 법에서 발견되지 않았다는 사실은 명백하다. 왜냐하면, 우리가 교령집(decretum)에서 알 수 있듯이, 어떤 사람과 국가도 자신만을 위하여 자신만의 법을 제정할 수 있기 때문이다. 그리고 사람들과 국가들과 다른 공동체들은, 왕이 없이도, 인정법을 그들 자신만을 위하여 제정할 수 있었다. 그리고 많은 사람들과 국가들이 이것을 해왔다는 점은 확실하다.

❑ **"더욱이, 우리는 전에 왕의 법이 있었다. 아니 오히려 사실은, 전에 어떤 왕들이 있었고, 어떤 사람에게 속하는 어떤 것들이 있었다는 사실을 성경에서 찾는다."**

이것은 사실이다. 왜냐하면 비록 왕들의 법의 덕택이 아닐지더라도, 왕들의 시대 이전에 어떤 것들이 신권에 의해 소유되었고, 어떤 것은 인정법의 덕택으로 소유되었다.

"신권에 의하여, 누군가가 어떤 것이 그에게 속하였다라고 말할 수 있었다." 이것은 당연시 되는 것이다. 그러나 이러한 긍정적 진술로부터 부정적 진술로 나아갈 수는 없다. 즉 어떤 것도 그때 인정법의 덕택으로 소유되지 않았다. 아담은 순수의 상태에서 왕들의 법이 없이도 사용하는 권한에 관련하여 그리고 지배에 관하여 어떤 것이 그의 것이었다라고 말할 수 있었다. 그러나 우리의 첫 번째 부모들 —즉 아담과 이브— 의 죄악 뒤에, 왕의 법 없이도, 사용과 관련하여 그리고 어떤 면에서 공동소유였던 지배에 관련하여 어떤 것은 그의 것이었다라고 말할 수 있었다. 그러나 왕의 법 없이도, 인정법에 의해 소개된 사적 지배와 관련하여, 어떤 것은 그의 것이었다라고 어떤 다른 이들은 말할 수 있었다. 대홍수 뒤에, 왕의 법 없이도 신권에 의하여 어떤 것들은 그들의 것이었다라고 어떤 사람들은 말할 수 있었고, 인정법의 힘으로, 그리고 아직은 왕의 법 없이도 어떤 것들은 그들의 것이었다라고 어떤 이들은 말할 수 있었다.

기존 법들과 인간 권리들에 대한 권위가 첫 번째로 그리고 원칙적으로 사람들 안에 있었다. 거기서부터 또한 사람들은 황제에게 기존법에 대한 권위를 양도하였다. 따라서 또한 사람들은 다른 사람들에게 법을 만드는 권위를 양도하였다. 때로는 왕들에게, 그리고 때로는 수준이 낮은 위엄과 권위를 가진 사람들에게 법을 만드는 권위를 양도하였다. 이러한 사실들은 역사들과 연대기들에 의하여서뿐만 아니라 부분적으로 성경에 의해 확인될 수 있다.

더욱이, 인정법은 황제들과 왕들의 법일 뿐만 아니라 또한 사람들과 그 사람들로부터 법을 만들고 제정할 수 있는 권리를 받았던 다른 이들의 법이며, 또한 그 사람들에 의해 소개된 칭찬받을 만하고 사용할 수 있는 관습들이었다. 그러므로, 사물을 사용하는 힘이 신에 의하여 인간에게 주어졌기 때문에, 인정법의 의해 소유되어진 세속적인 것들은 황제들과 왕들의 법에 의할 뿐만 아니라 칭찬할 만하고 이치에 맞는 관습법과 사람들에 의하여 그리고 사람들로부터 권력과 권위를 가진 다른 사람들에 의해 소개된 법과 인정법령(human ordinances)들에 의해 소유될 수 있었다. 그리고 사실 황제들과 왕들이 있기 전에, 많은 사적 지배들이 그와 같은 인정법에 의해 소유되었다. 그러므로 어거스틴이 '우리는 왕의 법 안에서 인정법을 갖는다'라는 말한 것은 그의 시대에 적용하는 것으로서 그리고 그가 살았던 곳과 그가 반박하기를 바랬던 이단자들이 살았던 지역에 적용함으로써 이해되어져야만 한다. 그러나 그것은 황제들과 왕들의 법에 선행된 인정법에 적용하는 것으로, 그리고 어거스틴시대에 적어도 매우 부분적으로, 폐지되거나 혹은 변경되었던 인정법에 대한 적용으로서 이해되어지면 안된다.

제4절   중간적 입장: 존(John of Paris)[16]

지금까지 말하여진 것으로부터 왕권과 교권 어느 것이 위엄에 있어서 우선인 것을 알 수 있다. 완전한 것이 불완전한 것과 비교해서 그리고 목적이 수단과 비교해서 먼저인 것처럼 시기적으로 나중에 생긴 교권(spiritual power)이 위엄에서 우선적이다. 그러므로 교권이 위엄에서 왕권보다 크고 탁월하다고 할 수 있다. 왜냐하면 최종목적에 속하는 것이 하위목적에 속하는 것보다 더 완전하고 더 나을 뿐만 아니라 후자에게 방향을 정해 준다는 것을 알기 때문이다. 지금 왕권은 결합된 다수들이 덕에 따른 생활을 실현해야 하는 목적을 갖고 있다. 그리고 왕권은 그리스도의 지도하에 하나님을 기쁘게 하는 더 큰 목적의 실현에 노력해야 한다. 그러므로 교권은 세속권보다 더 큰 위엄을 갖고 있다는 것은 일반적으로 승인되고 있다.

그러나 성직자가 군주보다 절대적 의미로 위엄에서 더 크지만 성직자가 모든 면에서 크다고 할 수는 없다. 왜냐하면 모든 세속권이 교권으로부터 유래한다고 볼 수 없기 때문이다. 어떤 세속권은 교권과 관련이 없고 황제로부터 나오는 경우도 있다. 그러므로 세속권은 어떤 점, 즉 세속적 사항들과 세속권이 교권에 복종하지 않는 사항들에 있어서는 교권보다 더 크다고 할 수 있다. 왜냐하면 세속권은 교권에 전혀 빚을 지고 있지 않기 때문이다. 그러나 교권과 세속권 모두 그들의 기원을 신에게 빚을 지고 있다. 신이 복종의 명령을 내리는 경우를 제외하고는 낮은 것도 높은 것에 완전히 복종할 수 없다. 그러므로 정신권이 세속권보다 더 크다는 한에서 절대적 의미에서 성직자가 더 크지만 성직자는 정신적인

---

16) 존은 비교적 양검론에 충실한 도미니크수도회의학자로서 교권과 세속권에 대해 균형적인 시각에서 논하고 있다. 재산권에 대한 그의 언급은 교권과 세속권 사이에서 중간적 입장을 잘 반영한다고 여겨졌다. 여기서는 E Lewis, *Medieval Political Ideas*, vol. II(New York; Alfred Knopf, 1954), 585–591에서 중요 부분을 인용·번역하였다.

사항에서 군주보다 더 크고 반대로 군주는 세속적 사항에서 성직자보다 더 크다고 할 수 있다.

성직자는 재산을 소유할 수 있으나 그것에 대한 통제권을 행사할 없다. 성직자는 자신의 고유한 임무인 정신적 일을 수행하기 위한 보조적 수단으로서 재산을 가질 수 있다. 그러나 이러한 소유권은 재산에 대한 통제권으로 확대되지 않는다. 왜냐하면 재산에 대한 통제권은 군주에게 있기 때문이다.

제3장

중세의 정부론

　중세의 분권적 정치구조에서 정부에 대한 의식과 관심은 그리 높은 편이 아니었다. 그렇다고 해서 정부에 대한 필요성까지도 부정하는 것은 아니었다.

　어거스틴은 교부철학의 전통에서 인간 원죄에 대한 구제책으로서 정부의 필요성을 인정하였다. 그의 정부론은 키케로의 국가론을 따르고 있지만, 공화국의 정의는 신적 도움 없이는 불가능하다고 주장하였다.

　그러나 정부의 주제를 다루는 체계적인 몇 편의 저서가 아리스토텔레즘을 수용한 정치철학자에 의해 12세기 중엽 이후부터 줄간되기 시작하였다. 솔리스버리의 존(John of Salisbury)이 펴낸 『정치가론』(Policratius)은 시민정부의 원칙에 관한 포괄적인 저서로서 진실한 시민통치자(왕 또는 군주)의 자질과 의무, 통치자와 신민, 법률 및 교회와의 관계 등을 기술하고 있다. 존은 아마도 교황의 최상적이고 직접적인 권위와 세속적 문제에서 그의 대리인을 주장한 최초의 정치사상가라고 할 수 있다.

　존은 그의 시대까지 중세사상의 철학적 요약으로 유명하지만, 그의 사상은 후세의 정치철학에 상당한 영향을 주었다. 특히 그는 정치사회의 성격을 유기체적 우주론의 입장에서 설명할 뿐만 아니라 전제주의 정치의 특징에 대한 명쾌한 분석을 통해 폭군방벌론을 옹호하였다.

　아리스토텔레스의 이성과 기독교 교리의 조화를 바탕으로 하여 구축된 스콜라철학의 종합체계에서 법률과 정의문제 그리고 최선의 정부형태로서 군주정치를 주장한 정치사상은 토마스 아퀴나스다. 그의 대표적 저서로는 『신학대전』(Summa Theologica)과 『군주통치론』(The Rule of Princes)을 들 수 있다. 전자에서 아퀴나스는 네 가지 형태의 법률을 제시하고 있다. 그들은 영원법(신의 이성), 자연법(신적 이성의 모든 피조물에의 반영), 신법(신적 이성의 계시), 그리고 인정법(자연법의 인간의 세속적 생활의 특수한 경우에의 적용) 등을 포함하고 있다. 그의 법률에 관한 정의는 포괄적이고 합리적이며 현실적인 측면을 갖고 있다.

『군주통치론』(The Rule of Princes)에서 아퀴나스는 시민정부의 기원과 최선의 정부형태 그리고 정부의 영역 등을 다루고 있다. 특히 이 저서는 군주제가 다른 정부형태보다 우월하다는 주장과 함께 세속권에 대한 교권우위의 교회견해를 피력하고 있다. 그러나 정부제한에 대한 검토는 세련된 기술과 독창성을 가지고 이루어졌고 근대적이라고 간주될 수 있는 사상과 일치하는 여러 결론들이 도출되었다.

단테의 『군주론』(De Monarchia)은 중세의 보편적 세계에서 통일을 달성하고 평화를 확보하려는 목적에서 보편적 권위체인 황제를 최선의 정부형태로 제시하고 있다. 보편적 황제는 모든 세속적 관계와 이익에서 전 인류를 통제하는 수장의 통치를 의미한다. 그는 이러한 주제를 선험적 원칙으로부터 발전시켰으나 자연의 유추, 성서적 인용, 그리고 로마 역사로부터 자신의 결론들을 확인하기도 하였다.

단테의 주장은 『군주론』의 제1권부터 제3권의 주제를 각기 형성하는 3단계로 이루어졌다.

첫째, 명제는 보편적 군주(황제)는 인간복지에 필수적이라는 것이다. 요컨대 황제는 평화의 조정자와 수호자로서 존재하는 것이다.

둘째, 보편적 국가의 지배적인 역사형태는 신적 재가를 갖고 세계를 지배한 로마제국이다. 이러한 증거는 신적 정의에 의해 로마인들에게 준 지속적인 성은에 있는 것이다.

셋째, 제국의 권위는 어떤 대리인을 통해서가 아닌 직접 신으로부터 유래한다. 즉 황제권은 세속적 문제에 있어서 교황권으로부터 독립하여 존속한다는 것이다.

제1절   어거스틴의 현실국가와 정의

❑ 자연적 선(善)[1]

신체의 평온은 신체 각 부분이 적절히 조절된 구성에 있는 것이다. 비이성적인 영혼의 평온은 욕망의 조화로운 반응이고 지식과 행동의 조화는 이성적인 영혼의 평온이다. 신체와 영혼의 평온은 잘 정돈되고 조화로운 삶과 살아있는 창조물의 건강인 것이다. 인간과 신(神) 사이의 평온은 영원법(eternal law)에 대한 믿음의 잘 정돈된 복종이다. 인간과 인간 간의 평온은 잘 정돈된 조화에 있다. 가정의 평화는 통치하는 가정과 복종하는 가족 구성원 사이의 잘 정돈된 조화에 있다. 시민의 평화는 시민들 사이의 유사한 조화에 있다.

천국의 평화는 신에 의하여 완벽하게 정돈되고 조화로운 질서의 향유에 있다. 모든 것의 평화는 질서의 안정에 있다. 질서는 각각의 경우에 있어서 어떤 것을 공평하게 또는 불공평하게 할당하는 분배인 것이다.

악이 존재하지 않거나 심지어는 존재할 수 없는 본성이 있다. 그러나 선이 없는 본성이 있을 수는 없다. 그러므로 비록 악의 본성이 악의가 아닐지라도 어느 정도까지 그것은 본성이다. 그러나 그것은 오해됨에 따라 악이 된 것이다. 그래서 그는 진실에 머무르지 않으나, 진실의 판단에서 탈출할 수 없다. 그는 질서의 안정에 머무르지 않으나, 그럼으로써 제정자(ordainer)의 권력에서 탈출하지 않는다. 신에 의해 그의 본성에 주어진 선은 그가 처벌을 받아야 한다는 명령에 의한 신의 판단으로부터 그를 비호하지 않는다. 신은 그가 창조했던 선을 처벌하지 않지만, 악마가 위탁했던 악은 처벌한다. 신은 자기가 그의 본성에 주었던 모든 것을 되찾아 가지는 않지만, 무엇을 빼앗겼는지를 충분히 지각할 수 있을만큼 어떤 것은 남겨놓고 어떤 것은 가져간다. 고통에 대한 바로 이 감각은 빼앗긴 선과 남아 있는 선의 증거인 것이다. 왜냐하면 남은 선이 없다면 잃어버린 선을 설명할 수 있는 고통이 있을 수 없기 때문이다. 또한 그가 정의의 상실을 향유한다

---

1) R.V.G. Tasker, *The City of God*, 2 vols.(London: Dent and Sons, 1957).

면 죄를 지은 그는 여전히 악한 상태이기 때문이다.

❏ 이성적인 영혼의 평화[2]

그 다음에 현세적인 것에 대한 모든 관례는 신국에서는 그것이 영원한 평화와 연결되는 반면에 지상국가(the earthly city)에서의 평화는 그렇지 않다. 만일 우리가 비이성적인 동물이라면, 우리는 신체부분의 적당한 조직이나 욕망에 대한 만족 이외에는 아무것도 바랄 수 없다. 그러므로 단지 영혼의 평화에 기여할 수 있는 신체의 평화인 풍부한 즐거움이나 신체적인 편안함을 제외하고 아무 것도 바랄 수 없다. 신체적인 평화가 결핍된 상태라면, 그것은 그것의 욕망에 대한 만족을 획득할 수 없기 때문에 영혼의 평화를 향해 전진한다. 그리고 이 양자는 영혼과 신체 상호간의 평화, 즉 조화로운 삶과 건강의 평화를 도와서 완성하게 한다. 왜냐하면 동물들과 같이 고통을 회피함으로써, 그들이 신체적인 평화를 사랑한다는 것을 보여주고, 그들의 욕망을 만족시킬 수 있는 기쁨을 추구함으로써, 그들이 영혼의 평화를 사랑한다는 것을 보여주기 때문에, 그들이 죽음을 겁내는 것은 신체와 영혼을 가까운 관계로 연결시키는 그러한 평화에 대한 그들의 열렬한 사랑을 충분히 지적하는 것이다.

그러나, 인간은 이성적인 영혼을 가졌기 때문에 그는 동물과 공통으로 갖고 있는 이러한 모든 것을 그의 이성적인 영혼에 종속시키고, 그의 지성은 자유로운 활동을 하고 그의 행동을 규제하며 그럼으로써 그는 우리가 이미 언급했듯이, 이성적인 영혼의 평화를 구성하는 지식과 행동의 잘 정돈된 조화를 향유하게 된다는 것이다. 그리고 이러한 목적 때문에 그는 죽음에 의해 소멸되거나 고통이나 욕망에 의해 방해받지 않기를 바라며, 그는 그의 삶과 방식을 규제함으로써 어떤 유용한 지식에 도달하게 된다. 그러나 잘못을 저지를 수 있는 인간심성의 경향 때문에 이러한 지식의 추구는 만일 그가 걱정없이 복종할 수 있는 신성한 주인(devine master)과 동시에 그 자신의 자유를 보존할 수 있는 도움을 줄 수 있는 그러한 사람을 갖지 못한다면 그에게 죽어야 할 운명의 신체를 갖고 있는 한, 그는 신에게 있어 이방인이기 때문에, 그는 시각에 의해서가 아니라 믿음에 의해

---

2) Tasker, 2: 254-256.

다가선다. 그러므로 그는 신체적 또는 정신적 또는 이 양자 등 모든 평화를 죽어야 할 운명의 인간과 불멸의 신이 함께하는 그런 평화에 맡긴다. 그럼으로써 그는 영원법에 대해 잘 준비된 복종의 신념을 보인다. 그러나 이 신적인 주인이 두 개의 개념 -신에 대한 사랑과 이웃에 대한 사랑- 을 가르치며, 이러한 개념에서 인간은 그가 사랑해야 하는 세 가지 -신, 자신 그리고 그의 이웃- 를 발견하고 그럼으로써 신을 사랑하는 그는 자기자신을 사랑하게 되고, 그는 이웃이 신을 사랑하게 하기 위해서 노력을 해야만 한다는 것을 따르게 된다. 왜냐하면 그의 이웃을 자신과 같이 사랑하라고 명령받았기 때문이다. 그는 그의 아내와 자식과 집안을 대표해서 그가 미칠 수 있는 범위에서 이러한 노력을 해야만 하며, 심지어는 그의 이웃이 그가 그것을 필요로 할때 그를 위해서 그와 똑같은 일을 했으면 하고 바란다. 그래서 결과적으로, 그는 그와 함께 하는 한 모든 사람과 같이 잘 정돈된 조화와 평화에 안주하게 될 것이다. 그리고 이것이 인간으로 하여금 첫째로, 타인을 해치지 않게 그가 할 수 있는 한 모든 사람에게 선을 행할 수 있게 하는 질서의 조화인 것이다.

❏ 예속과 죄

그리고 틀림없이 강한 욕망의 노예보다는 인간의 노예가 되는 것이 더 행복하다. 왜냐하면 아무에게도 명령할 수 없는 통치에 대한 이런 강한 욕망은 무정한 지배로 인간의 마음을 황폐화시키는 것이기 때문이다. 게다가 인간이 평화로운 질서에서 어떤 사람에게 종속되어 있을 때, 그 낮은 지위에 있는 자는 뽐내는 지위에 있는 자인 그 주인에게 해로운 행동을 하게 된다. 그러나 선천적으로 신이 우리를 처음 창조했을때, 죄나 인간의 노예는 아무도 없었다. 그러나 이런 예속은 형벌적인 것이고 자연적 질서의 보존을 명령하고 그것의 방해를 금지했던 그 법에 의해 명령되었다. 왜냐하면 그 법의 위반에서 아무것도 행해지지 않는다면, 형벌적인 예속에 의해 제지시킬 수 있는 것이 없게 되었기 때문이었다. 그래서 사도(the Apostle)는 노예들에게 그들 주인에게 종속되고, 선한 의지로 진심되게 그에게 봉사하도록 권고하였고, 그럼으로써 만일 그들이 그들의 주인에 의해 방해되지 않는다면, 그들은 모든 불의가 사라지고, 모든 지위와 인간권력이 아무

것도 아니며, 모든 이가 신과 함께 할 때까지 교활한 두려움에 의해서가 아니라 진정한 사랑으로 봉사하는 그런 유(類)의 자유를 스스로가 갖게 되었다.

❏ 가정과 시민규칙의 조화

그리고 비록 우리의 공정한 조상들이 축복된 이런 삶에 있어서 자손들의 상속과 노예들의 조건을 구별하기 위해서 가정일을 경영하고 노예를 소유했었으나, 우리가 영원한 축복을 바라는 신의 숭배에 있어서는 그들 가정의 모든 구성원들에 대해 동등한 감독을 하였다. 그리고 이것은 자연적 질서에 많이 따랐으며 그 집안의 수장(head)은 가부(家父)라고 불렸었다. 그리고 이 이름은 그렇게 일반적으로 받아들여졌고, 심지어는 그들의 규칙이 공정하지 않은 사람들까지도 그것을 자신들에게 적용하는 것을 기뻐하였다.

만일 그 가족 중 어떤 사람이 불복종으로써 가정의 평화를 방해한다면, 그는 훈계나 구타 또는 사회가 허락하는 공정하고 합법적인 어떤 것으로 고쳐지고, 그는 그것으로 인해 나아지게 되며, 그 자신이 혼란하게 했던 가정의 조화에 다시 순응하게 된다. 왜냐하면 그가 받아야 할 어떤 이익에 대한 희생으로 그에게 도움을 주는 것이 나쁜 것이 아니기 때문에, 그가 심각한 죄에 빠질 위험에 있을 때 그를 용서하는 것은 죄가 없는 것이 아니다. 죄가 없기 위해서 우리는 다른 사람에게 해로운 것을 안하는 것뿐만 아니라 그의 죄를 처벌하고 그 죄를 방지해야 한다. 그럼으로써 처벌받은 그가 경험에 의해 이익을 얻거나 다른 사람이 이 본보기에 의해 경각심을 일으키게 되는 것이다. 그러므로 그 가정은 국가의 원리나 시초가 되기 때문에, 모든 시작은 그와 같은 목적이나, 그리고 어떤 원리인 전체 통합에 대한 모든 요소로 참고하고, 그것은 가정의 평화가 시민의 평화와 관련이 있다는 것을 명백히 나타낸다. 다시 말하면, 가정의 복종이나 규칙의 잘 정돈된 조화는 시민의 복종이나 규칙의 잘 정돈된 조화와 관련이 있다는 것이다. 그러므로 더 나아가 가정의 아버지는 그 가정의 규칙을 국가의 법에 따라 형성한다는 결과이고, 그래서 그 가정은 시민의 질서와 조화(화합)를 이루게 된다.

❏ 정의없는 왕국이 어떻게 약탈과 같은가[3]

정의가 사라지고 있을 때, 왕국에는 극도의 약탈을 제외하고 무엇이 존재하겠는가? 작은 왕국이 아니라면 약탈 그 자체는 무엇을 위한 것인가? 그 강도단은 사람들로 구성된다. 그것은 군주의 권위에 의해 통치되고, 동맹의 협정에 의해 서로 결합된다. 전리품은 동의를 얻은 규칙에 의해 분배된다. 만일, 포기한 사람들의 인정에 의해, 사람들을 정복하고 도시의 재산을 노획하고 주거를 정하고 지역을 장악하는 정도까지 이런 악(惡)이 증가한다면 그것은 명백히 왕국의 이름을 가정하는 것이다. 왜냐하면 그 현실은 과욕의 제거에 의해서가 아니라 무벌의 부가에 의해 지금 분명히 수여되기 때문이다. 사실, 그것이 체포되었던 해적에게서 알렉산더대왕이 받았던 적절하고 진실한 대답이었다. 왜냐하면 그 대왕이 그 남자에게 바다의 절대적인 소유를 유지하는 것이 무엇을 의미하느냐고 물었을 때, 그는 대단한 자부심을 갖고 "당신이 전 세상을 장악하는 의미"라고 대답하였다. 그러나 나는 그것을 작은 배를 가지고 하기 때문에 약탈자라고 불리우나 반면에 위대한 함대를 가지고 그것을 하는 당신은 황제라는 칭호를 받는 것이다.

❏ 국가에서의 정의와 평화[4]

그러면, 이 장에서는 내가 이 연구의 제2권에서 했던 약속을 이행하고, 가능한한 간단하고 분명하게 설명을 하고, 만일 키케로(Cicero)의 공화국(De Republica)에서 스키피오(Scipio)에 의해 주장되었던 정의들을 받아들인다면, 로마공화국은 결코 존재하지 않았다. 왜냐하면 그는 공화국을 간단하게 인민들의 복리(福利)라고 정의하기 때문이다. 그리고 이 정의가 사실이라면, 로마 인민 사이에서는 복리가 획득되지 않았었기 때문에 로마공화국이 없었던 것이다. 왜냐하면 그의 정의에 따르면, 그 인민들은 평범한 권리의 인정과 이익단체에 의해 조직된 집회였다. 그리고 평범한 권리의 인정에 대해 그 뜻했던 것은, 대부분 공화국은 정의없

---

3) Tasker, 2: 252–253.
4) Tasker, 1: 115.

이 관리될 수 없다는 것을 제시함으로써 설명을 한다. 그러므로 진정한 정의가 없는 곳에는 권리가 없는 것이다. 그 이유는 권리에 의해 이루어지는 것은 공정하게 이루어진 것이고, 불공정하게 이루어진 것은 권리에 의해 이루어질 수 없다. 왜냐하면 인간의 불공정한 일들은 고려되지도 않고 또한 권리로서 언급되지도 않는다.

그러므로 진정한 정의가 없는 곳에는 평범한 권리의 인정에 의해 조직된 사람들의 집회가 있을 수 없으며, 그러므로 스키피오나 키케로에 의해 정의되었던 인민이 있을 수 없는 것이다. 인민이 없다면 인민의 복리가 없는 것이고 어떤 무차별한 소수의 대중은 인민이란 이름의 가치가 없는 것이다. 결과적으로 공화국이 인민복리라면, 그리고 그것이 평범한 권리의 인정에 의해 조직된 것이 아니라면, 인민이 없는 것이고, 권리가 없다면 정의가 없는 것이고, 그러면 틀림없이 정의가 없는 곳에는 공화국이 없다는 결론이 나온다.

더 나아가 정의는 모든 사람에게 그가 당연히 가져야 할 것을 주는 덕인 것이다. 그러면 그가 진정한 신을 버리고 더러운 악마에게 항복했을 때 인간의 정의란 어디에 있는가? 이것이 모든 이에게 당연한 것을 주는 것인가? 또는 어떤 근거에서 특정한 것을 권리가 없는 사람에게 주고, 반면에 그를 창조하신 신으로부터 그 자신을 멀리하고 사악한 영혼에 봉사하는 사람은 어떠합니까? 키케로는 정의가 아닌 것에 반대되는 부정의 원인에 대해 정열적으로 주장한다. 정의에 반대되는 부정의에 대한 변론을 우선 듣고, 어떤 사람이 통치하고 어떤 사람은 복종한다는 것은 불공정한 것이라고 논리적으로 반박할 수 없는 입장으로서 주장했듯이 불공평없이는 공화국이 성장하거나 생존할 수 없다는 것을 주장한다. 그리고 아직도 공화국에 속하는 제국적 국가도 이런 불공평에 대한 의지없이 지방들을 통치할 수 없다. 이것은 정의를 위해서 대답된 것으로, 예속이 그 지방에 유리하고, 공정하게 다스려질 때 그러하므로, 지방에 대한 이런 통치는 공정한 것이다.

그리고 그들이 자유로운 한 그들은 더욱더 악화되므로 그들은 복종에 의해 개선될 것이다. 이 추론을 확인하기 위해서, 그 본성에서 유도된 유명한 예가 있다. "왜 신은 인간의 영혼과 육체, 이성과 열정, 그리고 그 밖에 인간의 사악한 부분을 통치하는가?"가 질문시 된다. 이 예는 어떤 사람들에게는 예속이 유용하다는 것에 대해 의심의 여지를 남기자 않는다. 그리고 사실상, 신을 섬기는 것은 모든 이에게 유용한 것이다. 그리고 육체에 대한 올바른 통제를 하는 것은 영혼이 신을 섬길 때이다. 그리고 영혼 그 자체에 있어서 이성은 열정이나 악덕을 통치할 때 신에게 종속되었다 한다. 그러므로 인간이 신을 섬기지 않을 때, 그의 영혼을 그 육체에 대해 공정한 통제를 행할 수 없고 그의 이성 역시 그의 악덕에 대해 그러하므로 그는 정의가 무엇인지를 그의 탓으로 돌릴 수 있겠는가? 그리고 그러한 개개인에게 정의가 없다면, 틀림없이 사람들로 이루어진 그 단체에는 정의가 없는 것이다.

❏ 공화국과 진정한 정의[5]

그러나 우리가 인민에 대한 이런 개념을 버린다면, 그리고 다른 것을 가정한다면 인민은 그들사안의 대상에 관한 공통된 의견일치에 함께 결속된 이성적인 존재들의 집단이라고 말할 수 있고, 그런 후에 어떤 인민의 특성을 발견하기 위해서 우리는 그들이 무엇을 사랑하는가 만을 관찰하면 된다. 그러나 무엇을 사랑하든지, 이것이 짐승이 아니라 이성적인 존재의 집단이라면 그리고 사랑의 대상에 관해 의견일치로서 함께 조직화되었다면, 그것은 무리없이 인민이라고 불리운다. 그리고 그것이 고도의 이해에 의해 결합되었을 때는 어느 정도 우월한 인민이며, 저급한 이해에 의해 결합되었을 때는 비례해서 열등한 인민인 것이다.

우리의 이와 같은 정의에 따르면 로마의 사람들은 인민이며, 그것의 집합체는 의심할 여지없이 국가나 공화국인 것이다. 그러나 그것의 초기와 계속되는 시기에 그것의 취향에 무엇이 있고, 어떻게 잔인한 선동과 사회적·시민적 전쟁으로 쇠퇴하고, 그래서 폭발해서 허물어지고 인민의 건강이 존재하는 연결의 조화를 부패시켰던 것을 역사는 보여주고 있음을 이 책의 앞에서 대부분을 내가 언급했었다. 그리고 나는 여전히, 사랑의 대상에 관한 공동의 일치에 의해 함께 결합한 이성적 존재의 집단으로서 유지되는 한, 이 설명에 대해 그것이 인민이 아니라거나 그것의 행정이 공화국이 아니라는 말을 하지 않을 것이다. 그러나 내가 이 인민과 공화국에 관해 말한 것은, 크던 작던 간에 공화국 정부를 경험했던 모

---

5) Tasker, 2: 264-265.

든 국가와 초기 앗시리아인, 바빌로니아인, 이집트인, 그리고 아테네나 그리스 국가에 대한 말이나 생각을 이해한 것이었다. 왜냐하면 일반적으로 신앙심 없는 국가는 신을 구하기 위해 어떤 희생도 해서는 아니된다는 신의 명령을 따르지 않았으며, 그럼으로써 그 영혼이 육체에 대한 적절한 명령을 할 수가 없었고, 또한 그 이성에게 악덕에 대한 공정한 권위를 부여할 수가 없어서 진정한 정의가 결여되었던 것이다.

제2절 솔즈버리 존(John of Salisbury)의 유기체론과 폭군방벌론[6]

우리가 봉건적이라고 부르는 관계망(that web of relationship)은 존의 『정치학』(Policraticus)에서 발췌한 다음의 글들에서 설명된다. 군주는 수장이고 성직자는 사회의 영혼이다. 유일한 합법적인 정부는 군주제이나, 군주는 신망있는 직책의 자리에 있는 것이다. 모든 관계는 유기적이며 근대적 의미에서의 계약적인 것이 아니다. 정부는 반드시 진정한 종교에 근거해야 한다. 종교를 박탈하는 왕은 전혀 왕이 아닌 것이나, 사람들이 왕에 대한 충성의 맹세로서 그에게 구속되지 않는다면 전제자인 것이다. 후자는 계약같이 들리나 진정한 계약에 있어서 필요한 조건인, 왕에 대한 상호 간의 의무를 강요하는 것이 없다.

❏ 중세의 유기체와 계약론[7]

나에게 있어서 왕에 대한 임무는 통치자의 권력을 받아들여야 한다는 것에 설득하고 또한 만족하는 것이다. 그리고 신에 대한 복종 속에서 이루어지고 신의 법령을 따르는 한 나는 군주의 권력에 참을성 있게, 뿐만 아니라 기쁘게 복종한다. 그러나 반면에 만일 그것이 신의 계시에 반대하고 저항한다면 그리고 나를 신에 반하는 전쟁에 참가케 한다면 나는 거침없이 신은 군주에 대한 복종으로부

---

6) John of Salisbury, *The Statesman's Book of John of Salisbury*, translated By John Dickinson(New York: Russel and Russel, 1963).

7) Dickinson, 258−263.

터 면죄된다고 대꾸하겠다. 그러므로 하급의 사람들은 그들의 상급인들을 시종일관 고수해야 하며 모든 부하들은 그 우두머리에 복종해야 한다. 그러나 항상 그런 것이 아니라 단지 종교가 신성시되어지는 조건에서 그렇다. 우리는 소크라테스가 자연적인 분수에서처럼 지혜의 순수성에서 흘러나왔다고 말해지는 계율들을 세우고 공화국을 위한 정체의 틀을 만들었다고 들었다. 그리고 그는 공화국의 좀 더 하찮은 요소들은 높은 지위에 있는 사람들로부터 좀 더 많은 관심과 주의를 적절하게 받아야 한다는 사실을 다른 무엇보다도 강조하였다. "황제 트라야누스(Trajan)의 교훈"[8]을 다시 열심히 읽어라. … 그러면 여러분은 거기에서 토론의 대부분이었던 이러한 사실들을 발견할 것이다.

❑ 대역죄[9]

대역죄에 관한 범죄를 구성하는 법규들이 많이 있는데, 예를 들면, 군주나 행정장관들의 죽음을 계획한 자, 그의 나라에 대항하기 위해서 무기를 지닌 자, 공공전쟁에서 군주를 저버리고 돌보지 않은 자, 공화국에 대항하여 반란을 일으키도록 권고하고 선동한 자, 어떤 범죄 의도나 행동에 의해 인민과 공화국의 적들에게 군량, 갑옷, 무기, 돈 또는 그 밖의 것들을 갖도록 도움이 된 자, 또는 아군이었다가 공화국의 적으로 변한 자, 또는 어떤 행동에 대한 복종에서 변절한 외국사람들 또는 법정에서 자백한 후에 그 이유로 하여 구금된 사람을 탈출시키는 죄를 범한 자 등 이러한 종류의 다른 많은 조항들이 있는데 너무 길어서 열거하기에 불가능하다.

그러나 여기에서 충성과 충절의 법칙은 다른 무엇보다도 지켜져야 하기 때문에, 허가되지는 않은 몇 개의 법규들에서 우리가 쉽게 배울 수 있는 서약에 그런 표현이 있다. 반드시 필요한 것에 반대하는 것은 불가능하기 때문에, 그런 추론에 의하면, 꼭 행해져야만 하는 것은 단지 인정되지 않은 어떤 것에 의해서만

---

8) 로마제국의 13대 황제인 트라야누스는 온유한 성품으로 원로원과의 친밀한 관계를 통해 국내 정치를 안정화시켰고 이를 바탕으로 영토를 가장 많이 확장한 지도자로서 로마 시민들의 사랑과 존경을 받았다고 한다. 트라야누스의 교훈은 이같은 위대한 업적이 주로 그의 온유한 성품에서 비롯되었다는 것을 의미하는 것으로 이해된다.

9) Dickinson, 258-263.

부인될 수 있겠다. 그래서 충성의 법칙은 필수적인 요소들이 존재하는 것 같이, 거기에 삽입될 것을 강요하고, 후자를 "건전한(Sound)," "안전한(safe)," "존경할 만한(honorable)," "유리한(advantageous)," "쉬운(easy)" 등의 단어로 표현한다. 그리하여 만일 우리가 충성에 의해 어느 누구에겐가 속박되고 있다면, 우리는 육체적 신성함을 해치지 않아야 하고, 그의 안전이 달려 있는 군사적인 자원을 박탈하지 말아야 하며, 그의 명예나 이익이 감소되는 어떤 행동을 감히 해서는 안된다. 또한 그에게 있어 쉬운 것을 어렵게 만들고, 가능한 것을 불가능하게 하는 것이 적법한 것인가. 게다가, 그로(군주)부터 은혜를 받으며, 그의 충실한 신하인 사람은 그의 사업에 있어서 조력과 조언의 의무를 지게 된다. 위의 사실에서 볼 때, 단지 충성에 의해 우리가 구속되는 사람에 대해 그렇게 많이 빚을 지고 있다면, 태양이 얼마만큼 신에게 빚을 지고 있는가는 더욱 명백한 것이다.

❏ 폭군방벌론[10]

신의 시종(the divine page)이 갖는 권위에 의하면, 살해자가 그 전제자에 대해 충성의 의무가 없다면 혹은 어떤 다른 이유로 해서 정의나 명예를 희생시키지 않는다면, 공공연한 전제자를 살해하는 것은 적법하고 영광스런 행동인 것이다.

신의 시종이 우리 앞에 데려온 최초의 독재자는 그리스도 이전에 위대한 사냥꾼이었던 니므롯(Nebroth)[11]이었다. 그리고 그는 하느님의 버림을 받은 자라고 위에서 이미 언급했었다. 진실로 그는 신의 아래에서가 아니라 그 자신의 힘으로 군주가 되기를 원했기 때문에, 하늘에 이르는 탑을 세우려는 노력은 무지로 인해 혼란 속으로 던져지고 뿌려지는 운명을 가진 연약한 존재가 되었다. 그러므로 그를 버린 신의 선택에 의해 인민위에 서게 된 그는 군림보다는 통치에 대한 사악한 욕망에 의해 자기자신을 포기했으며 결국 그는 완전히 전복되어 그의 고통의 분노로 인해 강제로 죽게 되었다.

왕직에 대한 올바르고 유익한 가정은 쓸모가 없거나 있어도 약간 있기 때문

---

10) Dickinson, 324–367.
11) 함의 장남인 구스의 아들로, 세상에 태어난 첫 번째 장사로 여호와께서도 알아주시는 힘센 사냥꾼으로 묘사되었다. **창세기**, 제10장 8절–12절을 참조.

에, 그 후의 통치자의 인생은 모순되며, 전적으로 사물의 기원에 관한 것에 대한 판단을 하지 못하나, 그들의 결과나 종말에 의존하는 판단을 하게 된다. 제롬 (Jerome)의 권위에 따르면, 열왕기(상, 하)와 역대(상, 하)의 이야기는, 이스라엘은 초기부터 전제자에 의해 억압받았으며, 유대지방에는 다윗(David), 요시야(Josiah), 그리고 히스기야(Ezechiah)를 제외하면 사악한 왕만이 있었다는 것을 보여준다. 그러나 나는 솔로문(Solomon)과 아마도 유다에 있는 몇몇 다른 사람들은 하느님이 그들을 진리의 길로 부활시킬 때 회개하였다는 것을 쉽게 믿을 수 있었다. 그리고 나는 쉽사리 합법적인 군주들 대신에 전제자들은 항상 성령에 반항하고 법의 시종인 모세(Moyses)뿐만 아니라 법의 왕이신 하느님을 격분시키는 완고하고 고집센 사람들에 의해 정당한 대접을 받는다. 왜냐하면 전제자는 죄에 의해 요구되고, 소개되고, 권좌에 올려지는 것이며, 참회에 의해서 추방되고, 죽음을 당하고 멸하게 되기 때문이다. 『사사기』가 얘기 하듯이 그들 왕의 시대 이전에 조차도, 이스라엘의 어린이들은 수없이 전제자에게 감금되어 신의 섭리에 따라서 많은 다른 경우에 고통을 받았으며, 그런 후에 종종 그들이 하느님에게 애소하면 그들은 구제받았던 것이다. 그리고 그들의 처벌에 할당된 시간이 종료하되면, 그들은 그들의 전제자들을 교살함으로써 그들의 목에서 멍에를 벗어 던질 수 있었다. 그리고 죄과는 그들의 용기 때문에 그들 중 어느 누구에게도 귀착되지 않고 그리하여 회개자와 비천한 사람들은 해방되며, 그들의 명성은 후세에 의해 하나님의 시종으로서 감동 속에 간직되었다.

제3절   아퀴나스의 정의, 법의 종류, 그리고 정부분류[12]

❏ 정의에 대하여[13]

제1절 정의는 상호 간에 그의 권리를 줄 수 있는 영원하며 불변하는 의지로

---

12) Dino Bigongiari. ed., *The Political Ideas of St. Thomas Aquinas*(New York: Hafner, 1953).
13) Bigongiari, 105 – 107.

서 적절하게 정의되었는가?

그러면 우리는 첫 번째 절로 계속하겠다.

Objection 1. 법률가들이 정의를 상호 간에 그의 권리를 줄 수 있는 영원하며 불변하는 의지로서 부적절하게 정의한 것 같다. 왜냐하면 철학자(Ethic II)에 따르면 정의는 사람이 공정한 것을 행할 수 있게 하고, 행동이나 의도에 있어서 공정하게 하는 습관이라고 한다. 이제 의지는 어떤 행동을 의미한다. 그러므로 정의는 의지로서 부적절하게 정의되었다.

Obj. 2. 게다가 의지의 정직은 의지가 아니다. 그 대신 그 의지가 자신의 정직이라면, 그것은 옳지 않은 의지는 없다는 것을 따르게 된다. 그러나 안셀무스(Anselm)에 따르면(De Veritate XIII), 정의는 정직이다. 그러므로 정의는 의지가 아니다.

Obj. 3. 또한 신의 의지를 제외하고는 영원한 의지는 없다. 그러므로 정의가 영원한 의지라면 신에게 있어서만 정의가 있을 것이다.

Obj. 4. 또한 영원한 것이 불변이라면 그것은 변할 수 없기 때문이다. 그러므로 정의를 정의함에 있어서 그것은 영원하며 불변한 것이라고 말하는 것은 필요없는 것이다.

Obj. 5. 또한 그것은 각자에게 그의 권리를 줄 수 있는 주권자에 속한다. 그러므로 정의가 각자에게 그의 권리를 준다면 그것은 단지 주권자에 있는 것임을 따르는 것이다. 그것은 불합리한 것이다.

Obj. 6. 또한 어거스틴(Augustine)은 (De Moribus Eccl XV) 정의란 단지 신에 대해 봉사하는 것을 사랑하는 것이라고 말한다. 그러므로 그것은 각자에게 그의 권리를 주지 않는다.

정의에 관해 말한 앞의 정의는 옳게 이해된다면 적절한 것이라고 나는 대답한다. 왜냐하면 모든 덕은 선한 행동의 원칙인 습관이기 때문에 덕은 그 덕에 적절한 문제에 관련된 선한 행동에 의해서 정의되어야만 한다. 이제 정의에 관한 적절한 문제는 다른 사람과의 상호관계에 속하는 그러한 것들로 이루어져 있다. 그러므로 정의의 적절한 문제와 목적에 관련한 정의의 행동은 그 말에서 지적된다. 각자에게 그의 권리를 주는 것은, 이시도어(Isidore)가 말했듯이(Etym X) 사람은 다른 사람의 권리를 존중하기 때문에 공정하다고 말하여진다.

어떤 문제에 관련된 행동이 덕있게 하기 위해서 그것은 자발적이고, 안정되고 확고한 것이 요구된다. 왜냐하면 철학자(아리스토텔레스)가(Ethic II) 행동이 덕있게 되기 위해서는 우선 알게 이루어져야 하며, 둘째로 선택에 의해 이루어져야 하며, 정당한 목적을 위해서 확고하게 이루어져야 한다. 이것들 중 첫 번째는 두 번째에 포함된다. 왜냐하면 무지에 의해 이루어진 것은 본의가 아닌 것이기 때문이다(Ethic III). 그러므로 정의에 대한 정의는 두 번째의 의미를 언급하며, 그것은 정의가 자발적이어야 한다는 것을 보여주기 위해서이다. 그리고 그 다음은 행동의 확고함을 지적하기 위해 그것의 불변성이나 영원성이 언급된다.

따라서 이것은 정의에 대한 완전한 정의인 것이다. 습관 대신에 언급된 행동을 제외하고는 그것은 그 행동으로부터 그것의 종류를 취하게 되며, 그 이유는 습관은 행동과 관련됨을 뜻하기 때문이다. 그리고 만일 어떤 사람이 그것을 어떤 적절한 형태의 정의로 놓는다면, 그는 정의란 습관으로 사람이 불변하고 영원한 의지에 의해 각자에게 그의 임무를 주는 것이라고 말할 것이다. 그리고 이것은 정의란 습관으로서 사람은 그의 선택에 일치하며 공정한 행동을 할 수 있다고 말한 철학자(Ethic V)에 의해 부여된 정의와 같은 것이다.

Reply Obj. 1. 여기에서 의지란 힘이 아니라 행동을 나타낸다. 그리고 필자들에게 있어서는 그들이 행동에 의해 습관을 정의하는 것은 관습적인 것이다. 그러므로 어거스틴은(Tract, in John.l XXIX) 신념은 보이지 않는 무엇을 믿는 것이다라고 말하였다.

Reply Obj. 2. 반드시 그런 것은 아니지만 경우에 따라서 정의는 정직과 같은 것이다. 왜냐하면 이것은 행위나 의지를 교정하는 습관이기 때문이다.

Reply Obj. 3. 그 의지는 두 가지 면에서 영원한 것이라고 말할 수 있을 것이다. 첫째로 영원히 인내하는 의지의 행동이라는 부분에서 그러므로 신의 의지는 영원한 것이다. 둘째로 주제라는 부분에서 사람은 항상 어떤 것을 하려는 의지 때문에, 이것은 정의의 필수적인 조건이다. 왜냐하면 사람의 모든 경우에 불공정하게 행동하려고 하는 것을 발견할 수 없으므로 그것은 특별한 문제에 있어서 얼마 동안 정의가 준수되었으면 하고 바라는 정의의 조건을 만족시킬 수 없기 때문인 것이다. 그리고 우리는 모든 경우에 항상 정의를 준수하려는 의지를 가져야 한다는 것은 필요한 것이다.

Reply Obj. 4. 영원한 것은 불멸을 의미하지 않기 때문에 불변하는 것을 부가하는 것은 불필요 한게 아니다. 왜냐하면 영구적인 것은 정의를 항상 준수한다는 목적을 의미하는 반면, 불변하는 것은 이러한 목적에 있어서 확실한 보존을 의미하기 때문이다.

Reply Obj. 5. 재판관은 각자에게 속한 것을 명령과 지시에 의해 부여하며, 그것은 재판관이 정의의 상징이고 주권자는 그것의 수호자이기 때문이다(Ethic V). 반면에 신하는 각기 속한 것을 집행한다.

Reply Obj. 6. 신의 사랑이 이웃의 사랑을 포함하듯이, 위에서 언급했듯이 (Q.XXV.A1) 신에 대한 그러한 봉사는 각자에게 그의 정당한 것을 부여하는 것이다.

제12절 모든 도덕적인 덕 중에서 정의가 가장 으뜸되는 것을 나타내는가? 우리는 열두 번째 절을 계속한다.

Objection 1. 정의가 모든 도덕적인 덕 중에서 으뜸되는 것을 나타내지 않는 것같다. 왜냐하면 각자에게 그의 것을 주는 것은 정의에 속하는 것이고, 자기자신의 것을 주는 것은 관대함에 속하는 것이며, 이것이 더 덕있는 것이기 때문이다. 그러므로 관대함은 정의보다도 더 큰 덕인 것이다.

Obj. 2. 또한 그 자체보다도 덜 훌륭한 것에 의하여 장식된 것은 없다. 관대함은, 『윤리학』4권(Ethic IV)에 따르면 정의와 모든 덕의 장식인 것이다. 그러므로 관대함은 정의보다 더 훌륭하다.

Obj. 3. 또한 덕은 Ethic II에서 언급했듯이 어렵고 선한 것에 관한 것이다. 그러나 꿋꿋함은 정의보다도 더 어려운 것에 관한 것이며 그 이유는 『윤리학』3권(Ethic III)에 따르면 그것은 죽음의 위험에 관한 것이기 때문이다. 그러므로 꿋꿋함은 정의보다 더 훌륭한 것이다.

반대로 툴리(Tully)는 말한다(De Offic I): 정의는 덕의 가장 빛나는 것으로, 선한 사람에게 그 이름을 준다.

만일 우리가 법적인 정의를 말한다면, 공공선은 한 사람의 개인적인 선을 능가하기 때문에 그것은 모든 도덕적인 덕 중에서 으뜸을 나타낸다는 것은 분명한 것이라고 나는 대답한다. 이런 의미에서 철학가는(Ethic V) 다음을 주장한다. 덕 중에서 가장 훌륭한 것은 정의인 것 같고, 밤이나 새벽의 별보다도 더 빛나는 것이다. 그러나 우리가 특별한 정의를 말할지라도 두 가지 이유에서 그것은 다른 도덕적인 덕을 능가한다. 첫 번째 이유는 주제에서 볼 수 있는 것으로, 정의는 영혼 즉 이성적인 욕구와 의지보다 훌륭한 부분에 있는 것이기 때문이며, 거기에 다른 도덕적인 덕의 문제인 열정이 속하는 것이다. 두 번째 이유는 그 대상에서 볼 수 있는 것으로, 다른 덕들은 덕있는 사람 자신의 단순한 선에 관하여 훌륭한 것으로, 따라서 정의는 『윤리학』 5권(Ethic V)에서 언급했듯이 다른 사람에 대한 어떤 선인 것이다. 그러므로 철학자는(Rhet. I) 말한다. 가장 위대한 덕은 다른 사람에게 가장 이로운 것들이 되어야 하며 그 이유는 덕은 다른 사람에게 선을 행하는 능력이기 때문이다. 이러한 이유로 가장 위대한 명예는 용감한 자와 공정한 자와 일치한다. 왜냐하면 용감은 전쟁시에 다른 사람에게 유용한 것이며, 정의는 전쟁시나 평화시 모두에 다른 사람에게 유용하기 때문이다.

Reply Obj. 1. 관대한 사람이 그 자신의 것을 주더라도, 그가 그 자신의 덕에 관한 선을 고려하는 한 그렇게 한 것이며, 반면에 공정한 사람은 다른 이에게 공공선에 관한 생각으로 그의 것을 주는 것이다. 게다가 정의는 모든 것을 향해 준수되는 반면, 관대함은 모든 것까지는 미치지 못한다. 다시 그 사람 자신의 것을 관대함은 정의에 기초한 것이며, 그것에 의하여 우리는 각자에게 그의 것을 주게 되는 것이다.

Reply Obj. 2. 관대함이 정의에 부가될 때 그것은 후자의 선을 증가시킨다. 그리고 정의 없이는 그것은 덕이 될 수 없다.

Reply Obj. 3. 꿋꿋함이 가장 어려운 것에 관한 것이라도, 그것이 가장 최고의 것에 관한 것은 아니다. 왜냐하면 그것은 전쟁시에만 유용할 뿐이기 때문이다. 반면에 정의는 위에서 언급했듯이 전쟁시나 평화시에 모두 유용한 것이기 때문이다.

❏ 법의 본질[14]

제1절 법은 이성에 관계되는 어떤 것인가?

그래서 우리는 제1절을 계속한다.

---

14) Bigongiari, 3−5.

Objection 1. 법은 이성에 관계된 어떤 것이 아닌 것 같다. 왜냐하면 사도들은 다음과 같이 말하고 있기 때문이다. 나는 나의 신도들과 그 밖의 여러 사람들 사이에서 또 다른 법을 보았소. 그러나 그 신도들 사이에서도 이성에 관계된 것은 아무 것도 없다. 이성은 신체적인 기관같이 이용할 수 없기 때문이다. 그러므로 법은 이성에 관계된 어떤 것이 아닌 것이다.

Obj. 2. 게다가 이성에는 힘과 습관 그리고 행동 이외에는 아무 것도 없다. 그러나 법은 이성의 힘 자체는 아니다. 같은 의미로 그것은 이성의 습관도 또한 아니다. 이성의 습관은 우리가 언급했듯이(QL VII) 지적인 덕이기 때문이다. 법은 이성의 행동 또한 아니다. 예를 들어 우리가 잠자는 동안에 이성의 작용이 정지하면 법도 정지하게 되기 때문이다. 그러므로 법은 이성에 관계된 것이 아니다.

Obj. 3. 게다가 법은 그것에 종속되어 옳게 행동하는 사람들을 감동시킨다. 그러나 위에서 보여진 것으로부터 명백해지듯이(Q.IX.A1) 그것은 행동하도록 움직이는 의지에 속하는 것이다. 그러므로 법은 이성에 관계된 것이 아니라 의지에 관계된 것이다. 법학자들의 말에 따르면(Lib. i. ff. De Const Prin), 주권자를 만족시키는 것은 무엇이든지 간에 법적 효력을 지닌다.

반대로 명령하고 금지시키는 것은 법에 속하는 것이다. 그러나 위에서 언급했듯이(Q.XVII. A1) 명령하는 것은 이성에 속한다. 그러므로 법은 이성에 관계된 어떤 것이다.

법은 행동에 관한 규칙이고 척도이므로 그것에 의하여 사람은 어떤 행동은 권유되고 어떤 행동은 제지되어지는 것이다. 왜냐하면 법은 구속에서 기인된 것이고 사람의 행동을 구속하기 때문이다. 위에서 언급된 것에서 명백해지듯이(Q.I.A1 ad3) 인간행동에 관한 규칙과 척도는 이성이며 그것은 인간행동의 첫 번째 원칙이다. 철학자들에 따르면(Phys II), 목적을 지시하는 것은 이성에 속하는 것이며, 그것은 행동에 관한 모든 문제에 있어서 첫 번째 원칙이기 때문이다. 어떤 유(genus)의 원칙은 그 유들의 원칙이요 척도이다. 예를 들어 수의 종류들 중에서 1이라는 수와 운동의 종류 중에서 첫 번째 운동이 그것이다. 결과적으로 법은 이성에 관계된 어떤 것이라는 것을 따르게 된다.

Reply Obj. 1. 법은 일종의 규칙이고 척도이기 때문에 이 두 가지 면 중에서 어떤 것에 있을 것이다. 첫째로, 그것이 조정하고 규제한다는 점에 있어서 그리고 이것은 이성에 적합한 것이기 때문에 이러한 면에 있어서 법은 단지 이성에만 있다는 것을 따르는 것이다.

둘째로, 그것이 조정되고 규제된다는 점이다. 이 점에 있어서 법은 어떤 법의 이성에 의해 어떤 것이 되는 경향이 있는 그러한 모든 것들 내에 있는 것이다. 그래서 법에서 발생되는 어떤 경향을 본질적으로가 아니라 다시 말하면 있는 그대로의 참여에 의하여 법률로 불려질 수 있는 것이다. 그러므로 신도들의 현세욕에 대한 경향은 신도들의 계율이라 불려진다.

Reply Obj. 2. 외적인 행동에 있어서 우리의 일과 행해진 일, 예를 들어 집을 짓는 일과 지어진 집을 고려하는 것같이, 이성의 행동에서도 그러하다. 우리는 행동을 이성 그 자체, 즉 이해하고 추론해서 이 행동에 의해 발생된 것이 어떤 것인가를 고려한다. 사색적인 이성에 관하여 모든 정의 중에서 이것이 첫째이며, 둘째는 명제, 셋째는 삼단논법과 같은 논쟁이다. 그리고 또한 실질적인 이성은 행해져야만 하는 일에 관하여 삼단논법을 이용하며 철학자들이 가르치듯이 (Ethic VII) 그러므로 우리는 실질적인 이성에서, 사색적인 지성에서 명제가 결론에 대해 효력을 지니고 있듯이, 효력에 대해 같은 명제를 지닌 어떤 것을 발견한다. 이와같이 행동을 지시하는 실질적인 지성의 보편적 명제는 법의 성질을 띠고 있다. 그리고 이들 명제들은 때때로 우리의 실질적 고려 하에 있는 반면에, 때때로 그것들은 습관에 의해 이성 속에 보유된다.

Reply Obj. 3. 이성은 의지를 움직일 수 있는 힘을 갖고 있는데 그것은 사람이 목적을 의도한다는 사실과 이성은 목적에 대해 규정된 것들에 관해서 명령을 내린다는 사실 때문인 것이다. 그러나 명령된 것의 의지가 법률의 성질을 갖기 위해서는 그것이 이해된다는 것은 주권자의 의지가 법적인 힘을 갖는다는 말이다. 그렇지 않으면 주권자의 의지는 법이라기보다는 오히려 무법의 기미가 엿보일 것이다.

제2절 법은 항상 공공선으로 규제되는가?[15]
그래서 우리는 제2절을 계속하겠다.

---

15) Bigongiari, 5-7.

　　Objection 1. 법은 그것의 목적에 관하여 보면, 항상 공공선을 규제하는 것 같지는 않다. 왜냐하면 명령하고 금지하는 것은 법에 속하는 것이기 때문이다. 그러나 명령은 어떤 개인적인 선을 규제한다. 그러므로 법은 어떤 특별한 선을 규제하는 것이다.

　　Obj. 2. 또한 법은 행동에 있어서 인간을 규제한다. 그러나 인간행위는 특별한 문제에 관한 것이다. 따라서 법은 어떤 특별한 선을 규제하는 것이다.

　　Obj. 3. 게다가 이시도어는 말한다(Ethic II). 만일 법이 이성에 기초한다면 이성에 기초한 모든 것은 법이 될 것이다.

　　그러나 이성은 공공선에 규정된 것에 관한 것뿐만 아니라 개인적인 선을 규제하는 것에 관한 근간인 것이다. 그러므로 법은 모든 것에 관한 선뿐만 아니라 개인에 관한 사적인 선에 관해서도 규제한다.

　　반대로 이시도어는 법이란 사적인 이익을 위해 제정된 것이 아니라 시민의 공익을 위해 제정된 것이라고 말한다(Ethic V).

　　위에서 언급했듯이(A.1) 법은 인간행위의 원칙이 된다. 그 이유는 그것은 그들의 규칙이요, 척도이기 때문이라고 나는 대답한다. 이성이 인간행위의 원칙인 것처럼 이성 그 자체에 있어서도 그 나머지 모든 것에 관한 원칙이 되는 무엇인가 있는 것이다. 그러므로 법은 주로 이 원칙에 관하여 언급되어야 한다. 실질적인 문제에 있어서 첫 번째 원칙은 실질적인 이성의 대상이며 그것이 궁극적인 목적이다. 그리고 위에서 언급했듯이(Q.II A.7 ; Q.III A.1) 인간 삶의 궁극적 목적은 기쁨과 행복이다. 결과적으로 법은 주로 행복에 대한 관계들을 고려해야만 한다. 더욱이 불완전한 것의 완전한 것에 대한 것과 같이 모든 전체를 규정하기 때문에 행복에 대한 관계를 적절히 고려해야만 한다. 그러므로 법적인 문제에 관한 위의 정의에서 철학자는 행복과 정치공동체를 모두 언급하였다. 왜냐하면 그는 우리들이 법적 문제를 국가를 위해 그것의 부분과 행복을 창출하고 보존하는데 채택되어야 한다고 말했기 때문이다. 왜냐하면 국가는 아리스토텔레스가 『정치학』 1권(Polit I)에서 말했듯이 완벽한 공동사회이기 때문이다.

　　이제 모든 유(Genus)에 있어서 주로 그것에 속하는 것은 다른 것의 원칙이며, 그러한 것에 종속되는 것에서는 다른 것들은 그 유에 속하는 것이다. 그러므로 뜨거운 것 중에서 으뜸인 불은 혼합된 물체에서 열의 원인이며, 그리고 이러

한 것들은 그것들의 불을 공유하고 있는한 뜨거운 것이라고 말하여진다. 결과적
으로 법은 주로 공공선을 규정하기 때문에 어떤 개별적 일에 관한 어떤 다른 계
율은 그것이 공공선을 취급하고 있다는 것을 제외하면 법의 성질을 결여하고 있
는 것이다.

Reply Obj. 1. 명령은 법에 의해 규제되는 문제들에 관해 법의 적용을 의미
하는 것이다. 법이 목표하고 있는 공공선에 대한 명령은 특별한 문제에 관한 것
에 대해서도 주어질 수 있다.

Reply Obj. 2. 사실 행동은 특별한 문제에 관련된 것이다. 그러나 그러한 특
별한 문제들은 공공선이 공동목적이라고 말해져야 한다는 것에 따르면 공공의
유(類)나 종(species)에 관해서가 아니라 공공의 궁극적 원인에 관해서 말할 때 공
공선이라고 귀착시킬 수 있는 것이다.

Reply Obj. 3. 첫 번째의 자명한 원칙으로 되돌아 가는 것을 제외하고, 사색
적인 이성에 확실히 맞설 수 있는 것이 없듯이, 실질적인 이성이 공공선이라는
궁극적 목적을 규제하지 못한다면, 실제적인 이성에 대해 확실히 맞설 수 있는
것이 없는 것이다. 그리고 이러한 의미에서 이성에 맞서는 것은 무엇이든 법의
성질을 지니는 것이다.

제3절 인간의 이성이 법의 제정에 적격한 것인가?[16]
그래서 우리는 제3절을 계속한다.

Objection 1. 사람의 이성은 법을 만드는데 적격인 것 같다. 왜냐하면 사도
들은 법을 갖지 않은 이방인들(Gentiles)은 법에 관한 것들을 본성에 의해 행했으
며 … 그것들은 그들에게 있어서 하나의 법이었다고 말하기 때문이다(『로마서』 2
장 14절). 이제 그는 이런 모든 것을 일반적으로 말한다. 그러므로 누구든지 그
자신 스스로가 법을 만들 수 있는 것이다.

Obj. 2. 또한 철학자가 얘기했듯이(Ethic II) 입법가의 의도는 인간을 덕으로
이끄는 것이다. 그러나 모든 사람은 다른 사람을 덕으로 이끌 수 있다. 그러므로

---

16) Bigongiari, 7−8.

사람의 이성은 법을 만드는데 적격한 것이다.

　Obj. 3. 또한 국가의 주권자가 국가를 통치하듯이, 모든 가정의 아버지는 그의 집안을 통치한다. 그러나 국가의 주권자는 국가를 위해 법을 만들 수 있다. 그러므로 모든 가정의 아버지는 그의 집안을 위해서 법을 만들 수 있다.

　반대로 이시도어는 말한다(Ethic Ⅴ ; 그리고 그 단락은 교령집(Decretals) Dist 2에서 인용되었다). 법은 모든 국민의 법령으로서 어떤 것은 공동체와 함께하는 연장자들(the Elders)에 의해 제재된다.

　적절히 말하면, 법은 공공선에 대한 명령을 최고 우선적으로 취급한다라고 나는 대답한다. 선에 관한 어떤 것을 명령하는 것은 전체 인민이나 혹은 전체 인민의 대리인에게 속한다. 그러므로 법의 제정은 전체 인민이나 전체 인민을 돌보는 공인에게 속한다. 왜냐하면 다른 모든 문제에 있어서 목적에 관한 어떠한 것을 지시하는 것은 그 목적이 속하는 것에 관계된 것이기 때문이다.

　Reply Obj. 1. 위에서 언급했듯이(A.l. adl) 사람에게 있어서의 법은 지배층뿐만 아니라 피지배층의 참여에 의한 것이다. 후자에 있어서 각자는 그를 통치하는 사람으로부터 받은 지시를 공유하는 한, 그 자신에게 있어서 법인 것이다. 그러므로 이와 같은 문맥에 계속된다. 누가 그들의 가슴에 쓰여진 법의 의무를 보여 주는가.

　Reply Obj. 2. 사적인 사람은 다른 사람을 효과있게 덕으로 이끌 수 없다. 왜냐하면 그는 단지 조언만 할 수 있으며, 만일 그의 조언이 받아 들여지지 않았다면 철학자가 얘기했듯이(Ethic X) 덕으로 효과적인 유도를 증명하기 위해 법이 지니는 그러한 강제적인 힘을 그것은 갖지 못한다. 그러나 앞으로 우리가 계속 언급하겠지만(Q ⅩGⅡ,A2 ad 3 ; Ⅱ-Ⅱ QLⅨV, A3), 이런 강제력은 전체 인민이나 처벌을 부과하는 어떤 공인에게 부여된다. 그러므로 법의 형성은 단지 그에게만 속하는 것이다.

　Reply Obj. 3. 한 사람이 어떤 가정의 한 부분이듯이 한 가정도 국가의 한 부분이다. 그리고 『정치학』 1권(Polit I)에 따르면 국가는 완벽한 공동사회이다. 그러므로 한 사람의 선은 단일 국가의 선을 구성하게 되며 그 국가는 완벽한 공공사회인 것이다. 결과적으로 가정을 통치하는 그는 사실상 어떤 명령이나 법령을 만들 수 있으나, 그러한 것은 법의 강제력과 같은 것을 갖는 것은 아닌 것이다.

제4절 공포는 법에 필수적인 것인가?[17]
그래서 우리는 제4절을 계속한다.

Objection 1. 공포는 법에 필수적이지 않은 것 같다. 왜냐하면 우선 자연법은 법의 성질을 지니기 때문이다. 그러나 자연법은 공포가 필요없다. 그러므로 공포되는 것은 법에 있어서 필수적이 아니다.

Obj. 2. 또한 사람이 해야 할 것과 하지 말아야 할 것을 구속하는 것은 법에 속하는 것이다. 그러나 법을 수행하는 의무는 그것이 공포될 때 참석했던 사람뿐만 아니라 다른 사람에게도 영향을 준다. 그러므로 공포는 법에 필수적인 것은 아니다.

Obj. 3. 또한 법의 구속력은 심지어 미래에까지 미친다. 왜냐하면 법학자들이 말했듯이(Cod. i, tit. De leg et constit.) 법은 미래의 일까지도 구속하고 있다. 그러나 공포는 현재의 사람들에 관계된 것이다. 그러므로 그것은 법에 필수적인 것은 아니다.

반대로 법은 그것이 공포될 때 성립되는 것이라고 교령집(Decretals)에 쓰여졌다(Append Grat).

위에서 언급되었듯이(A.1) 법은 법규나 척도에 의해서 다른 것들에 대해 부가된다고 나는 대답한다. 법규나 척도는 그것에 의해서 통치되고 조정되어야 하는 사람들에게 적용됨으로써 부가된다. 그러므로 법이 그것에 적절한 구속력을 얻기 위해서, 법은 그것에 의해 통치되어야 하는 사람에게 적용되는 것이 필요하다. 그러한 적용은 공포에 의해 그들에게 알려지므로써 이루어진다. 그러므로 공포는 그것의 강제력을 얻기 위해서 필요한 것이다.

그래서 앞의 4개 절에서 볼때 법의 개념은 추측될 수 있다. 그리고 그것은 공동사회를 돌보던 사람에 의해 이루어지고 공포되며 공공선을 위한 이성의 법령인 것이다.

Reply Obj. 1. 자연법은 그에 의해 자연적으로 알려지게 하기 위해선 신이 인간의 마음 속에 그것을 서서히 스며들게 한다는 바로 그 사실에 의해 공포된다.

---

17) Bigongiari, 9-10.

Reply Obj. 2. 법이 공포될 때 참석하지 않았던 사람들도 그것이 공포된 후에 다른 사람에 의해 통치되었거나 될 수 있었다면, 법을 준수해야 한다.

Reply Obj. 3. 지금 발생한 공포는, 그것이 계속해서 공포된다는 의미인 기록된 성질의 내구성 때문에 미래에까지 미치게 된다. 그러므로 이시도어는 법은 그것이 쓰여졌기 때문에 읽는 것(legere)에서 기인한다고 말한다(Ethic II).

❑ 다양한 종류의 법에 관하여

제1절 영원법(Eternal Law)이 있는가?[18]
그러면 우리는 제1절을 계속하겠다.

Objection 1. 영원법은 없는 것 같다. 모든 법은 누군가에게 부과되기 때문이다. 그러나 법이 부과될 수 있는 영원성으로부터 온 사람은 없다. 신만이 영원으로부터 왔기 때문이다. 그러므로 영원법은 없는 것이다.

Obj. 2. 게다가 공포는 법에 필수적인 것이다. 그러나 공포는 영원으로부터 올 수 없다. 왜냐면 그것이 공포될 수 있는 사람이 없기 때문이다. 그러므로 영원한 법은 없다.

반대로 어거스틴은 말한다(De Lib Arb I). 최고의 이성인 그 법은 오로지 영원 불변으로서 이해될 수 있다.

위에서 언급했듯이(Q XG A 1 ad 2 AA 3.4), 법은 완전한 공동사회를 통치하는 지배자로부터 발산된 실제적인 이성의 명령일 뿐이다. 첫 번째 부분에서 언급되었듯이(Q XXIL, AA 1.2) 세상은 신의 섭리에 의해 통치된다는 것과 우주의 모든 공동사회는 신의 이성에 의해 지배된다는 것이 명백히 승인됐다. 그러므로 우주의 통치자인 신에게 있어서 만물에 대한 바로 그 통치이념이 법의 성질을 지니고 있다. 그리고 잠언 8장 23절에 따르면 신의 이성의 만물에 대한 개념은 시간이 아니라 영원에 종속되므로, 이런 종류의 법은 영원법이라 불려야 한다.

Reply Obj. 1. 로마서 제4장 17절에 따르면 그것들 스스로 있지 않은 것은 그것들이 신에 의해 이미 알려지고 예정되는 한 신과 함께 존재하는 것이다. 없

---

18) Bigongiari, 11−12.

는 것을 있는 것 같이 부르시는 자이시니라.

따라서 신법의 영원한 개념은 그것이 신에 의해 미리 알려진 그것들에 관한 통치에 대하여 신에 의해 규정된 한 영원법의 특성을 지니고 있는 것이다.

Reply Obj. 2. 공포는 입에서 나온 말과 글로 이루어졌다. 그리고 이 두 가지 방법으로 영원법은 공포되었다. 신의 말씀과 생명서(the Book of Life)에 관한 글들은 영원하기 때문이다. 그러나 공포는 듣고 읽는 창조물의 일부에 대한 영원성에서부터 올 수는 없다.

Reply Obj. 3. 법은 그것이 목적에 대해 어떤 사물을 규제하는 한, 적극적으로 그 목적의 명령을 의미한다. 그러나 수동적인 것은 아니다. 말하자면 법 자체가 목적을 규정하는 것은 아니다. 통치자의 목적이 그에게 있어서는 부대적인 것이며 그의 법이 어떤 목적을 규정해야만 하는 것을 뜻하지 않게 제외시킨 것이다. 그러나 신의 통치 목적은 신 자체이고 그의 율법은 그 자신과는 별개의 것이다. 그러므로 영원법은 또 다른 목적을 규제하지 않는다.

제2절 우리안에 자연법이 있는가?[19]
그러면 우리는 제2절을 계속하겠다.

Objection 1. 우리안에 자연법은 없는 것같다. 왜냐하면 인간은 영원법에 의해 충분히 통치되기 때문이다. 어거스틴은 영원법이란 만물이 좀 더 질서정연해야 한다는 것이 옳다는 것에 의한 것이기 때문이라고 말하였다(De Lib. Arb, I). 그러나 자연은 필수품에 있어서는 부족하지 않은 반면 잉여는 충분하지 않다. 그러므로 사람에게는 자연적인 법은 없는 것이다.

Obj. 2. 또한 위에서 언급되었듯이(Q XG, A2), 법에 의해 사람은 그의 행동에 있어서 목적에 규제된다. 그러나 인간의 목적에 대한 그들의 행동규제는 분별없는 창조물에 있어서의 경우처럼, 목적을 위해 단지 그들의 본능적인 욕구에 의해서만 행동하는 인간 본래 모습의 작용은 아니다. 반면에 인간은 그의 이성과 의지에 의해서 목적을 향해 행동한다. 그러므로 인간에게 있어서 자연적인 법은

19) Bigongiari, 12 – 14.

없는 것이다.

Obj. 3. 또한 사람이 더 많이 자유스러울수록 법의 지배를 덜 받는다. 그러나 사람은 다른 동물들보다 우월하게 부여된 자유의지 때문에 그는 모든 동물들보다 더 자유스럽다. 그렇기 때문에 다른 동물들은 자연법에 종속되지만 인간은 자연법에 종속되지 않는다.

반대로 로마서 제2장 14절의 주석에서 율법이 없는 이방인이 율법에 관한 것을 행할 때는 본능에 의해 한다고 되어 있으며, 그 주석은 다음과 같이 계속된다. 비록 그들이 성문법을 가지고 있지 않더라도 자연법을 가지고 있다. 그러므로 각각의 사람들은 무엇이 선이고 악인지를 알고 인식한다.

위에서 언급했듯이(Q XG, A Iad 1) 규칙이나 척도로서의 법은 사람에게 있어서 두 가지 면이 있을 수 있다. 사물은 그것이 규율이나 척도에 참여함에 있어 규율되고 조정되기 때문에, 그 한 가지 면은 규율하고 조정하는 것이며, 또 다른 면은 규율되고 조정되는 것이다. 그러므로 신의 섭리에 종속되는 만물은 위에서 언급했듯이(A.I), 영원법에 의해 규율되고 조정되기 때문이다. 즉 그들이 그들의 적당한 행동과 목적에 대한 그들 각각의 성향을 그들에 대해 감명을 주었던 것으로부터 이끌어내는 한 만물은 영원법의 무엇인가에 참여한다는 것은 명백한 것이다. 모든 다른 것들 중에서 이성적인 창조물은 그것 자체나 다른 것들을 위한 선견지명이 있으므로 해서 섭리(providence)의 공유에 참여하는 한 그것은 가장 훌륭한 방법으로 신의 섭리에 종속되는 것이다. 그러므로 그것은 영원한 이성을 공유하게 되는 것이고 그것에 의하여 적당한 행동이나 목적에 대한 고유의 성향을 갖게 되는 것이다.

그리고 이성적인 창조물에 있어서 영원법의 이러한 참여는 자연법이라 불린다. 그러므로 다윗왕(Psalmist)은 마치 누군가가 정의의 의무가 무엇인가라고 물은 것처럼 정의의 제사를 드리라(시편 4장 6절)라고 말한 다음, 덧붙인다. 여러 사람의 말이 우리에게 선을 보일자 누구뇨? 여호와여 주의 얼굴을 들어 우리에게 비추소서. 본연 이성의 지식을 암시함으로써 우리는 무엇이 선이고 무엇인 악인지 구별할 수 있다. 자연법의 기능은 신의 지식이 우리에게 감명을 준 것 이외에는 아무 것도 아니다.

그러므로 자연법이란 영원법에 대한 이성적 창조물의 참여라는 것 외에는 아무것도 아니라는 사실은 명백한 것이다.

Reply Obj. 1. 자연법이 영원법과 무언가 다르다면 이 논쟁은 계속될 것이다. 반면에 위에서 언급했듯이 그것은 단지 그것으로의 참여이다.

Reply Obj. 2. 우리에게 있어 이성과 의지의 모든 행동은 위에서 언급되었듯이(Q X, A1), 자연에 따르는 것에 기초한다. 모든 추론의 행동은 궁극적으로 알려진 원칙들에 기초하고 수단의 측면에서 모든 욕구의 행동은 궁극적인 목적이라는 측면에서 자연적인 욕구로부터 유래된다. 따라서 그들의 목적에 대한 우리 행동의 그 첫 번째 지시는 자연법에 의해 좌우되어져야만 한다.

Reply Obj. 3. 비록 비이성적인 동물들일지라도 마치 이성적인 창조물이 그런 것처럼 영원한 이성에 관해서 그들 자신의 방식으로 참여한다. 그러나 이성적인 창조물은 이지적이고 위에서 언급했듯이(Q, XG, A1) 법률은 이성에 관계하는 이상 이성적인 방식으로 거기에 참여하기 때문에 이성적인 창조물에 있어서의 영원법의 참여는 당연히 법률이라 불려진다. 그러나 비이성적인 창조물은 이성적인 방식으로 거기에 참여하지 않으므로 그것들에는 유사한 방식에 의한 것을 제외하고는 영원법에의 참여가 없다.

제3절 인정법(A Human Law)이 있는가?[20]
그러면 우리는 제3절을 계속하겠다.

Objection 1. 인정법은 없는 것 같다. 자연법은 위에서 언급했듯이(A2) 영원법의 참여이기 때문이다. 어거스틴이 말한대로(De Lib. Arb. I) 영원법을 통하여 만물은 완전히 질서정연하게 된다. 그러므로 그 자연법은 모든 인간의 일에 관한 명령으로 충분하다. 결과적으로 인정법이 필요가 없다.

Obj. 2. 게다가 법은 위에서 언급했듯이(Q XC A1) 척도의 특성을 지니고 있다. 그러나 인간의 이성은 사물의 척도가 아니며 그 반대도 아니다(Cf. Metaph X). 그러므로 인간의 이성으로부터 나올 수 있는 법은 없다.

Obj. 3. 또한 『형이상학』 10권(Metaph X)에서 언급했듯이 척도는 가장 확실

20) Bigongiari, 14−16.

해야 한다. 그러나 일의 관리에서 인간 이성의 지시는 불확실하다. 지혜의 책 (The Book of Wisom, ix 14)에 따르면, 인간은 죽기 마련이라는 생각은 두려운 것이며, 아주 좋으나 실행불가능한 우리의 권고는 불확실하다. 그러므로 인간 이성으로부터 나온 법은 없는 것이다.

반대로 어거스틴은 (De Lib Arb I) 두 가지 법을 구별하는 데 하나는 영원법이며 다른 하나는 그가 인간적인 것이라 부르는 현세적인 법(temporal law)이다.

위에서 언급되었듯이(Q. XG. A1, ad 2) 법이란 실제적인 이성의 명령이라고 나는 대답한다. 같은 절차가 실제적인 이성과 사색적인 이성에서 일어난다는 것이 관찰되었다. 위에서 언급했듯이 각각의 것은 원칙으로부터 결론에 이르기까지 계속되기 때문이다. 따라서 순수이론적 이성에 있어서 자연히 알려져서 자명한 원칙들로부터 다양한 학문, 즉 선천적으로 우리에게 나누어진 것이 아니라 이성의 노력에 의해 습득되어진 지식의 결론을 이끌 수 있듯이 인간의 이성은 어떤 문제에 관해 좀 더 특별한 결정을 계속해야 할 필요가 있다는 것은 일반적인 것에서 처럼 자연법의 교훈과 자명한 원칙으로부터 온 것이라고 우리는 결론지을 수 있는 것이다. 인간의 이성에 의해 고안된 이러한 특별한 결정들은 위에서 언급했듯이(QXC, AA 2, 3, 4) 준수되어야 하는 법의 다른 필수적인 조건들을 규정 하는 인정법이라고 불린다. 그러므로 키케로는 그의 『수사학』(De Invent Rhet II)에서 정의는 자연에서 그것의 근원을 찾는다고 말한다. 그리고 어떤 것들은 그것들의 유효성의 이성에 의해 관습이 된다. 그런 후에 자연 속에서 나오고 관례에 의해 시인된 이 사물들은 법에 대한 공포에 의해 인정된다.

Reply Obj. 1. 인간의 이성은 신의 이성에 충분한 참여를 할 수가 없으나 그것 자체의 형식에 따르면 불완전하게는 할 수 있다. 결과적으로 순수이론적인 이성의 부분에 관한 것과 같이 신의 지혜에 관한 자연적인 참여에 의해서 우리에게는 어떤 일반적인 원칙에 관한 지식이 있으나 신의 지혜에 있어서 포함되는 것과 같은 각각의 단일한 진실에 관한 적절한 지식은 없다. 또한 실제적인 이성의 부분에서도 그러하다. 인간은 어떤 일반적인 원칙에 따르면 영원법에 대한 자연적인 참여를 하고 있으나 영원법에 포함되는 개별적인 경우에 관한 특별한 결정에 관해서는 그렇지 않다. 그러므로 계속되는 인간 이성에 대한 필요성은 그것을 법에 의해 제재하는 것을 촉진시킨다.

Reply Obj. 2. 인간 이성은 그 자체가 어떤 것에 대한 규칙은 아니다. 그러나 본래 그것에 깊은 인상을 남겼던 원칙들은 인간 행동에 관계된 모든 것에 관한 일반적인 규칙이며 척도였고 거기에 대하여 자연적인 이성은 비록 그것이 자연으로부터 기인된 것들의 척도가 아니더라도 규칙이며 척도였다.

Reply Obj. 3. 실제적인 이성은 기이하며 우연한 실제적인 문제와 관계된다. 그러나 순수이론적 이성이 관계된 필연적인 것에는 관계되지 않는다. 그러므로 인정법은 학문에 관한 입증된 결론에 속한 그런 잘못없는 것을 갖지 못한다. 모든 척도가 정확하고 확실한 것일 필요는 없지만 그것 자체의 특수한 종류에 있어서는 그것은 가능한 것이다.

제4절 신법에 대한 어떤 필요가 있는가[21]
그러면 우리는 제4절을 계속한다.

Objection 1. 신법에 대한 어떤 필요가 없는 것 같다. 위에서 언급했듯이 (A2) 자연법은 우리에게 있어서 영원법에 관한 것이기 때문이다. 그러나 영원법은 위에서 언급했듯이(A1) 신법이다. 그러므로 신법에 대해서는 그것으로부터 기인한 자연법이나 인정법 이외에 어떤 필요가 없는 것이다.

Obj. 2. 또한 신은 인간을 그의 조언의 손에 남겨 놓았다고 기록되었다(전도서 15장 14절) 이제는 위에서 언급했듯이(Q XiV, A1) 조언은 이성의 행동이다. 그러므로 인간은 이성의 지시에 있게 된 것이다. 그러나 인간 이성의 명령은 위에서 언급했듯이(A3) 인정법이다. 그러므로 인간은 신법에 의해 통치되어야 할 필요가 없는 것이다.

Obj. 3. 또한 인간본성은 비이성적인 창조물보다도 더 자부심이 강하다. 그러나 비이성적인 창조물들은 그들에게 남겨진 고유의 성향 이외에 신법도 가지고 있지 않다. 그러므로 이성적인 창조물은 자연법 이외의 신법을 가져서는 안된다.

반대로 다윗은 신에게 그의 법을 그의 앞에 놓아달라고 기도하면서 말한다

---

21) Bigongiari, 16−18.

"여호와여 정당화의 방법인 법을 제 앞에 놓아 주십시오."

자연법이나 인정법 이외에 인간행위에 관한 명령을 위해서는 신법을 갖는 것이 필요하다고 나는 대답한다. 그리고 이것은 네 가지의 이유 때문이다.

첫째로 사람이 그의 궁극적인 목적이라는 관점에서 어떻게 그의 행동을 적절히 해야 하는가를 명령하는 것은 법에 의한 것이기 때문이다. 그리고 만일 사람에게 그의 선천적인 능력에 비례하는 다른 목적을 규정한다면 그의 이성에서 기인되는 자연법이나 인정법 이외에 그의 이성에 대한 어떤 명령을 갖는 것도 필요치 않게 될 것이다. 그러나 위에서 언급했듯이(Q V A5), 사람의 선천적 능력에 비례하지 않는 영원한 행복의 목적이 인간에게 규정되었기 때문에 자연법이나 인정법 이외의 인간은 신에 의해 주어진 법에 의해 그의 목적이 명령되어야만 한다는 것도 필요한 것이다.

둘째로 특히 우연하고 특수한 문제에 관한 인간판단의 불확실성으로 인해 인간은 그들의 행동에 관해 다른 사람들은 다른 판단을 형성하기 때문이다. 또한 그러므로 다르고 반대되는 법을 초래하게 된다. 그러므로 사람들이 의심하지 않고 무엇이 해야 할 것이며 무엇이 피해야 할 것인가를 알게 하기 위해서는 사람은 그의 적절한 행동에 있어서 신에 의해 주어진 법에 의해 명령되는 것이 필요하며 그 이유는 그러한 법(신법)은 실수를 할 수 없다는 것이 확실하기 때문이다.

셋째로 사람은 그가 판단하는 데 적격하다고 생각되는 그러한 문제들에 관해 법을 만들 수 있기 때문이다. 그러나 사람은 감추어진 내적인 움직임이나 밖으로 나타나는 외적인 행동에 관해 판단하기에는 적격이 아니다. 그러나 덕의 완벽함을 위해서는 사람은 두 가지의 행동에 있어서 옳게 행동하는 것이 필요하다. 결과적으로 인정법은 내적인 행동을 충분히 명령하거나 제한할 수 없다. 그리고 이러한 목적을 위해서 신법이 부가되는 것은 필요한 것이다.

넷째로 어거스틴이 말했듯이(De Lib Arb I) 인정법은 모든 악한 행동들을 금지시킬 수 없기 때문이다. 모든 악을 제거하려는 목적을 갖는 반면에 그것은 많은 선을 제거하게 되며 인간관계에서 필요한 공공선의 향상을 방해하게 된다. 그러므로 금지되지 않았거나 처벌되지 않은 악이 남지 않게 하기 위해서 신법이 부가되는 필요한 것이며 그럼으로써 모든 죄는 금지되게 된다.

그리고 이러한 4개의 이유들은 "여호와께 피하는 것이 사람을 신뢰하는 것보다 나으며"(시편 118장 8절)에서 취급되었으며 그 구체적인 내용은 다음과 같다. 주의 율법은 결백한 것이다. 즉 죄에 대해 부정이 없을 것을 인정한다. 영혼을 개조시키는 것은 그것이 외적인 것뿐만 아니라 내적인 행동까지 명령하기 때문에 인정한다. 무엇이 진실이고 무엇이 옳은 것인가에 대한 확실성 때문에 신에 대한 증언은 충실한 것이라고 인정한다. 사람을 초자연적이며 신적인 목적으로 명령함에 의해서 작은 것에도 지혜를 주는 것을 인정한다.

　Reply Obj. 1. 자연법에 의해서 영원법은 인간본성의 능력에 비례적으로 참여한다. 그러나 그의 초자연적인 목적에 대해서 사람은 좀 더 고차원적인 방법으로 명령된다. 그러므로 부가적인 법이 신에 의해 주어지고 그럼으로써 사람은 영원법에 있어서 좀 더 완벽하게 공유하게 된다.

　Reply Obj. 2. 조언은 조사와 같은 종류이다. 그러므로 그것은 어떤 원칙들로부터 시작해야만 한다. 또한 자연법의 계율인 본래 주어진 원칙들로부터 시작하는 것은 그것을 위해 충분한 것은 아니다. 왜냐하면 이성은 그 위에 주어진 것이기 때문이다. 그러나 어떤 부가적인 원칙 즉 신법의 계율에 대한 어떤 필요성이 있는 것이다.

　Reply Obj. 3. 비이성적인 창조물들은 그들의 선천적 힘에 비례하는 것보다 더 높은 목적이 규정되지 않았다. 결과적으로 그 비유는 실패한 것이다.

❏ 정부분류와 최선의 정부형태[22)]

제1절 구법은 통치자에 관한 적당한 계율을 명했는가?
그러면 우리는 제1절을 계속하겠다: 정부분류와 최선의 정부형태

　Objection 1. 구법은 통치자에 관한 부적당한 계율을 만들었던 것 같다. 철학자가 말했듯이(Polit III) 인민에 대한 명령은 대부분 최고 통치자에게 달려 있다. 그러나 법은 최고 통치자의 법령에 관계되는 계율을 포함하고 있지 않다. 그러나 우리는 그 속에서 열등한 지배자에 관계된 규정들을 발견한다. 첫째로(출애굽기 18장 21절) 온 백성 가운데서 지혜로운 자를 대비하라. 또 (민수기 9장 16절)

22) Bigongiari, 86－91.

이스라엘 노인 중 칠십인을 내 앞에 모으라. 그리고 또 (신명기 1장 13절) 너희들 중 지혜와 지식이 있는 자를 택하라. 그러므로 법은 인민의 지배에 관하여 불충분하게 규정하였다.

Obj. 2. 또 플라톤이 말했듯이(Tim II) 최고의 것이 최고를 낳는다. 어떤 국가나 민족의 최고명령은 왕에 의해 지배된다. 이러한 종류의 정부만이 신의 정부에 가장 유사하게 접근할 수 있으며 그럼으로써 신은 태초부터 세상을 지배했던 것이다. 그러므로 법은 인민들을 지배한 왕을 정해야만 한다. 그리고 인민들은 사실 그들이 인정한 것처럼 그 문제에 대한 선택이 허용되어서는 안된다. 네가 하느님 여호와께서 네게 주시는 땅에 이르러서 그 땅을 얻어 거할 때에는 만일 우리도 우리 주위의 열국같이 우리 위에 왕을 세우리라는 뜻이 나거든 반드시 네 하느님 여호와의 택하신 자를 네 위에 왕으로 세울 것이며 네 위에 세우려면 내 형제 중에서 한 사람으로 할 것이요, 네 형제 아닌 타국인을 네 위에 세우지 말것이며(신명기 18장 14－15절).

Obj. 3. 또한 마태복음 12장 25절에 따르면 스스로 분쟁하는 나라마다 황폐하여질 것이다. 유태 민족에게 있어서 입증된 말의 파기는 왕국의 분열에 의해 일어났다. 그러나 법은 주로 인민의 일반적인 복리에 관계된 일을 목적으로 해야 한다. 그러므로 왕국이 두 왕아래 분열되는 것을 금지시켜야 한다. 또한 이것은 신의 권위에 의해서 조차도 도입되어서는 안된다. 예언자 실로 사람 아히야(Ahias the Silonite)의 권위에 의한 그것의 도입을 읽기는 했지만(열왕기하 9장 29절, 역대하 10장 15절).

Obj. 4. 히브류서 1장에 언급되었듯이 신에 관계된 성직자가 인민의 이익을 위해 설정되는 것과 마찬가지로 인간사에 있어서 통치자는 인민의 이익을 위해 설정된다. 그러나 법에 있어서 성직자나 레위사람들(Levites, 특히 유태인의 신전에서 사제를 보좌한다)을 위한 생계수단으로서 어떤 것들이 지정되었다. 십일조(dthes)와 첫 수확(first fruits) 그리고 그 밖의 많은 같은 종류들과 같이 그러므로 이런 의미에서 인민을 위한 통치자의 생계를 위해서도 어떤 것이 지정되어야만 한다. 너는 뇌물을 받지 말라. 뇌물은 밝은 자의 눈을 어둡게 하고 의로운 자의 말을 굽게 하느니라(출애굽기 23장 8절)에서 분명히 언급되었듯이 그들은 예물받는 것이 금지되어 있으니까 더욱더 그러한 것이다.

Obj. 5. 또한 왕국이 최상의 정부형태인 것과 같이 전제정치는 가장 부패한 것이다. 그러나 신이 왕을 지명할 때는 그는 전제군주적인 법을 제정한다. 그것은 열왕기상 8장 11절에 쓰여 있기 때문이다. 이것은 왕의 권리가 될 것이며 그것은 너희를 통치하게 될 것이다. 그는 너의 자식 등을 데려갈 것이다. 그러므로 그 법은 통치자에 관한 법령에 대하여 부적합한 규정을 만들었던 것이다.

반대로 이스라엘 국민은 아름다움을 위해 추천되었다. 야곱이여, 네 장막이 이스라엘이며 내 거처가 어찌그리 아름다운고. 그러나 국민의 그 아름다운 명령은 그들의 통치자의 올바른 설정에 달려 있다(민수기 24장 5절).

한 국가나 나라에 있어서 통치자의 올바른 명령에 관하여 두 가지 점이 준수되어야 한다고 나는 대답한다. 한 가지는 모든 사람은 정부에서 어떤 몫을 차지해야 한다는 것이다(Polit II)에 언급되었듯이 이 헌법형태는 국민들 사이에 평화를 보증하고 모두에게 그것 자체를 권고하며 그리고 가장 영구적인 것이다. 또 다른 하나는 여러 종류의 정부나 혹은 헌법이 제정된 다른 방법에 관하여 준수되어진다는 점이다. 철학자가 언급했듯이(Polit III) 이러한 것들은 종류에 있어서 다르지만 그럼에도 불구하고 우선적으로 정부의 권력이 한 사람에게 부여되는 왕국에 의해 유지되는 것이다. 그리고 우월한 사람에 의한 정부를 의미하는 귀족정치에서는 정부의 권력이 소수에게 부여된다. 따라서 최선의 정부형태는 국가나 왕국에서 모든 사람에 대한 지배권력이 한 사람에게 주어진 것이다. 반면에 그의 아래에 있는 다른 사람들이 지배권력은 가지고 있다. 그러나 이러한 종류의 정부는 모두가 지배할 자격이 있고 통치자가 모두에 의해 선택되어지기 때문에 모두에 의해 공유된다. 부분적으로 왕국은 모든 사람에 대한 수장으로 한 사람이 있기 때문에 이것은 최선의 정부형태이고, 부분적으로 귀족정치는 다수의 사람이 권위를 차지하는 한 이것 역시 최선의 정부형태이며, 부분적으로 민주주의는 즉 인민에 의한 통치는 통치자가 인민으로부터 선택되어질 수 있고 인민이 통치자를 선택할 수 있는 권리를 가지고 있는 한 그것 또한 최우선의 정부형태이다.

그러한 것은 신법에 의해 제정된 정부형태였다. 모세와 그의 후계자들은 그들 각자가 모든 이를 지배하는 통치자라는 그런 의미로 인민을 지배했기 때문이다. 그래서 그런 종류의 왕국이 있었던 것이다. 게다가 72명의 사람이 선택되었는데 그들은 덕망 있는 연장자들이었다. 그것은 신명기 1장 15절에 쓰여 있다.

내가 너의 지파(tribes)에서 지혜가 있고 유명한 자들을 취하여 그들을 지배로 삼았다. 여기에 귀족정치의 요소가 있었다. 그러나 그것은 지배자가 모든 인민 중에서 선택되어지는 한에 있어서였다. 왜냐하면 출애굽기 18장 21절은 온 백성 가운데 지혜로운 자를 빼서 삼으라고 쓰여져 있기 때문이었다. 그리고 또 그들이 인민에 의해 선택되어지는 한 민주적인 정부인 것이다. 결과적으로 지배자의 명령은 신에 의해 잘 준비된 것임이 명백하다.

Reply Obj. 1. 이 민족은 신의 특별한 보호아래 통치되었다. 그러므로 그것은 신명기 8장 6절에 쓰여졌다. 네 하느님 여호와께서 지상 만인 중에서 너를 자기기업의 백성으로 택하셨나니, 그리고 이것이 신께서 최고 지배자와 설정을 자기자신에게만 지정하신 이유이다. 모세가 너무도 많이 이것을 기도했기 때문이다. 여호와, 모든 육체의 생명의 하나님이시여, 원컨대 한 사람을 이 회중 위에 세우라(민수기 23장 16절). 그리하여 하나님의 명령에 의해 여호수와가 모세 대신에 지배자의 자리 올랐다. 그리고 우리는 하나님이 백성을 위하여 세우셨던 구원자들이며, 그들 안에 하나님의 정신이 존재하는 여호수와를 계승한 사사(士師)들에 관하여 읽었다(사사기 3장 9절 10절 15절). 그러므로 하나님은 왕의 선택을 인민에게 남겨 놓지 않았다. 그러나 반드시 네 하나님 여호와의 택하신 자를 네 위에 왕으로 세울 지어다(신명기 18장 15절)에 나타나듯이 하나님 자신이 지정했던 것이다.

Reply Obj. 2. 왕국은 그것이 부패하지 않는 한 최고의 인민의 정부형태이다. 그러나 왕에게 승인된 권력이 너무도 대단하기 때문에 만일 이 권력이 주어진 그가 매우 덕있는 사람이 아니라면 그것은 쉽게 전제정치로 타락된다. 왜냐하면 철학자가 진술했 듯이(Ethic IV) 부의 가운데서 훌륭하게 처신할 수 있는 사람은 유일하게 덕이 높은 사람뿐이다. 그런데 완전한 덕은 거의 발견되지 않는다. 그리고 유태인은 특히 잔인하고 탐욕스런 경향이 있는데 무엇보다도 그들의 악이 사람을 폭군으로 바꾼다. 그러므로 맨 처음부터 신은 완전한 권력을 가진 왕다운 권위를 설정하지 않고 그들에게 그들을 통치할 사사와 통치자를 부여하였다. 그러나 그 후 그 민족이 신에게 그렇게 할 것을 요구했을 때 사무엘에서 하신 그의 말씀 즉, 그들은 네가 아니라 나를 거절했으므로 나는 그들을 지배해서는 안된다(사무엘상 8장 7절)에서 명백하듯이 그들에게 화를 내면서 하나님은 그들에게 왕을 승인하셨다.

그럼에도 불구하고 왕의 임명에 관해서 하나님은 처음부터 선거방식을 확립하였다(신명기 17장 14절). 그런 다음 하나님은 두 가지 점을 결정했는데, 첫째로 왕을 결정하는 데 있어서 그들은 하나님의 결정을 기다려야만 하며, 그리고 그들은 다른 나라 사람을 왕으로 만들어서는 안된다는 점이다. 왜냐하면 그러한 왕은 그들이 감독하는 국민에게서 이익을 착취하고 국민들의 복지에는 관심을 쏟지 않는 습관이 있기 때문이다. 둘째로 하나님은 왕이 임명된 후에 왕 자신에 관한 한 어떻게 행동해야 하는지를 규정하였다. 즉 그는 전차나 말, 여자, 거대한 부를 축적해서는 안된다. 왜냐하면 그러한 것에 대한 욕망을 통해서 군주는 폭군이 되고 정의를 저버리게 되기 때문이다.

하나님은 또한 그들이 신에 대해 복종해야 하는 태도에 관해서도 명하였다. 즉, 그들은 계속해서 신의 율법을 읽고 숙고해야 하며 영원히 신을 두려워하고 복종해야 한다는 것이다. 게다가 하나님은 그들이 그들의 백성에 대해서 어떻게 행동해야 하는지도 정하셨다. 즉, 그들은 백성을 교만하게 경멸하거나 또는 냉대하거나 해서는 안되며 또한 그들은 정의의 길에서 벗어나서도 안된다.

Reply Obj. 3. 왕국의 분열과 왕이 많은 것은 백성의 이익을 위해 주어지는 은혜라기보다는 오히려 특히 다윗 후의 올바른 규칙에 반하는 많은 분쟁들로 그 백성에게 부가되는 벌이 된다. 그러므로 그것은 쓰여 있다. 즉, 나는 화가 나서 너희에게 왕을 부여할 것이다. 나는 그렇지 않다고 알고 있으나 그들은 군주이며 나에 의해서가 아니라 그들이 통치하게 된다(호세아 13장 11절).

Reply Obj. 4. 성직자의 임무는 아버지에게 아들로 계승되는 영예는 신의 숭배에 대한 존경으로부터 그들에게 주어지는 것이므로 만일 백성들 중에서 어떤 사람이 성직자가 될 수 없다면 많은 존경으로서 그것이 유지되게 하기 위함인 것이다. 그러므로 그들을 위해 십일조와 첫 수확과 그리고 헌납과 희생 같은 어떤 것을 예비해 둘 필요가 있는데 그것들은 생계의 수단이 될 것이다. 반면, 위에서 언급되었듯이 지배자는 모든 백성들로부터 선출되었다. 그러므로 그들은 생활을 이끌어 갈 그들 자신의 재산을 소유한다. 하나님은 왕조차도 사치스러움을 뽐내기 위한 훨씬 더 많은 과잉의 부를 소유하는 것을 금했기 때문이다. 그래야 지배자는 그런 것으로부터 일어나는 과도한 자만이나 폭정을 피할 수 있기 때문이며, 또 만일 지배자들이 매우 부유하지 않고 그들의 임무가 많은 일이나 근심을 포함하고 있다면 그것은 평민들의 야망을 부추기지 못할 것이며 선동의 근원이 되지도 않을 것이기 때문이다.

　　Reply Obj. 5. 그 권리는 신의 법령에 의해 왕에게 주어진 것이 아니라 오히려 왕은 그 권리를 부정한 법을 만들거나 그들의 백성들을 괴롭히는 폭군으로 타락함으로써 그런 권리를 탈권할 것이라고 예언하였다. 이것은 다음에 이어지는 문맥에서 볼때 분명하다. 너는 그의 노예가 될 것이다. 폭군은 그의 백성을 마치 노예와 같이 통치하므로 이것은 폭정에 있어 중요한 것이다. 그러므로 사무엘은 그들이 왕을 요청하는 것을 막기 위해 이러한 말들을 하였다. 그 후에도 이런 이야기는 계속된다. 그러나 인민들은 사무엘의 의견을 듣지 않는다. 그러나 폭군이 되지 않는 선한 왕은 자손들을 데려가 호민관(tribune)이나 백인대의 대장으로 만들었으며 공공의 복리를 구하기 위해 그의 백성들로부터 많은 것을 가져가는 일이 발생하였다.

제4절　　단테의 보편적 군주제에서의 평화와 조화[23)]

❏ 세속적 군주제[24)]

　　제국이라고 일컬어지는 세속적 군주제는 시간적으로 추정될 수 있는 것들에 있어서 모든 사람 위에 있는 한 왕에 의한 정부인 것이다. 그것에 관해서 세 가지 문제들이 제기되었다. 첫째는 세계의 복지를 위해 그것이 필요한 것인가 하는 의문이다. 둘째 로마인들이 군주라는 직책을 올바르게 받아 들였던가? 그리고 셋째로 군주의 권위는 신으로부터 오는 것인가 아니면 신의 대리인 혹은 어떤 다른 성직자로부터 오는 것인가?

　　그 자체가 제1원칙이 아니더라도 모든 진실은 제1원칙의 진실성으로부터 명

---

23) Aurelia Henry, trans. and ed., *De Monarchia of Dante Aligheiri*(Boston: Houghton Mifflin and Co., 1904).

24) Henry, 3－24.

확해지기 때문에 후세에 받아들여지는 모든 가정들의 확실성을 위하여 우리가 되돌아 가야만 하는 복잡한 '제1의 원칙'에 대한 지식을 갖는 것이 모든 질문들에 있어서 필요한 것이다. 이 논문은 하나의 연구이기 때문에 우리는 연역적 방법의 제1원칙을 조사함으로써 시작해야 한다. 그것들은 우리의 능력에 속하는 것이 아니기 때문에 행동의 문제가 아닌 사고의 문제인 어떤 것들이 있음을 이해해야 한다. 그런 것으로는 수학, 물리학, 그리고 신이 내려준 것들이 있다. 그러나 그것들은 우리의 능력에 속하는 것이기 때문에 그것들은 사고뿐만 아니라 행동의 문제이며, 그것들 내에서는 우리는 사고를 위해서가 아니라 그 반대를 위해서 행동한다. 왜냐하면 그러한 것들에 있어서는 행동이 목적이 되기 때문이다. 우리가 다루고 있는 문제는 국가, 즉 선한 정부형태의 원칙과 그 기원과 관계가 있고 국가에 관계되는 모든 것이 우리의 능력에 속하기 때문에 우리의 주제는 우선 사변이 아니라 행동이라는 것은 명백한 것이다. 그리고 다시 행동의 문제에 있어서 추구되어지는 목적은 모든 것의 원인이며 제1원칙이기 때문에 목적을 얻고자 설치한 장치인 수단과 관련된 우리의 모든 방법은 목적으로부터 취해져야만 한다. 왜냐하면 집을 만들고 배를 건조하는 데에는 나무를 자르는 한 가지 방법이 있기 때문이다. 그러므로 만약 그것이 존재한다면 인류의 보편적인 시민질서를 위한 궁극적인 목적이 우리 미래의 추론의 진실성 모두를 충분히 명백하게 해줄 제1의 원칙일 것이다. 그러나 아직도 모든 것을 위한 하나의 목적이 아니기 때문에 이러한 것이나 특별한 시민질서를 위한 어떤 목적이 있다고 생각하는 것은 우스꽝스러운 일인 것이다.

그러므로 우리는 지금 인간의 전체적인 시민질서의 목적이 무엇이지를 알아야만 한다. 그리고 아리스토텔레스가 『윤리학』에서 언급했듯이 우리가 이것을 발견했을 때 우리 작업의 반을 성취하였다고 할 수 있다. 그리고 이 문제를 분명하게 하기 위해서 우리는 자연이 어떤 목적을 위해서 엄지가락을 만들었고 이와는 다른 어떤 목적을 위해 손 전체를 만들었고 또 이와는 다른 목적으로 인간을 만들었듯이 어떤 목적 하에서 가정에게 그리고 도시에게 그리고 왕국에게 그리고 최종적으로는 자연이라는 그의 예술을 가지고 영원한 신이 모든 인류를 존재시킨 궁극적인 목적이 있음을 우리는 관찰해야만 한다. 그리고 이것은 우리의 모든 의문들을 해결해 주는 제1원칙으로서 우리가 찾는 것이다.

그러면 신과 자연은 그 어떤 것도 게으른 것으로 만들지 않았다고 이해를 해보자. 어떤 형태를 갖던 간에 어떤 조작이나 작용을 위해 존재한다. 왜냐하면 어떤 창조된 실체도 그가 창조물인 이상 창조자의 의도에서 볼때 궁극적인 목적이 아니라 오히려 그 실체를 알맞게 조작하는 것이다. 그러므로 조작은 실체를 위해서 존재하는 것이 아니라 조작을 위한 실체를 위해서 존재하는 것이다.

그러므로 모든 다수의 집단들 속에 있는 전 인간체가 정돈되고 구성되게 하기 위해서 전 인류체에 대한 어떤 적절한 조작이 있으나, 그것은 어느 한사람 어느 한가족 어느 한 이웃, 어느 한 도시, 어느 특별한 왕국으로는 성취할 수 없는 것이다. 만일 우리가 무엇이 전체로서의 인류애의 최종적 그리고 특징적 역량인가를 찾을 수 있다면 이러한 것은 명백하게 될 것이다. 그래서 나는 사물들의 다른 종류들에 의해 공유되는 특성도 그들 중 하나를 구별하는 능력이기 때문에, 하나의 실체는 많은 종(種)들에게 특별하게 분배할 것이나 그것은 실질적으로 불가능한 것이다. 그러므로 인간의 궁극적인 특질은 존재하지 않으며, 단순하게 얻어지는 것도 아니다. 왜냐하면 요소들이 그 점에서 공유하기 때문이다. 어떤 상태 하에서도 그것은 존재하지 않는다. 왜냐하면 우리는 이것을 광물에서도 발견하기 때문이다. 그것은 생명과 함께 존재하지도 않는다. 왜냐하면 식물들 역시 생명을 갖기 때문이다. 그것은 지각되는 존재가 아니다. 왜냐하면 짐승도 이러한 힘을 갖고 있기 때문이다. 그것은 이해의 가능성과 함께 지각되어야 한다. 왜냐하면 이러한 특성은 인간보다 아래이거나 위인 즉, 인간을 제외한 어떤 것에서도 시작되지 않기 때문이다. 왜냐하면 비록 그와 함께 이해력을 가진 다른 존재가 있더라도 아직까지 이러한 이해력은 인간의 것처럼 발전의 능력은 아니다. 왜냐하면 그와 같은 존재들은 단지 어떤 지적 자연물이며 인간을 제외한 어느 것도 아니며 그리고 그들의 존재는 이해하는 것 이외의 다른 것도 아니다. 그러므로 인간의 구별되는 특성은 이해력 혹은 이해능력인 것이다.

그리고 이러한 능력은 우리가 주목했던 개개의 사회나 한 사람에 의해 한 번에 완전히 이루어진 행동에서는 실현될 수 없기 때문에 인류에게는 그것을 현실화하기 위해 다수가 있음이 틀림없다. 존재하게 될 수 있는 다수의 사물이 있어야 한다는 것이 필요한 것 같이 어떤 것에 따라 존재하기 위한 근본적인 문제의 능력은 그것에 작용하는 것에 대한 개방을 나타내는 것이다. 왜냐하면 만일 이것이 그렇지 않다면 우리는 그것의 본질과 별개인 능력을 얘기하는 것은 불가능한 것이다. 아베로이스(Averroes)는 아리스토텔레스의 영혼에 관한 논문에 대한 그의 논평에서 이러한 견해에 동의한다. 왜냐하면 내가 말한 이해의 수용력은 어떤 보편적인 형태나 종류에만 관련된 것이 아니라 일종의 확장에 의해 특별한 것들에도 관련되기 때문이다. 그러므로 사색적인 이해는 확장함으로써 실제적인 것이 된다. 그 다음 그것의 목적은 행하는 것(to do)과 이루는 것(to make)이다. 행하여진 사물에 관해서 내가 말한 이것은 정치적인 지혜에 의해 조절되며 이루어진 사물에 관한 것은 예술에 의해 조절된다.

총괄적으로 취급된 인류에 관한 적절한 연구는 어떤 것이 발전 가능한가에 대한 전체적 이해능력의 행동에서 결정되는 것임이 충분히 진술되었다. 첫째로, 사고의 방법에서, 그리고 그 다음은 행동양식에서의 그것의 확장에 의한 것이다. 만일 일부분이 참된 것은 그 전체도 또한 참된 것이라면 개인이 지혜와 신중함에 있어서 완전해질 수 있는 것은 안정과 휴식에 의한 것이라는 점에서 볼때 인류는 평화에 의한 평온과 평정 속에서 생활함으로써 가장 자유롭고 쉽게 자기 본연의 일에 전념할 수 있다. "너희는 그를 천사들보다 좀 더 낮게 만들어라"는 말씀에 따르면 그 일이란 거의가 신적인 것이다. 거기에서 인간에게 축복을 보증하도록 명령된 모든 것 중에서 평화가 그 으뜸이라는 것이 명백하다. 그러므로 위에서부터 목자들에 소리쳤던 말은 부유함도 기쁨도 명예도 수명도 건강도 강인함도 아름다움도 아닌 오직 평화였다. 천사의 군세는 말한다. 지극히 높은 곳에서는 하나님께 영광이요 땅에선 선한 인간에게 평화로다. 그러므로 또한 그대와 함께 평화가 있을지어다는 인류의 구세주 그리스도의 인사말이었다. 구제자 중에서 가장 위대한 하나님에게는 하나님의 인사말 속에서 구원의 축복 중에서 가장 위대한 말을 해야 할 의무가 있었기 때문이다. 그리스도의 12사도 역시 이 관습을 보존하도록 선택했고 바울도 또한 모든 사람들에게 명백하게 나타났을 때 그와 같은 인사말을 하였다.

만일 우리가 이런 문제를 선포하였다면 무엇이 인간이 그의 고유한 일을 성취하는데 더 나은 길인지 즉 최상의 길이 무엇인지는 명백한 것이다. 그리고 결과적으로 우리는 우리의 모든 일이 정돈되게 해주는 것을 궁극적인 목적으로 보아왔다. 즉 보편적인 평화는 우리의 연역을 위한 제1원칙으로서 추정되었다. 우리가 언급했듯이 이런 가정은 우리에게 있어 도로표지 같은 것으로 우리가 증명 되어야 하는 모든 것을 가장 명백하게 진실 같이 해결하게 하기 위해 필요한 것이다.

그러므로 우리가 이미 언급했듯이 세 가지의 의문점이 있고 이 세 가지 의문점은 보통의 연설에서 제국이라고 불리우는 현세적 군주제에 관한 세 가지 문제를 제기한다. 그리고 우리가 설명했듯이 우리의 목적은 이런 문제들을 그것들에게 주어진 순서대로 관련 사항을 조사하고 우리가 방금 서술했던 제1원칙으로부터 시작했는가를 연구하는 것이다. 그러면 첫 번째 문제는 현세적 군주제가 세계의 복지를 위해 필요한 것인가이다. 그리고 내 생각에는 그것이 필요하다면 가장 강렬하고 명백한 논쟁에 의해 보여질 수 있다. 왜냐하면 이성에 관해서나 권위에 대해서 나에게 반대할 수 있는 것은 아무 것도 없기 때문이다. 우선 『정치학』에서 철학자(아리스토텔레스)의 권위를 들어보자. 거기서 그의 존경할 만한 권위에 관하여, 수많은 사물들이 어떤 목적을 달성하기 위해 정돈되어 있는 곳에서는 그들 중 하나는 다른 사람들을 규제하고 통치하여 믿을 만한 가치가 있는 것으로 만들었던 그의 뛰어난 명성의 권위뿐만 아니라 특별한 것을 예증하는 이성이었던 것이다.

만일 우리가 한 사람의 예를 든다면 그에게 있어 명백해진 그와 같은 규칙을 보게 될 것이다. 그의 모든 권력은 행복을 얻기 위해 명령된다. 그러나 그의 이해는 다른 모든 이들을 지배하고 통치하는 무엇인 것이다. 그리고 그렇지 않으면 그는 결코 행복을 얻지 못할 것이다. 다시 한 가정의 예를 들어보자. 그것의 목적은 그것의 구성원들이 잘 사는 것이다. 그러나 거기에는 가정을 지배하고 통치하는 한 사람이 있으며 그는 그 가족의 아버지라고 불리며 또는 그는 그의 직위를 보유하고 있는 한 사람일 것이다. 철학가도 얘기했듯이 "모든 가정은 최고 연장자에 의해 지배된다." 그리고 호머(Homer)가 말했듯이 나머지를 위해서 규칙과 법을 만드는 것은 그의 임무이다. 그러므로 속담의 저주에서 "너는 가정에서 평등을 갖게 된다."는 말이 있다. 한 마을의 예를 들면 그것의 목적은 사람이나 물건에 관한 적당한 도움이나, 거기에서 한 사람은 그 나머지에 대해 그 중에서 수장은 동의에 의해서나 혹은 다른 사람에 의해 양도받아서, 통치자가 된다. 만일 그렇지 않다면 거주자들이 상호 도움에 실패할 뿐만 아니라 모든 야망에 의해 때때로 전적으로 파괴된다. 다시 한 도시의 예를 들면 그것의 목적은 시민들에 대한 선하고 풍족한 삶을 보장하는 것이다. 그러나 선한 또는 불완전한 국가형태이든 한 사람이 통치자이다. 만일 그렇지 않다면 시민생활의 목적을 잃게 될 뿐만 아니라 도시 또한 과거의 목적을 그만 두게 된다. 끝으로 우리가 목적이 도시의 그것과 같은 어떤 한 왕국을 예로 든다면 그것의 평정을 위해 안전하게 지배하고 통치하는 한 왕이 있게 된다. 만일 이러한 것이 그렇지 않다면 그의 백성들이 그들의 목적을 잃어버리게 되는 것뿐만 아니라 틀림없는 진실의 말씀에 의하여 그 왕국자체도 파괴되게 된다. 그 자체에 반하여 분리된 모든 왕국은 황폐하게 될 것이다. 그리고 만일 이것이 이런 경우에 있어서 좋은 상태를 유지한다면 어떤 목적에 대해 정돈된 개개의 것들에 있어서 우리가 서술했던 것은 사실이다.

이제 전 인류는 앞에서 보여졌듯이 어떤 목적을 얻기 위해 지시되었다. 그러므로 인도하고 통치하는 사람이 있으며 이 직무에 대한 적절한 명칭은 군주 또는 황제이다. 그리고 군주제 또는 제국은 세계의 목적을 위해서 필요하다는 것은 또한 명백할 것이다.

그리고 부분이 전체가 되듯이 부분의 규칙도 전체의 규칙이 된다. 부분은 목표했던 최고의 선과 목적이 될 수 있는 것 같이, 전체가 될 수 있다. 그래서 부분에 있어서의 규칙은 목표했던 최고의 선과 목적이 되는 것과 같이 부분적 전체에서의 규칙의 선함은 전체적인 규칙의 선함을 능가하지 않는다고 알고 있으나 이것의 반대는 사실이 아니다. 그러므로 우리는 세상에서 이중규칙, 즉 각각에 관련된 부분의 규칙과 부분이 아닌 어떤 것이 관련된 그들의 규칙을 발견한다(각각에 관련된 군인 부분의 규칙과 장군에 관련된 것이 있듯이). 그리고 부분이 아닌 어떤 것에 관련된 부분의 규칙은 그것이 다른 규칙의 목적이며 다른 것들은 그것을 위해 존재하므로 더 높은 것이다. 그러므로 이 규칙의 형태가 인류집단의 단위에서 발견되었다면, 전체로서 취급되는 인류에서 발견되었다는 삼단논법(sylloism)에 의해 더욱 더 논쟁할 것이다. 왜냐하면 후자의 규칙 혹은 그것이 형태가 더 나은 것이기 때문이다. 앞장에서 언급되었으나 이 규칙은 인류집단의 모든 단위에서 발견된다는 것은 충분히 명백한 것이다. 그러므로 그것은 전체로서 취급되는 집단에서 발견되고 발견되어야만 하는 것이다. 그러므로 우리가 언급했던 모든 부분들은 왕국에 포함되며 왕국자체는 한 사람의 군주나 그이의 지위에 의하여 지시되어야 한다.

게다가 전 인류는 어떤 부분 관하여 전체이며 다른 전체에 관하여 그것은 부분이다. 우리가 보여주었듯이 그것은 특별한 왕국이나 국가들에 관해서 전체인 것이다. 그리고 그것은 논쟁의 여지가 없이 명백한 것으로서 전 우주에 관해서는 부분인 것이다. 그러므로 인류 전체의 낮은 부분들이 그 전체에 잘 적응되었듯이 그 전체도 그것보다 위에 있는 전체에 잘 적용된다. 인류의 부분들이 그들의 전체에 잘 적응되는 것은(우리가 이미 언급한 것에서 쉽게 얻을 수 있듯이) 단지 한 군주의 지배하에서 이루어진다. 그러므로 전체로서의 인류가 우주나 혹은 군주의 지배하에서 존재하는 것이다. 그러므로 군주는 세계의 복지를 위해 필요한 것임을 이해할 수 있는 것이다.

논쟁이 있는 곳에서는 판단은 내려져야 하며 만약 그렇지 않다면 적절한 치료가 없는 불완전한 것이 될 것인데 이런 것은 불가능한 것이다. 꼭 필요한 것으로, 신과 자연은 그들의 준비에 있어서 실패하지 않았기 때문이다. 그러나 그들 자신에 대한 혹은 그들 백성에 대한 잘못으로 인해서, 한 사람이 다른 사람에게 종속되지 않은 두 명의 군주 사이에 논쟁이 있는 것은 명백한 것이다. 그러므로 그들 사이에는 판단의 수단이 있어야만 한다. 그리고 한 사람이 다른 사람에 종속되지 않을 때, 그는 다른 사람에 의해 판단될 수 없기 때문에(왜냐하면 평등에 대한 평등의 규칙이 없기 때문이다) 양자의 법이 도달할 수 있는 범위 내에서 좀 더 넓은 사법권을 가진 제3의 군주가 있어야만 한다. 그는 군주가 되거나 혹은 군주가 되지 않을 것이다. 만약 그가 군주가 된다면 우리는 우리가 추구한 것을 갖게 된다. 그러나 만약 그렇지 않다면 다시 이것은 그의 사법권에 종속되지 않는 어떤 평등을 갖게 되는데, 그러면 우리는 다시 어떤 제3의 것을 필요로 하게 된다. 그래서 우리는 현재로서는 불가능하지만 한없이 계속가거나 혹은 제일인자이며 최고위의 판단자들이 내리는 판단에 따라 모든 논쟁들은 간접적이든 직접적이든 결정되어야 한다. 그런데 그런 판단자는 군주나 제왕일 것이다. 그러므로 군주란 이 세계에서 필요한 존재이며 이러한 철인은 이런 말을 하면서 세계를 파악한다. "세계는 악의 명령에서 처리되지 않는다. 다수의 지배자들에서 악은 존재하는 것이므로 하나의 군주만이 존재케 해야 한다."

　　그러므로 무엇이 좋은 것이고 이런 이유에 대해 무엇이 좋은 것이든간에 그 것은 통일성에 있다는 사실은 분명한 것이다. 조화는 조화가 되는 한 좋은 것이 기 때문에, 그것의 적절한 근원과 같이 우리가 조화의 진정한 특질을 알게 되면 나타나게 되는 어떤 통일에 그것이 존재한다는 사실은 명백한 것이다. 그래서 조 화란 많은 의지들의 동일한 움직임인 것이다. 그러므로 의지들의 동일한 움직임 을 의미하는 의지의 통일은 조화아닌 조화 그 자체의 근원임을 이것은 나타내는 것이다. 왜냐하면 지구에 있는 많은 흙덩이들은 중심을 향해 중력으로 끌려지기 때문이다. 그리고 많은 불꽃들이 조화된다고 할 수 있는데 그것은 하나의 원주를 향하여 타오르고 있기 때문이며 만약에 이러한 것이 자신의 자유의사에 따라 행 해진다면 우리는 많은 인간 역시 조화되었다고 말할 수 있는 데 그 이유는 인간 의 자신의 의사에 따라 지구표면에 있는 흙덩이에서의 하나의 질(質) 즉, 중량 또 는 불꽃에서의 하나의 질(質)인 한 가지의 것으로 움직여지기 때문이다. 왜냐하 면 의지력은 어떤 힘이기 때문이다. 그러나 의지가 이해하는 '선'에 대한 질은 의 지의 형태인데 현재 구성된 것에 속하는 영혼, 수 그리고 다른 형태들처럼 의지 를 받는 사건들의 증식에 따라서, 하나로 존재하는 그런 형태는 다른 것과 마찬 가지로 그 자체 내에서 증식이 된다.

　　제안한 가정을 설명하기 위해 아래의 것을 논해 보자. 모든 조화는 의지들 내에 있는 통일에 달려 있다. 그리고 그것이 최선의 상태에 있을 때 인간은 조화 의 한 부분이다. 왜냐하면 하나의 개체로서의 인간은 가정이나 도시 그리고 왕국 의 경우와 같이 기껏해야 조화의 한 부분이기 때문이다. 그래서 이것은 전 인류 에 관한 것이다. 그러므로 인간은 기껏해야 의지 내에 있는 통일에 의존한다. 그 러나 나머지 모든 것의 영향을 조정하는 그리고 유일한 지배자인 하나의 의지가 존재하지 않는다면 이것은 될 수 없는 것이다. 왜냐하면 인간의 의지들은 아리스 토텔레스가 그의 『윤리학』의 10권에서 이미 제시했듯이, 젊음에 대한 아부 때문 에 하나가 그들을 직접 이끄는 것이 요구된다. 그리고 이것은 모든 것을 지배하 며 그것의 의지가 다른 모든 것의 영향을 조정하며 유일한 지배자인 하나의 군 주가 없다면 될 수가 없는 것이다. 만약 있는 그대로서 이런 모든 결론들이 사실 이라면 세상에 하나의 군주가 있어야 한다는 것은 인류의 최선의 복지를 위해 필요한 것이다. 그러므로 군주제는 세계의 선을 위해서 필요한 것이다.

❏ 제국의 권위[25]

제국의 권위는 교황의 권위에 근거하지 않는다는 사실을 앞장에서 입증했지만 이러한 논쟁은 모순된 결과에 이른다는 것을 제시했기 때문에 제외되었다. 왜냐하면 권위가 신의 대리인으로부터 기인하지 않는다면, 그것은 신자체로부터 기인해야만 한다는 것은 어떤 귀결이기 때문이다. 그러므로 제안된 문제의 완전한 결정을 위해서, 우리는 황제나 군주는 보편적인 왕, 즉 신과의 즉각적인 관계에서 존재한다는 사실을 직접 증명해야만 한다.

이것에 대한 좀 더 나은 이해를 위해 모든 피창조물들 중에서 인간만은 부패하기 쉽거나 부패하기 어려운 것 사이의 중간적 입장에 있을 수 있다는 것은 인식되어야 하며 그러므로 철학자들은 인간을 두 반구 사이의 구분선으로 비유한 것이다. 왜냐하면 인간은 두 개의 본질적인 부분, 즉 영혼과 육체로 구성되어 있기 때문이다. 만일 그가 단지 그의 육체에 관련해서 취급된다면 그는 부패하기 쉽게 된다. 그러나 그가 그의 영혼에만 관련해서 취급된다면 그는 부패하기 어렵게 된다. 그러므로 철학자(아리스토텔레스)가 『영혼에 관하여』라는 두 번째 책에서 "부패로부터 영원히 분리될 수 있는 것은 바로 이것이다."라고 말한 것은 청렴한 영혼을 잘 말한 것이다.

그러므로 만약 인간이 부패와 청렴 사이의 중도가 있다면 중간적 성질은 양극을 함께 지니기 때문에 인간은 각 성질의 어떤 것을 공유하지 않으면 안된다. 그리고 모든 본성은 어떤 최종 목표를 얻도록 규정되었기 때문에 인간에게는 이중의 목표가 있음을 알 수 있다. 존재하는 모든 것 중 인간만은 부패와 청렴의 양자에 참여하듯이, 존재하는 모든 것 중 그는 두 가지 목표를 얻도록 규정되며, 그럼으로 한편으로는 부패가 그의 목표가 되며 다른 한편으로는 청렴이 그의 목표가 된다.

그러므로 두 개의 목표는 신성한 신의 섭리에 의해 세워지며, 인간이 목표한 이런 삶에 관한 축복은 그의 자연적인 힘의 실행에 놓여 있으며, 초기의 천국에서 이미 예시된 것이며, 그 다음은 영원한 삶에 관한 축복으로 그것은 신의 지지라는 시각에서의 결실이며 인간이 그의 자연적인 힘에 의해 일으킬 수 없는

---

25) Henry, 197-207.

것이며 만일 그가 신의 영광에 의해 도움을 받지 못한다면 이런 축복은 하늘의 천국에 의해서 이해될 수 있다.

그러나 다른 결론으로서 이런 다른 종류의 축복에 대해서 우리는 다른 방법으로 접근해야 한다. 왜냐하면 우선 우리는 우리가 그것들을 이해할 수 있다면 도덕적이고 지적인 덕에 관한 철학의 교훈에 의해 도달할 수 있기 때문이다. 그러나 둘째로 우리는 단지 인간이성을 능가하는 정신적 교훈에 의해 도달할 수 있기 때문에 우리는 신학상의 덕, 신념, 희망, 그리고 자비에 관한 것들을 다루게 된다. 이러한 결론이나 방법에 관한 첫 번째 사실은 철학자들에 의해 모두 우리에게 공개되었던 인간이성에 의해 명백해진다. 다른 결론과 방법은 성령에 의해 명백해졌으며 그는 예언자나 신성한 작가들의 입을 통해서, 그리고 영원히 공존하는 신의 아들인 예수 그리스도와 그의 계율에 의해서 우리가 매우 필요했던 초자연적인 사실을 우리에게 계시하였다. 그럼에도 불구하고 인간의 욕망은 말과 노새처럼 재갈과 굴레에 의해 그들의 방향이 억눌린 짐승과 같이, 타락으로 썩어가는 인간은 말할 것없이 인간의 등뒤에서 모든 것을 내던지게 한다.

그러므로 인간은 그의 삶에 있어 이중의 목표가 있는 것과 같이 그의 삶에도 두 명의 안내자가 필요하다. 거기에서 한 사람은 우리에게 계시된 것들에 따르면 이 세상에서 인류를 영원한 삶으로 이끄는 교황이며, 다른 한 명은 철학의 가르침에 따르면 이 세상에서 인류를 행복으로 인도하는 황제인 것이다. 어느 누구나 혹은 단지 몇 명만이 대단한 고난과 함께 이 행복의 항구에 도달할 수 있기 때문에 인간욕망의 파도나 아첨이 가라앉지 않는다면 그리고 인류가 평화와 평온 속에서 자유롭게 살 수 없다면 세계를 통치하고 우리가 로마황제라 부르는 그가 제일로 목표해야만 하는 것은 내가 의미하는 바로는 영원불멸의 인간에게 속하는 이 작은 지구에서 자유롭고 평화로운 삶의 실현인 것이다. 그리고 이 세상의 질서는 하늘의 질서를 따르기 때문에 그들의 노정에서, 결국은 자유와 평화를 가져다주는 학문은 좋은 시기와 환경을 갖춤에 있어 세계의 보호자에 의해 충분히 응용되며 이 권력은 하늘의 전 질서를 보유하고 있는 그에 의해 충분히 분배되어야 한다는 것은 필요한 것이다. 그리고 이것은 그가 이미 예정한 것이며 그것에 의해 그의 섭리에 있어서 그는 그들 각각의 질서에서 모든 것을 함께 구속하게 된다.

그러나 이것이 그러하다면, 신 혼자 선출하며, 신만이 확증하게 된다. 왜냐하면 신보다 더 높은 자가 없기 때문이다. 그러므로 다음과 같은 심화된 결론이 있다. 현재 혹은 어떤 방식으로든 앞으로 '선출자'라고 불리어지는 이들은 그 이름을 갖지 못한다. 그러기보다는 그들은 신의 섭리에 관한 선포자가 되어야 한다. 그러므로 신의 의지를 공포하는 특권이 인정된 그들은 때때로 불일치에 봉착한다. 왜냐하면 그들 중 모두 또는 몇몇이 그들의 사악한 욕망에 의해 눈멀게 되고 신이 임명한 뜻을 구별하지 못했기 때문이다. 그러므로 현세적 군주의 권위는 중간의지 없이 보편적인 권위의 근원으로부터 온다는 것은 분명하다. 그리고 그것의 통일에 있어서 하나인, 이 근원은 신의 풍부한 선으로부터 많은 경로를 통해 흐른다.

그리고 이제는 내가 전에 세웠던 목표에 도달한 것 같이 생각된다. 나는 내가 물었던 문제의 진실, 즉 군주제의 지위는 세계의 복지를 위해 필요한가와 로마인이 그들 스스로 군주제의 지위를 가정한 것이 옳은 것인가를 해결하였다. 그리고 더 나아가 마지막 문제였던 군주의 권위는 신으로부터 혹은 다른 이들로부터 직접 오는가를 해결하였다. 그러나 후자의 문제에 대한 사실은 어떤 문제에 있어서 로마황제는 로마교황에게 복종해야 한다는 것을 부정하기 위해 그렇게 편협하게 받아들여서는 안된다. 왜냐하면 필멸(mortality)에 속하는 행복은 어떤 의미에서 죽음을 맛볼 수 없는 행복을 얻기 위한 목적으로 명령되었기 때문이다. 그러므로 첫 번째 태어난 아들이 그의 아버지를 숭상하듯이 카이사도 베드로를 숭상해야 하며, 그는 그의 아버지의 은총의 빛에 의해 밝아지게 되며, 그래서 현세적인 것뿐만 아니라 정신적인 모든 것의 지배자였던 아버지를 계승한 그는 세상을 더욱더 강하고 밝게 할 것이다.

제4장
대의제의 원리

중세시기 대의제 관념은 세속정부와 교회정부에서 통치자들을 선출해서 그들에게 권력을 위임하는 정치원리로 작용하였다. 황제는 장자가 세습하는 것이 원칙이지만 제국선국인단의 투표를 통해 선출되는 형식으로 자신의 직위에 합법성과 정당성을 부여할 수 있었다. 교황도 신도들의 대표자들로 구성된 일반회의에서 선출을 통해서만 자신의 권력은 합법성과 정당성을 가질 수 있었다. 대의제 원리는 형식적인 이상의 의미를 갖지 못했던 것도 사실이나 중세말기에 그것은 다소 구체성을 띠게 되어 중요한 정치적 의미를 갖기 시작하였다.

세속정부에서 대의제 원리는 하나의 정치적 관례로서 지켜져 왔으나 교회정부에서는 교회의 절대주의 출현으로 제대로 작동되지 않았다. 교회정부는 교황의 절대주의로 인해 부패와 비리가 만연한 비효율적이고 무능한 정부가 되어가고 있었다. 교황의 전횡으로 교회정부에서 일반회의는 제 역할을 하지 못했고 심지어는 유명무실해질 정도가 되었다.

이같은 상황에서 교회정부의 비능률과 모순을 개혁하려는 운동이 일어났고 그 운동의 주창자들은 대의제 원리를 제시하였다. 그 운동은 두 개의 방향으로 전개되었는데, 그 하나는 세속주의적 입장에서 교회를 개혁하려는 운동이었고 다른 하나는 교회내부의 지도자들이 추진한 교회회의운동(the conciliar movement)이었다. 그들 모두 교회를 법인체로 보는 시각에서 교회개혁을 추진했고 그 과정에서 대의제 원리가 중요한 정치원리로 자리를 매김할 수 있었다.

세속주의적 입장은 교회는 신도들의 모임체이기 때문에 그들이 선출한 대표자들로 구성되는 일반회의(general council)가 교회정부에서 중심적인 역할을 해야 한다는 주장을 하였다. 이 운동의 대표적인 장치사상가들이라고 할 수 있는 마르실리우스(Marsilio of Padua)와 오캄(William of Occam)은 교황의 절대주의로 인한 교회정부의 부패와 비리를 개혁하기 위한 방편으로 일반회의의 정상화를 주장하였다. 오캄은 황제의 선출을 일종의 자연법의 원리로서 옹호하였다.

교회회의운동은 교회의 역할을 위해 일반회의의 역할을 강조했지만 교회정부의 구성요소들인 교황과 일반회의의 조화와 동의원칙을 더 중요시 했다. 교회의 문제들을 다루기 위해서 콘스탄스회의와 바젤회의가 되었고 제르송(Gerson)과 니콜라우스(Nicholas of Cusa)는 각 회의에서 중요한 역할을 수행하였던 교회 지도자들이다.

특히 니콜라우스는 교권의 남용을 견제하려는 노력에 적극적이었고 종교개혁 이전의 최고개혁가로 알려져 있다. 그는 스콜라철학의 극단적 합리주의에 반대했기 때문에 신은 이성이 아닌 직관을 통해 이해될 수 있다는 주장을 하였다. 정치사상사에서 니콜라우스의 의의는 그가 바젤회의를 위해 저술한 『카톨릭 조화론』(De Catholica Comdantia)에서 제시한 관념들로부터 유래한다. 거기에서 그는 신적으로 재가된 인간의 다른 결사체처럼 교회도 유기적 통일체이고 그러한 실체에서 기능적으로 다양하고 상호의 존적인 각 기관은 부분의 요구와 전체의 이익에 민감하면서 지도적이고 조화로운 방향으로 함께 작용한다는 인정을 통해서만 조화와 통일을 가져올 수 있다는 주장을 하였다. 신도를 대표하는 일반회의는 교회의 이러한 요구를 충족시킬 수 있다는 것이다.

이같은 유기체적이고 역사적 논의로부터 니콜라우스는 법과 정부의 권위는 인민의 동의에 기초를 두어야 한다는 신적이고 자연적인 권리의 원칙을 추론하였다. 법의 권위는 대개의 경우 선임된 대표자로 구성된 일반대의체가 공동체의 동의를 관습의 형태로 표시함으로써 성립된다. 또한 그에게 있어서 대표기관에 의해 제한받는 입헌적 군주제가 최선의 정부형태인 것이다.

오캄과 니콜라우스가 제시한 대의제 원리는 중세적인 한계를 벗어나지 못해 하나의 작용하는 정치원리에서 결실을 맺지 못했다. 그러나 그것은 근대시기에 의회라는 정치제도로 구체화 되어서 근대자유주의가 발전할 수 있는 자양분을 제공했다는 점에서 그 정치사상적 의의가 있는 것이다.

제1절   마르실리우스의 교회개념[1]

마르실리우스는 다음과 같이 교회라는 말의 진정한 그리고 적합한 의미에 관한 논의의 서문을 시작한다.

1) 한 정부 하에 있는 인민들의 집회로서, 이 의미는 그리스인들 사이에서 쓰였던 것이라고 그는 말한다.
2) 신의 숭배자들이 함께 모여 신을 숭배하던 신전이나 집, 이 의미는 라틴인들 사이에서 받아들였던 것이다.
3) 그 용어의 선례에 따라 교회에 봉사하는 모든 신부, 대주교, 집사(deacons) 그리고 그 밖의 목사들.
4) 교회는 그리스도를 믿고 그의 이름을 요구하는 신도들의 모임체를 의미한다.

근대시대에 특히 로마 대도시 교회의 성직자들에게 네 번째 정의가 적용되었다고 그는 말한다. 그 말의 다른 의미와 처음 사용자의 의도와 그 말의 고유한 견지에서의 가장 확실하고 적절한 의미에 따르면 비록 그것이 근대의 용법에서는 평범한 것이 아닐지라도, 교회라는 그 이름은 그리스도의 이름을 요구하고 믿는 전 신도체에게 적용된 것이며, 이것은 그들이 무슨 공동체에 있든 심지어 가정에 있는 이들까지의 전체의 모든 부분을 뜻한다. 그리고 이것은 이 말의 첫 번째 적용이며, 사도들 사이에서의 익숙한 용법이었고 원시의 교회에서는 사도들이 고린도서(Corinthians) 1장 1절에서 그 유래를 말한다. "예수 그리스도에게서 신성하게 되고 성인이라 불리우기 위한 이들은 고린도에 있는 신의 교회로 오라. 모든 사람과 함께 우리의 구주인 예수 그리스도의 이름을 요구해라." 그리고 엠

---

1) Marsillius of Padua, *Defensor Pacis*, trans. by Alan Gewirth(New York: Harper and Row, 1956), 103−104.

브로시우스(Ambrose)의 광택에 따라서 "예수 그리스도 안에서, 세례에 의해 신성화된다." 그리고 이런 의도와 일치하여 사도들은 사도행전 20장에서 에베소(Ephesus)의 성직자들에게 말한다. "신이 자신의 피로 신의 교회를 구하기 위해 성령이 당신을 여러분 자신과 모든 신자들의 주교로 만든 것을 주시하여라." 그리고 이런 이유로 가장 확실하고 적절한 지명에 따라 그 교회의 구성원들은 목사뿐만 아니라 평신도들도 그리스도 안에서 충실한 신자로 불려야만 한다. 왜냐하면 그리스도는 모든 이들을 그의 피로 구제했기 때문이다.

제2절   오캄의 일반회의[2)]

일반회의는 긴급한 상황에 교황의 호출없이도 개최될 수 있다는 오캄의 주장은 마르실리우스의 급진적 원리보다 온건한 사상가들에게 더 유익한 접근법을 제공하였다. 그는 교회를 신들의 모임체로 보았고 정상적인 군주국에 대해서는 공격을 하지 않았다.

학생: 먼저 말씀해 주시겠습니까, 일반회의에 관해서요. 만일 교황이 악명높은 이단자라면, 그리고 만일 교황(the supreme pontiff)의 선거인단이 교황의 이단적 타락을 공유하거나 혹은 부당하게 지지한다면, 그리고 만일 이단적 교황을 강제할 수 있는 다른 방법이 있어 보이지 않는다면, 어떻게 혹은 누구에 의하여 일반회의가 소집되어야만 합니까?

선생: 그들이 말하기를, 이러한 경우에 교황이 악명높은 이단자이다는 사실을 알거나 교황이 악명높은 이단자라는 사실이 공공연하게 토론되는 것을 들은 일부 카톨릭인들은, 만일 시기가 적절하다면, 일반회의를 소집할 준비가 되어 있어야 하고, 어느 누구도, 그의 위상에 적절하게 맞는 한, 다른 카톨릭인들이 일반회의를 소집할 수 있도록 강력하게 권고하여야만 한다. 그런데 이것은 우선적으로 주교와 관련 된다. 두 번째로, 그것은 왕 그리고 왕자 그리고 다른 공공 권력들과 관계된다. 세 번째로, 그런데 그것은 남성들과 여성들인 모든 카톨릭인들과

---

2) E. Lewis, *Medieval Political Ideas*, 2 vols.(New York: Alfred Knopf, 1954), 2:398－402.

관계된다. 따라서 심지어 카톨릭 여성들조차도, 만일 그들이 교황이 이단자이며 선거인단들이 교황의 선출에 관련하여 태만하다면, 만일 시기가 적절하다면, 카톨릭인들이 교회의 임명권(die ordaining)을 위한 일반회의를 소집하도록 촉구하여야만 한다. 그뿐만 아니라 더욱더 여성들 자신들조차도, 만일 그들이 그것에 의하여 공동선을 촉진시킬 수 있다면, 반드시 참석해야만 한다.

학생 : 이 주장이 저를 놀라게 하는군요. 왜냐하면, 그것은 세 가지 모순들을 포함하고 있는 듯 싶습니다. 첫째, 일반의회는 교황의 공인없이도 소집되어져야만 한다는 것입니다. 둘째, 왕들, 왕자들 그리고 다른 평신도들이 일반회의를 소집해야만 한다는 것입니다. 셋째, 여성들이 일반회의에 참석할 수 있고 참석해야만 한다는 것입니다. 왜냐하면 첫 번째가 비논리적이다는 것은 교회법에 의해 명백하게 증명되어서, 일반회의는 교황의 권위없이 소집될 수 없기 때문입니다. 펠라기우스(Pelagius) 교황도 '많은 교황과 교회법과 교회와 관련된 규칙들에 의해, 로마교황의 승낙없이 개최될 수 없다라는 가름침을 우리는 계속해서 받는다'라고 말을 했었습니다.

선생: 일반의회는 교황의 공인없이 소집될 수 있다는 사실은 몇 개의 주장들에 의해 증명된 듯 싶다. 첫 번째 주장은 다음과 같다: 특별의회는 동일한 교황에 관하여 판단하기 위하여 법적으로 교황의 공인 없이 소집될 수 있다. 그러므로 더욱더 일반의회는 이단적이며 사이비적인 교황에 관하여 판단하기 위하여 그의 공인없이 소집될 수 있다.

학생: 이 주장은 일반회의가 거짓의, 이단적인 교황의 공인없이 소집될 수 있다라는 사실을 명백하게 증명하는 것 같습니다. 그러나 그것은 진정한 교황의 공인없이 일반회의를 개최할 수 있다는 사실을 증명하지 않습니다. 거기서부터 만일 교황이 이단이라면, 카톨릭 교황이 일반회의가 소집되기 전에 선출되어야만 한다는 것 같습니다.

선생 : (앞에서 말한 몇 개의 주장들 중) 두 번째 주장은 다음과 같다.: 다른 사람들의 공인 혹은 동의없이 법을 만들 수 있는 모든 사람들 그리고 모든 공동체 그리고 모든 모임들은 그 다른 사람들의 공인없이도 전체 공동체 혹은 모임을 대표할 수 있는 특정한 사람들을 선출할 수 있다. 게다가 만일 선출된 사람들이 동시에 함께 온다면, 그들은 일반회의를 구성할 수 있다. 왜냐하면 일반회의는

그리스도교의 전체를 대표하는 특정한 사람들의 모임 그 이상이 아닌 것 같기 때문이다. 그러므로 일반회의는 카톨릭인이 아니고 신자인 사람들에 의하여 권위 없이도 소집될 수 있기 때문에, 당연히 이단적 교황의 공인없이도 소집될 수 있다.

세 번째 주장은 다음과 같다. 보편적 교회는 일반회의로 기술될 수 있다. 그리스도의 승천 뒤, 보편적 교회는 숫자면에서 너무 적었고, 그러므로 그것이 다시 매우 적게 될 수 있을지도 모른다는 사실은 불가능하지 않다. 결과적으로 심지어 비록 진정한 교황이 없었을지더라도, 보편적 교회가 보편회의(a universal council)로서 소집될 수 있다는 것은 불가능하지 않다. 그러므로 보편적 교회가 그 자신을 통하여 무엇을 할 수 있던간에 관계없이, 그것은 교회의 다양한 파트들로부터 선출된 특정한 사람을 통하여 할 수 있다. 그러므로, 만일 보편적 교회의 다양한 부분들이 사람들을 선출하여 신의 교회와 관련하여 어떤 것을 명령하도록 소집하여야만 한다고 우리가 생각한다면, 따라서 선출된 사람들이, 함께 만나면서, 진정한 사람들이 없었다라는 사실과 관계없이, 일반회의를 소집할 수 있었다. 그리고 따라서 진정한 교황이 없을 때 일반회의는 교황의 공인없이 소집될 수 있다.

학생: 저에게 말씀해 주십시오. 무슨 방법으로, 일반회의가 소집되어야만 하는지요.

선생: 한 회의체로 쉽게 소집될 수 있는 각 교구 혹은 공동체가, 주교회의체(epsicopal council)에, 혹은 왕국이나 군주들의 회의체에, 혹은 몇몇 다른 공적 권력의 회의체에 선출된 사람을 보낸다는 것은 합리적이다라고 말할 수 있다. 그리고 결과적으로 이러한 회의체들은 일반의회에 보내질 사람을 선출하면 된다. 그러므로 주교회의체에 의하여, 혹은 세속권력자들의 회의체에 의해 선출된 사람들이, 한 장소에서 소집될 때 일반회의는 소집된다고 말할 수 있는 것이다.

학생: 이러한 의견을 지지하는 사람들이 일반회의가 교황의 권한없이 소집되어서는 안된다고 명백히 주장하는 당국들에게 어떻게 대답할 것인지를 설명해 주십시오.

선생: 대체적으로 일반회의가 교황의 권한없이 결코 소집될 수 없다라고 그들은 대답한다. 그러나 이 원칙은 특정한 경우에 도움이 되지 못한다. 그 특정한

경우라 함은 명목적으로 말하자면, 사람들이 이단자가 되고 교황의 선거인단들이 교황을 선출하는데 실패하고 이러한 상황에 대한 대비가 교회의 일반회의를 통하는 것보다 다른 그 무엇에 의해서도 만들어질 수 없을 때이다. 그러므로, 일반회의가 교황의 권한없이 소집되어서는 안된다라는 것을 주장하는 교황들의 권위적인 주장들이 결코 부인되어서는 안된다고 그들은 말한다. 그러나 그들이 신중하게 이해되어야 할 점은 기독교 신앙은 악영향을 받는 어떠한 방식으로 해석될 수 없는 것이므로, 그러한 신앙이 결국 카톨릭 교황보다도 우선하여야만 한다는 사실이다.

제3절 니콜라우스의 법과 정부에서의 동의 관념

❑ 법과 동의에서 권위의 기초[3]

　　오로지 관례에서 기인한 관습의 힘을 인지한 모든 사람은 법의 힘이 그 법에 의해 구속되는 자들의 그것에 대한 자발적인 복종에 존재한다는 것이 어떻게 사실이 되는가를 쉽게 이해할 수 있다. 따라서 우리가 법제정 권위를 소유한 어떤 통치자에 대해 동의를 해야 할지를 잘 모를 때에도, 우리는 관습에서 유래하는 것을 존경한다. 그리고 법적으로 특별히 제정된 많은 관습들의 경우에 있어서와 같이 관습의 효력이 지배자의 무언의 동의에 부분적으로 달려 있어야 한다고 할지라도(이와 같은 것은 일반적 범위의 서술된 인정법에는 적용되지 않는다) 관례에서 기인하는 유효성의 원칙은, 어떤 선행적 동의 없이도, 로마교회는 관례와 같은 것을 갖고 있어야 한다는 것을 예증하는 교황의 권위에 관한 관례로부터 논쟁된 니케아의 신성회의(The Holly Council of Nicaea)의 경우에도 분명하다. 즉 로마교황이 그의 모든 대주교에 대해 권위를 갖고 있듯이 알렉산드리아의 대주교들은 관습에 의해 전 이집트를 통해 그러한 권위를 갖는 것과 같은 것이다. 왜냐하면

---

3) Francis William Coker, *Readings in Political Philosophy*(New York: The Macmillan Company, 1938), 259–266에 수록된 것을 번역하였다.

관습은 교황의 권위에 관하여 주시되어야 한다는 것이 포고되었기 때문이다. 구시대의 신성화된 관습들 이상으로 관습에서 볼 때 오늘날 로마교황이 요구하는 순종적인 복종의 정도가 얼마나 큰가를 우리는 알 수 있다.

간단히 말해서, 하나의 결론은 부분적으로 그 위원회의 추론에 기초하고 또한 서명자의 승인에 근거한 법으로부터 도출될 수 있다. 로마교황은 일반적인 법령들을 제정함에 있어 아첨자들이 그에게 귀속시킨 권위, 즉 다른 사람들이 단지 상담자로서 봉사하는 동안 그는 혼자서 제정권을 갖지 않는다. 나는 로마교황이 그 위원회가 제정하는 동안 조언하고 연설하는 등의 자문에 대한 응답을 할 권위를 항상 갖고 있었다는 것을 부인하지는 않는다. 나는 교회법규의 효력과 보편적으로 교회를 구속하는 로마교황의 교령의 효력을 갖고 있는 법령들에 대해 말하고 있다. 심지어 오늘날에도 교황이 오랜 관례에 의해서 전해 내려온, 보편적으로 구속력을 갖는 포고령에 대해, 현재 나는 고려하지 않는다. 비록 그가 그러한 권력을 가졌다고 하더라도, 교황이 아니라 일반적 동의에 의존하는 교회법규 제정권만을 다루는 우리의 논제는 모순되지 않는다는 것을 나는 말한다.

이 결론이 근거하고 있는 신법이나 자연법에 반하는 것보다도 이 결론에 반해서 더 이상 보편화될 수 있는 법규나 관습은 없다. 전체 또는 일반회의에 있어서 이런 문제에 관한 로마교황의 뛰어난 권력은 지방회의에 있어서의 대주교의 그것과 다르지 않다. 또는 권위적인 행동에 관한 교황의 권력은 대주교회의에 있어서 보다 전 카톨릭 교회의 전체회의에 있어서 덜하다. 사실상, 후자에 있어서, 우리가 이미 보았듯이, 교황은 지방회의에 있어서의 대주교에 직접 비유된다. 따라서 로마교황은 고대인들에 의해 종종 "대주교(archbishop)"라고 불렸다. 사실 교황의 탁월성이 작아 보이는 것은, 밑에서 살펴보겠지만, 대주교회의에서의 같은 교황이나 지방회의 대주교 때문이기보다는 전체교회의 총회(universal council), 또는 일반회의(general council)에 있어서 교황의 탓인 것이다.

이러한 것은 권위의 충만은 로마교황에게 있는 것이고 다른 모든 것들은 그의 호의에 의해서 불리어질 거라는 것을 선언한 로마교황의 저서들을 읽었던 사람들에게는 아마도 이상하게 보일 것이다. 뿐만 아니라, 교황이 교권(教權)에 관한 결정을 통과시키거나 그에 대한 제재는 아무도 할 수 없다는 것을 주장하는 게라시우스(Gelasius), 실베스테르(Sylvester), 심마코(Summachus) 그리고 다른 로마교황의 작품을 읽었던 사람에게도 마찬가지이다. 왜냐하면 교황의 권위는 '너는 무엇이든 구속할 수 있다'라는 말과 함께 신에 의해 전해받은 신적인 것이기 때문이며, 따라서 그 교황은 그리스도의 대리인으로서 전체교회를 통합한다. 그리고 그는 이런 최고권위를 보유하고 있고 그들의 대주교가 태만하지 않을 때에도 어떤 대주교의 문제에 대해 비난하고 방면할 수 있는 것으로 알려졌다. 그리고 그는 어떤 중개인 없이 호소하게 된다. 사법적 권력에 근거한 법령제정권에서 그의 의지 이상의 어떤 것이 법령의 유효성을 위해 필요하다고 말하는 것은 어리석은 것이다. 왜냐하면 군주가 의지하는 것 자체가 법의 효력을 갖고 있기 때문이다. 게다가 비록 사법권 자체가 표면상으로 그 단체에 있다고 할지라도 그 단체의 주장이 사법권을 수행할 수 있는 권위를 갖고 있다는 것을 의심할 수 없다. 그리고 교황이 전체교회와 성 베드로 성당의 '수도원장'이라는 것에 대해 의심할 사람은 없다. 그런 까닭으로 근본적인 법의 유효성은 그에게 근거하며, 수장 없이 어떤 단체를 위해 입법을 한다는 것은 불가능한 것과 같은 것이다.

그러나 교황 자신으로부터 나온 확정된 법 하에서 하위의 고위성직자가 사법권을 갖고 있다는 성명의 진실성을 발견하기 위하여, 만일 그것이 사실이라면, 초기에 베드로(Peter)는 다른 12사도들 같이 그리스도로부터 단지 권위만을 받았다는 것을 우리는 안다. 왜냐하면 다른 사도들에게도 말하지 않았던 것을 베드로에게도 아무 것도 말하지 않았기 때문이다. 베드로에게 "너는 이 세상에서 무엇이든 구속할 수 있다"라고 말했던 것처럼, 다른 사도들에게 "너는 누구든지 구속할 수 있다"라고 말한 것이 사실 아닙니까? 그리고 비록 너는 베드로이고 반석이다(Peter "Thou art Peter and upon this rock")이라고 말했을지라도, 우리가 그 반석으로 베드로가 고백했던 그리스도가 누구인지 이해할 수 있다. 그리고 만일 "반석(rock)이 베드로"라면 그가 교회의 주춧돌로서 이해된다.

그 다음, 성 제롬(Jerome)에 따르면, 다른 모든 사도들도 비슷하게 교회의 주춧돌이었다. 요한계시록(Apocalypse)의 마지막 장 다음에 있는 논쟁에 관하여 보면, 예루살렘 도시에 12개의 주춧돌에 의한 것 ―즉 신성한 교회― 이 그 사도들을 뜻하고 있다는 것에 대해 의심할 사람은 없다. 만일 베드로에게 "양을 기르라"라고 말하였다면, 이 사육은 말씀과 예시에 의한 것임이 분명하다. 그리고 또한 성 어거스틴(St. Augustine)의 그와 같은 문구에 대한 설명에 따르면, 그와 같은 명령이 모두에게 내려졌다. 마태복음과 마가복음의 끝 절(verse)에서 전 세계로 가라(Go ye into all the world)고 한 것은 베드로에게 어떤 최고권을 의미하는 말을 한 것으로 볼 수는 없다. 그러므로 우리는 모든 사도들이 권위에 있어서 베드로와 동등하다고 말한다. 또한 교회의 초창기에 주교관구로의 분할 없이, 전 세계를 통해 보급됐던 것은 단지 하나의 일반주교의 지위만이 있었다는 것을 기억해야만 한다.

그러므로 모든 교회의 사법권이 만들어졌을 때, 속박과 해방의 권력은 그리스도로부터 직접 온 것이기 때문에 그리고 이 권력으로부터 신의 사법권이 되어, 모든 대주교 그리고 아마도 심지어는 장로들까지도, 한정된 집행권에 관해서는 아닐지라도, 사법권에 대해서는 동등한 권위에 있었다는 것은 분명하다.

모든 사람들이 좀 더 만족하게 하기 위하여, 만일 그것이 실용적이라면, 좀 더 길게 진술되어야 하는 또 다른 고려사항을 부가하겠다. 독자들에게 만족을 주고, 좀 더 간략하게 하기 위해 나는 그 문제를 한정적으로 압축시키려 한다.

모든 헌법은 자연법에 기초하며, 헌법이 자연법에 모순된다면 그것은 유효할 수 없다. 그런 까닭에, 자연법은 그 성질상 이성에 존재하기 때문에, 기본적으로 모든 법은 선천적으로 인간과 관련이 있는 것이다. 따라서 다른 사람들보다 더 현명하고 뛰어난 사람들이 선천적으로 명확한 이성과 현명함과 신중함을 부여받은 통치자로서 선택되고 그렇게 하기 위해서, 그들은 단지 법들을 선택하고 이 법들에 의해 다른 사람들을 통치하며 사건들을 처리하고 그럼으로써 평화를 보존하고자 하는 것이다. 그러한 것이 현명한 이들의 판단인 것이다. 그러므로 이성적으로 강한 사람들은 강제적인 법이나 마음이 내키지 않는 복종에 대해 이루어진 판단이 아닌, 자연적으로 다른 사람들의 지배자나 통치자가 된다. 원래 모든 사람은 자유롭기 때문에 모든 정부는 단지 복종에 의한 승낙이나 동의로부터 나온다. 왜냐하면 만일 사람들이 본래 강력하고 동등하고 자유롭다면, 그의 권력이 성질상 다른 나머지 사람들의 그것처럼 선거와 동의에 의하지 않고서는 안전하게 창조될 수 없는 것이기 때문이다.

판사는 공정하게 판결을 해야 한다. 왜냐하면 법 자체에 따르면 만일 선고가 법이나 법규에 반대로 선언되면 그 선고는 무효가 되기 때문이다. 우리는 사도의 지위도 법규에 반하여 판결되지 않았던 것을 읽었다. 이와 반대로 그 자신의 판결은 총위원회에서 재고된다. 이와 같은 것은 만일 로마교황이 뜻한 모든 것이 법이라면 헛일이 될 것이다. 왜냐하면 그는 불법적으로 선고를 선언할 수 없기 때문이다. 그러므로 그의 판결은 합법적인가를 알기 위해서 그의 선고는 검증되고, 그것이 종속되는 법규에 의해 구속되는 것이 필요한 것이다. 게다가, 그 법규는 자연법에 그 근원을 두고 있는 법규에 반한 권위를 갖지 않는다. 그러하기 때문에 법규나 법령을 창조하는 판사의 권위 내에 그것이 있다고 어떻게 우리가 말할 수 있으며, 만일 이것이 그러하다면 그리고 그 판사가 스스로 혼자서 법규나 법령을 창조하는 권위를 갖고 있다면, 판사는 불공정한 판결을 내린 것에 대해 결코 책임질 수가 없다. 왜냐하면 그 판결은 곧 법이며, 그러므로 항상 공정한 것이기 때문이다. 그러나 법은 합리적이고, 실제적이며, 그 나라의 관습에 반하지 않아야 하므로 그 법을 민사적, 혹은 규범적 법정에서 적용하고 있는 사람들의 관례에 의해 실질적으로 인정되지 않는 법을 우리는 인정할 수 없는 것이다. 만일 관례가 법의 제재자로서 필요하다면, 법리는 신법(新法) 하에서 피고인을 공정하게 비난(유죄 판결)할 수가 없다. 왜냐하면 그는 아직 존재하지 않는 것에 대해서는 아직 죄를 짓지 않았기 때문이다. 그는 관습과 관례에 의해 인정된, 승인된 법을 위반했어야만 한다. 만일 법규가 동의, 관례, 수용에 의해서 승인이 된다면, 그 다음에 어떤 구성(constitution)의 안정성은 수용에 달려 있는 것이다. 따라서 교회의 법규는 공동위원회에 의해 즉시 선포된다. 왜냐하면 교회는 어떤 집합체이기 때문이다. 어떤 한 사람이 교회의 법규를 유포할 수 없다. 그런 까닭에 위원회에서, 법규는 동의, 수용 그리고 승인에 의해 유포된다는 것을 우리는 안다. 그리고 비상시에 로마교황이나 논의된 성직자들의 법령 또한 사법적 결정은, 단지 강력한 의지가 아니라 과거에 옳았던 법규와 일치한다는 사실로 인해 안정성이나 공평성을 얻게 되며, 그런 결정은 유효한 것이다.

　　우리는 또한 황제의 선거인단을 고려해야만 한다. 왜냐하면 모든 임명된 황제나 왕은 선출에서 그 근원을 가지며(위에서 이미 말했듯이) 그리고 그것은 신의(神意)에 의해 형성된 것 같이 이해될 수 있다. 그런 까닭에 황제 발렌티아누스(Valentinian) 1세가 종교회의 집회에 관해 교황에게 글을 썼던 것은 다음과 같다. "영광스런 도시 로마의 대주교 레오(Leo)에 대한 영예로운 승리자였고 정복자인 나는 황제로서 우수한 상원의원과 전군(全軍)에 의한 선거와 신의(神意)를 통해

이루어진 이 최고의 권위를 갖는다. 그래서 오토(Otto)의 아버지인 헨리(Henry) 1
세는, 비록 그가 이미 독일 작센지방의 대공이었고(Duke of Saxony), 전에 뉴튼
(Newton)의 왕이었을지라도, 그것은 선거에 의해 왕이 된 콘라드(Conrad) 왕의
명령에 의해서였다. 그의 아들인 오토(Otto)는 그 자신이 후계자를 선택할 수 있
는 권위를 로마인민과 종교회의로부터 받았으며, 그 제도에 의해서 오토 3세 때
까지 그 계승권이 보존되었다. 오토 3세의 아들인 헨리 2세는 마지막 오토대제가
죽은 후에 선출되었다. 조지(George) 5세(초기 오토의 독일 동족) 시대에, 이 황제는
귀족들과 토지귀족인 두 명의 대주교 그리고 모든 사람을 대표해서 선택할 수
있는 영구적인 선출자들의 동의로 지명되었다. 그런 이유로 로마교황으로부터
받은 선거권을 보유하고 있는 선출자들은 용인될 수 없었다. 왜냐하면 그런 경우
에 만일 교황이 동의하지 않는다면, 그들의 그런 권위를 가질 수 없기 때문이다.
또는 만일 그가 권위를 그들로부터 빼앗아가기를 원하면, 나는 만일 신이나 자연
법이 아니라면, 누가 로마인에게 황제를 선출할 권력을 주는지를 묻는다. 왜냐하
면 조화롭고 특정적인 권위를 가지고 있는 수장에 대한 자발적인 복종이나 동의
는 모든 통치에 있어서 정당하게 그리고 신성하게 성립되기 때문이다.

　　모든 폭력은 법에 반대된다. 통치자에게 복종하는 것은 보편적인 인간 인습
에 달려 있기 때문이다. 그래서 그리스도 581년 시센난더스(Sysenandus) 왕때에
토레도(Toledo)위원회에서, 왕의 죽음 시에, 야망에 의한 동기 때문에 나오는 국
가와 국민의 분열 없이 단합된 결속을 보존하기 위해 국민의 대주교와 성직자가
함께 왕국의 공동위원회에서 후계자를 제시해야 한다고 포고하였다. 그리고 그
가 독재자로서 정당하지 않게 권위를 빼앗은 사람은 파문되어야 한다는 부가된
규정이 있었다. 그리고 지독한 파문과 저주가 부가된다. 그러므로 그리스에서 왕
은 '바시레이(Basilei)'라고 불렸다. 왜냐하면 그는 집합적 조화에서 국민을 지지하
는 기초이기 때문이다. 그런 까닭에 기초는 왕관을 갖는다. 그리스에서 폭군(Tyrant)
은 라틴에서의 왕과 같은 것이다. 왜냐하면 "tyro(초심자)"는 강함을 뜻하고, "tyrant
(폭군)"은 강력한 왕이기 때문이다. 그 결과로서 폭군을 가장 나쁘고 불명예스런
왕이라고 부르는 것은 관례가 되었다. 그는 사치스러움을 좋아하고 인민에 대한
잔인한 지배를 열망하고 실행한다. 그들은 추대되지도, 선출되지도 않은, 단지
권위찬탈자로서 폭군이라고 불린다.

만일 여러분이 위에서 제시된 것을 회상한다면, 명령된 모든 우월성은 자유로운 복종의 동의로부터 나온다는 것을 주시하기 바란다. 그리고 모든 사람의 평등한 자연권과 공통적인 평등한 욕구에 의해 인민에게는 신의 씨앗이 있다는 것을 지켜봐라. 이것은 신으로부터 시작되는 모든 권위는, 인간과 같이, 복종자의 공통된 동의로부터 기인할 때 신적인 것임을 인식하기 위함이다. 어떤 사람이 그의 집단적 복종자의 창조자로서 인식되게 하는 반면, 자신의 자존심에 대한 오만함이 없이, 통치함에 있어, 정규적으로 정부를 설립하고 올바르게 지배를 하며, 몇몇 개인의 아버지로, 보통 사람으로, 하나의 공민(公民)으로서 불리기 위해, 자신이 태어난 것처럼, 모든 인민의 아버지와 같이 살아있는 권위에서 시작하도록 하라.

이것은 영원한 조화의 근원에 기초한, 정신적 가족들의 국가로 신적으로 제정된 것이며, 그럼으로써 그 공화국은 평화가 충만한 영원한 행복의 목표를 향해 가장 잘 인도될 수 있다. 위에서 신법과 인정법의 근원에 대해 설명했기 때문에, 여기서는 그 문제를 반복하지 않겠다. 자연법이나 신법에 근거한 자유선거는 어떤 사람이나 확정된 법에서 그것의 기원을 갖지 않는다.

그러므로 선출자들 ―제국의 모든 복종자들과 모든 독일인의 공동 동의에 의해 헨리 2세 때 만들어졌다― 은 동의 없이 세계 어떤 지역의 왕이나 황제에게 권위를 수여할 수 없는 로마교황으로부터가 아니라, 자연법에 의해 황제를 창조할 수 있는 사람들의 공동동의로부터 근본적으로 그들의 권위를 갖게 된 것이다. 교황 그레고리(Gregory) 5세는 보통의 황제에 대한 동의에 있어서 그의 지위에 따라 참가해야 만하는 로마교황의 특별한 역할에 대한 협정에 동의하였다. 그래서 또한 전체위원회에서, 교황의 권위는 그 위원회에 참석한 모든 사람들과의 일치에 의해 첫 번째 지위에 있게 된다. 그럼에도 불구하고 그의 권력의 정도는 수장교황이 아니라 그 자신과 다른 사람의 공동동의에 근거한다. 왕이나 황제의 결정에 있어서 평신도뿐만 아니라 성직자의 동의도 얻어야 한다는 사실은, 우리가 태양계의 모든 성직권(priesthood of the sun)과 달의 절대권(the imperium of the moon)이 평등하다는 것을 알기 때문이다.

그리고 성직자에 대해 주요한 책임을 지고 있는 로마교황에 대해 적절한 주의를 요한다. 그래서 나는 이 선출자들이 결정됐을 때 그 협정에 대해 우선 로마

교황의 승인이 필요하다는 것을 정말로 믿는다. 선출자들은 전체 성직자나 로마 교황뿐만 아니라 제국의 권위 하에 있던 모든 사람들로부터 권위의 일반적 위임에 의해 관리들을 선출한다. 확실히 선출된 사람은 모든 복종을 부여받았기 때문에 그의 선출에 따라 모든 것을 하며, 그럼으로써 명령권은 황제권의 본질에 있는 것이다. 왜냐하면 황제의 칭호는 본래 군대통솔에서 나오기 때문이다.

다른 통치자들에게 수여됐던 관유식(anointing)이나 대관식(coronation)은 선출을 취소하거나 확인함에 있어서의 교황의 최고성이나 속세적인 사항에 있어서의 황제권에 대한 우월성을 증명하는게 아니다. 그런 것은 아무 것도 아니므로 랭스(Rheims)에서 프랑스 왕의 관유식에서나 아헨(Aachen)의 대주교에 의한 황제 자신의 대관식에 포함되는 것이다. 그러므로, 오토 1세가 알레마니아(Alemannia), 작센(Saxony), 그리고 프랑켄(Franconia)의 모든 국민들과 통치자의 동의와 희망에서 아헨의 대주교인 마인츠(Mainz)의 힐데베르토(Hildebert)에 의해 프랑스인과 독일인의 왕위를 부여받았다. 콘라드(Conrad) 왕이 죽었을 때 모든 사람의 동의로 마인츠의 대주교 헤르제르스(Hergers)에 의해 헨리 1세에게 관유식과 왕관이 수여되었는데, 그가 그 왕관을 받을 때 그는 그럴 만한 가치가 없다는 이유로, 관유되는 것을 꺼려했었다.

그러므로 관유식이나 왕관은 결코 제국의 권위에 부가하는 것이었다. 왜냐하면 이러한 휘장(insignia)은 황제권에 있는 신성한 존엄성을 표시하는 구체적 수단으로서 그 의식에 부가되는 것이기 때문이다. 우리는 이와 유사한 일이 로마 교황의 경우에서도 행해지는 것을 알고 있으며, 그런 것이 행해지기 전에 그가 선출되면 그는 교황이 된다. 전에 그리고 후에 황제라고 불리어지기 위해서 황제에 대한 교황의 대관식에 어떤 것이 변했습니까? 전에 그가 적은 통치권을 가졌다는 의미에서가 아니다. 그리고 이것은 잘 알려졌다. 왜냐하면 그가 통치할 수 있는 완전한 권력을 가졌을 때 비록 그가 공적으로 그렇게 불리어지지는 않았지만 정말로 그는 황제였기 때문이다. 그러나 그 통치자는 관유식을 매우 원했으므로 엄숙한 제전까지 그 칭호를 유보하였다. 상급의 지휘자가 '황제'라는 칭호를 사용하는 반면, 상원에서는 이 이름을 단지 '아우구스투스 시저(Augustus Caesar)'의 이름이라고 하여 이 이름에 의해 그는 국가의 다른 통치자들과 구별되어야 한다고 포고하였다. 따라서 황제들은 로마교황에 의한 왕관으로 장식되고, 그들로부터 그 제국이 유래될 당시에 이 이름이 그들 자신을 위한 것이라고 추측하였다.

이 문제는 많은 사람들에 의해 감명적으로 논의되어 왔기 때문에, 제국의 선출자들이, 그 제국 하에 있는 모든 사람의 공통된 하나의 동의에 의해 선출을 할 때, 모든 사람들로부터 그들 자신으로 권력의 조화로운 주입을 통해 이것을 하였다. 로마교황, 그레고리 7세도 그와 같은 조화에 포함된다는 것을 인정하는 것만으로 충분하다. 그것은 무엇이든지 확인 없이, 선출에 의해 그 황제가 창조된다는 것을 의미한다. 교황을 선택할 때는, 교회의 권위는 모든 사람의 무언의 혹은 종종 표현된 공동의 동의를 통해 추기경에게 즉시 양도된다. 이러한 이유로 교황은 어떤 확인 없이 선출된다.

선거에 의한 권위는 동의에 의해 신분(estate)의 군주들에서 시작하는 것처럼, 같은 신분에 파괴하는 동등한 권위가 틀림 없이 있기 때문에, 로마교황의 단독 권위로 이들 군주들로부터 권위를 탈취할 수 있다는 것을 나는 믿을 수 없다. 그러나 로마교황과 다른 모든 사람들의 동의가 일치할 때는 그들에 의해 그 권위가 파괴될 수 있다는 것은 의심의 여지가 없는 것이다. 로마인민은, 황제의 권위가 그들로부터 나왔기 때문에, 그 황제에게서 입법권을 박탈할 수 있다는 것이 지식인들의 공통된 견해이다. 이와 같이 왕에 의해 오랫동안 통치를 받아온 로마인들이 더 이상 그들의 오만함을 견딜 수가 없을 때, 그 시대의 요구에 부합하는 그들 정부에 적합하게 보이는 다른 장치나 독재자, 두 집정관, 그리고 매년의 통치 임기를 만들어냈던 것을 우리는 알 수 있다.

❏ 대표위원회와 황제의 선출[4]

요컨대 대체로, 이것은 이해되어야 한다. 통치자의 목적은 동의에 의해서 법을 제정하는 것이다. 그러므로 공화국에 영향을 미치는 모든 전반적인 문제들은 고위 성직자(primates)와 대주교(primatum etprzesulum)의 두 신분위원회에서 결정되고 명령되어야 한다는 것이다. 사실 왕은 그 위원회에 의해 제정된 사항들의 집행자가 되어야 한다. 왜냐하면 바로 그 입법은 복종자들이 왕의 권위가 통제되

---

4) Coker, 267－273.

었으면 하는 욕망에 따른 규범이기 때문이다. 전체위원회는, 공화국의 선을 위해 구성원과 의장의 동의에 의해 통제할 수 있는 최고통치권(praesi-denialem)을 갖고 있다는 것을 의심하는 이는 없다. 비록 왕이 평등의 원칙에 의해 ─정의의 조장과 공공선을 위함에 있어, 의심스러운 경우에─ 법을 해석하고 중지할 수 있을지라도, 그것은 우리가 이미 로마교황과 법규들을 언급함에 있어 설명했던 것처럼 그 나름대로 이해되어야 한다. 그것은 왕이 위원회에 의해 제정된 법을 위원회 없이 폐지할 수 있다는 것이 아니라, 어떤 특별한 경우에 적용될 수 없는 법의 본질을 단지 포고할 수 있는 권리를 가졌다는 것이다.

이것은 신앙에 관련된 교회의 조직을 따르고 복종하는 것과, 보증하고, 훈계하고, 시행하기 위한 종교회의위원회에 있어서 왕의 기능이 어떠한가를 이해하기에는 충분하다. 동시에, 왕은 공공복지에 관련된 문제에 있어서, 위원회의 위원장이고 부주교(suffragans)의 동의하에서에 결정하고 행동해야 한다. 국왕은 공화국(commonwealth)의 정부에 관계된 문제가 논의될 때 그 위원회를 주재해야 하기 때문이다. 그리고 그는 복종자들로부터 추대된 대주교와 지도자들로 구성된 위원회의 동의에 의해 모든 것을 정리해서 결정해야 한다. 이런 것 때문에 통치자는 각 지역에서 온 복종자들 중에서 가장 양질의 사람을 선출해야만 한다. 이런 고문관들은 위에서 로마교황에게 봉사하는 추기경들에 관해 설명했던 것처럼, 그 지역의 모든 거주자들을 대표해서 행동해야만 한다. 그러한 고문관들은 그들이 대표하는 공민의 이익을 보호해야만 하고, 그들은 복종자들이 적절한 시기에 왕에 대해 반대할 경우 적절한 중개자로서 봉사하고 조언을 해야 한다. 이런 매일의 회의에 그 왕국의 위대한 힘이 있는 것이다. 그 고문관들은 그 왕국의 전체 모임에서의 동의에 의해 이런 임무에 틀림없이 임명되고, 그들은 법과 선서에 의해 공공의 선을 위해 대변하겠다고 서약한다. 토마스 아퀴나스, 아에기디우스 로마누스(Aegidius Romanus), 스코투스(Sedulius Scotus) 그리고 그들 전의 플라톤과 키케로 그리고 그 밖의 많은 사람들이 공화국의 정부에 관한 많은 서적을 남긴 이후로, 모든 사람들이 그 나머지를 위해 이들 작품들을 언급할 것이다.

황제는 모든 사람의 수장이고 지배자라는 것을 우리는 안다. 그리고 위원들과 같이, 군주 또는 왕은 수장인 황제에게 동의해야만 하는 반면, 종속적인 왕이나 군주들의 집회를 위한 제국의 명령은 그로부터 나온다. 이 전체위원회에는 그들 지역의 대표로서 그 지역 수장이 있다. 또한 교구목사와 훌륭한 대학의 선생님들이 있다. 그리고 원로원의 지위에 있는 사람들도 있다. 왜냐하면 그들은 그 통치자와 그의 체제의 측근으로서 유명하기 때문이다. 또한 그들은 중간집단의 유명한 사람들이다. 또는 최하위집단에서 두드러진 자들이다. 첫 번째 순위는 통치자 그리고 제국의 선출자 그리고 상층귀족이다. 두 번째는 공작(duke), 지사(governor), 장관(prefect) 그리고 이와 같은 그 밖의 사람들이다. 세 번째는 후작부인(marquise), 영주(lord) 등이다. 그 나머지보다 우월한 사람과 제국정부에 가까운 모든 사람들은 황제자신이 수장이 되는 제국단체를 구성한다. 그리고 그들이 하나의 완전한 대표체에서 만날 때는, 전 제국의 권위가 동반된다.

나는 몇 개의 제국위원회가, 종교회의에서의 관습적 방식으로 황제가 서명한 후에, 통치자들이 그들의 이름을 서명하면서 개최되었다는 것을 구 서적에서 발견하였다. 또한, 다고베르트(Dagobert) 왕의 위원회는 24명의 통치자와 함께 쾰른에서 개최되어서 최대한의 평화와 정의를 보존하기 위해 필요한 문제들을 결정한 것을 알고 있다. 또한 전체위원회는 제국의 다양한 부분들을 위해 한정된 규칙을 부여하고, 중실한 신도들 사이의 협의에서 작성된 샤를마뉴(Charlemagne) 규칙, 힐데베르토(Hildebert) 규칙 그리고 그 밖의 법에 대해, 기회가 주어졌을 때, 조사하고 조정하고 수정하고 부가하였다. 왜냐하면 알레마니족(Alemanni)에게는 바이오바리족(Biovarii, 지금은 Babarians라고 불리는)를 위한 것과 다른 규칙이 있기 때문이었다. 리보아리 언족(Riboarians)를 위한 것은 부르군트족(Burgundians)과 롬바르디족(Lombardians)를 위한 것과 달랐다. 그리고 그것은 작슨(Saxony)의 사람과 다른 지역을 위해, 샐릭법(salic law)이라 불리는 다른 법을 유포하였다. 나는 정리되어서 모아진 이런 모든 것들을 보았다. 그리고 특히 고대의 기원 때문에 대중적인 용례에 선호되는 것들로, 자치도시의 법령으로 그것들을 대치할 수 있었던 도시나 시에서 보다 시골 법원에서 그 형식이 그대로 유지된 것들 중에서 많은 것을 나는 연구하였다. 나는 고대의 왕들이 비밀집회(conventicle)라고 불리는 그러한 위원회를 공공의 선을 위해 그 제국의 각기 다른 도시에서 매년 한두 번씩 개최하였다는 것을 알았다. 이 위원회에서 가장 심한 처벌은, 특히 그들의 신뢰를 지키지 않은 자와 위증자의 경우에 있어서, 공공법률을 위반하고 평화를 방해한 자에 대하여 고안되었다. 그리고 그것은 규정된 제국의 영장에 의해 소환되었을 때 사람들은 반드시 와야 하고, 이런 비밀집회의 두려움으로부터 교란, 약탈, 그리고 방화죄 등이 예방되었다. 이 집회의 결정을 거부하고 도망갈 수 있는 사람은 없었다. 그리고 그 집회의 황제는 불복종자에게 부가된 판결을 수행할 수 있는 권력을 군주에게 위임하였다. 이 위원회의 중요한 구성원은 대주교, 평신도, 또는 대수도원장이든 간에 그 제국에서 주요한 사람이라고 불리는 자들이다. 모든 일이 다처리되고 비밀집회가 끝날 때에는, 다음 모임을 위한 시기와 장소가 결정된다. 그러나 만일 변경의 이유가 생기면, 그 시기와 장소를 바꾸는 권위는 항상 황제에게 있었다.

단지 제국 하에 사는 것 이외에 사람들이나 전 교회에 있어 더 이롭고 더 유용하고 더 가치 있는 장치는 결코 없었다. 로마교황의 사절은 교권에 관한 경우에 그리고 다른 통치자의 사절은 그 왕국에 있어 어려운 문제가 현안이 될 때 함께 왔다. 그리고 모든 공민의 비상시에 도움은 이 유용한 위원회로부터 얻어졌다. 이 신성한 제도를 소개하는 것보다 공공질서에 더 많은 선을 가져올 수 있는 것은 없다고 나는 믿는다. 왜냐하면 보통위원회에서 그렇게 결정되어야 하는 문제들이(관습이 되어 왔듯이) 가장 중대한 확실성 −존재하는 법은, 만일 어떤 사람이 자신의 손에 의해 서명되고 보증된 규칙을 무모하게 위반하려 한다면, 그는 그의 명성을 잃게 되고 그 행동에 의해 그의 서약과 그 자신에 대해 가장 불성실한 사람으로 모든 영광을 박탈당하게 될 것이라는 것− 을 지키기 위해 어떤 수난이 기록되고 날인되기 때문이다.

이것은 고대인들의 관습으로 그들의 비밀집회에서 선포된 법령과 황제 그리고 왕에 관해 꾸준히 탐구했던 사람들에게는 쉽게 분명해질 것이다. 나는 이 비밀집회의 조직에 관해서는 길게 이야기할 것을 고집하지 않겠다. 왜냐하면 선출자의 좌석순위에 관해서는 황제 찰스(Charles) 4세의 가장 축복받은 유품과 메스(Metz) 비밀집회에서의 황금칙서(golden bull)에 의해 제공되었기 때문이다. 다른 통치자들은 서열과 연령에 따라 그들의 위치를 알았다. 그러나 통치자들이 참석했을 때, 그들은 공공의 복지와 제국을 위하는 문제와 관련된 시사적인 사건들을 충성에 관한 그들 선서에 어긋나지 않게 결정하도록 요구되며, 그들 양심의 명령에 따라서, 모든 악의 있는 동기는 무시하였다. 그리고 모든 사람은 두려움 없이, 자유롭게 터놓고 얘기하였다.

해마다 열리는 모임은, 그것의 상황과 환경에 가장 적당한 장소인 프랑크프르트에서의, 성령강림제(오순절, Pentecost)의 축전을 위해 준비된다. 이 모임에서는 제국의 모든 판사와 선출자들이 겉치레나 심한 비용 없이 개인적으로 와야만 한다. 제국의 통치자인 황제는 만일 그가 개인적으로 참석하였다면, 그 모임을 통솔하며, 그렇지 않다면 황제의 이름으로 선출자들의 우두머리가 담당한다. 제국에 관한 사항이나 심지어는 판사들 앞에 제기된 지방의 사항들까지도 다루어지게 된다. 그리고 개혁이 필요한 것들은 개혁된다. 만일 거기서나 또는 그 밖의 장소에서 주요 임원들의 전체모임을 요구하는 중요한 안건이 있다면, 가장 적절한 것이 행해진다. 그러나 매년마다 열리는 군주, 판사 그리고 선거자들의 정기 회의는 -군주의 경우는 공동투표를 통해 결정해야만 한다- 결코 생략해서는 안 된다.

이 형식에 따르면 매년마다 열리는 회의는 5월이나 9월 중에 적어도 한 달 동안 개최되어야 한다. 그리고 위에서 언급된 것 같이, 도시나 그리고 큰 제국도시에서 적어도 한 사람은 와야 한다. 중요한 선출자들은 그들이 고문으로서 원하는 사람을 데리고 와야 한다. 귀족들과 모든 사람들은, 이성의 올바른 판단에 따라, 공공선을 위해 상담에 공헌할 것을 선서함으로써 구속을 받는다. 지방의 관습은 공동의 관습에 가능한 가깝도록 조사되고 조화롭게 된다. 그리고 특히 잡고 늘어지는 형식은 완전히 버린다. 왜냐하면 단순하고 부족한 사람들은 법률가들의 궤변에 의해 사건의 외곽으로 부당하게 종종 유도되며, 그래서 그들의 전체 사건을 잃게 된다. 그 이유는 내가 트레비스(Treves)의 감독교구에서 발생했던 것을 보았듯 이 말을 낭비하는 사람은 논거를 잃게 되기 때문이다. 게다가 누구든지 아무에게나 반대하는 선서와 몇 명이든지 증인들을 허용하는 나쁜 관례들은 폐지되어야 한다. 독일의 도처에는 진정한 정의에 반대하고 아무도 자세히 열거할 수 없는 범죄의 주모자였던 그러한 나쁜 관습들을 글로 번역하고 그것들이 조사될 수 있도록 위원회 앞에 펼쳐 놓아야 한다.

끝으로 이 신성한 바젤(Basel) 제국회의에서, 신과 양심에 복종하면서, 순수하게 단지 공공의 선과 신성한 제국의 영예와 보존을 위해서, 그러나 어떤 보상과 특별한 이해를 위함이 아닌, 어떤 특별한 고려 없이 그들의 선택을 함에 있어 선서에 의해 모든 것 이상으로 그들이 구속될 수 있고 전혀 위반되지 않을 엄격한 규범이 그 선출자에게 주어졌는지에 가장 큰 관심이 보여져야 되겠다. 만일 어떤 사람의 행동이 발견되어야 하는데 그렇지 않았다면, 그는 대역죄의 범죄에 대한 처벌과 영원한 오명에 예속되어야 한다. 선거의 왜곡이라는 관점에서, 선출자들이 자신의 이익을 추구하고, 많은 비합법적인 장치들에 의해 선거가 강제될 때, 결과적으로 공익이 완전히 무시되는 것이 과거에 발생했던 불합리하고 악랄한 관습들 때문에 선출자들은 가장 심한 처벌에 의해 제한되어야 하는 것이 매우 필요하다. 어떤 선출자들은 도시나 제국의 성에 거주하기 때문에, 그리고 세관과 이와 같은 종류의 다른 특별한 이해 때문에 사악하게 타협된 선거가 부정의 협상에 의해 일어난다고 말하였다. 무엇보다도 선출자들에게 얼마동안 그들이 갖고 있었던 것을 잃게 될 것이라는 두려움을 주는 것과 그런 이유로, 그들을 이런 식으로 행동하게 동기를 일으킨다는(즉 부정수단을 쓴 선거) 것들은 정직하고 진실한 토론에 의해 전체회의에서 해결되어야만 하며, 그럼으로써 각각의 선출자들이 깨끗한 선거의 자유에 대한 확신을 갖게 해야 한다는 것이다. 그리고 모든 선출자의 공통된 의견에서 가장 잘 나타나는 사람은 제국을 책임지는 위원회의 집회뿐만 아니라 이러한 문제에 있어 매우 유용할 어떤 계획을 이제 묘사하고자 한다.

신성제국의 선출자들은, 그들이 다음의 황제를 계속해서 선출하고자 원할 때, 그리스도가 그들의 마음 속에 있게 하기 위하여, 모든 죄로부터 그들 자신이 자유로운, 신적인 봉사에 대한 극도의 헌신과 겸손한 자세로 지정된 날에 집합해야 한다. 성령의 은혜를 받은 후에 그리고 업무의 순서에 대한 중대한 소개 후에, 그들은 제국에 대한 안팎의 태도 때문에, 그렇게 위대한 존엄성의 가치가 있는 많은 사람을 선택하게 해달라는 것에 관한 선서를 군주의 제단에서 한 후에, 그들은 무기명 투표용지 위에 그들이 생각하고 있는 한 사람의 이름이 쓰여지도록 해야 한다. 그리고 그런 후에 그 이름에 1, 2, 3 같이 적임자로서 토론함에 있어 언급되었던 사람들의 수만큼, 번호가 첨부되어야 한다. 만일 합동결정에 의해 선택되어야 하는 가장 가치 있는 사람 중에서 그만한 가치가 있다고 나타난 열 명의 독일인이 있다고 가정하자. 단 한 사람(후보자)의 이름을 무기명 투표용지에 써넣고 열 개의 숫자 중 하나를 그의 이름 옆이나 아래에 위치시킨다. 그리고 열 명의 이름 중 하나가 들어 있는 열 개의 무기명 투표용지가 각각의 선출자에게 주어진다.

    그 무기명 투표용지들이 선출자들에 의해 받게 되면, 혼자 비밀리에 한쪽으로 가거나 또는 그가 문맹자라면 내관과 함께 간다. 그리고 열 개의 무기명투표용지를 그의 앞에 위치시키고 각각의 이름을 읽는다. 그런 다음 신의 이름으로 그의 양심에 따라 신중히 생각하고, 그들 중 적당하다고 여겨지는 수(특정 후보) 위에 간단하고 긴 표시를 잉크로 한다. 그런 후에 그는 그 다음 후보로서 적당한 숫자를 결정하고 단순하고 긴 표시로 두 번째 숫자를 지적한다. 그리고 그의 판단으로 가장 훌륭한 자에 도달할 때까지 그렇게 계속한다. 그리고 그는 전체 숫자에 상응하는 수나, 열 번째 숫자에 표시를 하게 될 것이다. 이것은 좋은 생각이다. 똑같은 잉크와 펜으로 한 모든 표시, 똑같은 단순한 표시, —무엇이 됐든 동의된 짧거나 긴 것— 그러므로 하나의 표시는 다른 것들과 구별될 수 없다. 즉 이런 이유로 선출자들을 위한 자유와 모든 이의 평화는 얻어진다. 이런 투표가 다 끝났을 때 각각의 선출자들은 그들의 무기명 투표용지를 손에 들고 가서 선출자들의 중간에 걸려 있는 빈 주머니에 자신의 손으로 넣는다. 모든 무기명 투표용지가 그 주머니에 저장되면, 대중과 그 밖의 사람의 축복을 기원하는 성직자가 불려오고, 또한 선택되었던 열 사람의 이름이 순서대로 적혀 있는 목록을 갖고 있는 회계원도 또한 불려온다. 선출자들이 앉았을 때, 그 성직자는 그 주머니에서 손을 들어오는 순서대로 무기명 투표용지들을 꺼낸다. 그리고 이름과 표시된 숫자를 읽는다. 그리고 각각의 이름에 수를 부가한다. 그리고 그 다음 가장 많은 수를 얻은 사람이 황제가 될 것이다.

    이런 절차를 따름으로써 수많은 부정수단들을 피하게 된다. 사악한 것은 아무 것도 생길 수 없다. 더 이상 옳고, 공정하고, 정직한 그리고 자유로운 선거방법을 고안해 내는 것은 가능하지 않을 것이다. 좀 더 안전한 방법을 발견한다는 것은 가능하지 않을 것이다. 아니 전혀 오류가 없는 결정은 이 방법에 의해 획득될 수 있다. 왜냐하면 선출자들에 의해 이루어질 수 있는 논쟁과 가치판단의 비교와 모든 사람의 갖가지 비교는 이 과정—내가 많은 연구로 안전하게 고안할 수 없었던—에서 사실상 포함되기 때문이다. 더 이상 완벽한 방법은 발견될 수 없을 것이라는 것을 여러분은 믿게 될 것이다. 여전히, 선출자들이 그들 자신의 이익에 의해 유혹되지 않게 하기 위해 이 경계가 취해진다. 만일 평신도들 중에

서 하나 또는 그 이상이 선택되었던 사람 가운데 전반적인 고려사항을 위해 목
록에 올라 있다면(비록 그것을 예외로 하고 다른 모든 것이 그에게 주어질지라도) 그의
이름으로 된 신청용지는 그에게 주어지지 않는다. 의심의 여지를 피하기 위해서
이다. 왜냐하면 자신의 이름에 가장 높은 숫자를 가리켜서, 모든 사람 중에서 자
신을 최고로 결정할 수 있기 때문이다. 이 하나의 예외를 하면, 서술된 절차는
완벽하게 수행된다. 그리고 좀 더 좋은 것이 발견된 것보다 나은 선거가 치루어
질 것이다.

참고문헌

영문서적

Armstrong, A. H. ed. *The Cambridge History of Later Greek and Early Medieval Philosophy*. Cambridge: Cambridge University Press, 1967.

Barker, Ernest. "Medieval Political Thought," in *The Social and Political Ideas of Some Great Medieval Thinkers*, ed. By F.J.C. Hearnshaw. London: George G. Harper and Co., 1923.

_____ "Medieval Political Thought," in *The Social and Politic Ideas of Some Great Thinkers, ed. by F.J.C. Hearnshaw*. New York: Barnes and Noble, 1950.

_____ *From Alexander to Constantine: Passages and Documents Illustrating the History of Social and Political Ideas 336 BC−AD 337*. New York: Oxford Univ. Press, 1956.

_____ *The Politics of Aristotle*. London: Oxford Univ. Press, 1960.

Balot, Ryan K. ed. *A Companion to Greek and Roman Political Thought*. Massachusetts: Blackwell Publisher Ltd., 2009.

Betternson, E.. *The Early Christian Fathers*. London: Oxford Univ. Press, 1956.

Bigongiari, Dino. ed.. *The Political Ideas of St. Thomas Aquinas*. New York: Hafner Press, 1975.

Boase, T.S.R.. *Boniface VIII*. London: Constable, 1933.

Burnaby, John. H. S.. *A Study of the Religion of St. Augustine*. London: Hodder and Stoughton, 1938.

Burns, J.H.. ed.. *The Cambridge History of Medieval Political Thought*. Cambridge: Cambridge Univ. Press, 1988.

Carlyle, R.W. and A.J. Carlyle. *A History of Medieval Political Theory in the West*. 4 vols.. London: Backwood, 1936.

Coker, F.W.. *Readings in Political Philosophy*. New York: Mcmillan, 1955.

Coleman, Janet. *A History of Political Thought—From the Middle Ages to the Renaissance*. Oxford: Blackwell Publishers Ltd., 2000.

Dentreves, A.P.D.. *Aquinas' Selected Political Writings*, translated By J.G.Dawso. New York: Macmillan, 1949.

Dickinson, J.. trans. *The Statesman's Book of John of Salisbury*. New York: Russei and Russei, 1963.

Duignan, Brian, ed. *Medieval Philosophy—from 500 to 1500 CE*. New York: Britannica Educational Publishing, 2011.

Dunning, W. A.. *A History of Political Theories: Ancient and Medieval*. New York: The Macmillan, 1955.

Elliot, W.Y. and N.A. Mcdonald. eds. *Western Political Heritage*. Englewood Cliffs, N.J.: Prentice Hall, 1959.

Emerton, E.. *Correspondence of Pope Gregory VII*. New York: Columbia Univ. Press, 1932.

Gettel, Ramond. *A History of Political Thought*. New York: Century, 1924.

Gewirth, A.. trans. and ed. *Defensor Pacis*. New York: Harper and Row, 1956.

Gierke, Otto. *Political Theories of the Middle Age*. translated by F.W. Maitland. Boston: Beacon Press,1958.

Gilson, E.. *The Christian Philosophy of Saint Augustine*, translated by L.E.M. Lynch. New York: Random House, 1960.

Grant, E. *God and Reason in the Middle Ages*. Cambridge: Cambridge University Press, 2001.

Greenslade, S. L.. *Schism in the Early Church*. New York: Harper, 1953.

Henderson, E.F.. *Selected Historical Documents of the Middle Ages*. London: Bell and Son, 1896.

Henry, Aurelia. trans and ed. *De Monarchia of Dante Aligheiri*. Boston: Houghton Mifflin and Co., 1904.

Jenks, Edward. *Law and Politics in the Middle Ages*. London: John Murray, 1913.

Jones, Arnold H. M.. *Studies in Roman Government and Law*. New York: Praeger, 1960.

Kenny, Anthony. *A New History of Western Philosophy—Medieval Philosophy*, vol 2. Oxford: Clarendon Press, 2005.

Keys, Mary M.. *Aquinas, Aristotle, and the Promise of the Common Good.* *Cambridge*: Cambridge University Press, 2006.

Knuutilla, S. *Modalities in Medieval Philosophy.* London: Routledge, 1993.

Leietzmann, Hans. *A History of the Early Church.* London: Lutterworth Press, 1951.

Lerner, Ralp and M. Mandi. ed.. *Medieval Political Philosophy: A Sourcebook.* New York: The Free Press, 1963.

Lewis, E.. *Medieval Political Ideas.* 2 vols. New York: Alfred Knopf, 1954.

Lottin, Don Odon. *Le Droit Naturel chez saint Thomas et ses Prédécesseurs.* Burges: Charles Beyaert, 1926.

Marenbon, John. ed. *Medieval Philosophy.* London and New York: Routledge, 2004.

Marsilius of Padua. *The Defensor Pacis*, translated By Alan Gewirth. New York: Harper and Row, 1956.

Mcllwain, C. H.. "Magna Carta and Common Law," in *Magna Carta commemoration Essays*, by H. E. Malden. London : William Clowes and sons LTD, 1917.

_____ *The Growth of Political Thought in the West.* New York: McMillan, 1932.

Morral, John B.. *Political Thought in Medieval Times.* New York: Harper and Row, 1962.

Pangle, Thomas L.. *Political Philosophy and the God of Abraham.* Baltimore and London: The Jones Hopkins University Press, 2003.

Pollock, F. and F. W. Maitland. *History of English Law.* 2 vols.. Cambridge: Cambridge Univ. Press, 1923.

Post, G.. *Studies in Medieval Legal Thought.* Princeton: Princeton University Press. 1964.

Reilly, G. F.. *Imperium and Sacerdotium according to St. Basil the Great.* Washington: Catholic Univ. Press, 1945.

Riviere, J.. *Le Probleme de l'eglise et l'Etat au Temp de Philippcle.* Paris: Bel. Louvain, 1936.

Sabine, G. and T. Thorson, *A History of Political Theory*. Hinsdale, Illinois: Dryden Press, 1973.

Schaff, Philip. *History of the Christian Church*. 8 vols.. Peabody, Mass: Hendrickson Publishers, 1907.

Schmitt, C. B., and Skinner, Q. *The Cambridge History of Renaissance Philosophy*. Cambridge: Cambridge University Press, 1988.

Schneider, H. W.. ed. and trans.. "De Monarchia," in *On world Government*. New York: Liberal Art Press, 1957.

Shand, John. ed. *Central Works of Philosophy—Ancient and Medieval*, volume 1. Bucks: Acumen Publishing Limited, 2005.

Sibley, M.. *Political Ideas and Ideologies*. New York: Harper and Row, 1970.

Sinclair, T.A.. *A History of Greek Political Thought*. London: Allen and Unwin, 1952.

Smith, Munroe. *The Development of European Law*. New York: Columbia Univ. Press, 1928.

St. Augustine. *The City of God*. translated by Marajs Dods. New York: Random House, Modern Library, 1950.

Tasker, Rhandolf V.G.. *The City of God*. 2vols.. London: Dent and Sons, 1957.

Tierney, Brian. "Innocent III as Judge" in *Innocent III: Vicar of Christ or Lord of the World*, ed. by James Powell. Washington D.C.: The Catholic University of America Press, 1994.

Troeltsch, Ernest. *The Social Teaching of the Christian Churches*. 2 vols.. New York: The Macmillan, 1949.

Tucker, R.. *Politics as Leadership*. Columbia: Univ. of Missouri Press, 1981.

Turner, C.H.. "Apostolic Succession" in Essays on *the Early History of the Church and Ministry*, ed. by H.B. Sweete. London: Macmillan, 1921.

Ullman, Walter. *Medieval Papalism: The Political Theories of Medieval Canonists*. London: Metheun, 1949.

_____ *A History of Political Thought: The Middle Ages*. New York: Penguin, 1975.

Valla, Lorenzo Coleman. *Discourse of the Alleged Donation of Constance*, tralslated by B. Christopher. New Haven, Connecticut: Yale Univ. Press,

1922.

Vinogradoff, Paul. "Foundation of Society," in *Cambridge Medieval History*, ed. By J.B.Bury. 8 vols.. New York: Macmillan Co., 1913.

Wolin, S.. *Politics and Vision*. Boston: Little and Brown, 2004.

영문 논문

Alexander, P.J.. "The Strength of Empire and Capital as seen through Byzantine Eyes," *Speculum* 37: 339−357. (1962).

Chroust, Anton−Herman. "The Philosophy of Law of St. Augustine," *Philosophical Review*. 45−69. (March, 1944).

Craghan, J. F. "The Elohist in Recent Literature," *Biblical Theological Bulletin* 7: 23−35. (1977).

Eschmann, I. Th.. "A Thomistic Glossary on the Principle of the Preeminence of a Common Good," *Mediaeval Studies* 5: 123−65.(1943).

Farre, W.. "Natural Foundation of the Political Philosophy of St. Thomas Aquinas," in *Proceedings of the American Catholic Philosophical Association*. (1931).

Figgis, J. Neville. "Politics at the Council of Constance," *The Transactions of the Royal Historical Society*. (1899).

Foley, Michael P.. "Thomas Aquinas's Novel Modesty," *History of Political Thought* 25(3): 402−23. (2004).

Freddoso, A. J. "Ontological Reductionism and Faith versus Reason," *Faith and Philosophy* 8: 317−339. (1991).

Garret, Thomas M.. "St. Augustine and the Nature of Society," *New Scholasticism*. (January, 1956).

Haldane, John. "The Individual, the State, and the Common Good," *Social Philosophy and Policy* 13(1): 59−79. (1996).

Hess, R. S.. "The Genealogies of Genesis 1−11 and Comparative Literature," *Biblica* 70: 251−53. (1989).

Karger, E.. "Modes of Personal Supposition: The Purpose and Usefulness of the

Doctrine within Ockhams Logic," *Franciscan Studies* 44: 87−106. (1984).

Nicol, D. M. "The Byzantine View of Western Europe," *Greek, Roman and Byzantine Studies* 8: 315−39; repr. in Nicol 1972, no. 1. (1967).

Niebuhr, R.. "Augustine's Political Realism," in *Perspectives on Political Philosophy.* ed. By J.V.Downtown Jr. and D.K. Hart. New York: Holt Rinehart and Winston, Inc., (1971).

Oreton, Previte. "Marsilio of Padua, Part II: Doctrines," *The English Historical Review.* vol. XXXVIII. no. CXLIX. (Jamjary, 1923).

Pangle, Thomas L.. "A Critique of Hobbes's Critique of Biblical and Natural Religion in Leviathan," *Jewish Political Studies Review* 4: 2557. (Fall, 1992).

Rendtorff, Rolf. "Between Historical Criticism and Holistic Interpretation: New Trends in Old Testament Exegesis," *Vetus Testamentum Supplements* 40: 298−303. (1987).

Riedl, John O.. "Thomas Aquinas on Citizenship," *Proceedings of the American Catholic Philosophical Association* 37: 159−66. (1963).

Robbins, F. E. "The Influence of Greek Philosophy on the Early Commentaries," *American Journal of Theology* 16: 218−40. (1912).

Sacks, Robert. "The Lion and the Ass: A Commentary on the Book of Genesis (Chapters 1−10)," *Interpretation: A Journal of Political Philosophy* 8: 29101. (1980).

Shanley, Brian J., OP.. "Aquinas on Pagan Virile," *Thomist* 63: 553−577. (1999).

Shepard, Max. "William of Occam and the Higher Law," *American Political Science Review*, vol. XXVII. no. 7. December, (1933).

Smith, Thomas W.. "Aristotle on the Conditions for and Limits of the Common Good," *American Political Science Review* 93(3): 625−36. (1999).

Spade, P. V.. "Ockhams Rule of Supposition: Two Conflicts in his Theory," *Vivarium* 12: 63−73.(1974).

Tassi, Aldo. "Anarchism, Autonomy, and the Concept of the Common," *International Philosophical Quarterly* 17: 273−83. (1977).

Tweedale, M.. "Ockhams Supposed Elimination of Connotative Terms and his Ontological Parsimony," *Dialogue* 31: 431−444. (1992).

White, Kevin. "The Virtues of Man the Social Animal: Affabilitas and Veritas in

Aquinas," *Thomist* 57: 641－53. (1993).

한글서적

노리치 지음. 남길영 옮김.『교황연대기』. 서울: 바다출판사, 2014.

모모랄, 울만 지음. 박은구, 이희만 옮김.『중세 유럽의 정치사상』. 서울: 혜안, 2016.

박은구.『서양중세정치사상연구: 마르실리우스와 오캄을 중심으로』. 서울: 혜안, 2001.

박은구, 오두영, 이영재, 손채연 외.『중세유럽의 사상가들』. 서울: 숭실대학교 출판부, 2014.

브라이언 타이어니, 시드니 페인터 지음. 이연규 옮김.『서양중세사: 유럽의 형성과 발전』. 서울: 집문당, 1997.

움베르토 에코 저, 김효정, 최병진 역.『중세 1: 야만인, 그리스도교도, 이슬람교도의 시대 476~1000』. 서울: 시공사. 2015.

움베르토 에코 저, 윤종태 역.『중세 2: 성당 기사, 도시의 시대 1000~1200』. 서울: 시공사. 2015.

움베르토 에코 저, 김정하 역.『중세 3: 성, 상인, 시인의 시대 1200~1400』. 서울: 시공사. 2016.

이경구.『중세의 정치 이데올로기』. 서울: 느티나무, 2000.

전경옥.『서양 고대 중세 정치사상사: 아테네 민주주의에서 르네상스까지』. 서울: 책세상, 2011.

조찬래.『고대정치사상』. 대전: 충남대학교출판문화원, 2015.

지동식.『서양중세사상사론』. 서울:한국신학연구소, 1981.

한글 논문

남병두. "William Ockham의 정치사상과 그 신학적 의미,"『복음과 실천』. 56권 1호. 2015.

박의경. "로마제국와 아우구스티누스: 기독교와 정치질서 그리고 평화,"『세계지역연구논총』. 28권 3호. 2010.

유은상. "M. Luther의 정치관연구,"『서울여자대학논문집』. 7호. 1978.

이화용. "중세에서 근대로?,"『정치사상연구』. 5권. 2001.

＿＿＿＿ "마르실리우스의 정치대표론,"『한국정치학회보』. 35권 4호. 2002.

조찬래. "중세정치철학에서 법의 관념,"『사회과학연구』(충남대학교 사회과학연구소) 제2
　　권. 1991.

_____ "중세정치철학에서 인간본성의 개념에 관한 연구,"『사회과학연구』(충남대학교
　　사회과학연구소) 제24권 2호. 2013.

_____ "중세시기 세속권 논의에 대한 연구,"『한국시민윤리학회보』제27집 1호. 2014.

_____ "중세시기 국가 관념의 변화 양상에 관한 연구,"『사회과학연구』(충남대학교 사
　　회과학연구소) 제25권 4호. 2014.

_____ "중세시기 교황절대주의(papal absolutism) 관념에 관한 연구,"『사회과학연구』
　　(충남대학교 사회과학연구소) 제26권 3호. 2015.

_____ "중세시기 정치 권위의 변화양상에 관한 연구,"『사회과학연구』(충남대학교 사회
　　과학연구소) 제32권 2호. 2015.

_____ "중세시기 대의제 관념의 변화양상에 관한 연구,"『한국동양정치사상연구』제15
　　권 1호. 2016.

홍용진. "교회에서 국가로 중세 서구 정치질서의 전환: 1333년 프랑스 뱅센 토론회,"
　　『동국사학』59권. 2015.

찾아보기

(ㄱ)

강제적 힘   191

게라시우스(Gelasius)   80, 82, 107, 216

게르만법   146

계약론   259

공경할 교서(Bull Venerabilem)   91, 224, 228

공동선   152

공적권위   119

과세권   110

관습법   141, 142, 143, 145, 199

관할권   113

교권(sacerdotium)   39, 77, 79, 80, 105, 106, 113, 202, 224, 248

교권론자   188

교권제(the hierarchy of church)   61

교부철학   121, 185

교황 그레고리(Gregory) 7세   82, 111

교황 보니파스(Boniface) 8세   225, 229

교황 이노센트(Innocent) 3세   87

교황간섭권   101

교황절대주의(papal absolutism)   86, 100, 101, 104, 167, 170, 202, 225

교황주의   69

교황주의적 입장(papalist position)   68

교회   57, 59, 60, 65, 201, 214, 222, 234, 298

교회공동체   177

교회권에 대하여(De Ecclesiatica Poteste)   102

교회법   139, 146, 158, 159

교회사회   62, 63

교회정부   62, 67, 68, 69, 70, 71, 166, 167, 169, 194, 201, 296

교회회의 운동(conciliar movement)   165, 296

교회회의론자   73

교회회의론적 입장(conciliarist position)   68

구원   48

국가(commonwealth)   121, 122, 124, 125, 126, 130, 214

군주론(De Monarchia)   135, 251

군주통치론(The Rule of Princes)   251

궁정법학자(court lawyers)   107

그라티언(Gratian)   146

그라티언 교령집(decretum Gratiania)   158

기독교 원리   23

기독교 체제에 대하여(De Regimme Christiano)   103

기르케(Otto Von Gierke)   35

(ㄴ)

노모스(nomos)   25, 26

니케아(Nicaea)회의   110

니콜라우스(Nicholas of Cusanus)   73,
    175, 194

(ㄷ)

다원주의   141

단테   135, 136, 251, 285

대의제   165, 166, 168, 172, 204, 207, 296

도나투스트(Donatist) 운동   64

동의   302

(ㄹ)

로마법   29, 108, 119

루터(Luther)   86

(ㅁ)

마르실리우스(Marsilio of Padua)   56, 59,
    72, 86, 112, 127, 131, 133, 168, 207,
    225, 297

만민법(ius gentium)   31, 147, 156, 174

모럴(Morral)   78

몬타누스트(Montanist) 운동   64

(ㅂ)

바울   41, 47, 98, 172, 185, 242

바카(Barker)   79

법령 (ordinance)   143

법령주의자(decretalists)   87

법률휘찬(The Digest)   31

법인체(corporation)의 원리   167

법인체적 접근법(corporate approach)   71

보니파스 8세   94

보댕   206

보이는 교회(visible church)   214

보이지 않는 교회(invisible church)   214

보편적 교회   173

보편적 제국   135

보편주의(universalism)   21, 22

보편회의(a universial council)   301

봉건주의   19, 20, 199

삐에르 다일리(Pierre d' Ailly)   73

(ㅅ)

사적권리   119

사회계약론   209

서임논쟁   187

선의(good will)   43

성 어거스틴(St. Augustine)   78

성 엄브로시즈(St. Ambrose)   78

성 이냐시오(St. Ignatius)   63

성직서임논쟁   82

세네카(Seneca)   148, 156

세속권(regnum)   39, 59, 77, 79, 80, 105,
    106, 107, 113, 202, 224, 236

세속권론자   188

세속적 군주제   285

세속정부   166, 170

세속주의 운동   165

세속주의적 입장(secularist position)   68,
    71

솔즈버리 존(John of Salisbury)   259

스콜라(scholasticism)   50, 127

스콜라(scholastic)철학   189

스토아학파   24, 25, 27

시민법   147

시민체(citizen body)   132

신국(civitas dei)   122, 213, 219

신국론(The City of God)   214

신법 159, 174, 274, 278, 282
신법집(The Nouvellae) 31
신학대전 150
실비우스(A. Sylvius) 162
실정권(positivie right) 160
실정법 147, 160

(ㅇ)
아리스토텔레스 26, 50, 51, 120, 126,
    127, 128, 130, 132, 152, 183, 238, 292
아베로이스(Averroes) 288
아베로이즘(Averroism) 120, 127
아비뇽 유수 96, 105
아에기디우스(Aegidius Romanus) 70,
    101, 160, 191, 232
아우구스티누스(Augustinus of Triumphus)
    102, 103
아퀴나스(Thomas Aquinas) 50, 51, 52,
    70, 128, 129, 130, 136, 144, 150, 151,
    188, 200
양검론(two swords theory) 21, 22, 79,
    107, 213, 216
어거스틴(Augustine) 42, 43, 44, 45, 46,
    47, 52, 58, 59, 122, 187, 200, 213, 252
에피큐로스 25, 27
영원법(Eternal Law) 273, 275
오캄(William of Occam) 72, 112, 115,
    127, 134, 154, 172, 225, 297
오파투스(Opatus) 65
왕권 248
울만(Walter Ullmann) 34
위클리프(wycliff) 86
유기체론 259
유스티니언법전(Corpus Juris Civilis of
    Justinian) 145
의지 151
의지의 자유 49
이노센트 3세 89, 90, 91, 92, 96, 228
이노센트 4세 93, 94
이성 40, 151, 154
이시도 교령(lsido decretal) 위조사건 158
이시도르(pseudo-Isidorian)교서 66, 67,
    81
이시도어(Isidore) 160, 186
인간성 44, 49
인간의지 47
인민 193, 207
인민 동의 195
인정법(A Human Law) 245, 276
일반회의(general council) 60, 69, 116,
    170, 175, 202, 225, 296
입법가(legislator) 193
12동법(Twelve Tables) 29

(ㅈ)
자연법 140, 145, 146, 148, 149, 153, 154,
    156, 159, 174, 206, 274
자연이성 148, 150
자유 196, 209
정의(正義) 187, 256, 262
정치 권위 183, 185, 195, 209 ·
정치공동체 53, 128, 129, 161
정치적 교의들(political doctrines) 200
제르송(J. Gerson) 73, 175, 176
제임스(James of Viterbo) 101, 102, 192
존(John of Paris) 72, 112, 248
존(John of Salisbury) 125, 205
종교회의(synod) 88

지상교회(earthly or visible church)   58
지상국가(civitas terrena)   122, 124, 219, 253
지시적 힘(directive force)   191

(ㅈ)
천국의 열쇠권(key to the Heaven)   84
천상교회(heavenly or invisible church)   58
총회(universal council)   303

(ㅋ)
카프리아누스(Cyprian)   63
콘스탄스회의(Council of Constance)   177
콘스탄티누스(Constantinus) 황제   61, 171
콘스탄틴의 양여론(Constantine Donation)   85
크노세폰   28
클뤼니(Cluny)수도원   66, 67, 89
키케로   124, 125, 147, 205

(ㅌ)
타락   52
토마스 아퀴나스(Thomas Aquinas)   120, 251

(ㅍ)
파문권   243
평화   256
평화옹호론(Defensor Pacis)   114
폭군방벌론   259, 261
플라톤   26, 46, 238, 281

(ㅎ)
하나이고 거룩한(Unam Sanctum)교서   95
하인리히 4세   83, 111
합리성   43
행복   54
황제 아나스타시우스   216
황제 콘스탄티누스의 양여(Constantine donation)   98

저자소개

조 찬 래

현 충남대학교 명예교수
한국외국어대학교 정치외교과 졸
신시내티대학교 정치학박사

저술로는 『고대정치사상』(충남대출판문화원, 2015), 『근대정치철학』(대왕사, 1996) 외
다수의 저서와 논문이 있다.

중세정치사상

초판 발행	2019년 8월 20일
지은이	조찬래
펴낸이	안종만 · 안상준
편 집	우석진
기획/마케팅	정연환
표지디자인	박현정
제 작	우인도 · 고철민
펴낸곳	(주) 박영사
	서울특별시 종로구 새문안로3길 36, 1601
	등록 1959. 3. 11. 제300-1959-1호(倫)
전 화	02)733-6771
f a x	02)736-4818
e-mail	pys@pybook.co.kr
homepage	www.pybook.co.kr
ISBN	979-11-303-0789-3 93340

copyright©조찬래, 2019, Printed in Korea

정 가   22,000원